献　　给

对外汉语教学事业

五十周年

对外汉语教育学的接力棒，如今已经传到了朝气蓬勃、创意满满的年轻一代手中。我相信，他们一定能把国际中文教育事业推向又一个新的高峰。

刘珣

2023 年 6 月

对外汉语教育学引论

刘 珣 著

北京语言大学出版社
BEIJING LANGUAGE AND CULTURE
UNIVERSITY PRESS

图书在版编目（CIP）数据

对外汉语教育学引论/刘珣著.
—北京：北京语言大学出版社，2000.1（2025.8重印）
ISBN 978-7-5619-0874-7

Ⅰ.对…
Ⅱ.刘…
Ⅲ.对外汉语教学-教学理论
Ⅳ.H195.1

中国版本图书馆CIP数据核字（2000）第36992号

书　　名：对外汉语教育学引论
责任印制：邝　天

出版发行：北京语言大学出版社
社　　址：北京市海淀区学院路15号　邮政编码：100083
网　　址：www.blcup.com
电　　话：发行部　82303648/3591/3650
　　　　　编辑部　82303647
　　　　　读者服务部　82303653
　　　　　网上订购电话　82303908
　　　　　客户服务信箱　service@blcup.com
印　　刷：天津嘉恒印务有限公司
经　　销：全国新华书店

版　　次：2000年1月第1版　2025年8月第39次印刷
开　　本：850毫米×1168毫米　1/32　印张：13.75
字　　数：357千字
书　　号：ISBN 978-7-5619-0874-7/H·0054
定　　价：39.00元

凡有印装质量问题，本社负责调换。售后QQ号1367565611，电话010-82303590

前　言

（一）

在我们的共和国诞生仅半岁多的艰难日子里，在周恩来总理亲自关怀下，为数不多的一批拓荒者筚路蓝缕，在首都西北郊一方小小的教育园地上开始了辛勤的耕耘。经过近三十年的风风雨雨，两三代人的汗水浇灌，一门崭新的学科终于在中华大地上破土而出。那正巧是决定中国命运的1978年。

20世纪80年代初，乘改革开放的春风，这门年轻的学科及其所代表的事业，以燎原之势，从首都蔓延至全中国。短短的20年间，它涉及的高等院校由20余所扩展到300多所；从事这项工作的队伍由数百人扩大到数千人；它培育的人才由非学历教育的培训生发展到大学本科生、硕士生和博士生；它接待的学子来自五大洲150多个国家；它编制的教材、标准化考试及完成的科研项目，其影响几乎遍及世界每个角落。它作为一门专门的新学科的地位，很快得到专家和学者们的承认；它所代表的事业，受到国家的高度重视。政府教育部门认为，这是一项"国家和民族的事业"，它甚至成为我国数以百计的学科、专业中极其罕见的由专门成立的国家级领导小组来领导的学科。世纪之交，专家们预测，随着我国不仅作为政治、文化大国而且也是经济大国在亚洲和世界的崛起，这门新兴的学科及其所代表的事业将会以更快的速度、更加旺盛的生命力迅猛发展，并在全世界发挥更大的影响。

这门新兴的学科就是对外汉语教育学科，或者像人们一直习惯称呼的"对外汉语教学"学科。这是语言教育学科下的一个分支学科,其核心部分为汉语作为第二语言的教学,或对外汉语教学。

我国著名语言学家、对外汉语教学事业的前驱周祖谟先生于1953年在《中国语文》上发表本学科的第一篇论文,为对外汉语教学理论建设铺下了第一块基石。半个世纪以来,特别是近20年来,随着学科建设的不断进展,在教学理论研究方面,本学科已积累了丰硕的成果,出现了数以千计的论文、数百部教材、数十个重大科研项目,仅有关对外汉语教学的"原理"、"概论"、"概要"、"通论"方面的专著就至少出版了八九部。这些专著,有的总结了我国对外汉语教学的丰富经验,提出了本学科的理论框架;有的侧重介绍国外第二语言教学理论,为我们的研究提供了重要借鉴。特别是自70年代以来,作为本学科带头人的吕必松先生的著作,为我国对外汉语教学理论体系的建立做出了重要贡献。

一门学科的理论建设总是积累式的。后一阶段的研究,不论是持赞同、反对还是补充的态度,总是以前一阶段的研究为基础。对外汉语教学界前辈、时贤的理论建树,国外汉语教学界以及国内外其他第二语言教学界专家、同仁们的研究成果,都是我们今天和今后从事研究的基础和台阶。

(二)

不知是偶然的因素还是命运的安排,本人1961年大学毕业后,作为第一批出国储备师资被分配到北京外国语学院培训进修。1964年正式成为北京语言学院的教师。从此就与对外汉语教学结下了不解之缘,算来至今已三十八载。我感到非常幸运,作为一名对外汉语教师,一生中最美好的时光是伴随着这项事业的发展和学科的成长度过的,而我自己也是在这一过程中得到教育和锻炼。60年代初至70年代末(除了文革期间外),大约有十年的时间,一直在北京语言学院的前来华部、一系和国外从事第一线的外国留学生汉语教学工作。70年代末到80年代末,也是十年时间,除了在国外任教外,主要在北京语言学院语言教学研究所从事对外汉语教材编写和汉语测试研制工作。90年代开始的第三个十年,在北语的语文系、文化学院和汉语教师进修学院从事"对外汉语"专业的中国本科生、"对外汉语课程与教学论"专业的中外硕士研究生以及中外汉语进修教师、访问学者的教学工作和部分教学管理工作。近十多年来一直对上述对象开设"第二语言教学概论"、"对外汉语教学专题研究"、"国外第二语言教学法流派研究"、"对外汉语教材与教法"、"对外汉语教学的心理学基础"等课程,其中,有关对外汉语教学概论课讲授不下数十遍。在讲授这类课程、研究对外汉语本科专业和课程与教学论硕士专业的课程设置时,我一直在思考并与同事们讨论这样一个问题:一名合格的对外汉语教师,其知识结构和能力结构应包括哪些方面?特别是在汉语作为第二语言教学理论方面应具备哪些必要的知识?1995~1996年,我应国家汉办之约,主持制订对外汉语教师资格考试的《对外汉语教学理论考试大纲》,再次促使我全面考虑这个问题。我感到不论是本专业本科生和研究生的教学,还是对外汉语教师的培训进修和资格考试,都需要一本能综合各家之长、全面体现本课程基本内容(包括90年代以来新内容)的教材。而最终促成我下决心动手写这本续貂之作的,还是1997年底国家汉办召开的由语文教学、少数民族汉语教学、外语教学以及对外汉语教学界学者共同参加的第一次"语言教育问题座谈会"。会上学者们讨论了不同门类的语言教育对比研究和综合研究的重要性,并提出建设具有中国特色的语言教育学科的建议。这次会议使我们对对外汉语教学学科的内涵和性质及其与上位学科的关系有了新的认识。我进一步感到,从建设对外汉语教育学科的角度重新梳理一下本学科的教学理论,也许还不是完全没有意义的。

（三）

正是在上述背景下,本书定位于对外汉语专业本科生、硕士生的教学用书和汉语作为第二语言教师的培训或自学参考书。本书的宗旨是,从培养汉语教师的需要出发,介绍汉语作为第二语言的教学理论和习得理论以及相关学科的理论基础知识,并以本书所提出的对外汉语教育学科理论体系为纲,力图使之形成一个初步的系统。

为此,本书在编写中力求注意:

(1) 延续性。本书所论述的内容主要是半个世纪以来对外汉语教学理论与实践的研究成果。对对外汉语教学界多年来已习惯使用的术语、概念、尤其是带有本学科特色的提法,在无原则分歧的情况下,不再另立名目、标新立异,以免造成混乱。

(2) 时代性。本书需要考虑到我国90年代以来本学科研究的新成果和对过去研究成果的新认识,如语言教学与文化教学的关系,本学科的性质和定位、对汉字教学问题的新观点、对语言习得的研究等,也要考虑到国外第二语言教学和习得理论的新进展。因此比起90年代初出版的论著来,本书在内容上有所补充和扩展,不少地方也提出了个人的见解和观点。对国外的理论,不是为介绍而介绍、大量罗列堆砌,而是从对外汉语教师所需的基本知识结构出发,以“外为我用”为原则,尽可能纳入到我们的学科体系中来。

(3) 科学性。对外汉语教学有自己的特点,但又受到第二语言教学和教育学普遍规律的制约。作为分支学科,它应与第二语言教学理论和普通教育学理论接轨。因此本书尽可能以普通教育学和教学论的框架为规范,以强调本学科的教育学性质。另一方面,考虑到目前这门年轻学科内部发展的不平衡性，拟对研究成果丰富且有自己特色之处详加介绍；对尚少理论建树之处，虽为教育学的重要组成部分，也只能从略。有的暂付阙如，留待以后补充。

(4)　针对性。考虑到目前“科班”出身的对外汉语教师为数极少，每年又有大量其他专业的毕业生和“转行”的教师加盟，因此教学理论水平的提高是教师队伍建设的当务之急。所以本书所阐述的重点放在理论部分，史、论结合，目的在于使读者从宏观上认识、把握本学科。对直接用于教学实践的具体方法、技巧，本书也有所涉及，但并非重点。

(四)

本书内容分为五篇十章。《绪论篇》讨论了学科的任务、特点和学科定位，回顾了对外汉语教学的发展简史，介绍了学科发展的现状，提出了学科体系。以此体系为纲，展开了后面各篇、各章节的论述。本篇是全书总纲。《基础篇》介绍了作为本学科理论基础的语言学、教育学、心理学、文化学与本学科密切相关的基本概念和基本知识，以及这些学科对本学科的影响，使读者能以更广阔的视野加深对本学科的认识，对未学过本专业的对外汉语教师更具有针对性。《习得篇》着重介绍西方有关语言习得的理论和假说，以及对语言习得进行研究的几个主要方面，为介绍教学理论打下基础，同时也为了突出本学科研究的这一新的前沿阵地。《教学篇》是本书的重点之一。主要介绍了第二语言教学法流派，对外汉语教学论(包括教学的目的和课程，教学基本原则，对外汉语教材，对外汉语教学过程，课堂教学的技巧和评估，语音、词汇、语法、汉字的教学以及语言测试等方面的内容)。最后是《结语篇》，主要谈了学科研究方法问题和学科理论建设的任务。

（五）

本书是在北京语言文化大学领导、我的同事和学生们的支持、关心、最后几乎是"催逼"下完成的，有的还向我提供了宝贵资料。在此，对他们表示我深深的谢意。书中部分章节曾分别向我的同事石定果、崔永华、毕继万、崔希亮、王建勤、郭树军、张旺熹、王旭东、高立群、陈郁、施家炜等征求过意见，感谢他们不吝赐教。我要特别感谢北京语言文化大学出版社社长兼总编辑王建勤和本书责任编辑王弘宇，他们为本书的出版做了很多工作。本书撰写过程中参阅了国内外数百文章和专著。正如上文所说，本书的目的是总结本学科有关对外汉语教学理论的研究成果，概述与本学科密切相关的相邻学科的基本知识，为读者提供方便。因此，书中绝大部分论述都不是个人的创见。本人所做的只是对各种理论和研究成果进行选择、梳理，力图构成一个系统——由于水平所限，这一目的也未必能较好地达到。而且，由于本书作为教材的性质所限，书中不可能、也不便处处引用原文或把所有引用的观点都注明出处。只能主要通过每章后列出的读者阅读参考文献及书后附的总的参考文献，向前辈和时贤表示衷心的谢意和歉意。

写完最后一节，对什么是"对外汉语教育学"的内容仍感到没有把握。所以书名上有"引论"二字，意思是抛砖引玉，希望能引出真正的对外汉语教育学来。

刘　珣

一九九九年秋

于北京语言文化大学

目　　录

·绪　论　篇·

·基 础 篇·

·习　得　篇·

·教　学　篇·

·结 语 篇·

第一章　对外汉语教育是一门专门的学科

对外汉语教育，或称其核心部分——对外汉语教学，是一门年轻的学科。它是语言教育学科下第二语言教育的一个分支学科，其核心内容是汉语作为第二语言的教学或对外汉语教学。对外汉语教育作为一门新兴的学科在迅速发展的同时，一方面由于学科体系和学科理论还需要进一步完善，另一方面由于学科性质和特点及学科任务和学科意义还不可能很快地为社会、为学术界所普遍认识和理解，因此无论在社会上还是在学术界，甚至本学科的研究者和教师中，仍有一些不同看法和争论。对一门年轻学科来说，这是其成长过程中的正常现象。本章首先要讨论这一学科的任务、性质和特点，明确学科体系及其科学定位，从而进一步说明对外汉语教育是其他学科所无法替代的一个专门学科。

第一节　对外汉语教育的学科名称

一、语言教学中有关语言的几个基本概念

在讨论我们的学科以前，首先要弄清楚几个与语言教学有关的语言概念。

1. 第一语言和第二语言

这是按人们获得语言的先后顺序来区分的两个概念，也是语言

教学理论中用得最多的术语。第一语言指人出生以后首先接触并获得的语言;第二语言指人们在获得第一语言以后再学习和使用的另一种语言。比如在中国,汉族的孩子出生以后,他的第一语言是汉语。入学以后还要学习英语或者日语等别的国家的语言,也可能学习蒙语、藏语等本国其他民族的语言,这就是他的第二语言。当然有的人还会学习和使用第三语言、第四语言。由于学习这些语言的规律与学习第二语言有很多共同之处,所以一般不再细分而统称第二语言。另一方面也有这样的情况:有的幼儿出生以后同时习得两种甚至多种第一语言,而且这些第一语言达到同等熟练运用的程度,这就称为双语或多语现象。

我们这里所说的第一语言和第二语言完全是从学习者学习语言的时间先后来区分的,这与某些多语言国家由法律规定的第一语言或官方语言是两回事。

2. 母语和外语

这是按国家的界限来区分的。母语是指本国、本民族的语言;外语是指外国的语言。一般情况下母语是人们的第一语言;但对一些移居国外的人来说,其子女出生后首先接触并获得的语言有可能是居住国的语言而不是母语。因此,不能把第一语言和母语这两个概念完全等同起来。同样的道理,第二语言也不一定就是外语。仍举国外移民的例子,其子女入学后开始学习的第二语言倒可能是他的母语。

3. 本族语和非本族语

这是按言语社团、通常是民族的界限来区分的。本族语就是本民族的语言,因此这一术语与“母语”可以通用。非本族语是指本民族以外的语言,可能是外语,也可能是指本国其他民族的语言。比如,对我国蒙族来说,蒙语是本族语,也是母语;汉语则是非本族语,是本国其他民族的语言,但绝不能称作外语。如果汉语是在掌握蒙语以后才学会的,就可以说是他的第二语言。

从对语言掌握的程度及运用情况来看,母语、本族语和第一语言通常是一个人的“主要语言”，但在有的情况下也可能成了“次要语言”；外语、非本族语和第二语言一般是“次要语言”，但也可能成为“主要语言”。

4. 目的语

这是指人们正在学习并希望掌握的语言。不论是外语或非本族语，甚至是非第一语言的母语，只要成为一个人学习并争取掌握的目标，都可以称为目的语。

上述概念是从不同角度提出的，它们之间存在着意义上的交叉现象，因此在使用这些术语时就要注意准确性。如在应该用“第一语言”的地方就不宜用“母语”或“本族语”来代替。另一方面还要看到有的术语在使用过程中发生了一些变化；有的则因使用者本来就有不同的理解而产生了一定的模糊性。“第二语言”和“外语”这两个概念的区分是一个比较复杂的问题。一般说来，第二语言是指母语（或第一语言）之外的、本国通用语或本国其他民族的语言，而外语则是指别的国家的语言。但是近年来出现一种用“第二语言”取代“外语”的趋向。这是因为随着各国人民之间的交流与合作的加强，世界正变得愈来愈小，在这种情况下再用“外语”、“外国人”这类词语就显得“见外”了。另一方面，“第二语言”就学习时间先后这层意义上说确实可以包括外语、非本族语，特殊情况下甚至可以包括母语。因此广义地说，第二语言与外语的关系是包容的关系。

西方学者们还从有无语言学习环境的角度，对“第二语言”和“外语”这两个概念作了分工：凡是在该语言使用的环境中学习的目的语称为第二语言；而不在其使用环境中学习的目的语则称为外语。如西方或非洲国家的学生在中国学习汉语，课堂上学到的东西出了课堂马上就能运用，而且在日常生活中非使用汉语不可，汉语是名符其实的第二语言。更为重要的是，除了课堂以外，在他们生活的环境里随时随地都能从各种视、听的渠道学到汉语。反之，当他们在自己的国家学习汉语就没有这样的语言环境，教师、教材和课堂几乎成了他们学习汉语的仅有的途径。离开了课堂也就没有机会用汉语进行真正的交际,汉语对学习者来说只是一种日常生活中很少使用的外语。显然,从这个角度来区分第二语言和外语是有一定道理的,而且这种区分强调了语言环境的有无对教学原则和教学方法等方面所产生的巨大影响,这也是很有意义的。(关于语言环境的问题将在第四章进一步讨论。)

综上所述,广义的"第二语言"是指任何一种在第一语言获得以后学习和使用的语言,包括外语。狭义的"第二语言"有两种情况:一种是指第一语言以外的本国通用语或本国其他民族的语言,不包括外语;另一种情况是指在该语言使用的环境中学习的目的语,包括一部分外语。

二、学科名称的讨论

学科的名称是学科的内容和学科本质特点的反映。由于对某一学科本质认识的不同,在学科名称上就会有不同的看法;加上历史沿革、约定俗成等因素的影响,使看似简单的学科名称问题变得复杂化了。本书所讨论的学科,围绕其"正名"问题在国内国外都曾有过不少争论。现在在我们国内,其正式名称(也是用得最多的名称)是"对外汉语教学"。

1. 对外汉语教学

《中国大百科全书·语言文字》中写道:"对外汉语教学是指对外国人的汉语教学。"实际上也包括对第一语言不是汉语的海外华人进行的汉语教学。这一名称基本上体现了这个学科的特点和内涵,在国外也产生了广泛的影响,而且简洁上口、符合汉语习惯,因此从1982年提出一直使用至今,人们也没有找到更能为大家所接受的表达法。中央文件如《中国教育改革和发展纲要》,国家机构如"国家对外汉语教学领导小组",学术组织如"中国对外汉语教学学会"等都正式采用了这一名称。但是十多年的使用也发现这一名称有一定的局限性:它只突出了主要教学对象,未能全面、准确地反映学科性质——第二语言教学。但由于该名称已广泛使用,今后仍将是本学科用得最多的名称。

2. 汉语教学

“对外汉语教学”原本是针对国内教外国人汉语这一事业所起的名字，明显带有从中国人的视角来称述这一学科的色彩。“对外”二字无法为国外从事汉语教学的同行所使用，因此它只适用于中国。海外的同行们根据各自的不同情况，有的把这门学科叫作“中文教学”（如美国），有的叫作“中国语教学”（如日本），也有的叫“华文（语）教学”（如东南亚国家）等。当我们与国外同行们一起探讨学科问题时，或者我们所讨论的问题涉及到在海外进行的汉语教学时，用“对外汉语教学”这一名称显然是不合适的。这种情况下，可简化为“汉语教学”。正如已经召开过的五届“国际汉语教学讨论会”、国际学术组织“世界汉语教学学会”及其会刊《世界汉语教学》等名称所表示的那样，由于语境清楚，其义自明，一般不会产生误解，不会与汉语作为第一语言的我国母语文教学相混淆。这一名称在国际场合也用得较多，已为各国学者和教师所接受。

3. 汉语作为第二语言的教学

从学术上较能精确地指称这一学科内涵和性质的，应当是“汉语作为第二语言教学”，即“Teaching of Chinese as a Second Language”（英文缩写为TCSL）。这一名称既能指在中国进行的对外国人的汉语教学、即对外汉语教学，也能指世界各地的汉语教学，而且还能包括与之性质大体相同的对我国国内少数民族的汉语教学。也就是说，它能涵盖第一语言以外的所有汉语教学，同时又能体现出它与其上位学科——整个第二语言教学学科的关系。但由于这一名称太长，不上口，再加上约定俗成的原因，它已不可能取代“对外汉语教学”这个名称。不过今后它将继续在本学科的学术论著中出现。

综上所述，实际使用中的学科名称有三个，这三者的关系是：在中国进行的“对外汉语教学”是世界“汉语作为第二语言教学”中的一部分，而且由于得“汉语故乡”的天时与地利，自然成为其中心部分；但它不能包括中国以外的国家和地区对其本国人进行的汉语教学以及中国国内对少数民族进行的汉语教学。这一名称在我国国内使用最为普遍。“汉语作为第二语言教学”则涵盖国内外所有作为第二语言的汉语教学，而且也显示了它本身是整个第二语言教学的一部分，在学术研究中很多情况需要用这个词语。“汉语教学”本来既包括汉语作为第二语言的教学也包括汉语作为第一语言的教学，但在特定的情况下如国际学术讨论中，可以专指汉语作为第二语言的教学。

不仅是学科名称上有如此复杂的情况，对本学科的上位学科，整个第二语言教学界或外语教学界在学科名称上也是意见纷纭、莫衷一是，至今仍没有一个大家公认的、能准确反映学科特点的名称。难怪美国的教学法专家汉默莱（H. M. Hammerly）在80年代初感慨地把第二语言教学称为“没有名称的领域”。[①] 十多年过去了，这一领域的名称问题似乎仍未解决。以下是几个使用较多的名称：

4. 应用语言学（Applied Linguistics）

这是使用得最早、最为普遍的名称。早在19世纪末就由波兰语言学家博杜恩·德·库尔特内（Baudouin de Courtenay）提出。广义的应用语言学是跟理论语言学相对的概念，指把理论语言学的理论、规律、原则和方法应用到其他学科领域，从而产生的新的边缘学科，如神经语言学、病理语言学、数理语言学、计算语言学、词典编纂学、机器翻译学，乃至社会语言学、心理语言学等。狭义的应用语言学则专指语言学理论在语言教学中的应用，特别是指第二语言教学。把应用语言学用作本学科的名称并不恰当，因为本学科的性质绝不仅仅是“应用”，它所应用的更不仅仅是“语言学”。（详见本章第三节）而且随着新的边缘学科的涌现，本来已包罗万象的应用语言学将更加庞杂，这一名称本身已不能直接反映出学科的具体内容——没有说明究竟是什么“学”。尽管如此，由于约定俗成的原因，用狭义的应用语言学指称语言教学学科，仍将会继续下去。

---

① Hammerly, H. (1982) *Synthesis in Second Language Teaching*, Second Language Publications.

5. 外语教学(法)(Foreign Language Teaching)

这是国外语言教学界广泛使用的名称,我国外语教学界长期以来也一直用它。这一名称的问题,在于不能表示出作为一门学科的理论层次和它所包含的全部内容。即使后边加上一个"法"字,仍只是强调了教学过程和教学方法的层面。

6. 外语教育学(Foreign Language Pedagogy)和教育语言学(Educational Linguistics)

针对外语教学(法)这一名称的缺陷,很多国内学者(如许国璋先生等)主张用"外语教育学"。现在我国外语教学界在学术论著中采用这一名称的也日渐增多。而国外的一些学者,如美国的斯波尔斯基(B. Spolsky)则主张用"教育语言学"。这两个不同的偏正词组正好反映了在这门学科的定位问题上的不同意见:是属于教育学还是语言学? 这两个名称的提出,给我们以重要启示。

7. 第二语言教学(Second Language Teaching and Learning)

这是一个使用得愈来愈多的名称,在西方有取代"外语教学"这一名称的趋势,在我国对外汉语教学界的使用也日渐普遍。但在我国外语教学界很少用,可能与我国外语教学是在非目的语环境中进行的这一特点有关。与"外语教学"一样,这一名称的不足之处是反映不出作为一门学科的理论层次。

世界范围内有关语言教育学科的名称,目前较普遍使用的还是应用语言学、外语教学和第二语言教学。关于"应用语言学"这一名称,后面还将专门讨论。"第二语言教学"和"外语教学"这两个名称比较清楚地反映出这门学科的性质和主要内容,长期以来一直被广泛使用。由于第二语言教学在一定程度上包括了外语教学,因此有取代外语教学这一名称的趋向。

三、"对外汉语教育学科"的提出

不论是"对外汉语教学"、"汉语作为第二语言教学"或"第二语言教学",都存在一个共同的问题,即如何正确体现"教学"与"教育"的关系。“教学”主要指教师和学生共同参与的、有组织有计划的传授和学习有关的知识和技能，从而影响学生的身心发展的一种教育活动，它只是教育系统中的一个组成部分，对教学的研究通常是以教学过程及其规律为对象；而“教育”的内涵则丰富得多，指从德智体美方面培养人的社会活动——主要是学校的活动。对教育的研究，除了教学过程和规律以外，还要研究培养全面发展人才的教育全过程和教育规律。诚然，学校教育目标主要是通过教学活动来实现的，教学论通常是教育学中的主要部分、核心部分。汉语作为第二语言教学，也是本学科研究的主要课题、核心课题。但对教学的研究并非本学科的全部内容，对教学的研究也不能脱离对教育的研究，否则将失去目标和方向。学校作为教育机构所承担的不仅有教学任务，更有教育任务；教师作为教育工作者不仅要教书，还要育人。对中国学生的培养固然如此，对外国学生的培养根据国际教育的惯例，也不仅仅是一个智育的问题，同样要进行德智体美全面发展的综合素质教育。因此本学科研究的任务也就不仅限于教学一个方面，而是涉及到学习者健全人格的养成；涉及到对一般教育原理和教育规律的探讨；涉及到对外汉语教育的发展历史及现状；涉及到教育学、心理学、语言学、跨文化交际学与本学科的关系；涉及到教育的各种内部和外部因素，甚至包括国家的教育政策和所能提供的教育方面的设备条件等。但长期以来，本学科研究的焦点正如学科名称所表示的那样，几乎只集中于教学一个方面。我们忽视了对教育的研究，也未能做到在教育的系统中研究教学。（有关教育问题将在第四章第一节讨论。）

世纪之交，世界各国的政府和学者专家都十分重视教育在科技和经济发展、人才竞争中的地位和所面临的挑战，都在考虑新世纪的教育问题。在我们国内也正在进行着教育思想观念的大讨论，研究以进行全面素质教育、培养跨世纪的创新人才为中心的教育改革问题，实行由单纯的“教学”向全面的“教育”转变。在这样的形势下，我们更不能把教学与教育割裂开来，而应当顺应世界教育发展的总趋向，把本学科的研究提升到教育层面上来。从教育的高度研究对外汉语教学，反映到本学科的名称上，本书主张应与其他学科教育学的名称相一致，即用“对外汉语教育学”比较规范。这一名称还能更清楚地体现出本学科的性质及其科学定位。当然，提出“对外汉语教育”并不意味着、实际上也不可能用它来取代已使用近20年之久、早已深入人心的“对外汉语教学”这一名称。在日常使用中“教学”与“教育”两词常常是通用的，人们已经习惯于用广义的“教学”来代表“教育”。因此当我们主要谈论教学问题，或是主要指我们所从事的这项事业时，还将继续用“对外汉语教学”、“汉语作为第二语言教学”、“第二语言教学”等名称。

第二节　对外汉语教育的学科任务和学科体系

一、对外汉语教育的学科任务

对外汉语教育学科的任务是研究汉语作为第二语言的教育原理、教育过程和教育方法，并用来指导教育实践，从而更好地实现学习者德智体美全面发展的教育目的。

对外汉语教育学科研究的核心内容是对外汉语教学。通过研究汉语作为第二语言教与学的全过程和整个教学系统中各种内部和外部因素及其相互作用，揭示汉语作为第二语言学习和教学的本质特征以及学习规律和教学规律，从而制订出对外汉语教学的基本原则和实施方法，并用来指导教学实践，以提高教学效率。

这是一个非常广阔的研究领域。所谓内部因素主要指：①学习与教学活动的主体——学习者和教师，包括学习者的生理、心理、策略等个体因素和教师的基本素质；②学习与教学活动的客体——所教的目的语，即作为第二语言的汉语；③学习与教学活动本身——包括总体设计、教材编写、课堂教学和测试评估四大环节的理论与实践。要研究这三方面的特点与规律，也要研究这三者之间相互作用的关系。所谓外部因素首先是一些基础学科，特别是与本学科关系最为密切的语言学、心理学和教育学等对本学科理论所起的支撑作用;外部因素的一个重要方面是语言环境,包括社会语言环境和教学语言环境,及其对学习所产生的影响;还包括国家的方针政策,国家、社会及具体的教育单位所能提供的各种资源、条件对教学实践所产生的影响。教与学的全过程,指学习者从零开始到接近标准目的语的整个过程中其汉语水平发展的各个不同阶段教与学的特点和规律,也包括每个阶段上述总体设计等四大环节的内部规律和相互关系。这些方方面面的因素构成了一个复杂的系统工程,即学科体系。研究这些因素及所构成的学科体系的目的,是为了比较全面、客观地认识学习和教学规律,以便指导教学实践。

对外汉语教育作为一门分支学科,它还有一项任务,即以自身的学科理论建设,为第二语言教育学科甚至整个语言教育学科的理论发展做出贡献。现有的第二语言习得理论和教学理论,很多是西方学者们主要以印欧语系语言为基础研究的成果,而汉语与印欧语系语言在谱系关系上距离很远,差别也很大,西方的语言教学理论是否适合汉语的情况还有待于进一步验证。另一方面,从汉语的特点出发研究汉语习得和教学的特殊规律,则可以丰富人们对语言教学普遍规律的认识。

二、对外汉语教育的学科体系

学科体系是一门学科的结构系统,它显示构成该学科的内部和外部因素以及这些因素之间的关系,其核心部分是学科的理论体系。学科体系既体现了学科的内容及学科的性质特征,同时又能为学科的理论研究和整个学科建设指明方向。

1. 国内外学者提出的各种语言教育体系模式

[①]国外的语言教育专家对学科体系的研究非常重视。加拿大语言教育理论专家斯特恩(H. H. Stern)就曾在其著作中列举出西方学

① Stern, H. H. (1987) *Fundamental Concepts of Language Teaching*, OUP.

者于70年代至80年代初提出的七种第二语言教育的理论模式。这里仅举两例：一个是美国学者斯波尔斯基于1980年提出的“教育语言学理论模式”，一个是斯特恩本人于1983年提出的“第二语言教学理论的一般模式”。

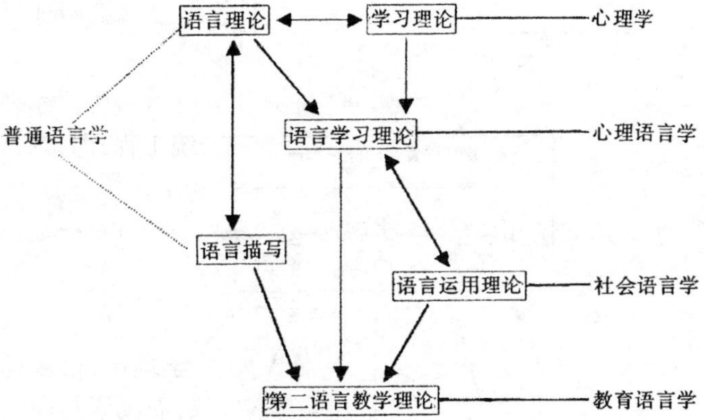

（图1）斯波尔斯基的教育语言学模式

在斯波尔斯基的模式中，语言描写、语言学习理论和语言运用理论成为第二语言教学理论的主要来源，而其中的语言学习理论又源出于语言理论和学习理论，语言描写也由一定的语言理论所决定。上述诸因素又分别由普通语言学、心理学、心理语言学、社会语言学等学科作为理论基础，从而构成了斯波尔斯基称之为“教育语言学”的学科。这一模式不仅较早地提出语言教学理论的各个组成部分，同时更明确指出，单单语言学不足以构成语言教育的理论基础。他具体列出作为该学科理论基础的各相邻学科及它们与该学科有关部分的联系。斯波尔斯基模式的缺点是“教育语言学”系统内部的层次不够清楚，另外，像教学原则、教学方法这样一些语言教学理论的实质内容未能表示出来。

斯特恩在汲取前人成果的基础上，提出了一个比较全面的、有代表性的“第二语言教学理论一般模式”。

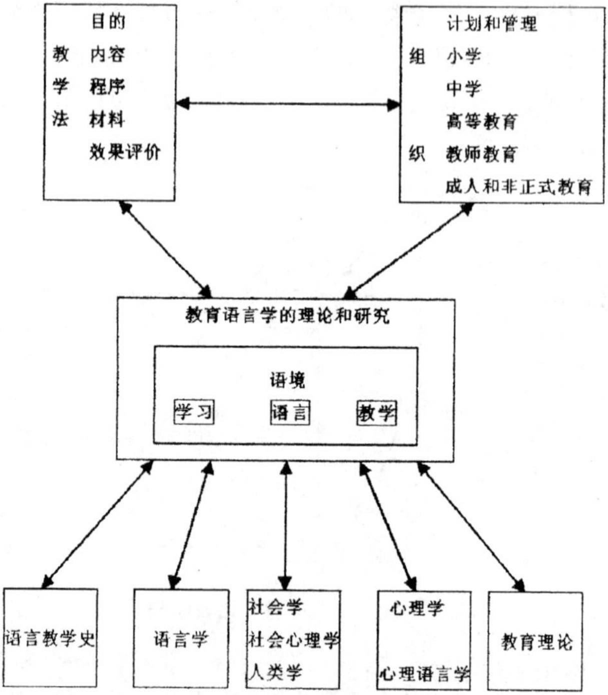

(图2)斯特恩的第二语言教学理论一般模式

斯特恩模式的基本思路与斯波尔斯基模式是一致的,但他把模式分成三级,模式内部各层次的关系显然比斯波尔斯基模式更为清晰,更体现了系统性。这个三级模式的核心是在第二级,即由语言、学习、教学和语境四个方面所组成的学科体系,相当于斯波尔斯基所说的教育语言学。位于模式中层的第二级理论部分成为沟通第一级理论基础与第三级教学实践之间的桥梁。斯特恩模式的另一个特点是把"实践"部分(即第三级)纳入到学科体系中来。他在论述学科的基础(第一级)时,所列出的相邻学科也更为全面。所有这些特点,使斯特恩模式成为80年代的最完整的模式。这个模式的不足之处主要在第三级实践部分,即其中的教学目标、内容、过程、教材、效果评估等不仅仅是单纯的实践，本身也有一定的理论性，是学科理论的一部分，应属于中层“教学”部分的具体内容。此外，该模式在层次划分上也并非完美无缺。

我国从事语言教育的学者们也分别提出过不同的学科体系，如张鸿苓先生提出过“中学语文教育系统的结构”，①章兼中先生提出过“外语教育学的理论模式”。② 对外汉语教学界从 80 年代以来也一直探讨本学科的体系，其中影响最大的是吕必松先生有关第二语言学科理论和第二语言教学结构的论述，③第一次在对外汉语教学领域明确提出了学科体系模式。其中，有关学科理论体系的两级分法（基础理论和应用理论），关于教学活动四大环节的概括等，简明精要，已被我国对外汉语教学界广泛引用。理论探讨是没有止境的，近年来不少学者在学科体系问题上继续深入研究，从不同角度提出新的看法，如崔永华先生从学科的理论体系、教学体系和人才体系三个方面来论述，并把语言学、心理学、教育学等称为“支撑理论”，以表示这些是别的学科来支撑我们学科的基础理论。④

纵观国内外学者们提出的各种模式，可以发现有许多共同之处。首先，所有模式都认为本学科有自己的理论体系，尽管名称不同，但其组成部分却大体一致。这一理论体系正是学科得以存在和发展的主要标志之一。第二，所有模式都强调学科的综合性、跨学科性，受到多种学科的影响；各模式所列举的主要相邻学科也基本相同。第三，很多模式都提到教学实践这一层面，把教学实践纳入学科体系之中能更好地体现本学科应用性的特点。

2. 对外汉语教育学科体系

综合各种模式的长处，我们也提出了对外汉语教育学科体系的

---

① 张鸿苓（1993）《语文教育学》北京师范大学出版社。

② 章兼中（1993）《外语教育学》浙江教育出版社。

③ 吕必松（1996）《对外汉语教学概论》（讲义）。

④ 崔永华（1997）对外汉语教学学科概说，《中国文化研究》春之卷。

一种模式（见图3）。这一模式把学科体系分成三个部分：理论基础、学科理论和教学实践。

（1） 理论基础部分提出与本学科的发展关系最密切的七个基础学科，即语言学、心理学、教育学、文化学、社会学、横断学科及哲学。这七个学科中又包括一些分支学科或边缘学科。这里不详细讨论每门学科对本学科所发挥的作用。需要特别指出的是，这七个学科本身都是独立的学科，不能算作本学科的理论，而且一般说来这些理论不能直接应用于本学科的语言教学；但它们都从不同方面，特别是语言的本质、语言学习的本质、语言运用的本质和教育的本质四个主要方面对本学科产生影响，提供理论养料甚至理论依据（当然，本学科的理论研究成果也对这些学科理论的发展起到积极的作用）。这一部分可以看做是本学科的理论基础，或者叫做支撑理论。

（2） 直接应用于语言教学、属于本学科范围内的学科理论体系，包括基础理论和应用研究两部分。

作为一门独立的学科或者说专门的学科，应当有体现本学科性质、内容和特点，并对本学科具有直接指导作用、真正属于自己的基础理论。本学科的基础理论包括四个方面：对外汉语语言学、对外汉语教学理论、汉语习得理论和学科研究方法学。这也是我们学科理论研究的四个主要方面。

①对外汉语语言学是作为第二语言来教学和研究的汉语语言学，包括语音、词汇、语法、汉字、语义、语用、话语、功能和文化因素等方面。对对外汉语语言学的研究是对对外汉语教学内容的研究；从教育学的角度来分析，也是对对外汉语教学的客体的研究。汉语研究在我国已有2000多年的历史，对现代汉语的研究国内外语言学界也已积累了丰硕的成果，这些研究成果已成为本学科宝贵的资源。语言学和汉语语言学（一般指作为母语研究的汉语语言学）是对外汉语教学的理论基础，对本学科研究汉语起指导的作用，但它不能代替本学科对汉语的研究。本学科需要从第二语言学习和教学这一新的角度来描写汉语、研究汉语。这种研究，有不少区别于作为母语研究

的一般的汉语语言学的特征。

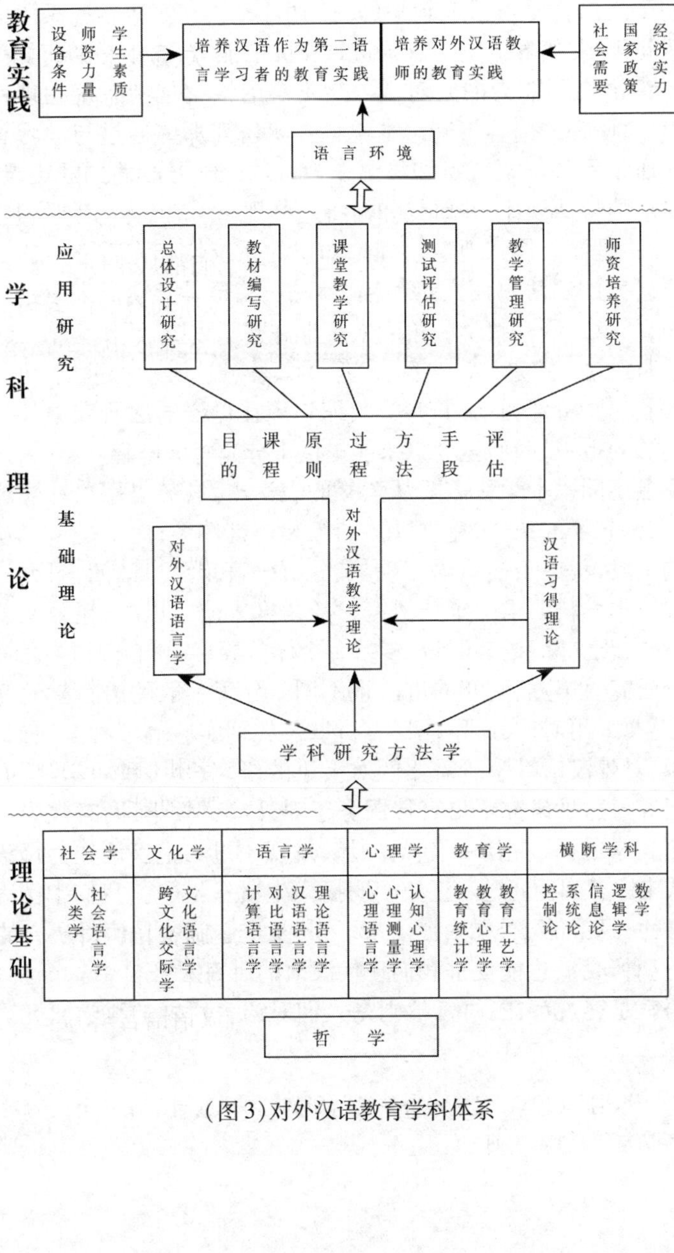

(图3)对外汉语教育学科体系

首先是研究的目的不同。本学科研究汉语是为了让常常是从零开始的第二语言学习者在较短的时间里快速、有效地掌握汉语的词语和造句规则，培养其运用汉语进行交际的能力；而不是如何提高早已具备汉语交际能力的人对其习焉不察的语言规则系统的理性认识。第二，研究的内容不同。本学科主要研究那些通过与学习者母语对比所揭示的汉语特点和汉语作为目的语学习所遇到的难点，也就是汉语的特殊规律，并研究如何将这些规律、知识转化为学习者的技能；而不是面面俱到地追求理论知识的系统性与完整性。比如作为母语研究的语法书用大量篇幅讲解的、甚至是长期以来争论不休的问题，从第二语言教学的角度来看也许并不重要；而作为第二语言教学所遇到的一些老、大、难问题，像“了、着、过”等动态助词、语气助词、量词、一些特殊的动词句式、紧缩句等在母语语法研究中却没有得到足够的重视，因而至今也未能提供十分满意的解释。第三，研究的侧重点不同。本学科需要从意义的表达出发，突出用法和功能的研究，多讲句子的条件，建立汉语的组装规则体系；而不是单纯从语言结构出发，集中于描写语言现象、分析语言现象。第四，研究的角度不同。本学科要求除了从语言学的角度来研究以外，还要从汉外对比、跨文化交际、语言习得、学习者个体差异、认知心理等多角度进行综合研究。第五，研究的方法也不同。除了一般的语言学研究方法外，还要采用对比分析、偏误分析以及心理实验等多种方法研究。可以说，对外汉语教学所需要的对汉语的研究，是一种跨学科的、综合的研究。这种研究不仅直接服务于对外汉语教学，同时也为一般汉语语言学的研究拓展了新的领域，发现了过去把汉语作为母语研究中从未注意到的问题。正如胡明扬先生所指出的：“我们中国人从不注意的一些问题，外国人提出来了，其实这些问题是值得研究的”，“通过这种研究，也能促进我们现代汉语的研究。”①

语言是客观存在，语言学则是人们对语言所做的科学研究。为

① 胡明扬（1984）在《语言教学与研究》创刊五周年座谈会上的发言，《语言教学与研究》第3期。

了不同的目的与需要、从不同的角度和侧重点并以不同的方式来研究语言，就成了各种不同的、或分支的、或边缘的语言学。从对外汉语教学的角度对汉语做有特色的研究已经有了近50年的历史，在关心本学科的语言学界学者们的支持与合作下，我们已初步建立了对外汉语语音、语法、词汇和汉字等的教学体系。当这方面的成果积累到一定程度时，也许就会形成一种新的对外汉语语言学。

对外汉语教学的内容除了汉语言本身外，还包括与汉语紧密相关的文化因素和基本的中国国情和文化背景知识。这就需要从跨文化交际的角度和文化语言学的角度，对汉语的文化因素进行研究。这在国内和国外都还刚刚开始，而对这方面的研究最感兴趣、最需要其研究成果的，也还是本学科。

②汉语习得理论是对对外汉语教学的主体之一——学习者的研究，即侧重从心理学的角度研究教学对象的学习过程和学习规律。过去人们不太重视对语言学习的研究，只是把它看做教学研究的一部分，处于比较次要的地位。随着认知心理学和教育心理学的发展和语言习得研究本身的进展，人们逐渐认识到“教”的成功与否决定性的因素还在“学”的方面，对“学 ”的研究是对“教”的研究的基础和前提。近几十年来对语言习得的研究已成为第二语言教学界研究的热点，在西方几乎有取代教学法研究的趋向。在我国对外汉语教学界也出现了汉语习得研究的好势头。语言习得规律是语言教学家、心理学家和语言学家共同关注的课题，但在汉语作为第二语言的习得方面，我们对外汉语教学界是责无旁贷的。特别是目前这方面的研究无论在国内还是在国外都还处于初始阶段，这是我们学科建设的一个重点。

③对外汉语教学理论是把上述两个方面——对教学内容和对教学对象的研究结合起来，即研究如何通过教学活动使教学内容为学习者迅速、有效掌握的规律和原理。教学理论有时也称为教学论或教学原理（甚至称为教学法），这是本学科研究的传统领域。随着相关学科如语言学、心理学、教育学、文化学的不断发展，新的边缘学科

的不断涌现,特别是语言习得研究新成果的出现,给教学理论的研究注入了新的活力。我们认为,对语言习得理论的研究只会加强而决不会削弱或者取代对教学理论的研究。我们的对外汉语教学法体系至今还未很好地建立,这方面的研究任务还很艰巨。我们亟须把教学论的教学目的、教学原则、教学过程、课程设置、教学方法、教学手段和教学评估等一般理论与对外汉语教学的规律紧密结合起来,形成有自己特色的对外汉语教学理论。

④学科研究方法学也是本学科理论体系的一个重要组成部分。研究方法在很大程度上决定研究的成果,甚至影响到研究的成功与失败。本体系中所说的学科研究方法学,是指受哲学方法论普遍规律的指导,用来探讨对本学科最具针对性的方法论原则,并着重研究适用于本学科的一般方法,特别是本学科特有的方法。

在以上所列学科基础理论的四个方面中,对外汉语语言学的研究、汉语习得理论的研究和方法学的研究,都是为语言教学服务的。它们根据教学的需要确定研究方向,其研究成果又用于教学。教学理论的研究居于学科理论研究的核心地位。

本学科的理论体系除基础理论外,还有应用研究。应用研究指运用相关学科和本学科的基础理论,对总体设计、教材编写、课堂教学、测试评估、教学管理和师资培养等方面进行专门的研究。用学科的基础理论来指导教学实践,需要经过学科应用研究这个中介环节。应用研究与教学实践最为接近,可以直接用来指导相关的教学活动。

(3) 学科体系的第三层是教育实践,主要是教学实践,它是学科理论服务的对象,也是学科理论产生的土壤。把教育实践纳入学科体系之中,这是语言教育学科的一大特点,也是语言教育学科发展的需要。这样能更好地体现本学科理论与实践的紧密关系:理论来源于实践,直接用于指导实践并在实践中得到检验。教育实践既包括对汉语作为第二语言的学习者的教育,也包括对未来的对外汉语师资的教育。二者具体的教学目标、内容、方法都不同,但二者又是紧密相关的,都受本学科理论的指导。对教育实践产生影响的还有社会的需要、国家的有关政策和经济实力以及学生素质、师资力量和可能提供的各种设备资源。对语言学习者的教育,还特别需要研究语言环境及其如何利用的问题。

以上简要介绍了对外汉语教育学科体系的框架。在本节中要着重说明的是组成这一学科体系的三个部分的主要内容及这三个部分之间的关系。对学科体系各部分的详细论述,见以下各章。

第三节　对外汉语教育的学科性质和学科特点

一、对外汉语教学的性质和特点

前边已经谈到,对外汉语教育学科研究的核心课题是对外汉语教学。对外汉语教育的学科特点和性质,也主要是由对外汉语教学的特点和性质所决定的。

1. 对外汉语教学的性质

对外汉语教学是一种第二语言教学,也是一种外语教学。

(1)　对外汉语教学首先是语言教学。语言教学的根本任务是教好语言,而不是教哲学、文学、史学或别的什么学科。语言教学必然涉及到一定的文化内容,也必须包括一定的文化因素的教学,但文化因素的教学必须为语言教学服务。语言教学也不同于语言学的教学。语言是交际工具,教语言就是要让学习者掌握这个交际工具,培养他们运用语言进行交际的能力。吕叔湘先生说过:“学习语言不是学一套知识,而是学一种技能。”[①]因此,语言课首先是技能课、工具课。语言学是研究语言的性质和规律的科学,语言学的教学则是教授有关语言的理论知识以及有关语言的研究方法。语言学的课程主要是知识课、理论课。语言教学中当然也包含一定的语言知识和语言规律的教学,但教知识、教规律是为培养运用语言进行交际的能力

① 吕叔湘(1963)关于语文教学的两点基本认识,《文字改革》(4)。

服务的。有的新教师不了解对外汉语教学的这一性质和特点,用大学中文系讲授语言学的方法在课堂上大讲汉语语法知识,或是词汇的各种义项和用法,这就完全违背了语言教学的规律。我们强调对外汉语教学作为语言教学的性质,就把它从教学内容和教学方法上与其他学科、包括语言学学科区分了开来。

(2) 对外汉语教学是第二语言教学。这一性质使对外汉语教学不同于第一语言(常常是母语文)教学。不论是小学或中学的语文教学,都是在学生已经较好地掌握了母语听说读写的基本技能,有了用母语熟练地进行交际的能力的基础上进行的。因此,除了需要进一步提高母语的运用能力、特别是读写的能力外,语文课要求学生学习一定的语文基础知识,要提高他们的思想品德、情感品质、文学修养和审美能力。而第二语言教学则往往是从零起点开始,学习者对目的语不但没有听说读写的能力,甚至从未接触过,需要从发音、说话学起。因此基础阶段的教学对他们来说显得特别重要,是第二语言教学的重点阶段。为了能在较短的时间里尽快达到初步掌握这种目的语的目的,第二语言教学就必然带有短期、速成、集中、强化的特点,就必须强调所传授的知识要转化为技能并以技能训练为中心,以培养学生运用目的语进行交际的能力为根本目标。而伴随语言教学所进行的文学与文化教育、审美教育等,也不能不受到学习者目的语水平的限制,只有目的语达到一定水平时才谈得上通过目的语来研究文学、文化。第二语言教学的性质,就把对外汉语教学与第一语言教学即母语文教学明显地区分了开来。

(3) 对外汉语教学是汉语作为第二语言的教学。汉语作为第二语言的教学,一方面受到第二语言教学普遍规律的制约,同时汉语教学又有本身的特殊规律,不同于英语、俄语、日语、阿语等其他第二语言的教学。汉语属汉藏语系,与世界上很多语言的谱系关系都比较远,对大多数外国学习者来说是一种陌生的语言,是“真正的外语”(true foreign language);汉语所体现的文化与其他民族、特别是西方民族差异很大,这给语言学习也带来了一定的困难;汉语不像英语、法语等作为第二语言在世界上已经有了几十年、甚至几百年的教学基础，目前汉语教学在国外还不普及，属于“非普遍教授语言”（less commonly taught language），学习汉语的人一般起点都不高。这些都是造成“汉语难学”成见的原因。另一方面，汉语在语音、词汇、语法、汉字方面也确实有许多不同于其他语言、特别是西方语言的特点（详见第三章第一节）；掌握汉语特有的书写系统——汉字，对以拼音文字为母语的学习者来说被认为尤为困难。通过语言对比可以发现，汉语的特点正是很多外国学习者的难点，也就成了对外汉语教学中需要突出的重点。正因为有这些难点与重点，在教学方法上也就要体现汉语教学的特点。

（4）　对外汉语教学是对外国人进行的汉语作为第二语言的教学。这就不同于对我国国内少数民族的汉语作为第二语言的教学。不同之处在于国内各少数民族同属于中华民族大家庭，共同创造并沐浴着中华文化，在汉语的学习和使用中由于民族间的文化差异所造成的困难就要小得多。而外国学生来自世界各国，各国之间特别是东西方文化之间的巨大差异，就造成了对汉语的理解、学习和运用中的障碍，甚至产生文化冲突。因此与语言交际紧密相关的文化因素，就成了对外汉语教学中不可或缺的内容。

从上述四个方面可以概括出对外汉语教学的性质是汉语作为第二语言的教学，它是第二语言教学的分支学科。对外汉语教学、世界汉语教学、我国少数民族汉语教学、我国母语文教学和我国的外语教学之间的关系如图 4 所示。

2. 对外汉语教学的特点

根据以上有关对外汉语教学性质的分析，我们可以归纳一下对外汉语教学的特点：

（1）　以培养汉语交际能力为目标——不是让已具备汉语运用能力的本族人掌握更多的语言和文化知识，而是让作为第二语言的学习者掌握用汉语进行听说读写交际活动的能力。

（2）　以技能训练为中心，将语言知识转化为技能——语言作为技能和能力，只有通过练习、实践才能掌握。

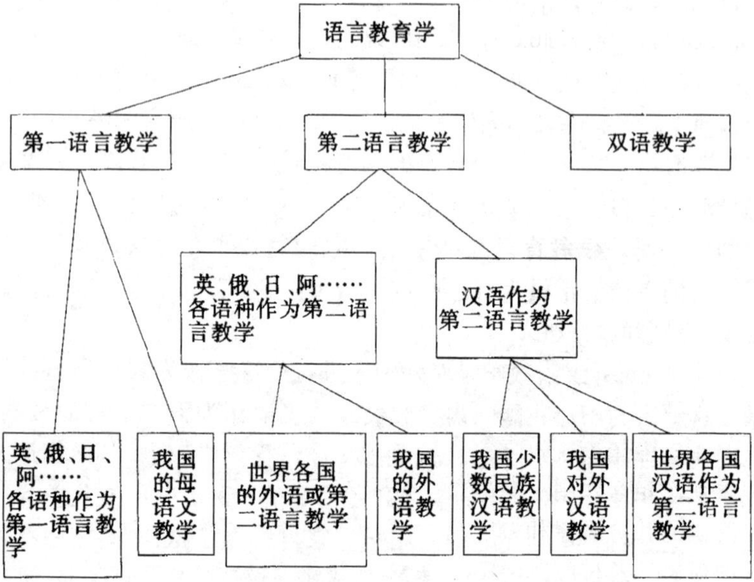

（图4）语言教育学及其分支学科

（3） 以基础阶段为重点——语言学习打下坚实的基础最为重要；基础阶段总是拥有最多的学习者，也最能体现第二语言教学的特点与规律。

（4） 以语言对比为基础——通过汉语与学习者母语的对比确定教学的难点和重点，分析并纠正学习者的错误。

（5） 与文化因素紧密结合——语言教学离不开文化教学，语言教学本身就应包含运用目的语成功地进行交际所必需的文化内容。

（6） 集中、强化的教学——相对说来，课程较集中，课时较多，内容较密集，进度较快，班的规模较小。

这些特点，是别的学科的教学所不具备或不完全具备的，这就把对外汉语教学与别的学科的教学区分开来。对外汉语教学的性质和特点,决定了对外汉语教育学科的性质和特点。同时,这些性质和特点也影响到对外汉语教学基本原则等一系列问题的确定。本书以下各章将分别结合这些特点进行讨论。

二、对外汉语教育的学科特点

对外汉语教育是一门专门的学科,是综合的学科,又是一门应用的学科。

1. 对外汉语教育是专门的学科

所谓专门的学科,就是指它有专门的研究对象、研究任务和研究视角,是别的学科所无法替代的。

对外汉语教育的研究对象,正如上文所谈,是汉语作为第二语言的教育现象、教育原理和教育方法,并以对外汉语教学为核心,研究汉语作为第二语言教学的全过程及整个教学系统中各种内部和外部因素及其相互作用。对外汉语教育的研究任务,是揭示汉语作为第二语言的教育规律和教学规律,以指导教育实践和教学实践,解决实践中提出的各种问题,从而提高教学效率,更好地实现教育目标。对外汉语教育的研究视角不仅是语言学的,也是心理学的和教育学的,而且是这几方面的综合的独特的视角。从本学科所承担的主要教学任务来看,对外汉语教学是一种以培养语言交际能力为目标,将语言知识转化为技能、以技能训练为中心,以基础阶段为重点,与文化因素紧密结合,在语言对比的基础上进行的集中、强化的汉语作为第二语言的教学。带有这些特点的教学任务也是独特的。本学科的研究任务和教学任务,是其他任何学科,包括最相近的语言学学科、外语教育学科、甚至母语文教育学科所不承担的。所以,我们说对外汉语教育是一门专门的学科。

2. 对外汉语教育是综合的学科

当今科学发展的一大特征是学科在愈来愈分化、愈来愈专门化的同时,不同的学科又在综合或者说交叉渗透,形成新的交叉学科。由两门学科相交而介于其间的,称为边缘交叉学科;由多门学科涉及到同一对象而形成的综合性学科,称为综合交叉学科。

对外汉语教育是一门综合交叉学科。它综合了多种学科的理论成果,研究本学科所面临的特殊课题,从而形成并逐步完善自身的学科理论。本学科的相关学科很多,在上一节谈到的学科体系中提出了作为本学科理论基础的七个主要学科。关于语言学、心理学、教育学和文化学对本学科的影响,第三、四章将有专节的论述,这里先概要介绍一下哲学、横断学科和社会学对本学科的作用。

哲学是关于世界观的科学,也是方法论的科学。哲学从总体上揭示客观世界最一般的规律,从而启发人们研究各门具体科学的特殊规律,从宏观上、方向上对各学科产生指导作用,因而是包括对外汉语教育在内的一切学科的理论基础。哲学史上认识论的经验主义和理性主义两大派,对不同的语言学习理论和语言教学理论流派的形成与争论,产生了很大的影响。马克思主义哲学思想是辩证唯物主义和历史唯物主义,它为本学科、也为一切学科提供了正确的世界观和科学的认识论。马克思主义哲学有关物质观、意识观、运动观、时空观、矛盾观、质量观、否定观等基本观点,马克思主义哲学认识论所阐明的实践和认识、感性认识和理性认识、相对真理和绝对真理的辩证关系,马克思主义哲学的辩证逻辑所揭示的对立统一、质量互变、肯定否定等思维规律,在科学研究中都发挥了方法论的指导作用。它使我们的研究工作有明确的方向、科学的方法途径,克服盲目性,避免片面性甚至极端化的倾向。我国对外汉语教学学科研究半个世纪的发展历程,除了文革时期的特殊情况以外,总的来说没有出现过大起大落,而是稳步地发展,这不能不说与我们一直受辩证唯物主义的哲学思想的正确指导有密切关系。

数学等横断科学运用于各个领域中,起着方法论的作用。数学是从量的角度来反映客观世界及其规律的工具,也是科学研究的普遍方法。由于量和量的关系是多种物质形态和物质运动形式所共有的,因此数学方法适用于一切科学。科学数学化已成了现代科学发展的一个重要特点。马克思认为一种科学只有在成功地运用数学之后,才算真正达到完善的地步。今天不仅在自然科学中,而且在社会科学中，数学方法正在发挥巨大的作用。近年来对外汉语教学界也愈来愈多地运用数学方法进行量化的研究，把数学方法较普遍地运用到本学科的研究中去，将对学科理论建设产生大的推动作用。

20世纪中叶崛起的系统论、信息论和控制论，是最初产生于技术科学而后成为横跨自然科学、技术科学、思维科学和数学的新的横断学科。这些新的科学理论以系统整体性、动态开放性、结构层次性和目标、功能最优化等特点，丰富和深化了马克思主义认识论，为人们提出了认识世界的新理论、新方法，是当代科学最新发展的前沿之一。这些学科所提出的系统方法、信息方法、反馈方法和功能模拟方法等，对各学科都有方法论的指导意义。本学科需要大力研究、汲取这些新的科学成果，以实现本学科研究的科学化、现代化。

社会学是研究社会生活、社会制度、社会行为、社会变迁和发展等社会问题的学科。语言是一种社会现象，社会性是语言的本质属性，因此语言学和语言教育的研究，都不可能不受社会学的影响。作为社会学和语言学之间的一门边缘学科，60年代中期在美国兴起的社会语言学，从语言与社会的关系角度研究语言，着重于对语言使用中变异现象与社会环境之间的相互关系的研究。社会语言学对言语交际中言语行为的研究和会话分析，特别是有关在一定的社会环境和言语交际情景中言语行为得体性所要求的社会规范、交际策略和语用规则的研究，对第二语言教学培养语言交际能力有直接的借鉴作用。至于社会语言学突破传统语言学单纯对语言内部结构关系的静止的描写与分析，重视语言的社会功能和交际作用，则从宏观上对第二语言教学起指导作用，对对外汉语教学已经而且正在发生着巨大的影响。

对外汉语教育学科，作为一门综合学科的特点，正是指它综合地、有选择地汲取上述七个主要学科以及其他相关学科的理论。这些学科与对外汉语教育学科的关系，正如生物学、生理学、化学等与医学的关系一样。医学从这些学科中汲取养料，在这些学科的基础上发展起来；但它们中的任何一门学科都不能直接派生出医学来，而且医学也不等于这些学科的总和。同样,在对外汉语教育与相关学科的关系上,我们也不能期望直接“应用”某学科的理论就能形成本学科的理论体系,综合汲取多学科的理论也不能代替本学科的研究。

3. 对外汉语教育是应用的学科

根据辩证唯物主义的认识论,作为反映客观规律的知识体系的科学,是从社会实践中产生、经受实践的检验而又为实践服务的。因而一门学科、一种学问总是要有自己的源于实践的理论体系,同时又应该用于实践,指导实践。但随着科学的发展,今天并非所有学科、特别是进行基础理论研究的学科都与实践直接相连。我们把与实践紧密联系、直接解决实际问题的学科称为应用学科,在新涌现的边缘学科中有很多是属于这类应用学科。认为应用学科只是应用理论学科的研究成果解决实际问题,它本身没有、也无须有什么理论,这种看法是片面的。应用学科也有其自身的基础理论研究领域和理论体系,它不仅需要进行具体的应用研究,不仅关注应用过程本身,而且要进行与之相关的基础理论研究。这是因为基础理论学科的研究成果并不一定能直接“应用”到某一学科,而只是对该学科产生“启示”作用。启示就意味着需要研究,包括理论研究。多学科的理论启示和应用,更需要从理论上进行选择与综合。每一门应用性的学科也有自己的特殊规律需要揭示,并据此提出本学科的理论、原则和方法。但应用学科也确实更为关注应用性研究。

对外汉语教育的学科任务,决定了这是一门理论与实践紧密结合、具有极强实践性的应用学科。对外汉语教育学科有自己的理论体系,包括基础理论和应用研究,主要阐述汉语作为第二语言的学习与教学规律以及教育规律。但本学科理论研究的特点是,它面对着对外汉语教育的实际和大量亟待解决的问题,理论研究的目的在于指导教育实践,解决教育和教学中发生的问题,提高教学的效率与质量,实现教育的目标。对外汉语教育的研究课题是从教育实践中产生的,研究成果或提出的理论应能直接指导实践并得到实践的检验。在解决问题的过程中,其理论体系不断得到修正、充实和发展。本学科的这一特点要求我们必须有敏锐的目光,注意教育和教学中的具体问题,同时以务实的态度踏踏实实地进行研究,从中发现规律,上升到理论高度并逐渐形成和完善理论系统。脱离教学实践闭门造车,即便理论花样翻新、教学法层出不穷也无补于教学实际。语言教学的历史已经说明,那些对语言教学理论做出特殊贡献的学者,很多人本身就是杰出的语言教师,其理论正是从教学实践中产生的。赵元任先生就是大家非常熟悉的例子,他是集语言学家、语言教育理论家和语言教师为一身的世界著名学者。我国著名语言学家王力、吕叔湘、周祖谟、朱德熙、张志公诸先生也无不如此。作为一门应用性的学科,本学科在研究方法上也体现一定的特点:不能仅仅坐而论道,要进行科学实验,获得数据,进行定量、定性分析,从而得出客观的、有说服力的结论。

正是在综合运用各相关学科理论并致力于研究汉语作为第二语言教育的特殊规律的基础上,在指导教育实践并经受实践检验的过程中,对外汉语教育已初步形成了一套有理论和方法的学科体系。

第四节　对外汉语教育的学科定位与争论

学科定位,是指某一学科在众多学科中的位置,也就是科学地确定它的门类归属问题,通常是由该学科的研究内容、任务和性质所决定的。学科定位问题之所以需要探讨,是因为它决定学科的发展方向。

对外汉语教育由于它研究内容的特殊性,也由于它是一门综合交叉学科,受到多种学科理论的影响,因而在学科定位的问题上,多少年来一直存在不同的看法和争论。

一、“小儿科”论

60 年代至 70 年代,对外汉语教学曾被看做是教外国人说中国话,教“人手足刀尺”的“小儿科”,认为“是个中国人就能教汉语”,不承认这是一门学科,需要什么学问。这是早期的"学科否定论"。持这种看法的,很多是对我们这一行实际上并不了解的"圈子外边"的人。众所周知,在医学科学中,小儿科也是一门精深的学科,而第二语言教学与研究真的就那么简单?这些人只要回顾一下自己学习外语的经历,就不难体会到在较短的时间内教会成年人较熟练地掌握一种第二语言并非轻而易举之事。正因为如此,对对外汉语教师在业务素质、教学能力方面均有特别的要求,我国设立了专门培养从事对外汉语教学的师资和研究人才的本科专业和硕士、博士专业,国家教委还要求对外汉语教师不论已取得何种学位都必须通过教师资格证书考试,率先在各学科中实行资格考试制度。在国外,据统计,美国高等院校 1986 至 1988 年所开设的英语作为第二语言教学的硕士专业有 120 个,博士专业有 18 个,可见在美国也并非"是个美国人就能教英语"。

随着对外汉语教育事业的迅速发展,我们的学科建设取得愈来愈明显的成就,不仅造就了一批本学科的专家,而且吸引了语言学界、心理学界、教育学界、文化学界的很多著名专家投入到这一领域中来。学科的影响日益扩大,学科的特点为更多的人所了解,特别是本学科在我国教育部的专业目录中被正式定为独立的专业,学科否定论的市场也就越来越小了。

二、"对外汉语文化教学学科"论

在我们"圈子"内部也曾出现过有关学科性质和定位问题的不同意见。80 年代后期至 90 年代初,对外汉语教学界就进行过一场语言与文化、语言教学与文化教学关系问题的热烈争论。关于语言与文化、语言教学与文化教学之间的关系,将在本书第四章第二节有系统的论述。本小节着重回顾一下争论中的主要论点。

对外汉语教学从初创时期开始,就有在教材(主要是课文)中介绍有关中国社会文化的好传统。但对语言与文化之间的关系却一直缺乏理论上的探讨。在文革后的对外汉语教学恢复期,人们的注意力很自然地集中于纠正过去语言教学中过多的政治内容和强加于人的做法，并把对语言和语言教学的研究作为学科建立初期科学研究的重点。80年代初一些学者和教师就已开始探讨语言教学中的文化问题，但直至80年代中期，对语言教学中文化教学的研究尚未像对语言和语言教学的研究那样全面展开。由于80年代后期中、高级阶段的对外汉语教学的规模逐步扩大，外国学生更多地表现出对学习中国文化、了解中国社会的兴趣。同时也因为受到当时语言学界和文化学界的"文化研究热"的影响，以及我们自身对语言教学交际性原则的认识的提高，对外汉语教学界有更多的学者和教师关注并参与文化教学问题的研究，提出要进一步加强对外汉语教学中文化教学的正确主张，从而在本学科形成了研讨文化教学问题的热潮。这标志着本学科理论研究的深化。在讨论中也出现了一些比较偏颇的观点，如提出对外汉语教学要"突破汉语基础教育"，"对外汉语教学的学科内容是汉学，而不仅仅是语言培训"，要进行"系统的文化知识的教学"，"与国外大学的中文教学接轨"，"把学校办成汉学家的摇篮"等等。最后导致要把本学科的性质改为"对外汉语文化教学学科"。这些观点引发了一场关系到本学科的发展方向、影响到专业建设、课程设置、课堂教学和教师队伍建设的争论。1994年12月举行的"对外汉语教学定性、定位、定量问题座谈会"，就学科的性质与内涵、对外汉语教学中语言教学与文化教学的关系等问题进行了深入的讨论，在一些原则问题上达成了共识。

会议重申了对外汉语教学作为第二语言教学的学科性质。很多学者认为语言教学不能脱离文化教学，对外汉语教学本身就包含着文化因素的教学，在汉语言专业的课程体系中必须有一定的文化知识课。但是我们这个学科的根本任务还是首先要教好汉语。本学科不同于文学、历史等学科，本学科的文化教学是有一定限度的，不能把文化课的数量和内容无限地扩大，弄得语言与文化失衡甚至倒置，改变了语言教学的任务。外国学习者最需要的首先还是学好汉语，一旦掌握了汉语这把金钥匙就能自己打开中国文化宝库的大门，从事中国文化的学习与研究,甚至当汉学家都有了可能。汉学家的培养是一个长期的过程,不同的汉学家有不同的专业领域,对外汉语教学也不可能单独完成培养各领域汉学家的任务,只能跑好这个培养过程的第一棒,让未来的汉学家先掌握好汉语这一工具。

关于"突破汉语基础教育"的问题,根据我们多年的教学实践,在目前情况下,汉语言专业本科四年的教学实际上都属于基础阶段教学。即使在中国的汉语环境里进行每周20多学时的强化教学,对大多数零起点的学习者来说,两年的汉语学习远远达不到掌握汉语这一工具的目的。因而三、四年级也不一定具备马上就转入专业文化学习的条件。更何况海外那些在非汉语的环境中每周只有四、五学时的大学汉语教学,甚至每周只有一学时的中学汉语教学!可以这样认为,目前全世界所进行的汉语作为第二语言的教学,绝大部分都是基础阶段的教学,这就是我们所面对的现实。我们希望今后由于学生入学时的汉语起点提高,作为大学的专业教育能逐步减少基础汉语教学,增加专业的内容。但这还只是对远景的期盼。更为重要的是,即使基础阶段也同样需要而且可以进行相关的文化教学。

国外大学的中文系确有不少是以用母语进行的汉学课程为主,而把语言课特别是技能训练课压到极次要的地位。且不论这样做造成的后果如何,这是由国外中文系长期的学术传统所决定的。(即使在国外,也有一些着重培养汉语人才的大学,许多中文系现在也已出现了加强现代汉语教学的趋势。)至少,这个"轨"我们不能接。我们不可能放弃汉语教学而专门用学生的母语来进行中国文化的教学,这也不是本学科的任务。如果这样做,万里迢迢来到汉语故乡来学习地道汉语的外国学子也不一定会满意。相反,我们坚持了通过汉语学文化、在提高他们的汉语水平的同时增加他们对中国文化的了解和认识、培养通用型的汉语人才的特色,倒能吸引更多的外国学生。我们非但不能接国外的这个轨,而且应当用我们认为正确的汉语教学原则去影响他们,发挥作为汉语教学基地的作用。

以语言教学为本、以基础阶段为重点,会不会导致本学科研究的范围太窄、层次太低呢？学科的性质不同，研究的范围自然也不同。有的学科研究的对象上下几千年甚至亿万年、纵横数万里甚至整个宇宙，也有的学科只研究一个零件或一项技术（如焊接），这都不影响它们作为一门学科对人类所做的贡献，也不存在学科层次高低的问题。对外汉语教学要研究的范围，横的方面包括世界各国不同母语学习者学习汉语的规律和特点；纵的方面则从零起点直到接近目的语水平的学习全过程。学科理论本身就包括对外汉语语言学、汉语习得理论和教学理论、学科研究方法学，还涉及那么多的相邻学科。因此无论从深度或广度来看，我们的学科研究都有着广阔的天地，而我们现在已开始探索的恐怕连冰山的一角都说不上。至于"对外汉语文化教学学科"的说法本身就缺乏科学性。语言教学与文化教学在教学的目的、内容、教学原则、方法等方面都有根本的区别，是两种完全不同性质的教学和学科，而且"文化"又是一个非常宽泛的概念，它本身就包含很多学科。

这场争论，初步探讨了语言教学与文化教学的关系，推动了对语言教学中文化教学的重要性及具体内容的深入研究。更重要的是进一步明确了我们学科作为第二语言教育的性质，在姓"语（言）"还是姓"文（化）"的紧迫问题面前，强调了本学科的语言属性，把握了学科的大方向。但是，强调我们这个学科的语言属性是否意味着本学科应定位于语言学呢？这又引发了关于学科定位问题的新的探讨。

三、"应用语言学学科"论

这不仅是我们国内争论的问题，也是世界第二语言教学界长期探讨的问题。传统的看法是把第二语言教学归入语言学的范畴，其上位学科是应用语言学，甚至将狭义的应用语言学用来专指第二语言教学。考虑到语言作为本学科的一个主要研究对象和本学科基本属性的特殊地位，尤其是在上一世纪和本世纪40年代以前还没有出现像今天雨后春笋般的应用语言学分支学科的情况下，把第二语言教学归入语言学和应用语言学的范畴，还不是不可理解的。但到了今天,这种传统看法无论在国外或我们国内都受到了严重挑战。80年代初美国学者汉默莱就认为:"'应用语言学'这样的术语已经陈旧到无用的地步了,尤其是现在已进入后结构主义语言学时代。"①我们国内很多学者近年来发表的论著中,也不同意把语言教学称为应用语言学。如章兼中先生认为:"外语教育学不是语言科学,更不是应用语言学。有人把外语教育学或外语教学法与应用语言学等同起来是没有理论根据的。"②

在强调语言学作为语言教育的主要理论基础、从宏观到微观都对语言教育起着极其重要的作用的同时,我们也认为科学发展到今天仍把第二语言教学归于语言学、应用语言学范畴,或直接称之为应用语言学,是不恰当的。

首先,第二语言教学所"应用"的理论不仅是语言学,还有心理学、教育学、文化学、社会学等,单单应用语言学理论解决不了语言教学的所有问题。有的学者认为心理学、教育学对语言教学的影响决不低于、甚至还高于语言学。另一方面一些"后结构主义语言学时代"的最重要的语言学理论,如转换生成语法理论,却最难应用到语言教学中去。因此把这一综合交叉学科仅仅定位于其支撑理论之一的语言学,缺乏科学性。

第二,语言学与语言教学之间的关系决不仅仅是"应用"。美国学者斯波尔斯基1970年指出,这两者是"应用和启示"的关系:语言学关于语言本质的研究对语言教学有启示作用;所谓"应用"仅仅指语言学对语言事实的描写可以为教学语法等提供资料③。即使"应用"的那一部分,在很多情况下也不是直接的,不能采取"拿来主义"。美国语言学家塞林克(L. Selinker)认为:"不能把第二语言教材或教

① Hammerly, H. (1982) *Synthesis in Second Language Teaching*, Second Language Publications.

② 章兼中(1993)《外语教育学》,浙江教育出版社。

③ Stern, H. H. (1987) *Fundamental Concepts of Language Teaching*, OUP.

学方法放在语言学的基础之上”。[①] 英国语言学家科德(S. P. Corder)也明确指出:“理论语言学同语言教学之间的关系是间接的”,“语言学理论和在课堂教学中实际应用的教材之间的关系也是间接的。仅仅依靠语言学理论是不可能为教学大纲内容的选择、安排和陈述提出一个标准的。”[②]这是因为语言学与语言教学毕竟是两门不同的学科。语言学研究的是语言本身,而语言教学研究的是如何学和如何教语言,两者的研究对象、研究目的和研究方法是不同的。理论语言学家注重的是用抽象的规则和抽象的形式描述语言的普遍特征(这与实际的语言教学相去甚远);而语言教学专家注重的是表现在具体言语行为中的某种语言的特点。即使是对具体语言事实的描写,前边已经谈到,也需要从第二语言教学的角度进行带有本学科诸多特点的研究。可见并非语言学的所有理论都适用于语言教学。今天应强调的不是早期那种对语言学理论的直接应用,而是从语言学理论中获得启示,作为一种重要的“养料”来培植语言教学的“花朵”。

第三,“应用语言学”这一名称非常笼统,不能明确地表示出本学科的内容。此外,这一名称强调的是本学科“应用”别的学科理论的一面和它所具有的应用性的一面,而忽视了它作为一门专门学科所具有的理论性。前边已经谈到,对外汉语教育学科的特点之一是它是应用的学科,但同时又有自己的理论体系。语言教育学科是在受众多相邻学科理论的启示、综合应用相邻学科有关理论的基础上,主要是通过研究语言学习和教学本身的规律而形成了用于解决语言教育问题的一套系统的理论、原则和方法,因此它不仅是“理论的应用”,而且也是“能应用的理论”,这层意思在“应用语言学”的名称中未能反映出来。另一方面,在应用语言学和语言教学之间画上等号,把应用语言学的范畴缩小到语言教学一个方面,既与当前学科发展

① Hammerly, H. (1982) *Synthesis in Second Language Teaching*, Second Language Publications.

② 科德(1983)《应用语言学导论》,上海外语教育出版社。

的事实不合，也模糊了应用语言学的概念，对应用语言学尤为不公。如果说100年前或50年前应用语言学刚刚诞生之时，语言学主要还是应用于语言教学，那么今天已有大量的语言学的边缘学科涌现，这些学科在应用语言学的理论方面要比语言教学直接得多，现在再把语言教学作为应用语言学的同义语，则更缺乏理据。

第四，最为重要的是，今天的语言教学已经进一步发现了自己的学科特征，明确了自己的发展方向，找到了自己的发展道路。20世纪70年代以来，语言教学逐渐摆脱了纯语言学研究的路子，更多地借鉴心理学、教育学、社会学的理论和方法，转向对学习者的语言习得过程和规律的研究以及对学习者个体因素（尤其是认知和情感因素）的研究，这就找到了一条更能体现本学科特点的、独立发展的路子，标志着这门学科正走向成熟，走向独立。

四、学科定位——语言教育学科

综上所述，对外汉语教育学科的性质是汉语作为第二语言的教育，正如它的名称所表示，应当定位于语言教育学科。它是语言教育学科下的第二语言教育的分支学科。（见图4）还需要说明的是，以上我们只是从学术的角度就学科的性质讨论其学科定位问题，这与国家教育机构在学科目录上的具体分类可能有所不同，因为后者是一种教育管理行为，受到各种现实因素的影响，甚至常处于调整变动之中。

尽管如此，考虑到在本学科定位问题上，学科内外很多不同看法目前还难以取得一致，妥善地解决学科定位问题还需要时间；而狭义的应用语言学用来指称语言教学已有一百多年的历史，人们已习惯于这一传统的名称。因此，在坚持本学科性质是汉语作为第二语言教学的前提下，把本学科称为语言教育学或应用语言学，都是可以的。

阅读参考文献

吕必松　1996　《对外汉语教学概论》(讲义),内部印行。

吕必松　1998　二十世纪的对外汉语教学,《二十世纪的中国语言学》,北京大学出版社。

崔永华　1997　对外汉语教学学科概说,《中国文化研究》春之卷。

编辑部　1995　对外汉语教学的定性、定位、定量问题座谈会纪要,《世界汉语教学》第1期。

杨庆华　1995　在对外汉语教学的定性、定位、定量问题座谈会上的发言,同上。

吕必松　1995　在对外汉语教学的定性、定位、定量问题座谈会上的发言,同上。

刘　珣　1997　以语言交际能力为目标、技能训练为核心的基础汉语教学,《对外汉语教学概论》,北京语言文化大学出版社。

李文生　1993　从实践中确立对外汉语教学的方向,《语言教学与研究》第2期。

瓯　奇　1994　关于对外汉语教学的思考,《汉语学习》第4期。

张占一　1996　对外汉语教学界的两股"文化风",《中国对外汉语教学学会成立十周年纪念论文选》,北京语言学院出版社。

陈光磊　1997　关于建设具有中国特色的语言教育学的献议(提要),《语言文字应用》增刊。

刘　珣　1998　语言教育学是一门重要的独立学科,《世界汉语教学》第2期。

Hammerly, H. (1982) *Synthesis in Second Language Teaching*, Second Language Publications.

Stern, H. H. (1987) *Fundamental Concepts of Language Teaching*, Oxford University Press.

第二章　汉语作为第二语言教学的发展与现状

我国对外汉语教学事业开始于1950年,至今已有近50年的历史。其间以1978年为界分为两个时期,即50年代初至70年代末的"开创对外汉语教学事业"时期和70年代末至今的"确立对外汉语教育学科"时期。半个世纪以来,随着作为中华文化载体和国际交往重要工具的汉语的地位和作用日益提高,世界范围内对汉语教学的需求也在不断增长。在我国政府和社会的大力支持下,对外汉语教学界同仁经过长期的不懈努力,无论在教学事业的发展还是在学科建设方面都取得了令人瞩目的成就。对外汉语教学作为一项"国家和民族"的事业得到极大重视,作为一门专门学科的地位得到确认。现在已建立了多类型、多层次、比较完整的教育体系和趋向科学化的课程体系,理论研究全面展开并初步建立了学科的理论体系,在教师队伍的建设方面也取得较大进展。对外汉语教学近半个世纪的发展历程及所取得的经验,应当进行研究和总结,对本学科的发展现状更需要进行科学分析,在此基础上才能明确对外汉语教育事业和学科建设进一步发展的方向。近半个世纪来世界范围内汉语作为第二语言教学也取得很大发展,并在发展的现阶段呈现若干特点。本章着重回顾我国对外汉语教学事业和学科的发展简史,介绍学科的现状,同时也介绍国外汉语作为第二语言教学发展的特点。

第一节　我国对外汉语教学的发展回顾

汉语是世界上最古老的语言之一，汉语作为第二语言教学也有着悠久的历史。据史书记载，汉代一些少数民族就派人来长安学习汉语和汉族文化，一些国家也向我国派遣了留学生。这应该看做是最早的对外汉语教学。唐代国力强盛，经济、文化、教育发达，是我国古代培养外国留学生的鼎盛时期。宋、元、明、清各代也接受了不少外国留学生，但到清代已渐趋式微。对我国古代的这段汉语作为第二语言教学的历史，目前我们的了解极其有限，是需要加强研究的一个重要领域。进入20世纪以来，由于列强侵略，战祸频仍，国势日衰，来中国学习的外国留学生就更少了。现代汉语作为第二语言教学，即使存在，也是零零星星，不成气候。比如有的资料曾提到40年代燕京大学的外国留学生要求学习汉语，当时只能请一些既无语言方面的科学知识又不懂外语、但古文很好的教会中的老先生来教。校方也认为需要改变这种状况，于是1946年燕京大学中文系开设了"外国人汉语"这门课，由本校的毕业生任教。教学对象是驻华美军的子女十多人，用的是法国人编的汉语课本。[①] 1949年以前我国的对外汉语教学情况可见一斑。

对外汉语教学真正发展成为一项事业、成为一门学科则是从新中国成立以后开始的。我国对外汉语教学，从1950年7月在清华大学成立第一个对外汉语教学机构"东欧交换生中国语文专修班"算起，至今已近50年。对外汉语教学五十年的发展史，以1978年为界分为两个时期。1978年以前的20多年为第一时期，即"开创对外汉语教学事业"的时期，是我们对这项新的事业进行摸索、试验并不断

① 杜荣(1994)对外汉语话沧桑，《北京大学学报》对外汉语教学中心成立十周年纪念专刊。

积累经验的经验型时期。1978年以后的20年为"确立对外汉语教育学科"的时期,是我们为使学科得到认定而自觉地进行学科建设,从理论和实践上探讨学科的规律并大力发展这一学科,由经验型向科学型转变的时期。之所以提出以1978年为分界线,首先是因为这一年中国共产党十一届三中全会提出了改革开放的路线,成为中国历史的一个新的转折点,为我国经济、政治、文化教育等各项事业的发展掀开了新的一页,也为对外汉语教学事业的大发展创造了条件。第二个原因是1978年是对外汉语教育学科发展的起点,这一年中国社会科学院召开的北京地区语言学科规划座谈会上,第一次提出把对外汉语教学"作为一个专门学科来研究",并在与会的专家学者中形成共识,反映在会后发表的《北京地区语言学科规划座谈会简况》中。(见《中国语文》1978年第1期)。这样,也才会有最近20年本学科建设的新篇章。

下面简要地回顾一下这两个时期的历程。

一、开创对外汉语教学事业

开创事业时期(50年代初至70年代末)又可分为三个阶段,即初创阶段、巩固阶段和恢复阶段。

1. 初创阶段(1950~1961年)

在周恩来总理亲自过问下,1950年成立的清华大学"东欧交换生中国语文专修班"于1951年初正式开课,拉开了新中国外国留学生汉语预备教育的帷幕。清华大学校务委员会主任周培元教授兼任专修班班主任,著名语言学家吕叔湘先生任清华大学外籍留学生管理委员会主席并兼管专修班的业务工作。吕先生说:"我曾经有一段时间主持这方面的工作。"[①]第一年共接受来自东欧国家的33名留学生,学制为两年。任课教师共6名,包括曾在美国、英国教过汉语

---

① 吕叔湘(1994)中国对外汉语教学学会成立十周年学术纪念会的贺词,《中国对外汉语教学学会成立十周年纪念论文选》,北京语言学院出版社。

的邓懿、王还等先生。由于全国高等学校进行院系调整，该班于1952年暑期转到北京大学，更名为“北京大学外国留学生中国语文专修班”。50年代末、60年代初，为接受来自获得民族独立的非洲国家的留学生，于1960年9月在北京外国语学院成立了“非洲留学生办公室”。1961年，分别设在北京大学和北京外国语学院的这两个外国留学生教学机构合并为“北京外国语学院外国留学生办公室”。这十年中，外国留学生教学与管理机构先后附属于清华大学、北京大学和北京外国语学院，此外1953年至1957年间还在广西桂林开办了专门培养越南汉语人才的“中国语文专修学校”。到1961年，我国在校的外国留学生总数为471人，从1951年到1961年11年来共接受60多个国家的留学生3315人，都是进行汉语预备教育。除了正规的学校教育外，其他形式的对外汉语教学，如对驻华外交人员的教学，函授或刊授教学，向国外派遣汉语教师（第一位到国外教授中国语文的专家是朱德熙先生）以及国内培养对外汉语师资等工作都已先后开始。

十年初创阶段，在教学机构、师资队伍、预备教育体系等方面，为我国对外汉语教学开了个好头，奠定了较坚实的基础。这一阶段的特点是，首先，我国对外汉语教学从一开始就注意把对外国人进行的汉语教学与对本国人进行的母语文教学区分开来，摸索一条第二语言教学的路子。在特别重视学生掌握汉语语法、词汇基本知识的同时，强调对语言的实践和运用，大力进行听说读写基本技能的训练。这一点也充分地反映在1953年发表的本学科最早的一篇论文《教非汉族学生学习汉语的一些问题》（周祖谟）和1958年出版的我国第一套对外汉语教材《汉语教科书》中。第二，很多著名语言学家如吕叔湘、周祖谟、朱德熙等先生在初创阶段就亲自参加这项工作，使我国对外汉语教学从一开始就有着雄厚的研究汉语语言学的实力，也从一开始就树立了语言学家积极支持并亲自参与对外汉语教学的好传统。数十年来，王力、吕叔湘、周祖谟、朱德熙、胡裕树、林焘、张清常、张志公、胡明扬、邢公畹等著名语言学家在对外汉语教学事业和理论建设中发挥了巨大作用。第三,二次大战期间协助赵元任先生在美国哈佛大学主持“军队特别训练课程中文部”、用听说法进行汉语教学工作的邓懿先生,和40年代末在英国剑桥大学从事过三年汉语教学的王还先生,都作为组织者(教研室主任)和骨干教师参加了初期的教学工作,这又使得我国对外汉语教学从一开始就有可能借鉴、汲取国外第二语言教学的好经验和新成果。当然,总的看来,本阶段对汉语作为第二语言教学规律的认识还是初步的,教学中存在过于侧重语言知识特别是语法知识教学的倾向,对语言运用能力的培养,无论在认识上还是具体方法上都远远不够,这是历史的局限性。

2. 巩固阶段(1962~1966年)

对外汉语教学进入巩固阶段的标志是,经国务院批准,1962年6月在北京外国语学院外国留学生办公室的基础上正式成立“外国留学生高等预备学校”,以适应对外汉语教学事业不断发展的需要。这是我国第一所以对外汉语教学为主要任务的高等学校,是北京语言学院的前身。该校的成立,结束了对外汉语教学依附于其他高等学校的情况,有了本学科自己的、独立的、稳定的基地,这是对外汉语教学事业发展的新的里程碑。由于学校任务的进一步扩大,1964年6月经国务院批准,外国留学生高等预备学校改名为北京语言学院,1996年又改名为北京语言文化大学。北京语言文化大学至今仍是我国惟一的一所专门以对外国进修生、本科生、硕士研究生、博士研究生以及汉语进修教师进行汉语言、中国文化、中国文学、中国艺术和汉语教学理论教育为主要任务的大学,该校30多年来一直在教学、科研、师资培养及对内对外的学术交流方面发挥着本学科基地、骨干和带头人的作用。

1965年,由于要承担2000名越南留学生的汉语预备教育的任务,从事对外汉语教学的单位由北京语言学院一所一下子扩展为包括北京大学、中国人民大学、北京师范大学、南开大学、吉林大学、南京大学、复旦大学、华东师范大学、武汉大学、杭州大学、西北大学等大学在内的遍布我国各地的23所大学。1965年暑期北京语言学院为新从事对外汉语教学的22所院校举办了培训班，这也是我国第一次举办全国性的对外汉语教师培训班，为后来对外汉语教学事业的发展起了一定的推动作用。为了加强各院校之间的交流，我国第一份对外汉语教学的专业刊物《外国留学生基础汉语教学通讯》也于1965年下半年由北京语言学院创办。中国国际广播电台则于1962年开始了汉语教学节目。

从1962年到1965年，虽然只有短短的四年时间，我国对外汉语教学呈现了迅速发展的良好势头。首先表现在教学规模进一步扩大。1965年底在校的外国留学生总数为3312人，是1961年在校人数的七倍多。这四年间共接受外国留学生3944名，超过了前11年的总和。从事这项任务的学校也由一所发展到23所。在教学体系的建设方面，本阶段在巩固、发展汉语预备教育的同时，已着手试办汉语翻译专业。对外汉语教师的培养工作，也由于划归北京语言学院承担而得到进一步落实。更为重要的是，在教学法的研究方面开始对15年来所积累的经验、包括长期以来争论的问题进行了总结。钟梫《十五年汉语教学总结》[①]一文中特别提到了"精讲多练"和"课内课外相结合"的实践性原则，用汉语进行课堂教学的直接性原则，教学内容与学生的专业相结合的学以致用原则，以及"语文并进"，听说读写全面要求、阶段侧重等主要的教学原则。这些从长期教学实践中总结出来的宝贵经验，虽然还缺乏理论的指导和系统的阐述，但却是对对外汉语教学规律早期探索所得出的重要共识，对后来的教学得以坚持正确的方向起了保证作用，也为学科理论建设奠定了基础。在这一阶段，特别是从1965年开始，受国外新教学法的影响，北京语言学院教学法改革的试验以及新教材的编写出现了蓬蓬勃勃的新局面。

但是1966年夏天爆发的"文化大革命"使我国陷入一场空前的

---

①　钟梫(1965，1979年发表)十五年汉语教学总结，《语言教学与研究》试刊第4集。

浩劫，对外汉语教学这株幼苗也遭到了严重的摧残，几乎被扼杀。所有承担外国留学生教学任务的学校跟其他高等院校一样都被迫停课闹革命。对外汉语教学的基地、新成立不久的北京语言学院被戴上了“黑学校”、“小西方”的帽子于 1971 年被宣布撤销。60 年代初在教学改革和教材编写方面的成果都付之一炬。从此，全国的对外汉语教学中断了六七年。

3. 恢复阶段(1972～1977 年)

70 年代初国际形势有了新的发展。随着我国在联合国合法席位的恢复、中日邦交正常化、美国总统访华所开始的中美关系正常化的进程等一系列外交上的重大突破，我国的国际地位进一步提高，很多国家要求向我国派遣留学生。这时国内高等学校已恢复招生，恢复对外国留学生的汉语教学也必须提到日程上来。1972 年 6 月北方交通大学首先接受了 200 名坦桑尼亚、赞比亚留学生。1972 年 10 月周恩来总理亲自批示恢复北京语言学院。经过不到一年的紧张筹备，北京语言学院于 1973 年秋季开始接受外国留学生。当年共接受 42 个国家的 383 名学生。北京大学、复旦大学等院校也陆续恢复招生。外交人员的汉语教学及广播汉语教学都逐渐恢复。由于“文化大革命”的破坏，教学工作多年中断，百废待兴，恢复阶段的对外汉语教学在校舍、设备、资料、教材、教师、管理等各方面都遇到了难以想像的困难。尽管如此，这条战线上的广大教职员工在艰苦的条件下为恢复我国对外汉语教学事业做出了巨大的努力，在短短的五六年中取得了很大的成绩。1977 年在校留学生总数为 1217 人，从 1972 年到 1977 年我国共接受留学生 2266 名——当然这还远未恢复到文革前的规模。在教学理论的研究方面，这一阶段提出了“实践第一”的观点，强调课堂实践必须为社会实践服务，并把实践性原则定为对外汉语教学的基本原则。与此同时，在新教材的编写中进行了句型教学的试验，在语言技能训练方面进行听说和读写两类课型分开教学的试验等。在文化大革命刚刚结束、“四人帮”流毒尚未彻底肃清的情况下，教学理论研究还难以正常开展。但严酷的冬天既已过去，百花竞放的春天也就不远了。

综上所述,在前一时期的28年(除去文革时期实际上也只有二十一二年)中,对外汉语教学事业虽然经历了曲折的道路,但还是由小到大发展起来。由于历史的原因,这一时期的主要任务是开创、发展这项教育事业。在主要从事语言预备教育的情况下,人们还缺乏学科意识,当时也不可能致力于科学的、系统的学科建设。据统计,这二十多年发表的数十篇论文中,绝大多数还是总结教学经验,探讨具体的教学方法,解决教学中的具体问题。但是,这一时期对外汉语教学事业的发展和经验的积累,为以后的学科确立和学科建设奠定了基础。

二、确立对外汉语教育学科

确立学科时期开始于1978年,一直延续到今天。1978年以来国家的正确路线和政策,带来了对外汉语教学事业繁荣发展的大气候和良好的外部条件;对外汉语教学作为一门专门的学科正式提出并得到确认,又成为学科发展的内部动力。近20年来随着国家经济的快速增长,我国国际地位的进一步提高,对外汉语教学事业也以前所未有的速度在发展。从1978年到1988年,我国从政府渠道共接受了130多个国家的、学习期限一年以上的长期留学生13126名,这就相当于前一时期20多年总数的1.4倍。此外还接受了短期留学生33812名。这两个数字均不包括通过校际交流途径来华的外国留学生人数。1988年在校的外国长期生达5245名,是1977年在校留学生人数的4.3倍。而到了1997年,在校人数已达43712名,又是1988年的8倍。单北京语言文化大学一校,近几年来每年都要接待100多个国家的长期和短期生四五千人,已超过1962~1965年间全国留学生人数的总和。现在,以不同规模从事对外汉语教学的高等院校已不是1965年的23所,而是300多所。很多学校都设立了专门进行对外汉语教学的“学院”或“中心”建制。

这一时期的成就,更主要地体现在对外汉语教学界为学科的确立而进行学科理论建设所做的巨大努力和所取得的丰硕成果上。这20年又可分为80年代的“建构学科理论框架”阶段和90年代的“深化学科理论研究”阶段。

1. 建构学科理论框架阶段(80年代)

建构学科理论框架阶段的特点是:

第一,在对外汉语教学界逐渐形成了科学研究之风,在研究课题的涉及面和参加者的广泛性方面都是空前的。从80年代初开始,由于学科建设的开展,对外汉语教学界同仁的学科意识不断增强,激发了从事科研的极大积极性,对指导教学实践所急需的教学方法、教材和测试评估等方面的研究全面展开,还开始了后来一直延伸到90年代的文化与语言教学关系的大讨论,并加强了对国外的教学理论、习得理论和教学法流派的介绍与研究。据统计,80年代发表的教学理论与教学方法的论文近300篇、论文选或专著十多部、对外汉语教材一百多部。这些成果是以前二十多年所无法相比的。

第二,本阶段从学科建设的高度开始了对外汉语教学宏观的、系统的研究,逐步建构了对外汉语教学的学科理论框架。上文已谈到,吕必松先生最早对学科理论进行宏观研究,阐明对外汉语教学的性质和特点,探索学科体系的模式,论述学科的基础理论和应用理论并提出学科建设的任务。在教学理论方面,他提出由四大部件组成、受三类变因影响的教学结构,提出总体设计理论与教学活动四大环节理论,从而首次构建了本学科的理论体系和教学理论体系。其中很多观点已为本学科的广大同仁所认同,此后更多的学者从不同角度继续充实、完善这一理论架构。

第三,在这一阶段中,以我国第一个对外汉语教学的研究机构北京语言学院语言教学研究所和北京语言学院语言信息处理研究所为基地,开展了本学科首批重大课题的研究,并陆续在80年代末和90年代初取得了一些不仅在对外汉语教学界而且在语言学界和语言教育界、不仅在国内而且在国外都产生了一定影响的研究成果,如《现代汉语频率统计与分析》、《现代汉语句型统计与研究》、《北京口语调查》、

《汉语水平测试的研制》、《计算机辅助汉语教学系统及基本汉语规范研究》等。这些科研项目的完成，进一步奠定了本学科的学术基础。

第四，在教学法的研究方面，提出了“结构与功能相结合”的原则以及“交际性原则”，并紧密结合教学的需要对对外汉语预备教育、短期教育、进修教育及现代汉语专业的本科教育等门类的课程与教材进行了全面的改革试验。

2. 深化学科理论研究阶段(90 年代)

90 年代本学科的科学研究空前活跃，科研成果大量涌现，无论是学术论文、学术专著、教材还是研究课题，在量和质的方面又都是 80 年代所不能相比的。特别是学科理论研究已突破早期由于历史的原因主要集中于个别院校的状况，出现了在全国各对外汉语教学单位遍地开花的新局面。这十年活跃的学术气氛还表现在召开了很多国际性、全国性和地区性的学术研讨会、座谈会，其中又以 1992 年的“语言学习理论研究座谈会”、1994 年的“对外汉语教学定性、定位、定量问题座谈会”和 1997 年的“语言教育问题座谈会”在推动学科理论建设方面的意义最为重大。

在 80 年代学科建设全面展开的基础上，90 年代出现了理论研究深化的趋势。所谓“深化”，主要体现在两个方面。一是语言习得的研究得到高度重视，进一步探讨汉语学习规律，使教学理论的研究建立在更为坚实的基础之上，“语言学习理论研究座谈会”对推动语言习得的研究产生了深远的影响。二是教学理论的研究逐渐改变了纯语言学研究的路子，更自觉地汲取心理学、教育学、语言习得理论、社会学、文化学和跨文化交际学的理论成果，借鉴认知心理学、社会语言学、心理测量学、教育统计学等学科的研究方法，探讨体现学科特色的研究方向。“对外汉语教学定性、定位、定量问题座谈会”和“语言教育问题座谈会”在进一步明确学科的性质、定位和研究方向方面起了很大的作用。

在深化理论研究的基础上，教学层面的应用研究也有了新的发展。与国外研究的趋势相一致，这一阶段对教学原则的研究和总结，成为教学法研究的重点。特别是其中的“结构、功能、文化相结合”的原则，已成为带有中国特色的汉语作为第二语言教学的一项重要原则。对教学活动进行科学化、规范化的研究，又成为90年代学科应用研究的另一个重点。已有数十年历史的对外汉语教学，随着规模的不断扩大，参与单位日益增多，教学质量的要求也在进一步提高。更好地解决教学中存在的盲目性、随意性和无序状态，对教学活动的全过程施行必要的规范化、标准化，既是教学第一线的要求，也是学科建设的需要。作为这方面的研究成果，本阶段陆续出版了《汉语水平词汇与汉字等级大纲》(1992年)、《汉语水平等级标准与语法等级大纲》(1996年)以及《中高级对外汉语教学等级大纲(词汇·语法)》(1995年)等。对外汉语教学的功能大纲和文化大纲也正在研制。国家汉办在组织科研攻关课题、规范教学大纲和课程设置以及推动新一代教材的编写方面发挥了很大作用。

第二节　我国对外汉语教学的发展现状

上一节分阶段概括介绍了近半个世纪以来对外汉语教学事业和学科建设的发展历程，现在再从几个方面进一步总结一下这半个世纪(主要是近20年来)所取得的成就。

一、国家和民族的事业

随着我国改革开放的不断深入，我国与世界各国在经济、文化、教育和科技等方面的交往日益密切频繁，中国需要了解世界，世界也需要了解中国。汉语作为各国人民间传递信息、交流科技文化、加强沟通与了解，且作为世界上使用人口最多的语言、联合国法定的一种工作语言，日益发挥着重要的媒介作用。在世界上形成一股“中国热”的同时，也自然地掀起了学习汉语的热潮，要求学习汉语以了解中国，发展与中国的友好合作关系的人越来越多。因此，人们对对外汉语教学有了新的认识。其意义不仅局限于一种语言教学，它有助于世界人民了解中国，加强各国人民与中国人民的友好交往，有利于人类的和平进步事业。我国国家教委 1989 年 5 月《关于印发〈全国对外汉语教学工作会议纪要〉的通知》一文中明确指出："发展对外汉语教学事业是一项国家和民族的事业。"

正是出于上述原因，我国政府高度重视对外汉语教学工作，为了协调各有关方面的力量以加强对这项工作的领导与管理，1987 年 7 月国务院批准成立了由国家教委、国务院外事办公室、外交部、文化部、广播电影电视部、新闻出版署、国家语言文字工作委员会等政府部门及北京语言学院组成的"国家对外汉语教学领导小组"（1998 年已扩展为由 11 个政府部门组成），由当时的国家教委负责人任组长。日常工作由其常设机构"国家对外汉语教学领导小组办公室"（简称"汉办"）负责，第一任办公室主任为北京语言学院院长吕必松。领导小组的成立以及随后所做的一系列工作，特别是国家教委和国家对外汉语教学领导小组于 1988 年 9 月联合召开的全国对外汉语教学工作会议，极大地鼓舞和推动了我国对外汉语教学工作的发展。1993 年国家教委发布的《中国教育改革和发展纲要》中更进一步提出要"大力加强对外汉语教学工作"。

二、学科地位

80 年代以来不少语言学界的专家、学术团体以及政府教育行政部门，就对外汉语教学的学科地位不断发表看法。1983 年 6 月参加筹备成立"中国教育学会对外汉语教学研究会"的学者专家们正式提出了"对外汉语教学"的学科名称。中国教育学会在给该研究会成立大会的贺信中指出："对外汉语教学已发展成为一个新的学科。"

王力先生于 1984 年题词写道："对外汉语教学是一门科学。"①

① 王 力（1984）为《语言教学与研究》创刊五周年题词，《语言教学与研究》第 3 期。

朱德熙先生继1984年提出对外汉语教学"实际上这是一门学问,在国外,已经变成一门学问,这需要研究"①后,1989年重申"现在强调对外汉语教学是一个专门的学科,要有一定的素养和训练才能胜任这个工作,这一点越来越得到大家的理解。"②

林焘先生1984年也指出"研究对外汉语教学是门学问,是具有理论性的一门学问。"③

当时的教育部长何东昌1984年12月的一次报告中明确表示:"多年的事实证明对外汉语教学已发展成为一门新的学科。"在国家教委颁布的我国学科专业目录中已列入"对外汉语"这门新的学科。

以上的事实说明,对外汉语教学作为一门学科的地位在我国已得到学术界和政府的确认。

另一方面,对外汉语教学界本身为建设和发展这一新的学科,从建立学术机构和学术阵地等方面积极创造条件,80年代以来做了很大努力。首先是成立了专门的学术团体和研究机构。1983年6月成立的"中国教育学会对外汉语教学研究会"于1988年独立为"中国对外汉语教学学会",秘书处设在北京语言学院,首任会长为吕必松。该会现有会员700多人,至今已举行过六届学术讨论会,并组织过多次国内外学术交流活动。由于教学事业和学科研究发展的需要,1996年又先后成立了北京、华东、华北、华南和东北等五个地区分会。1987年在北京举行第二届国际汉语教学讨论会期间,各国代表协商成立了"世界汉语教学学会"。该会的成立是为了促进世界汉语教学与研究的交流与合作,推动世界汉语教学与研究的发展。该会

---

① 朱德熙(1985)在北京语言学院语言教学研究所成立大会上的讲话,《语言教学与研究》第2期。

② 朱德熙(1989)在《语言教学与研究》创刊十周年座谈会上的发言,《语言教学与研究》第3期。

③ 林 焘(1984)在《语言教学与研究》创刊8周年座谈会上的发言,《语言教学与研究》第3期。

秘书处也一直设在北京语言学院，首任会长为朱德熙，现有30多个国家和地区的800多名会员。1999年8月将举行第六届国际汉语教学讨论会。

1984年6月北京语言学院在原“编辑研究部”的基础上成立了“语言教学研究所”，这是我国第一个对外汉语教学的专门研究机构。1987年该校又成立“语言信息处理研究所”，1992年成立“中华文化研究所”。为推动学科的理论建设和教材建设，先后创办了专业性刊物并成立了专业出版社。1979年9月原北京语言学院的内部刊物《语言教学与研究》改为正式出版的季刊，成为我国第一个对外汉语教学的专业刊物。1987年9月，由中国对外汉语教学学会和北京语言学院共同创办的会刊《世界汉语教学》转为世界汉语教学学会会刊，仍由北京语言学院主办。这两个刊物以其较高的学术质量在国内外产生了广泛的影响，前者曾被列为我国中文核心期刊第四位，后者被列为第十二位。北京语言学院还于1987年创办了以外国留学生为主要对象的普及性刊物《学汉语》，1993年创办了《中国文化研究》。此外，像国家语言文字工作委员会的《语言文字应用》以及延边大学的《汉语学习》等学刊也开辟了对外汉语教学研究的专栏。很多大学学报也都不定期出版对外汉语教学专刊，南开、北大、人大、北语等院校还经常出版有关对外汉语教学研究的专辑。现在发表对外汉语教学研究成果的园地，仍在不断扩大。专门出版对外汉语教材、工具书和理论著作的专业出版社，现在有北京语言文化大学出版社（于1983年2月最早成立）和华语教学出版社（1986年1月成立）。其他如商务印书馆、上海教育出版社以及许多大学出版社也非常重视该学科的出版工作。

三、学科教育体系和课程体系

在开创事业时期的前两个阶段，对外汉语教学基本上只有一种类型，即为将来进入中国有关大学学习某项专业的外国留学生进行一至两年的汉语预备教育，属非学历教育。到70年代下半期，特别是进入对外汉语教学发展的第二时期,即确立学科时期,这一教学门类单一的现象得到了彻底的改变,开始了本专业的大学本科教育和研究生教育。

1975 年,原北京语言学院开始试办以外国留学生为对象、以汉语作为第二语言的教育为特征的四年制“汉语言”专业本科,当初提出的培养目标为汉语教师、翻译和汉语研究人才。接着南开大学、南京大学、复旦大学等院校也相继设立该专业,现在全国已有 20 多所大学设立了汉语言本科专业。1996 年北京语言文化大学又开设了外国留学生四年制“中国语言文化”本科专业,培养“具有较高的汉语水平,具备综合性的中国国情和文化知识,一定的中国语言文化素养及初步研究能力,从事与中国有关工作的通用型语言文化人才”。[①] 现在每年单从北京语言文化大学本科毕业并获得学士学位的外国留学生就由数十名、一百多名增加到近二百名。学历教育进一步发展是在 1986 年,这一年北京语言学院经上级批准成为硕士学位授予单位,并开始招收带有本学科特色的、以汉语作为第二语言教学、汉外对比、翻译、汉语信息处理等为方向的现代汉语专业外国硕士研究生。同年北京大学汉语中心、随后其他一些大学的对外汉语教学单位,也开始招收现代汉语专业对外汉语教学方向的外国研究生(对外汉语教学方向已划归新建立的“语言学和应用语言学专业”)。十年后,国家教委批准北京语言文化大学建立全国第一个对外汉语教学“学科教学论”(后改为“课程与教学论”)硕士专业,于 1997 年招收第一批研究生。1997 年全国第一个带有对外汉语教学方向的“语言学和应用语言学”博士专业获准在北京语言文化大学建立。这样,本学科就有了从学士学位到博士学位的完整的学历教育体系。

非学历教育的门类也在不断发展。除了一直有的汉语预备教育外,这一时期增加了汉语短期教育、汉语进修教育和汉语速成教育。1978 年北京语言学院首先创办了汉语短期进修班,学习期限从四周

---

① 见北京语言文化大学汉语学院学生手册。

到六个月不等,根据学员不同的汉语程度,从零起点到中高级程度分A、B、C、D、E、F等班,全年办学。这种半年以下的短期班灵活多样,学习时间和学习内容有较大的选择性,能满足更多的汉语学习者的不同要求,因此十多年来发展极快,学生人数超过了长期生。在目前的300多所从事对外汉语教育的院校中,绝大多数是进行这种短期教学。非学历教育的另一类型是各种程度的外国汉语进修生教育,接受由国外的院系组织前来的中文专业的学生或是外国机构团体委托培训的进修人员,以及作为访问学者的外国进修教师,进修时间一般为一至两年。从1994年开始,北京语言学院又着手试验汉语速成教育,即在相对短的时间内使学习者比常规教学获得更大成效的强化教学。此外还有为已在我国各大专院校入系学习的外国留学生开设的公共汉语课,目的是为了进一步提高其汉语水平,以便更好地学习专业。

对海外华侨子弟的汉语教育,对外交人员、商务人员的汉语教育,以及广播、电视、刊授、函授等各种特殊形式的对外汉语教育也都有了进一步的发展。网上中文教学、远程汉语教学也正在进行研究。现在本学科已形成多层次、多渠道、多形式、能适应各种类型学习者需求的对外汉语教育体系。

与此同时,本学科的课程设置也在不断总结经验的基础上趋向科学化。不同专业、不同教育类型,如预备教育、进修教育、短期教育、速成教育、本科教育、研究生教育等有不同的课程设置。预备教育历史最久,积累的经验也最丰富,且由于集中在一、二年级的初级阶段,相对说来课程比较单纯。这也是在诸如技能与知识、综合课训练与分技能课训练等问题上的长期探索后,才形成了比较科学的课程体系。中、高年级的教学则由于历史较短,规模相对较小,涉及的院校也不多,更经历了曲折的探索道路。在技能与知识、语言与文化、文化的基础性与专业性等关系方面,有过更多的争论,最后才逐渐形成共识。以较具代表性的汉语言专业本科教育为例,主要课程分三大类:语言技能课、语言知识课和中国文化知识课。

与课程体系相关的教材建设,也取得了可喜的成果。据统计,近20年来我国学者编写出版了三百多套对外汉语教材,一定程度上满足了国内各类教学的需要,并在世界汉语教学界产生广泛的影响。有些我国编写的教材十多年来行销五大洲,成为世界上使用率最高的汉语教材之一。

经过半个世纪的努力,我们已经建立了多类型、多层次、比较完整的教育体系和趋向于科学化的课程体系。

四、学科理论体系

上文谈到,从80年代开始,对外汉语教学理论研究和应用研究逐步开展,90年代深入发展。20年的辛勤耕耘,我国对外汉语教学界同仁在各种场合发表的论文不下3000篇,出版著作近百部。研究领域涉及汉语语言学、汉语教学理论、汉语习得理论和学科研究方法学等,既有基础理论研究,也有应用研究。其中,一些基础性的项目研究,更为国内外学术界所瞩目。如:

现代汉语频率统计与分析(北京语言学院)——其成果《汉语词汇的统计与分析》获1987年北京市首届哲学社会科学优秀成果一等奖,《现代汉语频率词典》获1987年第一届中国图书奖荣誉奖。

汉语水平等级标准和等级大纲(试行)(中国对外汉语教学学会)——1988年修订出版,填补对外汉语教学的一项空白。

普及型PJY中文输入系统(北京语言学院)——1989年通过专家鉴定,为当时新一代的汉语输入方法,具国内外先进水平,获国家教委1991年科技进步奖。

短期速成计算机辅助有声汉语教学系统(北京语言学院)——1989年获新加坡国际博览会最杰出软件设计奖。

中国汉语水平考试(HSK)研究(北京语言学院)——1985年夏第一套试卷测试成功,1990年初中等考试通过国家鉴定,获国家教委1991年科技进步奖,1993年正式成为国家标准化考试,也是目前世界上最具权威性、影响最大的汉语水平测试。其理论成果《汉语水平考试研究》获1991年北京市第二届哲学社会科学优秀成果二等奖。

北京口语调查(北京语言学院)——1992年通过专家鉴定,国家教委博士点基金项目,国家哲学社会科学"七五"规划重点项目。用人机结合方式大规模进行口语研究,在国内是一项创举。

计算机辅助汉语教学系统及基本汉语规范研究(北京语言学院)——1990年通过技术鉴定,为国家"七五"攻关重点项目,在计算机辅助对外汉语教学方面居国内领先地位,为汉语教材的编写和课件的制作提供了现代化方法。

外国人学习与使用汉语情况调查(北京语言学院)——1993年通过专家鉴定,为首次对外国人学习和使用汉语的情况作大规模调查研究。

电脑辅助速成对外汉语教学系统(北京语言学院)——1993年通过专家鉴定,并获1993年全国第一届普通高校CAI优秀软件二等奖。

世界汉语教学主题词表(北京语言学院)——1993年通过专家鉴定,填补对外汉语教学主题词空白,为世界汉语教学文献信息管理与检索的科学化、自动化、网络化创造了条件。

现代汉语句型统计与分析(北京语言学院)——1995年通过专家鉴定,国家教委博士点基金项目。

汉语中介语语料库系统(北京语言学院)——1995年通过专家鉴定,国家教委"八五"人文、社会科学科研规划项目,填补汉语中介语语料库研究方面的空白,达到国际领先水平。

现代汉语研究语料库系统(北京语言学院)——1996年通过专家鉴定,国家教委"八五"人文、社会科学科研规划项目,在分词规范、词性标记及部分语法标记方面居国内领先水平。

信息处理用GB13000.1字符集汉字部件规范(北京语言文化大学等单位)——1996年通过专家鉴定,为国家语委主持的语言文字规范化、标准化工作的一部分,本项目在语言文字规范标准研究领域属国内外领先水平。

这些较重大的科研项目的完成，进一步确立了对外汉语教育的学科地位。

经过近半个世纪的努力，对外汉语教育已初步形成了自己的学科理论体系。不仅为我国对外汉语教学的进一步发展打下了基础，在汉语教材建设和教材编写理论的研究方面，在教学原则的研究方面、在汉语学习理论、汉语中介语的研究方面，在汉语教学总体设计与教学大纲的制订、汉语功能大纲的研制方面，在对外汉语语言学的研究方面，也为世界汉语教学及整个第二语言教学的发展做出了一定的贡献。

五、教师队伍建设

教师队伍的建设是学科建设的重要方面。对外汉语教师队伍，已从初期的六七十人发展到今天的专职教师两千五百多人，兼职教师三四千人。教师队伍的素质也有了很大的提高。其中相当一部分为中年以上教师，从事对外汉语教学工作数十年，既具有丰富的教学经验，又有很强的科研能力和一定的科研成果，很多已成为本学科培养的国内外知名的专家教授。这支队伍中也有很多年轻教师，特别是近年来新吸收了一批刚毕业的硕士生和博士生，他们的加盟使教师队伍的学历成分有了很大的变化，为本学科的发展提供了坚实的后备力量。

教师队伍建设首先体现在本学科教师的培养方式上。50 年代至 60 年代初，对外汉语教师大部分来自高等院校中文系的毕业生，小部分来自外语系的毕业生。60 年代初，基于本领域教师既应该有较高的中国语言文学水平、又应该有较高的外语水平的认识，采取了选择一部分中文系毕业生学习外语的方法，培养出国储备师资。80 年代随着学科建设的开展，进一步认识到本学科教师在知识结构和能力素养方面特殊的要求，需要培养适合本学科需要的专门人才。1983 年北京语言学院首先开设了以培养对外汉语教师为目标的对外汉语教学本科专业。此后北京外国语学院、华东师范大学、上海外国语学院和暨南大学也相继开设了这一专业。1986 年北京语言学院和北京大学又开始招收挂靠在现代汉语专业的对外汉语教学研究方向的硕士研究生，随后南开大学、南京大学、四川大学、华东师范大学等院校也陆续招收这方面的研究生（自 1999 年起，对外汉语教学方向已划归新建立的“语言学和应用语言学”专业）。1997 年，国家教委批准在北京语言文化大学建立的全国第一个“对外汉语教学学科教学论”（后改为“课程与教学论”）硕士专业开始招生。1992 年至 1995 年间北京语言学院还从中文系和外语系的毕业生中招收了四届对外汉语教学第二学士学位生。1997 年北京语言文化大学又获得批准建立全国第一个带有对外汉语教学方向的“语言学和应用语言学”博士专业。这样就完成了从大学本科到硕士、博士研究生的培养对外汉语师资的完整的学历教育体系。

由于种种原因，每年本学科自己培养出的“科班”出身的对外汉语教师，毕竟还是极少数，组成我们教师队伍的大多数仍是出身于中文系或外语系。对非本学科出身的新教师需要进行业务培训，使他们尽快熟悉本专业所需的知识，并掌握对外汉语教学的原则和方法；即使是对那些业务知识和教学经验都比较丰富的教师说来，也存在知识更新的问题；而海外的很多汉语教师也迫切希望了解我国对外汉语教学的理论与实践。因此国内外汉语教师培训仍是一项重大的任务。北京语言学院受当时的对外汉语教学研究会的委托，曾于 1984 年暑期举办恢复对外汉语教学以来的首次对外汉语教师培训班。1986 年暑期北京语言学院和美国俄亥俄州立大学在北京语言学院联合举办了中美汉语教师培训班，1987 年春对外汉语教学研究会和北京大学对外汉语教学中心在北京大学联合举办了教学法培训班。为了使教师培训工作得以长期进行，北京语言学院从 1987 年起，每年举办数期教师培训班。开始由 1989 年成立的世界汉语教学交流中心教师研修部负责，此后国家教委批准北京语言学院汉语教师研修中心为对外汉语教师培训机构。该中心于 1997 年底又扩建为汉语教师进修学院。自 1987 年至 1998 年底北京语言文化大学共举办85期汉语教师培训班,培训了海外30多个国家和地区、内地60多所大学的汉语教师共1700多名。从1992年开始的国家对对外汉语教学师资资格审定工作和资格考试,对提高对外汉语教师的素质,加强教师队伍建设起了很好的推动作用。迄今已有近2000人获得对外汉语教师资格证书。

以上从五个方面介绍了我国大陆地区对外汉语教学的发展现状。我国台湾、香港地区的对外汉语教学也有很大的发展。香港著名大学如香港大学、中文大学等都有对外汉语教学机构,开展对外国人的汉语教学。此外还有很多以外籍中、小学学生为主要对象的国际学校,也进行汉语作为第二语言的教学。我国台湾地区的对外汉语教学(称为海外华文教学)是50年代中期开始的,现在有中华语文研习所、台湾师范大学国语教学中心、《国语日报》语文中心等十多个较著名的语文中心,在校的外国学生每年平均三四千人。现在香港、台湾的对外汉语教师和学者与内地同行们的交流正不断扩大,为在全世界推广汉语而共同努力。

第三节 世界汉语教学的发展特点

一、新世纪语言教育的重要性

1. 语言教育的重要作用

人类即将跨入21世纪。面对科学技术的突飞猛进,经济全球化、教育国际化不断加速发展的趋势和即将到来的知识经济社会和信息社会,国际分工合作大大加强,国家之间、人民之间的相互联系更为密切。第二语言作为交际工具,在当今社会的经济、文化、政治生活和国际交往中将发挥前所未有的重大作用。语言教育、特别是第二语言教育,也将成为直接关系到社会进步、国家发展和世界和平繁荣的极其重要的学科之一,并受到特别的重视。

美国“外语教育委员会”(ACTFL)等40多个单位在联邦政府教

育部和全美人文基金会的资助下,用了数年的时间于1996年完成了《外语学习的标准:迎接21世纪》的研究项目,提出了新世纪第二语言(外语)教育的纲领。该文件指出:语言和交际对人类获得经验至为重要,今天学习一种外语不仅是为了做生意、交朋友,更是为了有能力去理解别人并被别人所理解。因此需要培养学生具有语言和文化的素养,从而能在多元化的社会和世界进行成功的交际。文件特别强调美国"所有的"学生都必须发展英语以及至少一种其他语言的熟练运用能力。非英语背景的学生还必须进一步发展其第一语言的能力。文件提出了用来概括21世纪第二语言教育的目标和学习标准的5个"C":Communication(运用语言进行交际)、Cultures(体认多元文化)、Connections(贯连其他学科)、Comparisons(通过比较了解语言文化的特性)、Communities(应用于国内和国外的多元社区)。[①]

我国对第二语言(外语)教育也非常重视,学习外语热经久不衰。政府教育部门已把外语和本国语文、数学列为中学教育的基础课程,并成为大学入学考试的必考科目。很多大城市都设立了专门的外语中学,以加强外语人才的培养。

今天更需要从社会的生存与发展、国家的进步与繁荣和造就21世纪新人的高度来认识语言教育的重要性。

(1)早在原始社会,人类就是依靠语言在生产劳动及与大自然交往中,相互沟通、团结协作以求得生存发展。今天语言作为知识、文化的载体,也是信息传播最主要的载体,在信息时代的重要性怎样估计也不为过。语言学习和语言教育仍是今天社会生存和发展的前提。

(2)语言是交际工具,是人与人、社团与社团、国家与国家之间的沟通工具。我国要实现现代化,要深化改革开放,在经济、文化、政治各方面参与国际交流与合作,这就需要了解外国并让外国了解我们,

① ACTFL (1996) *Standards for Foreign Language Learning: Preparing for the 21st Century*, Allen Press, Inc.

而这一切都离不开外语和汉语的语言教育。

(3)语言教育是人类教育的基础。第二语言教育不但可以促进人们的社会交往能力并开发人的智力,而且还可以培养人们的多元文化意识,并充分利用其作为目的语文化载体的功能,扩大人们的视野,丰富人们的知识,在培养21世纪新人、提高人的基本素质方面起到特殊的作用。

2. 汉语作为第二语言教育的重要性

汉语是世界上使用人数最多的语言,是联合国的六种工作语言之一。汉语又是世界上现存的最古老的语言,它是有着五千年文明史的古国文化的结晶和载体。长期以来,汉语一直以其丰富的文化底蕴和独特的语言魅力,吸引着世界各国的学习者。法国有的学者还认为学习汉字有利于儿童智力的发展,因而汉语可以作为儿童的启蒙语言。

近20年来我国的改革开放不断取得成功,经济持续稳定高速发展,科学技术水平不断提高,综合国力日益增长。我国的国际地位不断提升,作为联合国安理会常任理事国在国际事务中发挥着愈来愈重要的影响,与世界各国的交往也愈来愈密切。在这种形势下,汉语作为一种重要的交际工具,作为世界各国人民与12亿中国人民沟通的桥梁,在国际经济、贸易、文化、政治事务中所起的作用也在不断扩大。外国学者们对21世纪汉语在国际上的地位有种种预测。可以肯定的是,至少在亚洲及太平洋地区,它将成为一种重要的国际语言。在世界其他地区,也将进一步扩大影响。汉语作为第二语言教学将因此而面临更多的学习者,更高的学习需求,承担更重的任务。

二、世界汉语教学的发展特点

1. 对外汉语教学与世界汉语教学的关系

作为第二语言的汉语教学大体上包括两个方面:在使用汉语的环境里进行的汉语作为第二语言的教学,即对外汉语教学;和在非汉语环境里进行的常常是汉语作为外语的教学。这两部分虽然主要因为语言环境的差别而影响到教学方法上的差异，但在教学对象、教学内容、教学目标和教学规律方面基本上是相同的。我国对外汉语教学仅是世界汉语作为第二语言教学的一个组成部分。虽然由于得汉语故乡的天时地利而成为汉语作为第二语言教学的中心和基地，但从某种意义上来说是在比较特殊的条件下进行的教学。遍布世界各地的汉语教学则犹如汪洋大海，教学规模之大、学习者人数之多、提供的经验之丰富，都是我国对外汉语教学所不能比拟的。就它们所体现的教学规律的普遍性而言，应该说是我们学科研究的主要方面。我国对外汉语教学需要认真了解、研究世界汉语教学的情况，借鉴、学习国外同行们的经验。

2. 世界汉语教学的现状与特点

世界汉语教学是在各国人民与我国人民友好交往的漫长过程中发展起来的，它又常常受到政治、经济、文化等因素和国家关系变化的影响，经历过兴衰的变化和曲折的道路，成为时代的晴雨表。我国周边国家，由于历史和文化的渊源关系，汉语教学历史最久。日本、朝鲜、越南等国是从公元3世纪或更早时开始的。西欧、俄罗斯的汉语教学则晚了一千多年，从18世纪开始（1742年法国皇家学院正式教授汉语，1833年德国洪堡大学首开汉语课）。北美汉语教学开始于19世纪末（1871年耶鲁大学率先在美国高等院校教授汉语）。北欧（除瑞典较早外）、东欧（除波兰较早外）、澳洲、非洲及拉丁美洲国家的汉语教学，大都开始于新中国成立以后。据不完全统计，目前全世界有70多个国家的主要大学开设中文系或中文课程。

当前世界汉语教学的发展，呈现以下几个特点：

（1）　学习汉语的人数迅速增长，教学规模不断扩大，但在世界绝大多数地区汉语仍属“非普遍教授语言”。

世界汉语教学在这半个世纪中有了很大的发展，有的国家和地区学习汉语的人数激增。以海外最重要的汉语教学基地之一的美国为例，1960年至1995年大专院校汉语课程注册人数35年间增加了

15倍，成为美国大学所开设的12种主要外语中选修人数增加最快的语种之一。有的学校不得不采取限额注册或预约注册的办法。现在美国已有800多所大学设有中文系所。法国1986年选修汉语的大学生约3000人，1998人则达到4600人；从1991年至1998年开设汉语的高校从31所增加到60所，中小学从60余所增加到110所。澳大利亚新南威尔士州公立中小学学中文的人数1998年是1990年的14倍。总的看来，这50年间世界汉语教学的发展有三个高潮期。第一个高潮出现在50年代新中国刚成立时，主要是东欧和亚洲的社会主义国家纷纷开展汉语教学。第二个高潮是从70年代我国恢复在联合国的合法席位、与许多西方国家建立外交关系开始。特别是70年代末我国实行改革开放，扩大了与世界各国、尤其是西方国家的交流与合作。这期间很多欧美国家的汉语教学事业得到很大的发展，一直延伸到80年代中、后期。第三个高潮形成于90年代中期。我国经济长期持续高速稳步增长，推动了世界各地学习汉语的新热潮。这一阶段汉语教学的发展特别体现在我国周边地区的一些国家。日本长期以来一直是世界上汉语教学最热的国家之一，到90年代通过各种途径学习汉语的人数已达110万。韩国在与我国建交后，学习汉语的人数猛增，在300多所大学中开设中文系或中文专业的已达130所。新加坡于80年代大规模开展的“推广华语运动”取得很大成绩，其华语教学在90年代又有新的发展。特别值得提起的是，很多东南亚邻国，如越南、菲律宾、泰国、印度尼西亚、马来西亚等国由于各种原因多年中断或低落的汉语教学，开始得到恢复并逐步发展。以马来西亚为例，现有1283所华文小学，在校学生约60万人。有60所华文独立中学，在校学生近6万人。有17所师范学院培养华文小学教师。此外，海外华人主要为其子女开办的各级中文学校也有很大的发展，现总数已达3880所，华裔学生超过200万人。

我们在看到世界汉语教学不断发展的同时，还应当对这一形势有冷静的分析。除了我们的近邻日本、韩国以外，在世界上绝大部分地区目前还谈不上所谓的“汉语热”，学习汉语的人数虽然增长得很快，但绝对数字则根本无法与学习英、法、德、西等语言的人数相比。仍以美国为例，据80年代末统计，当时美国学习外语的大、中学生中91%选择西、法、德三大“普遍教授语言”，其余的所有被称为“非普遍教授语言”的都包括在9%之中。而汉语与日语、阿语、朝语、东南亚语、非洲语及葡语、北欧语等数十种语言一起，又只占其中的1%不到。当时排在第九位的汉语学习人数，在美国整个外语教学中实际上是微不足道的。90年代美国汉语学习人数虽已上升至第七位，但在学习外语总人数中所占的比例无实质性的变化。1998年选修中文的大学生约两万二千人，不足美国大学生总数的千分之二。欧洲开展汉语教学的国家虽多，且有的国家汉语教学的历史悠久，但除法、德等国外，一般规模都很小。广大非洲和拉美地区开设汉语教学的国家则更少，尚属初创阶段。

（2）　现代汉语的教学日益受到重视，但在很大程度上汉语教学仍附属于汉学，未能成为独立的学科。

欧洲各国有着进行汉学（特别是对古代中国人文科学和社会科学）研究的长期历史，对中国的认识也是从研究汉学开始的。16至18世纪汉学兴起，而18至19世纪才逐渐开始教授汉语，因此有着重汉学、轻汉语教学的倾向。在汉语教学中，也是重古代汉语轻现代汉语，重阅读轻听说。其影响，一方面很多学者往往通过母语而不是汉语来研究中国文化，甚至出现一些根本不能听、说现代汉语的汉学家；另一方面汉语教学一直附属于汉学而不能成为一门受重视的学科。即使在语言文学系甚至语言系，西方大学教育的传统观念也是强调教授“学术性”的文学、文化或历史语言学。被认为不算“智力教育”、着重技能训练的语言教学，只能是其他人文学科的一部分或附属品，甚至认为只要从事人文学科的学习就能自然而然地掌握语言。这实际上是一种取消语言教学的观点。由于国际交往的需要，从50年代开始，特别是70年代末中国实行改革开放以来，欧美的汉学研究出现了很大变化。除了传统的研究领域外,开始把审视的角度转向当代中国,现代汉语教学也因此而逐渐得到重视。欧洲新一代汉学家致力于推广现代汉语教学。各国新开设的中文专业强调培养学生运用汉语的能力。一些具有深厚研究汉学传统的老牌大学,也增设现代汉语课。尽管如此,很多欧美高等院校的轻语言重文学、轻技能训练重知识讲授的状况,并未出现根本性的变化。法国学者认为:"汉学界对汉语教学的偏见依然存在,某些人认为学习语言是一种必经之路,甚至认为是一种负担,而汉学才是惟一的真正的终点,才是至高无上的学科。""汉语教学法这一专门学科并没有得到充分的认识,也没有能在汉学范围里建立自己独立的体系。"①

(3) 中文的专业教育、学历教育有所发展,汉语教学出现向中、小学发展的趋势。但总的看来学生学习汉语的起点仍比较低,多数地区尚不能培养高级汉语人才。

世界汉语教学发展的一个新特点是教学层次有所提高。汉语从通常是第二甚至第三、第四外语的选修课的地位逐步发展到必修课、建立中文专业甚至中文系。美国、法国、日本、澳大利亚等国已将汉语列为考试的正式外语。除了汉语教学历史较久的国家外,像巴基斯坦、土耳其、埃及、突尼斯、毛里塔尼亚等国也都有了四年制中文专业毕业生,有的还有硕士甚至博士研究生课程。在一些国家,汉语很有可能成为仅次于英语的第二热门外语。在很多地区,汉语教学还出现了向中、小学发展的新趋向。美国高中生学习汉语的人数已近万名,其他如法国、德国、俄国、澳大利亚等国以及亚洲的日本、韩国等都在一些中学或小学开设汉语课,为大学的汉语教学打好基础。但由于上述第一、第二两点的影响,总的看来目前世界各国的汉语教学一般起点还不高,很多大学生学习汉语都是从零开始,而与英、法

① 白乐桑(1993)法国汉语教学史浅论,《第四届国际汉语教学讨论会论文选》,北京语言学院出版社。

语等作为第二语言的教学，在中学阶段就已打好较坚实基础的情况完全不同。大部分学习者仍把汉语作为选修科目，周课时很少（一般1～2学时），在教学方法上又大都强调阅读，以教师讲解语法为主，缺少听说技能的训练，这样就很难培养出能运用汉语的人才。即使是汉语专业的学生，也由于入学时起点太低，课程设置中又强调文学与文化课程，一般只在一、二年级每周有几节真正的汉语课，进行一定的技能训练。三、四年级则把全部精力用于主要是通过母语或媒介语进行的"学术性"的中国文学或文化的教学。因而在学习期间或毕业后如没有机会去使用汉语的地区进修，也很难培养出能真正运用汉语的高级人才。

从上面分析可以看出，世界范围内的汉语作为第二语言的教学虽然有了很大的发展，但其现状与汉语作为世界上最大语种的地位、中国古老文明对世界的影响和今天中国在世界上所发挥的作用很不相称。在期望新世纪中国进一步繁荣昌盛会给汉语教学带来发展新动力的同时，不论是中国对外汉语教学界还是世界汉语教学界的同仁，都需要把大力推广汉语教学、促进汉语教学的大发展作为当前的首要任务。

阅读参考文献

吕必松　1990　《对外汉语教学发展概要》，北京语言学院出版社。

施光亨等　1994　《对外汉语教学是一门新型的学科》，北京语言学院出版社。

赵金铭　1996　对外汉语教学与研究的现状与前瞻，《中国语文》第6期。

北京语言学院　1991　《世界汉语教学概况》，国际文化出版公司。

周建民（整理）　1994　世界部分国家、地区汉语教学综述，《第四届国际汉语教学讨论会论文选》，北京语言学院出版社。

刘　珣　1993　美国基础汉语教学评介，《语言教学与研究》第1期。

汤姆逊　1980　美国汉语教学综述，《语言教学与研究》第4期。

Chi, T. R. (1996) Toward a Communicative Model for Teaching and Learning Chinese as a Foreign Language: Exploring Some New Possibilities, in S. McGinnis (ed.),

Chinese Pedagogy: An Emerging Field, Foreign Language Publications.

Walton, A. R. (1989) Chinese Language Instruction in the United States: Some Reflections on the State of the Art, *Journal of the Chinese Language Teachers Association*, No. 2.

第三章　对外汉语教学的语言学基础和教育学基础

作为一门综合交叉学科，对外汉语教学受到多种学科的启示和影响。其中，语言学、教育学、心理学和文化学已成为对外汉语教学最直接、最重要的理论基础。如果说语言学和文化学主要作用于对外汉语教学的内容和目的，那么教育学和心理学则主要作用于对外汉语教学的方法和途径。脱离这些坚实的理论基础，本学科的研究既无法深入也无法提高。对外汉语教师无论从事教学工作还是科研工作，都必须具备这方面的基本知识。本章及下一章将着重讨论这四门学科对对外汉语教学在理论上的指导作用。这四门学科涉及的理论问题很多，本书不可能、也无必要都谈到。本书主要介绍这些学科中影响第二语言教学和对外汉语教学的一些基本概念和基本理论问题。目的在于：一方面说明这些学科是如何起到本学科的理论基础作用的；另一方面也是为了帮助读者清理一下必须具备的有关知识，以便为本书后几章讨论本学科的学习理论和教学理论打下基础。

语言学部分，着重介绍语言的基本特征对对外汉语教学的启示；（国外）语言学的发展对第二语言教学的影响；近几十年来发展迅速的功能主义语言学，特别是有关语言能力和交际能力、语言形式和语言功能、话语分析和会话分析、言语行为理论和会话含义理论等对对外汉语教学的影响。并从对外汉语教学的角度对汉语的特点做简要分析。

教育学部分主要介绍涉及普遍教育规律的一些基础知识:教育的作用和目的,特别谈到对外国学习者的教育问题;教学过程和教学原则,着重谈到四种教学过程的模式和九条普遍的教学原则;教学内容和教学方法,介绍两种课程论和四种主要的教学方法。

第一节　对外汉语教学的语言学基础(一)

语言学是研究语言的科学,对外汉语教学是研究语言教学的科学,两者的关系是不言而喻的。不论是研究语言普遍性质、共同规律和一般原理的理论语言学(或称普通语言学),还是对某一语言的事实进行描写、对其规律进行揭示的具体语言学(如汉语语言学),都对对外汉语教学的理论研究和教学实践起着很大的指导作用。理论语言学从对语言本质的认识、即语言观的角度,给语言教学的宏观指导,影响到对语言教学的性质、目标、原则和方法的认识,从而成为不同的教学法流派的理论基础。具体语言学对语言事实的描写和语言规律的揭示,从微观上给语言教学以启示,不仅影响到语言教学的内容和教学方法,也影响到总体设计、教材编写、课堂教学、测试评估等各个教学活动的环节。语言学的一些分支学科如对比语言学、计算语言学、话语语言学、语用学等,都对对外汉语教学有重大的影响。对外汉语教学必须密切关注语言学及其分支学科的发展。

一、语言的基本特征与对外汉语教学

什么是语言——这是哲学家和语言学家们长期以来一直探索的问题。从语言的自然属性、心理属性、社会属性等不同的角度出发,人们对语言下过各种各样的定义,但迄今还没有形成一个非常完美的共识。我们这里只简要列举人们已经认识到的语言的基本特征和属性,并探讨这些特征和属性对对外汉语教学的启示。

1. 语言是一种符号系统

语言是符号系统,这是语言结构的本质属性。符号是用来代表客观事物的,有形式和意义两个方面。语言的物质形式是声音,语言符号是声音和意义的结合体。比如"yú 这个声音(形式)和从各种各样的"鱼"所概括出来的意义(一种生活在水中的脊椎动物,有鳞和鳍,用鳃呼吸,大部分可供食用等)结合在一起,就成为汉语中"鱼 yú"这个符号,用来代表现实中的"鱼"这一事物。符号的形式与意义的结合是任意的,没有什么必然的联系;语言中的音和义的关系也完全是"约定俗成"的,由社会习惯所定。因此才会出现汉语用"yú"、俄语用"riba"、日语用"sakana"来指这同一事物的现象。但符号一经由社会"约定",就有强制性,社会成员必须遵守,任何人都不能随便变更。

语言是一种符号系统,语言系统又是分层次的结构,由作为备用单位、用来构成符号的形式的音位和作为使用单位的音义结合的符号——语素及符号序列——词、句子等层次构成,这就形成了语言大系统下面的语音、词汇、语法、语义等分支系统。以语义系统为核心,各分支系统既各自独立,又相互依赖,紧密联系。语言系统及其分支系统、甚至每个符号内部,都是依照一定结构规则的组合关系和聚合关系来运作的。

语言作为符号系统的特征启示我们:

(1) 学习一种语言要重视意义。要掌握音义的联系,遵守约定俗成的社会规则。

(2) 学习一种语言要掌握语言系统和各分支系统。对外汉语教学的主要内容是语音、词汇、语法和汉字四个要素及其相关系统。

(3) 声音是语言的物质外壳,语言本质上是口头的,文字是第二性的。语言的学习和教学应从听、说开始,首先着眼于口头语言。

2. 语言存在于言语之中

根据瑞士语言学家索绪尔(F. de Saussure)对语言(langue)和言语(parole)的区分,语言是对言语的抽象和概括,常常指作为社会惯例的语音、词汇、语法的规则系统;言语是语言的表现形式,也可以说是个人对语言在特定环境中的运用,即运用语言的词汇和语法手段组成具体的话语。语言存在于言语之中,通过言语来体现,平常我们接触到(听到、看到)都是具体的言语。两者的关系好比"人"和张三、李四的关系:张三、李四是"人"的具体表现形式,而"人"是对张三、李四等很多人的特点的抽象。

在语言研究中,有的学派主张科学研究的惟一观察目标是实际的、真实的言语行为,也就是言语本身,而反对研究抽象的内部"语言系统";有的学派则认为语言学的任务是研究深层的规则系统,或者说是语言,认为言语行为常常是不规则的、不一致的,带有很多错误。在语言教学的理论研究中,也存在究竟教抽象的语言规则系统、以语言的形式结构为主,还是强调在言语中教语言,着重培养运用语言的能力的争论。

根据区分语言和言语这一语言学理论,我们认为在对外汉语教学中,应当注意言语和语言、言语层次的教学与语言层次的教学的统一。

(1) 对外汉语教学必须以言语为对象,从言语入手,只有通过言语才能学会语言。教学中首先要抓听说读写言语技能的训练以培养交际能力。

(2) 从言语中接触到的大量语言事实,应当总结归纳成一定的语言规则,让学习者自觉掌握。系统的语音、词汇、语法知识的教学也是十分必要的。

3. 语言有生成性

人们每天说的话都不一样,人的大脑所储存的不是每天要用的具体话语,而是规则系统。语言有极大的生成性,可以用有限的语言规则生成无限的表达意义的语言形式。每种语言的音位只有几十个,但语素则有几千个,由语素构成的词有几万个,而能生成的句子则是无穷的。

语言的生成性启示我们:

(1) 对外汉语教学的目的是培养学生创造性地运用汉语的能

力,而不只是教会学生掌握各种各样的语言素材。强调培养创造性地运用语言的能力,就能用有限的语言材料理解和表达丰富的思想。

(2)　对外汉语教学的方法,要着重引导学生掌握并灵活运用语言规则。学习第二语言不能单凭死记硬背、机械模仿,而是要发挥学习者的创造性、灵活运用目的语。一定的操练模仿是必要的,但不能只停留在这一步,而是要帮助学习者归纳、掌握语言的生成规则,并能在各种情况下运用自如。

4. 语言是人类最重要的交际工具

语言是人类的交际工具,也是人类认识世界的工具和艺术创作的工具。但语言作为人类的交际工具是其最本质的社会功能。交际(communication)一词在这里的意思是人与人之间为交流思想而进行的往来接触,也可以说是"沟通",其实际是传递与获得信息。人们运用语言互相传递信息、交流思想,这种交际活动体现在日常生活、经济、政治、文化、科学、教育等各个方面;没有这种交际活动,社会就难以存在和发展。人们在交际中学会使用语言,语言也在交际中得到发展。

人类交际不仅是语言交际,还有非语言交际,如信号、体势语、电报代码、数学符号等。对非语言交际、特别是体势语,应当重视并深入研究。但语言是最重要、最根本的交际工具。

语言交际是交际双方通过口头或书面的言语活动进行表达和理解。表达往往采用读和写的方式,理解往往采用听和读的方式。

语言作为交际工具的特征启示我们:

(1)　交际工具是语言的本质功能,这就决定了对外汉语教学的根本目标是为了让学习者掌握运用汉语进行交际的能力。这也是检查学习效果的主要标准。

(2)　为了掌握语言这一交际工具,语言课就要充分体现工具课、技能课的特点。不能仅仅教授或学习语言知识,而是要加强技能训练,把知识转化为技能并形成能力,最终能熟练地运用语言进行交际。

5. 语言是人类的思维工具

思维是人的大脑对客观世界进行认识活动的过程，可以分为技术思维、形象思维和概念思维。人类的主要思维活动——概念思维必须借助于语言(词和句子)，通过概念、判断、推理等形式来进行。语言是思维的工具，就人类的主要思维活动而言思维离不开语言(尽管用于思维的“内部语言”与用于交际的“外部语言”有所差异)，思维过程必须通过语言来实现，思维的结果则必须通过语言来固定、完善并保存、传播。人类的思维方式和思维规律必然在语言中反映出来；语言的结构特点也在一定程度上影响到思维的方式和习惯。

不同民族的思维能力一样，但思维方式既有共同的方面，也有差异的方面。共同之处，使不同民族的人可以相互理解；差异之处会在交际中产生一定的障碍。而这一切都在语言中得到反映，可以说语言包含着一个民族独特的思维方式。

语言作为思维工具的特征启示我们：

(1) 要学好目的语，必须了解目的语民族独特的思维方式。在对外汉语教学中，应通过各种有效的途径介绍汉民族思维方式的特点。

(2) 培养学生用目的语进行思维的能力，课堂中要尽量用汉语进行教学，要求学习者用汉语来理解和表达，尽可能不借助于母语或媒介语。

6. 语言产生于特定的社团并体现该社团的文化

世界上的语言有五千多种，各种语言之间有一定的“普遍特征”，但是不存在全人类共同使用的语言。语言大体上是按民族来划分的，不同民族有不同的生活环境、不同的社会文化背景和不同的思维方式，这就形成了语言的不同特点。语言离不开民族或社团的文化，语言是文化的一部分，受文化的影响并反映文化，成为文化的载体。理解语言必须了解该语言所反映的文化；理解文化必须了解负载该文化的语言。

运用第二语言进行交际是一种跨文化的交际，必须遵守该语言的社会文化规约和社会习惯，否则无法达到交际的目的。

语言作为民族文化载体的特征给我们的启示是：对外汉语教学不能脱离汉语所体现的中国文化，与汉语紧密相关的文化因素的教学是对外汉语教学不可或缺的内容。

7. 语言是人类独有的，只有人类才具备学习和运用语言的特殊生理基础

语言只有人类才具有，是人类区别于动物的重要标志。在动物有没有自己的语言和能不能掌握人类语言的问题上，学者们曾进行过长期的研究和多种实验。结果表明，动物之间虽然也有一定的交际方式，如蜜蜂的舞蹈、鸟兽的叫声等，但这种有限的交际方式与人类的语言有根本的区别。它不具备人类语言的本质特征，不能称为“语言”。实验也证明即使是与人类最接近的黑猩猩，也无法学会复杂的人类语言。

人类语言的学习和运用，除了交际的实际需要外，还必须具备一定的生理基础，即发达的大脑和完善的发音器官。只有人类才先天具备学习语言的能力，并能在后天的社会环境中学会并运用语言。

语言是人类独有的这一特征启发我们：

(1)　语言是可以学会的。一个具有健全的大脑和发音器官的正常人，都能掌握自己的母语，也能学会第二语言。

(2)　成功的第二语言教学必须考虑到学习者的生理和心理因素，这些因素影响到语言学习。

(3)　第二语言学习具有普遍性质，人类学习第二语言的规律有很多共同之处。研究第二语言的学习过程和规律，对提高教学质量有很大意义。

以上所提到的语言的七个特征中，最主要的是对语言社会功能的认识和对语言内部结构体系的认识。语言的最本质的功能是人类最重要的交际工具，因此培养语言交际能力是语言教学的目标，而且要让学生把语言当做交际工具来学习。语言的内部结构体系是受规则支配的、具有生成性的符号系统，必须让学习者掌握语言形式及其组合规则,才能更有效地学会这种语言。

二、语言学的发展与第二语言教学

人类对语言的研究已有两千多年的历史,世界文明古国中国、印度、希腊很早就成为语言研究的三大中心,并产生过很多重大成果。中国对语言的研究是从训诂学、文字学开始的。最早的辞书《尔雅》出现在秦汉之交(公元前2世纪),西汉扬雄的《方言》(公元前后)是中国第一部在实地调查收集资料的基础上的比较方言词汇的重要著作,东汉时期(公元1世纪)许慎的《说文解字》是中国最早按形义关系编排的字书。从公元3世纪开始,中国音韵学的研究也取得了很多成就。在印度,公元前4世纪语法学家巴尼尼写成了《梵语语法》。在希腊,公元前3世纪狄奥尼修斯著《希腊语语法》。但19世纪以前语言学附属于哲学、语文学等学科,未能成为一门独立的学科。直到19世纪初历史比较语言学兴起,把语言作为专门研究的对象,语言学才成为一门独立的学科。语言学一个多世纪的发展中,出现了四大主要思潮,代表了语言学发展的四个阶段:历史比较语言学、结构主义语言学、转换生成语法和功能主义语言学。不同语言学派的理论,一直在宏观上给第二语言教学以极大的影响。

1. 历史比较语言学(Historical and Comparative Linguistics)

历史比较语言学出现于18世纪末、19世纪初,中心在德国。该学派采用历史比较的方法,通过语音和词形的比较研究语言的发展和演变,发现了语言之间的亲缘关系并建立了语言的谱系分类。当时主要是研究印欧语系各种语言在不同时期结构上的相同特点,寻找其共同的来源。最初是英国学者琼斯(W. Jones)于1786年发表论文,提出印度的梵语与欧洲的拉丁语、希腊语和日耳曼语等有共同的来源。这一惊人的发现揭开了历史比较语言学研究的序幕。而历史比较语言学的奠基人为19世纪丹麦语言学家拉斯克(R. Rask)、德国语言学家格里姆(J. Grimm)和葆朴(F. Bopp)。19世纪中期德国学者施莱赫尔(A. Schleicher)提出了语言的"谱系树"理论,并画出了印欧语系谱系树形图,这是历史比较语言学的一大进展。到 19 世纪下半叶出现的"新语法学派",主张对语言变化的研究必须强调语言使用者个人言语的特点,并在研究的理论和方法上提出了新的原则。随着历史比较语言学研究的深入,人们也对语言的本质、语言发展的规律等方面的问题进行了探讨,开始了普通语言学的研究。德国语言学家洪堡特(W. Humboldt)就语言的本质、语言与思维的关系、语言与民族精神以及语言类型学等问题提出了新的见解,对以后的索绪尔、乔姆斯基等人有一定的影响,被认为是普通语言学的奠基人。

历史比较语言学的兴起,使语言学成为一门独立的学科。经过一个世纪的探索研究,弄清了世界上很多语言的同源关系,建立了世界语言的谱系分类,为语言学的发展做出了很大贡献。历史比较语言学有其局限性:它强调了语言的历史比较,忽视了语言的共时研究;孤立地研究语言单位,缺乏对语言系统性的研究。

2. 结构主义语言学(Structural Linguistics)

20 世纪初语言学进入新的发展时期。1906 年到 1911 年瑞士语言学家索绪尔在日内瓦大学讲授普通语言学,1916 年由他的学生整理出版了他的讲稿《普通语言学教程》。这本书后来被奉为语言学的"圣经",索绪尔被公认为现代语言学的主要奠基人,其语言理论也成了现代语言学的指导思想。索绪尔语言理论的核心是语言是符号系统,这一系统由很多小系统组成;符号由"能指"(形式)和"所指"(概念)两部分构成,这两部分的关系是任意性的,一旦形成以后又是约定性的;符号系统内部语言单位之间存在"组合关系"和"聚合关系"。索绪尔还区分了"语言"和"言语",区分"内部语言学"(语言本身的结构)和"外部语言学"(语言与社会、民族、文化、政治等的关系)。他还特别提出区分"历时语言学"(研究语言在不同时期演变的"动态语言学")和"共时语言学"(研究语言在某一时期的状态的"静态语言学"),主张对语言进行共时研究。

索绪尔的学说突破了历史比较语言学的局限,开拓了语言研究的新领域,开创了语言学研究的新时期——结构主义语言学时期,给语言学带来了革命性的变化。20世纪前半叶,以索绪尔的学说为基础,欧洲语言学出现了结构主义思潮。在30年代有三个学派:强调语言符号的功能的布拉格功能语言学派,强调语言符号间各种关系的哥本哈根语符学派,强调共时描写语言事实的美国描写语言学派。美国描写语言学派是其中影响最大的一派,创始人为美国人类学家鲍阿斯(F. Boas)和人类语言学家萨丕尔(E. Sapir),最主要的代表人物则是《语言论》一书的作者布龙菲尔德(L. Bloomfield)。美国描写语言学派主张用共时研究的方法,通过可以观察到的语言材料科学地、客观地描写语言的内部结构,揭示系统内部的关系。需要提起的是布龙菲尔德受当时盛行的行为主义心理学的影响,用刺激——反应论来解释语言的产生和理解过程,他还据此对语言教学提出了一系列主张。除了以上的三个学派外,后来又出现了伦敦功能结构语言学派和莫斯科控制结构语言学派。

盛行于本世纪上半叶的结构主义学派(中心在美国),在语言学的发展史上占有极其重要的地位。其突出的贡献是对语言的结构系统进行了全面的、深入的描写,并形成了一套完整的结构分析和结构描写的方法。不仅对语言学本身的发展产生了巨大影响,而且作为一种普遍意义上的方法论也影响到其他学科的研究。该派的问题在于只集中于语言形式、结构的分析,忽视对语言意义的研究。

3. 转换生成语法(Transformational Generative Grammar)

20世纪中期在美国出现了转换生成语法学派,其标志是1957年美国麻省理工学院乔姆斯基(N. Chomsky)的《句法结构》一书的出版。出自结构主义营垒的乔姆斯基在语言研究的对象和研究的目的等问题上,猛烈抨击结构主义语言学,特别是美国的描写语言学派。他认为无论是传统语言学还是结构主义语言学都不能回答"语言是什么"这一根本问题,不能解释语言是如何为人所掌握的。他反对结构主义语言学派只是以人们的实际话语为对象,以语言的描写和分析为目的。他提出区分"语言能力"(linguistic competence)——人们内化了的语言规则体系和"语言表现"(linguistic performance)——语言能力的实际运用,即人们实际说出来的话语。认为语言表现不能全面反映语言能力,只就有限的实际话语(语言表现)进行结构分析,不能揭示语言的本质,无法解释人类语言创造性的特征。语言学需要研究的是能使人掌握语言的规则体系、说出无限话语的人类的认知结构中的语言能力。为此,他提出“语言习得机制”(language acquisition device)和“普遍语法”(universal grammar)的假说和“深层结构”、“表层结构”的理论。这样就把语言学的触角伸向人类认知领域,探讨语言的心理过程。

转换生成语法学派的出现,称为“乔姆斯基革命”,开拓了语言研究的新领域。尽管四十年来这一学派经历了不同的发展阶段,学派内外有过不同争论并形成各种分支学派,但转换生成语法仍是当代语言学中影响最大的学派之一。

4. 功能主义语言学(Functional Linguistics)

无论是结构主义还是转换生成语法学派,研究的重点都是语言的形式,乔姆斯基只研究语言能力,而把语言使用和语言功能排除在语言研究之外。60 年代末、70 年代功能主义语言学兴起,标志着语言研究重点由语言形式转向语言功能,这是语言学研究领域又一次拓宽。功能主义学派的代表人物有英国的韩礼德(M. A. K. Halliday)、法国的马丁内(A. Martinet)等著名语言学家,中心在欧洲。欧洲语言学派一直重视语言的功能,30 年代布拉格学派就开始研究语言内部的功能。以弗斯(J. R. Firth)为奠基人的伦敦功能结构语言学派认为语言的本质是意义——语言环境中的意义,语义是语言研究的中心,主张从社会的角度去观察、研究语言,强调语言的社会性,语言的本质功能是社会交际功能。韩礼德继承和发展了弗斯的理论,在对语言的系统和结构进行充分研究的基础上,从功能角度研究语言。着重探讨语言的意义和功能,研究语言如何使用,分析语言与社会的关系,以及语言功能与语言系统的关系。韩礼德建立了系统——功能语法理论,以“系统语法”为框架论述语言功能。

上述主要语言学派的理论,特别是其语言观一直影响着第二语言教学,而最直接受到其影响的则是各种第二语言教学法流派的形成和演变。可以说每种语言学的思潮,都会产生与之相应的第二语言教学法。在历史比较语言学时期,把语言当做知识来研究、比较,强调语言间的共同点,这就影响到最古老的教学法——以语法知识为纲、以与母语的翻译对比为基本手段的语法翻译法。结构主义语言学时期,把语言看做是一种工具和手段,通过刺激—反应来获得,强调各种语言之间的差别,着重研究和描写不同的语言系统及其结构形式。这就影响到注重口语并以句型结构操练和模仿为特色的听说法、视听法。转换生成语法时期,把语言看做是人的一种能力。依靠这种能力,人们能掌握复杂的、受规则支配的语言生成体系,创造性地运用语言。这一观点成为重视发挥学习者的智力,强调认知语法规则的认知法的理论基础。功能主义语言学把语言看做是一种社会现象,强调研究语言的社会功能。这一理论影响了以培养语言交际能力为目标的交际法。(有关第二语言教学法流派的详细讨论见第七章)

第二节　对外汉语教学的语言学基础(二)

一、功能主义语言学与对外汉语教学

从上述对语言学发展历程的简单回顾可以看出,长期以来对语言的研究实际上存在着形式主义与功能主义两大思潮。近 30 年来语言学发展的一个主要特点是语言研究的重点从语言的形式和结构转向语言的功能和使用,着重研究语言的功能、语言的运用、语言与社会的关系、语言与文化的关系。因而社会语言学、语用学、话语语言学等新兴的边缘学科的研究,日益受到重视并不断取得进展。这些学科的理论不仅进一步推动了语言学本身的发展,也对语言教学、包括对外汉语教学产生更直接的影响,成为对外汉语教学的新的语言学理论基础。

1. 语言能力和交际能力

乔姆斯基在60年代提出"语言能力"的概念,并将内在的"语言功能"与"语言表现",即对语言的实际运用做了区分。所谓"语言能力"是指人们所具有的语言知识,是一种内化了的包括语音、词汇、语法等的语言规则体系。根据转换生成语言理论,一个人的语言能力主要表现在能正确组合声音和语素;能区分是否合乎语法的句子;能区分结构相同或相似但意义不同的句子;能区分结构不同但意义相同或相近的句子;能区分同一结构的歧义;能区分句子中的语法关系;而最根本之点则是能运用这一有限的规则体系创造出无限的句子。可见"语言能力"主要是与语言形式结构有关,实际上是一种高度抽象的语法能力,是一种脱离外部语言环境的、人的内部心理机制。

社会语言学家海姆斯(D. H. Hymes)在60年代提出了不同的看法,他认为一个人的语言能力不仅指能否说出合乎语法的句子,还包括能否在一定的语言环境中恰当地使用语言的能力,也就是在不同的场合、地点对不同的人进行成功的交际的能力。海姆斯首次提出了"交际能力"(communicative competence)的概念,即运用语言(或非语言手段)进行社会交往的能力,包括传递信息、交流思想和表达感情。既用口头形式,也用书面形式;既指说、写的表达能力,也指听、读的理解能力。海姆斯还进一步提出了交际能力的四个特征:语法性——指语法上是否正确;可接受性——在交际中能否被接受;得体性——在一定的语境中是否恰当,是否合乎社会文化习惯;现实性——是否是现实中常用的。

很多学者对海姆斯的交际能力理论做进一步阐述,提出了各种交际能力的模式。其中美国语言学家卡纳尔(M. Canale)等于1983年提出的模式影响较大,他概括了交际能力的四个方面:

(1)　语法能力——指对语言规则系统的掌握,包括语音、拼写、词的组成、词汇、句子结构等规则,并掌握听说读写技能,能辨别并造出合乎语法的句子,也就是语言能力。

(2)　社会语言能力——指掌握语用规则、在真实的社会语境中得体地运用语言的能力。涉及参加者(性别、年龄、社会身份、共同的背景知识)场合、交际目的和话题、会话的规则等。

(3) 话语能力——运用话语进行连贯表达的能力。

(4) 策略能力——交际中根据发生的情况(如避免交际中断或增加交际效果等),策略地处理语言的能力。这些策略有解释、更正、强调、重复、夸张、迂回、回避、圆场、委婉、猜测等,也就是指应变能力。(有关第二语言学习者的交际策略将在第六章第二节做详细介绍。)

所以,交际能力既包括语言能力,也包括语言运用的能力。不仅要求掌握语言规则,也要求掌握语言运用规则。除了语言知识外,还涉及社会、文化、心理等多方面的因素和知识,是多层次的复杂的知识和技能体系。语言能力和语言交际能力的理论,对对外汉语教学有重要的意义:培养汉语交际能力已成为对外汉语教学目标的共识。第二语言学习过程是创造性的认知过程,要充分发挥学习者的认知能力,使有关的语言知识和语用知识转化为语言能力。语言交际能力同时也是评估语言学习效果的标准。交际能力的理论,使交际法(或功能法)成为当前最受关注的教学法流派。

2. 语言形式和语言功能

语言形式通常指语音、语法、词汇等语言的结构体系,也称语言结构。语言功能指语言所能发挥的作用。形式主义语言学注重研究语言的形式结构,所涉及到的语言功能也往往是结构功能和语法功能。如各类语言单位在其上一层次结构中所担任的角色(充当主语或谓语等语法功能),以及一类语言单位区别于其他语言单位的作用(辨义功能或指称功能等)。随着社会语言学的兴起,强调语言作为交际工具的职能,人们更重视语言的交际功能。这里所说的语言功能,就是指用语言做事,或者说用语言完成交际任务。

韩礼德认为儿童在语言发展过程中就掌握了七种功能:工具功能——用语言来达到自己的愿望和要求;控制功能——用语言来支配或控制别人的行为;交往功能——用语言与别人交际;表达个体功

能——用语言表达自己的个性、感情，发现自我；启发功能——用语言询问以认识周围的世界；想像功能——用语言创造自己想像中的世界；信息功能——用语言传递信息，是儿童掌握得最晚的功能。他把成人的语言功能归纳为三种：观念功能——表达主观经验和客观经验；交际功能——表达社会关系和私人关系；话语功能——使语言的组成部分连贯衔接。

20 年来，对语言功能的研究，特别是对语言功能的分类和对语言功能与语言形式之间的对应关系等方面的研究不断深入，对语言教学也就产生了愈来愈大的影响。语言形式与语言功能是语言的两个重要方面，也是第二语言教学包括对外汉语教学的两项主要内容。长期以来人们只重视语言结构的教学而忽视语言功能的教学。70 年代以来，由于功能法的推动，对语言功能的研究和教学已逐渐成为本学科的热点之一。

3. 话语分析和会话分析

传统的语言研究局限于对句子本身及其组成部分的语法分析，而在实际语言交际中仅使用孤立的单个句子的情况并不多。交际活动中所使用的语言单位，一般都是由许多连贯的句子组成的对话或独白。因此要理解语言的意义和语言的交际功能，要运用语言进行交际，仅仅研究句子远远不够。必须研究句子之间、句子与语境之间的关系，研究句子在比其更大的语言单位中的作用。仅仅研究语法也是远远不够的，必须将语法、语义和语用的分析结合起来，还要研究社会文化因素，研究具体的语境甚至会话双方的关系。这就出现了“话语”(discourse)的概念。简单说来，话语是在交际过程中一定语境下表示完整语义的自然语言，是由结构衔接、语义连贯、排列符合逻辑来表达某个主题的连续的句子所构成的语言整体。比如：

(1) A：您贵姓？

B：我姓王。

(2) *您认识张先生吗？我爷爷常常出去散步，今天的电视很糟糕。

例(1)对话中"您"与"我"衔接,一问一答语义连贯,完成了一次询问或介绍的交际行为,是一个完整的话语。例(2)中的几个句子既无衔接关系,也没有意义上的连贯性,只是杂乱地堆放在一起,除非是文学创作中的意识流手法,不能算作话语。话语从形式上看通常是大于句子的语言单位,可能是句组、段落甚至篇章;也可能只是一个句子,一个短语甚至一个词。话语既包括口语,也包括书面语。这一概念学术界仍有不同的表述方法。有的把口头语言称为话语,书面语言称为篇章,二者合称语篇。

"话语分析"(discourse analysis)也称"语篇分析",是对话语的结构与功能的分析。美国语言学家哈里斯(Z. Harris)于 1952 年最早提出这一术语,经美国、欧洲、原苏联等很多语言学家多年的研究,已逐渐形成一门语言学的新的边缘学科"话语语言学"。主要研究句子间的结构衔接与语义连贯、句际关系、话语结构、会话分析、篇章结构、话语与语境、话语与信息等。如在句子的衔接方面,通常研究照应、替代、省略、连接等语法手段,或复现、同现等词汇手段。

由于语话是口头表达的一种常见形式,对日常会话的结构与规律进行分析的"会话分析"已成为话语分析的重要组成部分。70 年代美国社会学家萨克斯(H. Sacks)等分析自然话语,指出会话的特点是"话轮替换"(turn-taking)发话人从头至尾连续的一段话称为一个"话轮"(turn),会话中每次须保持一人说话;发话者与受话者不断变换角色,轮流发话。会话结构的基本单位是"毗邻应对"(adjacency pair),即会话双方的发话与应对一前一后紧密相连;有时也会出现"插入序列"(insertion sequence)甚至出现打断发话者的"分岔序列"(side sequence);在做出请求、邀请、宣告前,为避免遭到对方的拒绝,常用"预示语列"以进行试探;一般会话都有"开头序列"(opening sequence)和"结束序列"(closing sequence)。会话规则主要体现在语义的连贯性和双方共有知识,以及下面要提到的格赖斯的"合作原则"(cooperative principle)。

话语分析理论对对外汉语教学有极大的现实意义。要培养学生的交际能力必须加强连贯表达的训练,培养话语能力。长期以来我们的教学比较注重单句的句型操练,学习者即使能够说出正确的单个句子,也很难说出结构衔接、意义连贯、表达顺畅的话语。如何在教学中、特别是在中、高年级的教学中加强话语教学,是当前教学研究的重点课题。对课堂教学中师生会话特点和规律的分析,几乎还是我们学科研究的空白。尽管话语语言学作为一门新的学科还很不成熟,对汉语话语的研究起步更晚,但这方面基础理论研究取得的一些成果,如话语的结构分析、话语的联结手段、会话结构、会话规则、会话策略、会话风格等,都对对外汉语教学有重要的启示作用。

4. 言语行为理论和会话含义理论

语言与行为有着密切的关系。50 年代末英国哲学家奥斯汀(J. Austin)提出"言语行为"理论(speech act theory)。他指出语言不仅是描写、陈述和说明客观世界,提供信息,而且人们说出话语也是一种行为。人们在说话的时候,就是在做一件事,完成一种行为。比如当教师走进教室时说"屋里很热",实际上他是希望学生完成把窗户打开的行为;当甲对乙说"小王去上海了",其目的也是完成"告诉乙"这一行为。奥斯汀认为人们所说出的话语能同时进行三种行为,即言内行为、言外行为和言后行为。仍以"屋里很热"这句话为例,言内行为是说话人通过发声把这句话说出来,它所直接表达的是字面的意思(进屋后的感觉);言外行为则是通过这句话来表达隐含的真正意图,也就是言外之意(应该把窗户打开);言后行为则是指这句话对听话人所产生的影响(学生去打开窗户)。当然,并非所有的话语都有言外之意。有时说话者直接将自己的意图告诉听话者,如采用建议甚至指令的方式。但在语言交际特别是会话中,常常需要听话者理解说话者的真正含义。

对"会话含义"(conversational implicature)的研究实际上就是对会话中说话者的言外之意的研究。60 年代中期美国语言哲学家格赖斯(H. P. Grice)提出了会话含义理论,他认为会话能顺利进行需要双方互相配合,共同遵守一些基本原则。他提出"合作原则",包括四项

准则:

（1） 质的准则——所说的话要真实，不要说自知是虚假的话，或缺乏足够证据的话。

（2） 量的准则——所说的话应包含交谈目的所需要的信息，而不要包含超出需要的信息。

（3） 关系准则——所说的话必须是有关的，要切题。

（4） 方式准则——所说的话要清楚，有条理，简练，避免晦涩、歧义。

但在实际语言交际中，人们常常出于某种礼貌或其他目的，故意违反这些合作原则，从而产生言外之意让听话者去领会。所以会话含义是指会话中说话者因违反“合作原则”而产生的言外之意。以违反量的准则为例：当 A 向 B 打听 C 的各方面条件是否适合当教师，并希望 B 予以推荐时，B 只说了一句：“嗯，他的粉笔字写得不错。”B 在这里远远没有提供足够的、主要的信息，违反量的准则，其含义为：“此人只是粉笔字写得好而已，并不适合当教师。”

格赖斯会话含义理论后来不断得到补充和完善。英国学者利奇(G. Leech)还提出了“礼貌原则”(politeness principle)的六项准则，即得体准则、慷慨准则、赞誉准则、谦逊准则、一致准则和同情准则。布朗(P. Brown)和莱文森(S. Levinson)提出了“面子保全论”(the theory of face-work)，建立了包括积极礼貌策略和消极礼貌策略的礼貌模式。这些都进一步丰富和发展了会话含义理论。

上述言语行为理论和会话含义理论都属于语用学研究范围。70年代建立起来的语用学是研究语言运用的科学，研究特定交际环境中如何理解语言和运用语言。对外汉语教学需要更多地汲取语用学的研究成果，加强对学习者语用能力的培养。

二、汉语的特点与对外汉语教学

19 世纪末 20 世纪初，我国语言学研究进入一个新的历史阶段，其标志是 1898 年第一部系统的汉语语法著作——马建忠《马氏文通》的出版。一百年来特别是近50年来，汉语语言学的研究取得了很大的成果，比较深入地揭示了汉语的特点和规律，建立了汉语语言学的理论体系，也为作为对外汉语教学客体的汉语研究提供了坚实的理论基础。

对外汉语教学中经常碰到的问题是：汉语算不算最难学的语言？在世界很多语言中，都把"汉语"一词用作"不可理解"、"高深莫测"和"困难"的同义词。美国国防学院也把汉语和日语、朝语、阿拉伯语等具有特殊书写系统的语言一起，定为对以英语为母语的学生来说最难学的"第四类语言"。他们认为，掌握这些第四类语言的听说能力的难度，是第一类语言（西班牙语、德语、法语等）的2.5倍到3倍。一种语言是否难学，只是相对而言。作为第一语言，任何一个发育正常的儿童都能在5～7岁以前基本掌握，不存在难易的问题。作为第二语言，就有一个与已掌握的第一语言的谱系关系远近的问题。亲属语言，共同之处多一些，相对说来容易掌握；谱系关系较远的语言，不同之处多一些，相对说来比较生疏，较难于掌握。同属于汉字文化圈的日本、韩国、越南等国的学生，在学习汉语中所遇到的困难就比西方的学生要小一些。此外，还有生理、心理因素所起的作用问题。即使是第二语言，对5～7岁以下的儿童来说，只要生活在该语言的环境中，也同样能掌握，不存在难易的问题。对成年的汉语学习者来说，正确地认识汉语的特点，分析汉语作为第二语言学习有利的一面和困难的一面，对增强学习者的动力和信心非常重要。

1. 汉语作为第二语言学习的有利因素

（1）　语法方面　汉语的最大特点是没有严格意义上的形态变化，名词不用变格，动词不用按人称、性、数、时、态来变位。以"我去学校"这个句子为例，主语可以改变为你、他、她、你们、他们、我们，时间可以加上"现在"、"明天"、"昨天"等，而谓语则总是"去学校"，不需要任何变化。在很多情况下，汉语只要把词按一定的顺序排列就行，无需添加任何附加成分，形式结构简明，这样就避免了语法意义的重复表达方式和句子中的多余成分。与印欧语言那么多屈折变化相比，应该说汉语的语法规则是比较简便的。

（2） 语音方面 汉语只有400多个基本音节，加上四声的区别一共也只有1300多个音节，这就是学习者需要掌握的全部音节。而且，汉语声、韵、调的音节组成，汉语声调的变化都有较严格的规律可循，没有不发音的哑音节，易于掌握。绝大多数的汉语词又是由单音节或双音节组成（据北京语言学院编的《现代汉语频率词典》统计，单音节词与双音节词占总词数的85.6%），词的双音节化是总的发展趋势。与之相比，英语的单音节形式就可能有几万种，英语、俄语特别是德语的每个词的音节数都数倍于汉语。汉语语音的组成也体现了经济的特点。

（3） 词汇方面 汉语的词音节少，便于记忆；汉语词汇的结构方式以词根复合法为主，由大多数本身就能独立成词的单音节语素结合而成，词义与语素义有关，也便于记忆（如冰鞋、手套、一月）。而其他语言则没有汉语词汇的这一特点，在很多情况下都是单纯词，需要死记（如skate、glove、January）。汉语的构词法非常灵活，与由词结合为词组的造句法基本一致，都是用偏正、并列、述宾、述补、主谓五种结构类型，组合简易。汉语常用词的覆盖率也较高于英语、俄语等。

汉语语法、语音和词汇经济简便的特点，提高了汉语使用的速度和效率。据统计，在科技文章中英语词汇字符大约是相同内容的汉语文本的二倍。在计算机时代和信息社会，汉语可能在这方面显示出比其他语言更多的优越性。同时，这种经济简便的特点，也必然给汉语学习带来有利的方便的一面。很多外国学习者反映，初步掌握汉语口语至少不比掌握其他语言更难。

2. 汉语作为第二语言学习的难点

（1） 语法方面 汉语词没有形态变化固然带来方便的一面，但对习惯于屈折变化的学习者来说，要学会一种新的语法手段来代替早已熟悉的语法手段，则比多记一些不规则的动词变化更为复杂。汉语语法重“意”而不重“形”，体现了意合为主、隐性语法关系丰富、表意灵活等特点。作为一种目的语，汉语比起外显语法规则清楚的语言应该说是比较难于掌握的。汉语的语序和虚词是表达语法关系的主要手段；词类有多功能性，因为与句法成分的关系错综复杂而不对应；双音节化的倾向影响到语法形式；句法结构中松散的主谓结构和大量的述补结构，还有像“把”字句、无标记被动句等特殊的动词谓语句，都是汉语语法的特点，对很多学习者来说也是难点。

（2）　语音方面　汉语语音最大的难点在于声调。汉语是有声调的语言，声调有区别意义的作用。很多学习者的母语是非声调语言，学习者必须首先建立声调的概念。正确发出并记住每个音节固定的声调，是一项颇为艰巨的任务。母语是声调语言的学习者，也由于汉语调类和调值与其母语不同，感到正确掌握汉语声调的困难。前边提到汉语音节少的优点，但这也同时带来了过多的同音形式需要区分的困难。此外，汉语还有几组送气与不送气的辅音的区别。

（3）　词汇方面　汉语有大量的同义词和近义词，有丰富的量词和语气词，大量的固定的四字成语，现代汉语中还保留不少古汉语的词语。这些特点体现了汉语词汇的丰富多彩，也给学习者增加了词汇学习的负担。汉语的外来词中，单纯音译而又通用的（如咖啡、卢布）或译音兼巧妙地译义（如浪漫、可口可乐）不多，绝大部分都经过汉语构词法的改造：或音译加类名（如汉堡包、芭蕾舞），或部分译音、部分译义（如英特网、迷你裙），或意译（如电视、代沟），均与原文相去甚远，并未能给外国学习者提供很多联系其母语记忆词汇的方便。

（4）　汉字　汉字是学习汉语最大的困难所在。对世界上大多数使用拼音文字的学习者来说，像汉字这种意音文字，即每个方块字基本上记录一个单音节语素的文字，是一套完全陌生的书写符号系统，难认、难记、难写。从长期的对外汉语教学实践来看，汉字也确实是大多数外国学习者学习汉语的主要障碍。

作为对外汉语教学工作者和研究者，我们更需要分析汉语作为第二语言学习困难的一面，以便针对这些难点，运用语言学、心理学和教育学的理论，在教学中采取相应的措施，帮助学生克服学习中的困难。

第三节　对外汉语教学的教育学基础

对外汉语教育学是语言教育学的分支学科,而语言教育学又是一门分科教育学。因此对外汉语教育学与教育学的关系是分支学科与总学科、下位学科与上位学科的关系。这是一种最直接的关系,体现了教育学理论对对外汉语教学的重要作用。但无论是在我们国内还是在国外的第二语言教学界,这一点似乎并未得到足够的重视,因而在一定程度上影响到我们学科的发展。

教育学是研究教育规律的科学,其重要组成部分——教学论则是研究教学规律的理论。对外汉语教学作为一种具体的学科教学,必然要受到普遍教育规律和教学规律的制约,必须符合一般的教育原理。教育学中所涉及到的教育的本质、教育方针、教育目的、教育制度、教育管理等和教学论中有关教学过程、教学原则、教学内容(课程)、教学方法、教学手段、教学组织形式和教学效果检查等方面所反映的各种教育和教学的客观规律,一般说来对第二语言教学和对外汉语教学都具有指导意义。教育学的其他分支学科如教育哲学、教育史、教育心理学、教育统计学、教育工艺学、教育计划和比较教育学等,也无不影响到我们学科。

我们强调不论是语言学、心理学或其他基础理论学科,都是作为理论基础给对外汉语教育学科以理论启示与支持,而不能代替本学科的理论研究。教育学作为与本学科关系最直接的基础理论学科也不例外。在运用一般教育学原理时,我们又必须考虑到包括对外汉语教学在内的第二语言教学是一种非常特殊的教学活动,它与一切其他学科教学有着许多不同点。首先,第二语言教学所教的是一种新的代码(目的语),需要掌握一定的知识,但更为重要的是要培养一种新的能力。而这种新代码与学习者原已掌握的代码(第一语言)之间不可避免地存在着较大的冲突和干扰。第二,第二语言学习的场所远远超出教育学通常所关注的小学、中学、大学等学校机构的范围,而是整个社会、特别是使用该语言的社会环境。对外汉语教学又是一种跨国家、跨文化的教学。学习场所甚至涉及另一个国家的学校和社会,学习内容也受到跨文化交际的影响。第三,本学科所要求达到的教学效果,即对目的语掌握的熟练程度也往往超出一般学科教学所要求达到的标准。学习的成功率相对说来比其他学科要小。第四,检验语言学习成功与失败的标准——在交际中能否运用第二语言,也比其他学科更清楚。

上述特征说明,第二语言教学比起一些理论性、知识性学科的教学更需要讲究教学方法,更需要研究教育规律;第二语言教学除了体现教学的共同规律以外,还有很多特殊规律,有着独特的教学过程、教学方法和测试评估标准,这些特殊规律需要本学科自己来发现;第二语言教学的研究成果,会对整个教育学和教学论的进一步发展做出贡献。

一、教育的作用与教育的目的

教育是人类社会特有的培养人的活动。广义的教育指一切能增进人们的知识、技能,增强人们的体质和影响人们的思想意识和道德品质的活动。我们这里所指的是狭义的教育,即社会通过学校对受教育者的身心进行的有目的、有计划、有组织、有系统的影响和培养的活动。

1. 教育的作用

教育的作用,对社会来说,在于传授前人所总结出来的知识、技能和为一定社会所需要的思想意识、道德规范,使社会得以延续和发展。对个人来说,在于提高认识世界和改造世界的知识和能力,健全人的个性,使人类自身多样化发展的需要得以满足。因此,教育对社会、对人的发展所起的作用是教育的基本功能。这两种功能又是统一的。人的发展不能脱离社会的发展,社会的发展又是通过发展了的人的努力得以实现的。教育对人的培养不仅促成了人的发展,也从根本上促进了社会的发展。

我们还应该进一步分析教育在人的发展中的作用。在教育史上存在过“教育无用论”和“教育万能论”。不论是否认教育的作用还是不适当地夸大教育的作用,都是片面的观点。对人的发展起作用的因素除了教育以外,还有遗传和环境。这三者都是不可缺少的。遗传素质是人发展的物质前提。以语言的发展为例,弱智或发音器官的缺损,必然影响到语言能力的发展。环境因素、特别是社会环境因素,是人发展的客观条件,起着潜移默化的作用。仍以语言的发展为例,离开了人类社会的环境和在这一环境中的实践,即使有语言遗传禀赋也无法正常地发展语言能力。而一定的语言环境可以大大地促进人对目的语的掌握。由于人不是被动地接受环境的影响,人可以主动地改造环境、创造条件,因此环境的作用也不是决定性的。学校教育是根据社会的需要,遵循一定的客观规律并针对受教育者的特点,有目的、有计划、有组织地对人的身心发展施加影响。它一方面可以充分发挥遗传因素所提供的物质前提,同时又能充分利用并创造环境中的有利因素,控制和改变环境中的不利因素,有效地、成功地实现人才培养的目的。就语言人才的培养而论,当前主要靠学校教育,由教师负责,按一定的目标通过课程和其他教学活动,有组织、有计划地进行。因此,在人的发展中,遗传、环境、教育三者缺一不可。而教育又起着主导作用。

今天由于社会生产力的迅速发展,科学技术飞跃进步,教育在社会发展和人才培养中的地位和作用比以往任何时候都更加重要。科学技术作为第一生产力,必须通过教育所培养的生产者,才能作用于生产、成为现实的生产力。教育通过其培养的人才,成为现代科学技术与现代生产结合的纽带,成为社会发展的重要动力。

2. 教育的目的

教育对社会发展和对人的发展所起的作用,决定了教育的目的。教育的目的是为社会培养人才,而科学的教育所培养的人才应当是德、智、体、美全面发展的、为社会发展和时代进步所需要的人才。

德育是指思想品德的教育，包括政治立场、世界观和道德品质的教育。德育确定了全面发展教育的方向，并贯串于教育的始终。

智育是指传授系统的文化科学知识，发展智力，培养能力。知识，对高等学校来说要求传授学科最新成就的知识，使学生在广博的基础上达到专精。智力，指观察力、注意力、记忆力、思维力、想像力、创造力等。能力，包括自学能力、分析和解决问题能力、科学研究能力，创新能力，组织管理能力、口头与书面表达能力及人际交往能力等。智育是全面发展教育的核心。

体育指增强学生的身体素质，提高健康水平。同时还要掌握一定的卫生保健及体育运动的知识和技能。体育是全面发展教育的物质基础和重要保证。

美育指培养学生感受、鉴赏、表现和创造美的情感与能力，并陶冶学生的高尚情操。美育是全面发展教育中独特的重要组成部分，与德育、智育、体育互相渗透，对整个身心发展起重要作用。

德、智、体、美统一协调的发展，是学校教育培养人的最高目的，也是我们今天所强调的素质教育的目标；而语言教育正是德、智、体、美全面发展不可缺少的要素。

二、教学过程与教学原则

上述教育目的主要是通过教学来实现的。

1. 教学和教学论

教学是由教师与学生共同参与的有组织、有计划地传授与学习系统的文化科学知识和技能，并使学生身心获得发展，形成一定的思想品德的教育活动。教学的这一定义说明，教学的任务是使学生掌握系统的文化科学基础知识和基本技能，在此基础上发展学生的智力和体力，培养正确的世界观和道德品质，为实现教育的目的培养全面发展的人才。教育的目的要通过多种教育途径来实现，以德育而论，单靠教学一项是无法完成的，还需要社会实践活动以及其他教育活动。教育活动是多种多样的，教学只是其中的一种，但它是最重要的,是实现教育目的、特别是进行智育的最主要、最基本的途径。在教育系统中,教学是中心,是教育的主体部分、核心部分。对外国学习者的教育任务,主要也是通过对外汉语教学来实现的。对外汉语教学首先要向外国学习者传授汉语的基本知识,培养运用汉语的能力(语言交际能力),同时还要发展学生的智力和体力,并对学生进行勤奋学习、良好道德、遵纪守法、团结友好等方面的教育。

对教学活动规律的研究称为教学论,有时也被称为"教学理论"或"教学原理"(这两个概念比较笼统,实际上其内涵和外延都不完全与"教学论"相同),甚至俗称为"教学法"(要与具体的教学方法或教学法流派相区别)。教学论所要研究的内容主要包括教学过程、教学原则、教学内容、教学方法、教学的组织形式和教学的效果检查等。

2. 教学过程的本质特征与教学模式

教师和学生共同参与的教学活动过程叫教学过程。对教学过程规律的研究也称为过程论,是广义的教学论中的一部分。

教学过程的性质,按照马克思主义的观点是学生的认识过程,而且是一种特殊的认识过程。学生的认识过程除了总体上遵循人类一般的认识过程规律,如通过实践获得感性认识,由感性认识发展到理性认识,再从认识回到实践、经受实践的检验并指导实践等,还有其特殊性。这就是:

(1) 在教学过程中,学生不是真刀真枪直接同客观事物打交道、去亲身获得对事物的认识,而是通过书本和课堂接受前人总结的实践经验,形成基本知识,然后再应用到实际中去。这样学生可以在有限的时间里,迅速地获得大量知识。以对外汉语教学为例,学生无需在生活中自己总结汉语语音、词汇、语法规律,而是通过精心编写的教材和课堂上循序渐进的教学,学生就可以获得由前人已经发现的汉语的规则系统,从而在较短的时间内通过集中学习基本掌握这种以前从未接触过的语言。当然要掌握这些知识和规则,离不开学习者本身已有的对语言的直接经验。有时教师在课堂上也要引导学生自己观察、分析语言现象,总结规律。更重要的是,要真正掌握教师传授的语言规则，必须通过课堂中的大量练习实践，尤其要在真实的语言环境中真刀真枪地实践。

（2）　在教学过程中，学生的认识活动不是单枪匹马靠自己摸索，而是在教师的引导下进行的。教师由于有丰富的专门知识和指导经验，通过决定教学的方向、内容、方法、进程和效果检查等，起着主导作用，从而使学生能走一条迅捷的道路有效地获得知识和能力。教师的主导作用集中体现了外部因素的作用和环境的影响，但作为认识活动的主体，学生必须发挥主动性、积极性才能有效地完成这一认识过程。而激发学生的主动性、积极性也正是教师主导作用的一种体现。因此教学活动的认识过程是学生主体作用与教师主导作用的辩证统一，是外因通过内因起作用。这一认识活动的特点，决定了对外汉语教学以学生为中心、以教师为主导的基本原则。

（3）　在教学过程中，学生的认识过程不只是知识技能掌握的过程，而且是德智体美全面发展的过程。学生的认识活动不同于科学家、艺术家发明创造的认识活动，不是以追求发现事物新的规律为目标。学生认识活动的成果归根到底只是作为实现培养全面发展人才教育目的的一种手段。因此学生的认识过程是接受德智体美全面发展教育的过程，是学生的智力、体力、心理素质、思想品德形成的过程，也就是我们常说的“教书育人”。教学的过程总是具有教育性，教育目的主要是通过教学来实现的，这体现了教学与教育的辩证关系。这也是前边已经谈到的、我们不主张在学科名称上把教学与教育割裂开来的原因。

（4）　作为教学过程中学生的认识活动，不是学生自发的、主动的要求，而是在教师和课本影响下进行的。因此要受到学生心理活动规律的制约和学生各种个体因素的影响，包括智力因素和非智力因素（如动机、兴趣、意志、态度等）。因此，对外汉语教学活动中分析研究学生个体因素的作用是保证教学活动成功的关键之一。

上述学生认识活动的特殊性，也就是教学过程的本质特征，对对外汉语教学过程特征的把握和教学原则的确定有重要的指导意义。

3. 教学过程的模式

在教育发展史上，从 17 世纪捷克伟大教育家夸美纽斯（J. A. Comenius）发表划时代的著作《大教学论》（1657 年）建立教学论开始，几百年间不同教学论思潮所形成的教学过程模式多种多样。代表性的模式大体上有以下四种：

（1） 传授式。即在教师主导下系统地传授书本知识的模式。如以夸美纽斯为代表的“观察—记忆—理解—练习”过程，以及后来有所补充改进的各种模式。这是传统的模式，也是迄今影响最大的一种模式，体现了教学过程从教师和书本获得间接经验的根本特点，有利于发挥教师的作用，使学生能比较快捷地获得前人所积累的知识。缺点是容易造成注入式、满堂灌的弊病，忽视学生主动性、创造性的发挥。

（2） 活动式。即在教师辅导下，学生通过活动自己进行探究性学习的模式。活动式以美国实用主义教育家杜威（J. Dewey）的“设计教学法”模式为代表，其过程为：“设置问题的情境→确定问题的性质→拟定解决问题的方案→执行计划→检验与评价”。该模式强调通过活动单元在学生自己的有计划的活动中进行教育，是对传统的系统传授书本知识的否定。活动式的指导思想是强调学生的直接经验，但它混淆了学生的学习与科学研究的区别，有很大的片面性。前边已经分析过，如果人类所积累的知识都要让学生通过自己的活动获得直接经验来掌握是不可能做到的。但这一派观点指出传统派存在的问题，强调以学生为中心，发挥学生的主观能动性和创造性，还是有积极意义的。活动派作为传统派的对立面而出现，形成了两大派的长期争论，起到了促进教学论发展的作用。

（3） 发现式。即既主张学生学习最新的、系统的、有严密逻辑结构的科学知识，同时又要求学生通过自己的活动去发现知识，总结规律。发现式以美国心理学家和教育学家布鲁纳（J. S. Bruner）的“学科结构论”和“发现学习论”理论为代表，主张在教学过程中让学生掌握科学的基本结构，同时又强调充分发挥学生的积极性和主动性，让学生通过观察、分析、归纳等思维活动自己发现规则、原理。其教学过程为："明确结构，掌握课题，提供资料——建立假说，推测答案——验证（一次或反复）——作出结论。"这种教学模式既吸取了传统派重视传授书本知识和教师主导作用的长处，又吸取了活动教学模式发挥学生独立思考和创造才能的特点。这一派的主张有较坚实的教育理论基础和实践意义。

（4）　发展式。与前三派不同，认为教学过程不只是智育的过程，而是促进人的身心全面发展的过程。以前苏联心理学家赞科夫（Л. В. Занков）"一般发展"的教学论思想为代表。这种观点突破了把教学过程仅仅局限于智育的传统教育思想，强调德智体美的全面教育与培养。

上述不同的教学过程模式和观点给我们的启示是：

（1）　应当提倡教学模式的多样化。不同的教学模式适应不同的教育阶段。如幼儿教育、小学低年级教育可适当采用活动式。作为基础阶段的教育，如中、小学教育及大学低年级应强调以传授式为主，有利于学习者吸取前人的经验，打好知识基础。而大学高年级及研究生教育则更应当强调学习中创造性的发挥，可采用发现式。不同的课程也应有不同的模式。如以基本知识为主的课程宜于用传授式，实践性强的课程如音乐、美术、体育、实验课等宜采用活动式，以理论、规律为主的课程可采用发现式。不论是何种模式都应考虑学生身心全面发展的问题。

（2）　要强调辩证法，防止片面性和绝对化。要吸取各派之长，克服其局限性。任何一种模式都应做到传授知识技能，发展智力、能力和个性，并进行一定的思想品德教育。今天特别要充分考虑近年来新出现的边缘学科或新的理论，从更多的角度如信息处理、人际关系等设计教学模式，发展教学过程理论。

包括对外汉语教学在内的第二语言教学，与一般理论性、知识性学科的教学性质不同。第二语言教学更强调语言理解和表达能力的培养，教学更多地体现工具性、技能性的特点；同时又必须掌握一定的知识和规律,而且随着学生水平的提高,这部分的教学内容将不断加强。因此,任何一种单个模式特别是以讲授书本知识为主的模式,绝对不适用于对外汉语教学;另一方面,不同的教学过程模式都有可供对外汉语教学借鉴的地方。本学科需要而且可能从不同的教学过程模式中吸取适合于自己的东西,综合各家之长,建立自己的教学过程模式。

4. 教学原则

教学原则是从一定的教育和教学目的出发,在教学实践的基础上,根据对教学过程客观规律的认识而制订的指导教学工作的基本要求。教学原则对一切教学活动,包括教学计划的制定、教学内容的选择、教学过程的组织、教学方法手段的运用都有指导作用。教学原则反映了在教学实践中通过发现和处理教学中的各种基本矛盾关系而总结出的教学规律。教学原则有继承性,像早在17世纪由夸美纽斯第一次系统提出的直观性、自觉性、系统性、巩固性、量力性五大教学原则,在一定程度上反映了教学规律,至今仍有指导意义。随着教育的发展,人们对教育规律的认识不断深化,教学原则也在不断发展完善。今天我国的教师和研究者正根据我们的教育与教学实际,一方面由旧的教学原则推陈出新,一方面提出新的教学原则。教学原则不能是一般哲学原则或社会政治原则的套用,必须结合教育实际、体现教育的特点。不能是教学经验的简单反映,而是经过反复检验并上升到理论高度、具有理论概括性。作为一般教学论所提出的教学原则,应是反映普遍规律的教学原则,而不是只适用于某一局部教学任务的原则。这些普遍的教学原则是:

(1) 科学性与思想性相结合的原则。指对学生传授的科学知识应体现科学的正确性,能体现本学科的发展水平,同时还要在科学性中包含并渗透思想性。本项原则体现了对学生传授科学知识的同时,要进行思想品德教育。这是两项紧密结合的教学任务。

(2) 知识传授与智能发展相结合的原则。指既要使学生积累知识,同时又要发展学生的智力,培养能力并使其个性得到发展。只有在宽厚专精的知识基础上,才能发展智能、个性。另一方面,有了发达的智能与健全的个性,则有利于新知识的积累。

(3)　理论联系实际与理论知识为主导相结合的原则。要求教学中理论与实际的统一。教学过程作为一种特殊的认识过程,其目的是要求学生掌握理论。只有首先掌握理论才说得上联系实际。但如果只停留在掌握理论这一步,则很容易脱离实际。因此教学中应当首先引导学生掌握基本理论,同时培养运用理论分析、解决实际问题的能力,将所学的知识在实践中运用。

(4)　教师的主导作用与学生主动性、自觉性相结合的原则。作为有目的、有计划的学校教育,教师在任何情况下都应起主导作用。同时,教学活动的成败又完全体现在学生的学习效果上。学生获得知识要通过自己的思维活动,启发学生学习的主动性、自觉性、积极性就成了完成教学任务的关键。这条原则体现了教学过程中教师与学生关系的规律。

(5)　统一的培养要求与因材施教相结合的原则。这反映了人材培养中共性与个性关系的原则。根据培养目标,对学生有统一的、基本的要求和规格,同时要考虑到学生在水平、能力、素质方面的个别差异,进行因材施教。这包括针对不同类型学生的特点进行“有的放矢”的教学;对“优生”及有特殊才能的学生给予特殊的指导以发挥其专长;对“差生”给予特殊的关注使其成才。这就要求教学工作在面向大多数、针对学生共同特征的同时,要根据学生个别差异采取一定的灵活措施,照顾到少数,使每个人都得到充分的发展。

(6)　系统性与循序渐进性相结合的原则。任何学科知识都有其逻辑结构形成的科学体系,教给学生的知识必须体现学科知识的系统性。另一方面,学生的认知活动又有其本身的规律性,必须遵循由已知到未知、由浅入深的循序渐进的原则。本原则体现了教学活动中知识的系统性、完整性与学生的认知规律之间的关系。

(7)　直观性原则。这是处理教学中词、概念和事物及其形象之间关系的原则。从有利于知识的理解与记忆出发,在教学过程中,词语应和事物相联系,抽象的概念应和具体形象相联系,理解应与感知相联系。要创造条件,利用直观手段,以发挥学生的观察力和形象思维,并加强学生从具体思维向抽象思维过渡的能力。这在语言教学中显得尤为重要。

(8) 巩固性原则。本原则反映了教学中获取新知识与保持旧知识之间的关系。要使学生所学的知识长久保存于记忆之中,需要按照记忆与遗忘的规律不断对已有的知识加以巩固,发展学生的记忆力。

(9) 量力性原则。本原则也叫可接受性原则,指教学中对知识的数量、质量和难度的要求必须遵循学生身心发展的规律,从学生知识和能力的实际水平出发,适合学生的接受能力。既不要超过也不要低于学生经一定的努力所能达到的程度。由于学习的意义就在于不断努力克服障碍取得进步,因此这条原则对教学要求所强调的还是能为学生所承受的必要的难度。同时考虑到在"知识爆炸"、信息激增的今天,为了使学生能扎扎实实地吸收掌握必需的知识并有利于智能的发展,在教学的数量与质量的关系上应体现精选教学内容、控制数量、提高质量的"少而精"原则。

上述九条原则,既包括了用现代理论阐述的传统的五条原则,也包括了反映当今时代教育特点并被实践检验了的新的原则。其中,第一至第五条为总的原则或基础性原则,第六至第九条原则涉及到教学中一些具体问题的处理。这些原则之间又是相互联系、相互制约的。这些原则长期指导教学实践,被认为是反映教育规律的普遍性原则,对包括对外汉语教学在内的第二语言教学都是适用的。对外汉语教学需要结合本学科的教学实际,创造性地运用这些普遍原则,形成本学科教学的具体原则。

三、教学内容与教学方法

教学内容与教学方法也是教学论的主要组成部分。

1. 教学内容与课程论

教学内容通过教学计划、教学大纲和课程、教材等形式体现,教学内容的核心问题是课程设置。课程一词指课业及其进程。广义的“课程”指学校为学习者所提供的一切教育内容及其进程安排的总和,除了作为“正式课程”的必修课、选修课及课外活动外,还包括作为“隐性课程”的学校教育环境,如物质环境、文化环境、人际关系等。狭义的课程则指某一门教学的科目。课程是教育目的的体现,它决定教学方法和教学的组织形式以及教学的评估。因此课程问题在教学体系中一直处于中心地位,课程改革也是教学改革的中心问题和突破口。

对课程体系和内容、结构及其安排的规律的研究,称为课程论。课程论是指导课程设置的理论。教育史上有多种课程理论,影响最大的是学科课程理论和活动课程论。

(1) 学科课程论。学科课程论在我国孔子时代和欧洲的希腊罗马学校中早已有之,17 世纪的夸美纽斯和 18 世纪著名德国教育家赫尔巴特(J. F. Herbart)进一步奠定了理论基础,至今仍为我国和世界各国的大多数学校所采用。这是一种以学科的知识体系为中心的课程理论,强调以各门学科知识固有的逻辑体系来组织课程,对社会生活实际和学生的兴趣、需要及接受能力考虑不多。

(2) 活动课程论。代表人物是美国实用主义教育家杜威。这是以经验为中心的课程理论,强调学生的生活经验中包括了各方面的知识,课程的编排应与生活经验的发展顺序相一致。这种课程论强调要让学生掌握解决实际问题的知识,提倡“教育即生活”,“在做中学”,适应以培养能力为主的教学。活动课程论强调发挥学生学习的主动性,强调教学与社会生活的联系,但对科学知识本身的逻辑体系和逻辑顺序注意不够,不利于学生掌握系统的知识。

这两种课程论也是各有长处和短处。作为指导思想,在课程设计实践中这两种理论已相互融合,现在的课程结构一般既有学科知识课程,也有如见习、实习、社会实践等活动课程。包括对外汉语教学在内的第二语言教学中,这两种课程论也是紧密结合的。从某种意义上来说,活动课程论的影响对本学科比对一般理论性、知识性学科更大。

2. 教学方法

教学方法是指为完成一定的教学任务在教学活动中所采用的方法。教学方法在教学过程中起着极其重要的作用,它直接影响到教学目标能否实现,以及实现教学目标所达到的程度和效率。现代教育不仅要求通过一定的教学方法取得高质量,而且要求高效率。教学方法的作用不仅仅限于完成课程的教学任务,同时在调动学生的学习主动性和积极性,发展智力、培养能力以及形成健全的个性方面,都起到重要的作用。

(1) 影响教学方法的因素。教学方法在不断地改革、变化,影响教学方法的因素主要有:

① 教学理论以及学习理论的发展——随着对教学规律以及学习规律认识的加深,就会出现一些新型的教学方法。

② 教学手段不断地改进——科学技术的发展使教学手段不断扩大和改进,促进新教学方法的产生。如录音录像技术的提高为语言教学视听法创造了条件。今天电脑辅助教学以及多媒体技术的发展,也将对教学方法产生极大的影响。

③ 课程的改革——课程的变化涉及到教学内容、教学要求和教学原则的变化,也必然影响到教学方法的改革。

而对教学方法的具体选择,则决定于:教学目的和教学任务,教师的条件和学生的特点,教学环境和教学手段。

(2) 教学方法的指导思想

① 教学方法的根本指导思想是"启发式",即教师从学生的实际出发,采取各种有效的办法调动学生学习的积极性和主动性,引导他们自己去学习。与之相反的指导思想是"注入式",教师单方面地向学生灌输知识,学生被动地接受知识。教师只起知识的传声筒的作用,学生则充当了知识的记忆器。显然,启发式符合辩证唯物主义内因和外因互相作用的规律。学生自觉、主动的学习是内因,起着决定性的作用;教师的指引、帮助则是外因,起促进学生学习的作用。外因通过内因才能起作用。启发式教学不仅有利于具体教学任务的完成,更重要的是培养了学生的学习能力,养成学生的好的学习习惯,这将是对

学生长期起作用的因素。

② 创造某种十全十美的教学法或局限于几种限定的教学法的主张,早已被证明是不现实的。每种教学法都有其长处和短处,都有一定的局限性,不存在能适应各种情况的万能的教学法。现在人们更多地关注多种教学法的组合,关注指导教学法的教学原则。

(3) 主要教学方法

千百年来形成的教学方法种类繁多,不可胜数,连分类的方法也十分复杂。特别是不同性质的学科有着完全不同类型的教学方法。这里以教学活动的主要途径为依据,分类如下:

① 以语言讲授为主的教学方法。这是通过师生口头语言交流和学生书面语言阅读为主要途径的教学方法。任何一种方法都离不开作为主要媒体的语言,但是这种方法主要依靠语言而不借助于其他手段。采用这类方法的主要是知识性、理论性的课程,是使用得最普遍的方法。

② 以观察为主的教学方法。学生主要通过观察实物、直观教具、真实环境或事实,对所学的知识获得形象的、具体的、直接的、真实的认识,如采用实物、模型、图片、幻灯、电影、录像以及实验、参观活动等。这种方法常常配合讲授法进行。

③ 以训练为主的教学方法。这是一种以学生的机体活动为主,通过教师作为组织者所指导的科学的训练,形成技能和行为习惯并发展其能力的教学方法,一般用于各种体育、艺术、劳动技能以及掌握语言等以能力为主的课程,常用练习、实验、实习作业等具体方法。

④ 以陶冶为主的教学方法。这是在一定的活动情境中,利用其中的教育因素通过潜移默化对学生产生影响的一种教学方法。如教师的语言和榜样的作用,对文艺作品、体育表演甚至大自然的欣赏。这也是一种辅助性的教学方法。

包括对外汉语教学在内的第二语言教学,实际上与上述四类教学方法都有密切的关系。其中最主要的是训练为主的方法以培养技能和能力,同时结合适当的讲授方法以掌握基本知识和规律。实物、幻灯、电影、录像和真实情境的教学以及视、听、读真实的第二语言教材，以欣赏为主的潜移默化的陶冶法等，都是第二语言教学中不可缺少的方法。这些方法组成了第二语言教学法的完整体系，并发展成为不同的教学法流派。这里需要强调的是，正由于第二语言教学方法是以技能训练为主并结合其他各种方法，是以学生活动为主而教师只是组织者、指导者，教师不是用主动讲授的方法全面控制教学过程，因此教学方法对教学效果特别是教学效率有举足轻重的作用。本学科不仅一般地要求教学方法的科学性，而且还强调方法的程序性，需要根据技能和行为习惯形成、发展的规律，并结合智力活动的规律，制订一套使学生能有效地吸收知识、形成技能和能力的科学程序。因此，第二语言教学对教学方法的研究，相对说来也比其他学科要做更多的投入。

阅读参考文献

叶蜚声等　1997　《语言学纲要》，北京大学出版社。

何自然　1988　《语用学概论》，湖南教育出版社。

黄国文　1988　《语篇分析概要》，湖南教育出版社。

张国扬等　1996　《外语教育语言学》，广西教育出版社。

杨　忠等　1995　《语言理论与应用研究》，东北师范大学出版社。

刘润清　1995　《西方语言学流派》，外语教学与研究出版社。

科　德　1983　《应用语言学导论》（中文版），上海外语教育出版社。

伍铁平　1978　汉语真那么难学吗？——语言对比漫谈，《语言教学与研究》第3集。

潘懋元　1996　《新编高等教育学》，北京师范大学出版社。

王策三　1985　《教学论稿》，人民教育出版社。

Brown, H. D. (1987) *Principles of Language Learning and Teaching*, Prentice-Hall, Inc.

Stern, H. H. (1987) *Fundamental Concepts of Language Teaching*, Oxford University Press.

第四章　对外汉语教学的心理学基础和文化学基础

本章继续上一章对对外汉语教学理论基础的讨论。

心理学部分，本章首先介绍了语言的生理—心理基础，着重了解言语活动在大脑皮层上的机能定位问题和大脑功能侧化与语言学习“关键期”的假说。本章重点分析对语言教学有很大影响的重要心理活动——记忆；记忆的类型、记忆的过程、遗忘的规律与如何加强记忆。本章还简要介绍心理学发展的主要流派——其中很多流派与第二语言教学法关系十分密切。

文化学部分，考虑到文化是对外汉语教学内容的一部分，因此本章不仅要论述文化学在理论上对本学科的指导作用，如文化的种类与特征，语言与文化的关系，跨文化交际的特点与跨文化交际中的文化冲突与适应等，同时也要涉及到对外汉语教学中的文化教学的一些比较具体的问题，如与语言教学相关的文化教学内容，特别是语言文化因素，文化教学的原则和方法等。

第一节　对外汉语教学的心理学基础

心理学是研究心理现象及其规律的科学，几乎与一切学科都有关系。语言教学是受心理学影响较大的学科,对语言教学活动的研究必然包括对语言学习者心理活动的研究。对外汉语教学需要研究学生与教师在教学过程中的心理活动过程与规律,特别是感觉、知觉、记忆、表象、想像和思维等认知活动和意志活动、情绪活动的规律,以及如何运用这些规律促进对外汉语教学。因此,语言习得理论和语言教学理论的研究都离不开心理学理论,心理学是对外汉语教学的又一重要理论支柱。历史上的每一种教学法流派除了以一定的语言学理论为依据外,也总是以一定的心理学理论为基础。随着以认知心理学为代表的心理学理论的发展,随着对语言习得理论研究的深入和对语言习得规律的不断揭示,心理学对语言教学的重要性已为越来越多的语言教学工作者和研究者所认识。语言教学理论中一些争论的热点问题,如知识与能力,掌握语言规则还是培养语言习惯,第二语言学习与第一语言学习的关系等问题的解决,都离不开心理学理论。心理学的分支学科心理语言学,研究言语活动的心理过程、探讨言语的产生、言语的理解和语言获得的规律,把对语言的研究与对心理的研究结合起来,对汉语教学更有直接的影响。很多学者认为,包括对外汉语教学在内的第二语言教学理论要取得新的突破,学科的发展要更好地体现自己的特点,除了汲取语言学的理论成果外,需要更多地从心理学的理论和研究方法方面获得营养。

一、语言的生理—心理基础

脑是心理的器官。人脑主管全身的知觉、运动和思维、记忆等活动,是中枢神经系统的所在地,也是言语中枢的所在地。人的语言能力得以形成与发展,与大脑有密切的关系。人的高度发展的神经系统和大脑以及发达的发音器官,是语言的生物基础。

1. 大脑皮层的结构和功能

人脑分前脑、中脑和后脑三部分,前脑又分大脑和间脑。大脑是中枢神经系统中最主要的部分,分左右两个半球,由白色韧带状神经纤维组织胼胝体连接。大脑半球表层由神经细胞组成的大脑皮质覆盖,是大脑的主要构成成分,主管思维活动,是高级神经系统的中枢。大脑皮层的褶皱形成了许多沟回和裂,并把大脑皮层分为四个部分:额叶、顶叶、颞叶(在两耳之上的部位)和枕叶。大脑的不同部位有不同的机能,神经心理学家布罗德曼(Brodmann)将大脑皮层按机能分为52个区。

大体说来,大脑皮层分为三类机能区:皮层感觉区、皮层运动区和皮层联合区。皮层感觉区又分为视觉区——位于枕叶,是视觉的最高中枢;听觉区——位于颞上回,是听觉的最高中枢;躯体感觉区——位于顶叶中央后回,接受来自全身的冷热、痛等感受。皮层运动区位于中央前回,主管全身各部分的运动。躯体感觉区与皮层运动区的机能定位有如下特点:在颈部以下,左侧皮层管接受右侧躯体的信息并支配右侧的运动;右侧皮层管接受左侧躯体的信息并支配左侧的运动;皮层下部接受躯体上部的信息并支配上部的运动;皮层上部接受躯体下部的信息并支配下部的运动。除了皮层感觉区和皮层运动区外,其余的部分则为皮层联合区,是大脑皮层进行分析加工、储存信息、支配人的言语和思维、规划并确保人的行为等高级心理活动的部位。

2. 言语活动在大脑皮层上的机能定位

对大脑皮层哪一部分专管言语活动问题的研究,是从研究失语症开始的。1861年法国外科医生布罗卡(P. P. Broca)发现大脑左侧皮层第三额回部分受到损害的病人丧失了说话能力:说话缓慢、发音走样,只能说一些孤立的词,缺少语法成分。这种病叫布罗卡失语症。大脑的这个区域就叫布罗卡区,是主管说、写的运动言语中枢。这也是第一次用科学方法鉴定出脑是人的心理器官。继续研究发现,97%的永久性语言障碍都是由左半球受损伤引起的。不久,德国神经学家韦尼克(C. Wernicke)又发现大脑左侧后部第三颞上回受到损害,就不容易理解口语和一些书面语,这部分就叫作“韦尼克区”,是听觉言语中枢。经过一个多世纪的实验与研究,特别是本世纪60年代,为治疗癫痫病将病人连接左右两半球的胼胝体切断,对这种

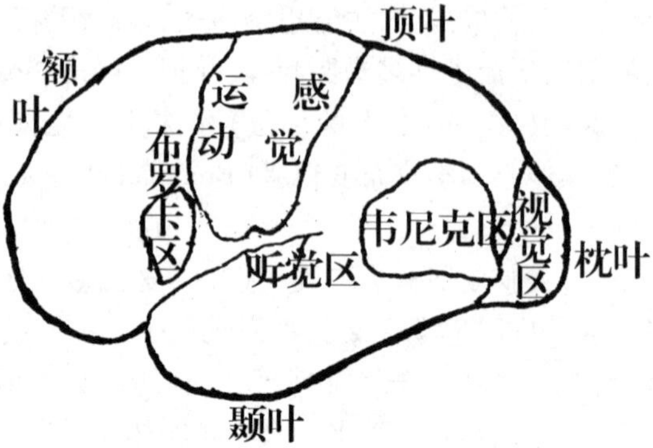

（图5）大脑左半球侧面示意图

"裂脑人"的研究进一步发现，左半球的功能确实与语言能力有关。人们普遍认为大脑左半球存在三个语言功能区：包括布罗卡区的前言语区，主要与语言表达功能有关；包括韦尼克区的后言语区，主要与语言理解的功能有关；位于顶叶、枕叶、颞叶联合区的上言语区，与咽、喉、腭和舌的活动有关。同时也发现右半球与处理非语言因素有关，右半球受损伤不会引起语言障碍。这说明大脑两半球的功能存在差异，一定的功能为一侧大脑半球所控制，称为大脑两半球功能的"侧化"（lateralization）。大脑两半球的分工为：右半球主管形象、知觉、空间等跟形象思维有关的活动，善于感知音乐、图形、整体性的映像和几何空间，为空间定向优势和情绪优势；左半球则主管抽象思维，主要是言语、概念和计算能力，为言语、思维优势和认知优势。

大脑两半球的职能既有分工，又能相互代替、协调活动。脑职能分工不是绝对的，包括言语的产生和理解在内，都是大脑各部分协同活动的结果。研究表明，除了皮质言语区外，丘脑甚至其他脑部位也在言语活动中起一定的作用。有的实验证明，左半球语言功能丧失的情况下，右半球就能既承担非语言功能也能承担一部分语言功能，仍具有较低级的语言能力。这说明人脑是一个统一的整体，左右两半球在有一定的功能定位、各司其职的情况下，两部分又紧密联系，各功能区能在一定程度上替代补偿、协调活动。这一研究的结果，启发了人们在语言教学中挖掘大脑右半球学习潜力的问题。

3. 大脑功能侧化与语言学习“关键期”假说

上述大脑两半球的分工，或者说大脑功能侧化的过程，究竟是什么时候开始、什么时候完成的？研究失语症的资料进一步表明，左脑的损伤如果发生在儿童时期，右脑可以取而代之，对语言功能不会产生太大的影响。但如果成年人的左脑损伤，右脑则无法代替，其语言功能也就不能恢复。再如狼孩或其他脱离人类正常生活环境的人，由于错过了习得语言的年龄，回到人类社会也无法很好地掌握人类的语言。对这一现象，很多学者通过神经生理的研究，用大脑功能的侧化来解释。认为在生命早期，大脑两半球都有语言的潜在能力。从两岁到青春期(12 岁左右)之前，是大脑语言功能向左侧化的时期。这是一个渐进的过程，4 岁以后大脑左半球开始显示其语言优势，到青春期开始时侧化已完成，右半球就失去了发展语言的能力。在大脑功能侧化过程中，大脑可塑性较大，孩子能学好母语。左脑受损伤时言语中枢可以转到右半球，右脑也能承担左脑的语言功能。这一时期人如不接触母语(如狼孩)，以后也就无法获得母语。据此，伦尼伯格(E. Lenneberg)于60 年代提出语言习得“关键期”(critical period)或称“临界期”假说。所谓语言习得关键期，就是指在青春期(12 岁左右)以前，由于大脑语言功能侧化尚未完成，左脑和右脑都能参与语言习得的这段时期。此时大脑灵活，可塑性大，因而比较容易习得语言。这是习得母语的最佳时期。

对语言习得关键期的假说，也存在不同看法。有的研究显示，婴儿一出生，大脑左半球就有对语音敏感的倾向，到四五岁大脑功能侧化就已基本完成。四五岁的儿童如左半球受到损害也会出现语言障碍，大脑不再有什么可塑性，因而也就不存在延伸到 12 岁的关键期。

母语习得关键期的假说，也被运用到第二语言习得理论中。这一问题将在第六章第二节讨论。

二、记忆与第二语言学习

心理学不仅阐述了有关语言的生理—心理基础，而且在语言学习理论、第一语言和第二语言学习、第二语言从感知·理解到记忆·表达的过程、第二语言语音·词汇·语法·汉字的学习心理以及学习者的个体因素等方面，都为本学科提供了坚实的理论依据。在以下各章的论述中将分别介绍有关理论。本小节着重讨论在第二语言教学中有着特殊地位的心理活动——记忆，并作为举例说明心理学与第二语言教学之间的关系。

1. 记忆的类型

记忆是过去的经验在人脑中的保存和提取，是人脑对过去经历过的事物的反映。如果说心理学所指的“现在”只是10秒钟左右的时间范围，那么人一生所经历的大量事情都属于过去。记忆是人的最重要的心理活动之一，也是心理学上研究得最多的领域。人的感知、理解和表达等心理活动都离不开记忆。第二语言记忆则是指第二语言知识和能力的保持和再现，是第二语言学习者主动积极的活动过程。第二语言学习中记忆起着关键的作用，听说读写等各种言语活动都包含一定的记忆过程，可以说没有记忆就没有第二语言学习。研究第二语言记忆的特点和规律，提高学习中记忆的效率，是本学科一项重要课题，也是第二语言教师必须具备的心理学知识。

记忆按其内容分为形象记忆、逻辑记忆、情绪记忆和运动记忆等，第二语言记忆涉及到所有这些方面。形象记忆是对已感知过的事物的表象的记忆，如对第二语言的字母、音素、词句的视觉形象和听觉形象的记忆。逻辑记忆是指对概念、判断、归纳、推理等逻辑思维过程的记忆，如对第二语言语音规律、词汇规律、语法规律的记忆。情绪记忆是对已体验过的情绪或情感的记忆，如第二语言学习中从某些对话、朗读或表演等活动中体验过愉快情绪的记忆。运动记忆是指对经历过的运动状态或动作形象的记忆，常常是一种对技能的记忆，第二语言的听说读写技能都包含有运动技能如发音和书写动作的记忆。在第二语言学习中,不同类型的记忆是相互联系、融为一体的,使语言作为整体发挥其功能。

记忆按保持的状态和时间分为感觉记忆、短时记忆和长时记忆。

感觉记忆(也称感觉登记或瞬间记忆)是指感知后信息保持极短时间的记忆,通常以毫秒计,最长只有一秒左右。人们能把一张张静止的画面看成连续活动的电影,正是感觉记忆的作用。信息在本系统中按感觉痕迹形象即输入的原样和顺序,被登记下来,作简单储存,尚未进行意义分析等心理加工。感觉记忆的容量(称记忆广度)很大,足够接纳进入感官的所有信息,并以最快的速度决定其去留。被登记的信息只有在受到特别注意或经过模式的识别后,才能进入短时记忆系统,而其他信息则很快衰退、消失。当第二语言学习中某个词语的音和形第一次被感知时,常以图像或声像的形式进行感觉登记:有的一闪而逝,有的则因受到注意而进入短时记忆。

短时记忆又称操作记忆,典型的例子是人们在拨电话时记住刚查找的号码,打完电话马上就忘掉了。短时记忆是对信息进行操作的系统,是动态系统。感觉记忆的信息受到特别注意或进行模式识别后,就进入短时记忆系统临时储存。这些最新的感觉信息与从长时记忆中提取出来的以前的信息,包括语言的和非语言的,都可以在短时记忆中进行加工操作,以完成某项任务(如解释新的感知,理解新的话语等)。感觉信息在短时记忆中保存一分钟左右,通常是以听觉形式编码,且基本保持逐词逐句的内容。短时记忆容量有限,信息一次呈现后能在短时记忆中正确回忆起 7 ±2 个信息单位,以数字计大约为 5 至 7 个数,不相连的字母为 7 个,无关联的汉字一次则能记住 6 个。在第二语言学习中如能在短时记忆中组成有意义的信息单位,如词、句,则记忆容量可以大大增加。信息在短时记忆操作以后就会遗忘,有保存价值的信息需要进行编码处理或通过语言复述进入长时记忆加以保持。

长时记忆是在头脑中长期保持的记忆,从保持一分钟以上直至终生。长时记忆的容量是没有限度的,它的信息主要来自短时记忆,也有特别强烈的感知记忆一下子直接进入长时记忆。短时记忆的信息要进入长时记忆,需要该信息呈现一定的强度(如生动程度)和重复,有的研究认为一个单词要反复10次才能记住。长时记忆中储存信息的记忆代码主要是语言的,特别是语义编码,主要储存概念和规则。也有表象编码,储存语言材料的视觉和听觉形象。运动编码则储存运动技能,如发音、书写的技能。长时记忆中信息主要以意义的形式保持,而不是逐词逐句的内容,也缺少细节。所储存的信息分两类:一种是按时间先后在日常生活中实际发生的“事件信息”,另一种是生活经历中获得的有关世界的知识“普通常识”。长时记忆中的信息就像存放在仓库中一样,是备用的、静态的、潜伏的,并不能被人意识到。只有经提取回到短时记忆系统,才能处在人们的意识之中,才能重现。

2. 第二语言记忆的过程

记忆过程包括识记、保持、再认和重现四个基本环节。这实际上体现了信息的输入、储存和输出的过程。

(1) 识记。第二语言的识记是记忆过程的第一个阶段,是指通过各种感觉器官感知、识别并记住第二语言的知识和技能的心理过程,是建立暂时神经联系痕迹或者叫记忆痕迹的过程。按信息加工理论,这是信息的输入和编码阶段,对所接收的信息进行加工、编码,使其能纳入已有的知识结构之中。在编码中信息进行了转换,如在会话交际中,除非特殊情况如学生听写、军人接受命令等,人们通常不是逐词逐句记住对方的话,而是去掉一些次要的东西,如重复、口误,只记住对方的主要意思。还包括有自己在听的同时得出的推论。识记阶段的状况如何,影响到整个记忆的过程。识记可以是一次,也可以是多次。多次识记也就是复习。

识记按其目的分为无意识记和有意识记两种。第二语言的无意识记是没有预定目的、未经任何努力对第二语言自然而然的识记,是不知不觉的识记。无意识记常常是由能使他们产生兴趣和激发起情感的、符合他们需要的对象引起的。这种识记有很大的偶然性和选择性。生活中的某件事情、老师讲的或书本上的某一句话，可能无意中给学习者留下了深刻的印象，以至终生难忘。无意识记在第二语言学习和教学中常常起到意料不到的效果。无意识记需要轻松愉快的气氛和松弛、无压力的精神状态，从而极大地发挥识记的潜能，增强识记的效果。在第二语言学习中创造好的语言环境，让学生多接触目的语，通过无意识记获得第二语言，是第二语言教学中特别需要加强的一个方面。无意识记由于缺乏目的性，在语言获得方面就带有一定的盲目性，缺乏系统性。系统的第二语言学习主要还靠有意识记。有意识记是具有明确预定目的、合理的策略和方法和必要的意志努力所进行的识记，是一种自觉、主动进行的识记活动。有意识记和无意识记各有其特点，两者互相配合。以有意识记为主，配合以无意识记，不仅能调动学生有意识活动的积极性，也能发挥无意识活动的作用，充分挖掘学生学习的潜力，从而收到更好的效果。

识记依照材料是否有意义或学习者是否了解其意义，又可分为机械识记和意义识记。机械识记是对没有意义或学习者尚未理解其意义的材料，依靠机械重复进行识记。虽然这是一种仅仅按材料外部联系进行的简单重复的识记，但在第二语言学习中仍是不可少的。如汉语的发音、声调等需要通过机械记忆求得熟练掌握，初期对汉字、词汇及句型的掌握也需要一定的机械记忆。意义识记则是在对识记材料理解的基础上，跟已有的知识建立联系并纳入已建立的知识结构之中的识记。这种识记在对输入材料理解的过程中进行了分析综合的思维活动，把握了材料的内在规律并将之在新旧知识融会贯通的基础上储存起来，成为长久的记忆。如第二语言学习对词汇意义、语法规律、课文内容的掌握，都需要意义识记。机械识记与意义识记各有长短。机械识记记得准确，但花费时间精力较多；意义识记容易记住，保持时间也长久，但不一定记得精确。总的说来，意义识记优于机械识记。二者需要结合起来。意义识记需要机械识记相补充以增加精确度——当需要精确记忆时必须用机械记忆；机械记忆应尽量意义化，即发现其逻辑关系并进行编码，以增加记忆的效果。

（2） 保持。第二语言的保持是对已识记的第二语言知识和技能加以巩固，也是对已形成的暂时神经联系痕迹加以巩固，使之长期存留在脑中以备应用。这是记忆过程中的第二个阶段。从信息加工的观点来看，这是对信息的再加工并储存，即把所识记的东西纳入到自己的知识结构之中。这一环节是为巩固识记所必须，也是再认和重现的必要前提。

保持的信息并非一成不变，随着时间的推移以及后来新经验的影响，信息在储存过程中无论质还是量都会有变化。一般比原来识记的内容更为简略概括，也可能由于补充而更加完整合理，甚至会使原识记中的某些特点更为夸张和突出。在量的方面，如果没有复习，常常出现日趋减少的倾向。这是由于遗忘的作用。

（3） 再认和重现。这是记忆的第三个阶段，即恢复记忆的两种形式，是暂时神经联系痕迹或记忆痕迹恢复的过程。从信息加工的观点来看，是信息的提取也是信息的输出。第二语言的再认，是已经识记过的第二语言知识和技能再度呈现时能识别并确认的心理过程。比如第二语言教学中，对目的语材料的阅读以及是非题、多项选择题等练习都是再认。对再度呈现的第二语言材料，首先要对之进行知觉分析，同时还要从长时记忆中提取有关的信息进行对照比较、多次检验，最后确认。再认的速度和准确性取决于识记保持和巩固的程度，也取决于当前呈现的第二语言材料与过去识记过的材料所形成的记忆痕迹的接近程度。如学习者在识别汉字时，就可能因为当初识记汉字时不精确或记忆痕迹不清晰，甚至提取的长时记忆信息本身有错误，造成对汉字的错认。

第二语言的重现也称为回忆，是指已经识记过的第二语言知识和技能虽然并未再度呈现、但在脑中重新回想起来的心理过程。第二语言学习中的问答、对话、复述、作文等，都含有不同程度的重现。重现按有无目的分为有意重现和无意重现。无意重现是没有预定目的触景生情而自然产生的回忆，有意重现则是自觉地、有目的地回忆。

再认和重现都需要一定的线索进行联想，以恢复已经建立的联系。特别是回忆是以联想为基础,并常以联想的形式出现。所谓联想是指由一种事物想到具有某种联系的另一事物的心理活动。联想分:类似联想,如性质相近的第二语言材料的联想(如黄蓝白黑、眼耳鼻口舌等单词的归纳);对比联想,如相反或对立的第二语言材料的联想(生——死,问——答);接近联想,如时间或空间接近的第二语言材料的联想(清华——北大,春天——阳光);关系联想,由事物的多种关系而建立起来的联想(生病——大夫,树木——森林)。

3. 遗忘的规律与加强记忆

与第二语言的保持相对的是第二语言的遗忘,即记忆过的内容不能保持也不能正确地再认或重现,暂时神经联系的痕迹不能巩固。从信息加工的观点来看,就是储存的信息不能正确地提取出来。遗忘又分部分遗忘和完全遗忘、暂时遗忘和永久遗忘。暂时遗忘是指识记过的内容一时不能再认或再现,但在一定条件下还可恢复,如一时提笔忘字或话到嘴边说不出来,过一段时间就能想起。永久遗忘是,已识记过的内容不经复习就不可能恢复记忆。遗忘属正常的生理和心理现象。从某种意义上来说,清除一些不再需要的信息以减轻人脑的负担,是人类一种健康的生理心理机制。但在第二语言学习中,学过的知识和技能不能保持,一些必要信息的遗忘,对目的语的掌握是不利的。因此需要研究遗忘产生的原因和规律,找出克服遗忘、加强保持的科学方法。

(1)　心理学对遗忘产生的理论解释

有关遗忘产生的理论解释主要有两种:一种认为由记忆所建立的暂时神经联系的痕迹,由于得不到强化而逐渐衰退甚至消失,因而产生遗忘,这是衰退说;另一种认为由记忆所建立的暂时神经联系的痕迹,由于受到其他刺激的干扰而产生抑制,所以产生遗忘,这是干扰说。干扰信息保持的因素有两类:一类是前边的学习活动对现在的记忆的保持所产生的影响,称为前摄抑制,也就是旧的记忆干扰新的记忆;另一类是后边的学习活动对现在的记忆保持所产生的影响,称为倒摄抑制,也就是后边的新的记忆干扰旧的记忆。实验证明:两种学习活动的内容或材料完全相同或完全不同时,不会引起抑制;只有当二者既有相同又有不同处时才产生因内容类似而引起的抑制,特别是相同与不同各占一半时,引起的抑制最大。为防止这两类抑制的作用,第二语言教学中尽可能把近似的材料分隔开学习。一篇学习材料的中间部分因为受到前后两种抑制的影响,总比材料的开始部分或结尾部分更难保持记忆。还有人认为清晨和临睡前学习,有利于减少前摄和倒摄抑制。

(2) 影响遗忘的因素及对第二语言教学的启示

① 从识记的时间来看,遗忘的进程并不是均衡的。在识记的最初时间遗忘很快,识记后的一小时遗忘率达 56%,以后就逐渐放慢,31 天后遗忘率达 79%,到一定程度就不再遗忘。这就是德国著名心理学家、记忆与遗忘现象实验研究的创始人艾宾浩斯(H. Ebbinghaus)的遗忘曲线。遗忘规律启示我们,在第二语言教学中对已识记的材料应赶在遗忘以前迅速地、及时地进行巩固、复习、重现和运用,并且要经常复习,复习的间距由短拉长。

② 从识记的内容看,有意义内容的识记比无意义内容的识记遗忘得慢;熟悉的材料、难易程度适合的材料比生疏的材料遗忘得慢;学习者感兴趣、所需要的内容比不感兴趣、不需要的内容遗忘得慢。这就启示我们,第二语言教材应当从学生的需要出发,形象生动、能引起学生的兴趣,难易适度。同时要注意合理安排识记材料,对整篇材料应采取整体——部分综合记忆的方法:先整体理解,然后对部分进行分析识记并注意各部分之间的联系,最后再综合进行整篇的识记。要特别注意对材料中间部分的识记。

③ 从识记的数量来看,识记的数量越大,遗忘得越多。即使是有意义的材料,当识记数量增大到一定程度时也会遗忘得很快。因此在第二语言教材中要掌握好“量”的因素。每课内容要适量,采用分散识记的原则,每次识记材料不宜过多,复习也应采取分散的方式。

④ 从识记的程度来看,一定的范围内识记的程度越高,遗忘越

少。如果把超过刚能背诵的程度的继续学习称为“过度学习”,那么过度学习达150%时遗忘最少。如10分钟能背诵一首诗,则学习15分钟的保持效果最好。低于这一限度,记忆的效果就会下降;而超过这一限度,记忆效果也不再继续上升,成为无效劳动。应鼓励学习者采用“过度学习”的策略。

⑤　从识记的方式来看,信息如果结合一定的情景并通过视觉、听觉、动觉多通道输入,比孤立地呈现、只凭视觉或听觉的单通道输入,遗忘要慢得多。第二语言教学要充分利用情景,多采用实物、图片或多媒体以加强形象化教学,并调动视觉、听觉、动觉多种感官,增强记忆能力。

有的学者研究发现,人大脑的神经细胞现在被利用的才占总数的4%,也就是说大脑96%尚未利用。因此,通过科学训练提高记忆力是大有潜力的。

三、心理学的发展与第二语言教学

心理学是一门历史非常悠久的学科,就对精神本质及其活动的探讨来说,在古希腊就已达到相当的水平,但长期以来一直是作为哲学的一部分而存在。心理学作为一门独立的学科,是以1879年德国哲学家、生理学家冯特(W. Wundt)在莱比锡大学创建世界上第一个心理学实验室,开始实验心理学的研究为标志。一百多年来西方心理学出现过很多流派与思潮,对语言教学产生过不同程度的影响。

1. 构造主义(Structuralism)

构造主义学派的奠基人是冯特,而典型代表人物则是其学生、英国心理学家铁欣纳(E. B. Titchener)。该学派主张通过内省的方法研究心理结构,认为心理学应该研究人们的直接经验,并将人的经验分为感觉、意象、激情三种元素,所有复杂的心理现象都是由这些元素构成的。在研究方法上,构造主义强调内省的方法。但不仅仅是传统的思辨式的内省,而是内省与实验相结合,运用实验心理学的方法,在实验者对自己的直接经验做精确的观察与记录的基础上进行研究。

2. 机能主义(Functionalism)

机能主义是与构造主义相对立的学派,其创始人为美国著名心理学家詹姆士(W. James),代表人物还有杜威等人。机能心理学是强调研究意识的作用的学派,它主张研究意识,但不把意识看成是个别心理元素的集合,而是一个川流不息的过程。主张人的心理是一个整体,不能分割为各个元素;着重研究的不是意识的构成成分,而是意识的作用与功能,即人的心理机能在有机体适应环境中的作用。因而强调研究与人的适应行为有关的心理过程,强调心理学的应用价值。机能主义的这一特点,推动了美国心理学面向实际生活的发展道路。在研究方法上主张采用内省法,但更重视客观的实验和测量。

3. 格式塔心理学(Gestalt Psychology)

20世纪初德国出现了反对构造主义的学派,即格式塔心理学,其创始人为韦特海默(M. Wertheimer)、考夫卡(K. Koffka)和柯勒(W. Köhler)。德文"格式塔"(Gestalt)的意思是"整体",又称"完形学派"。该派反对把意识化解成元素,主张把心理作为一个整体组织来研究。认为整体不能还原为各个部分、各种元素;整体先于部分而存在并制约着部分的性质和意义;部分相加不等于整体,整体大于部分之和。格式塔学派强调采用综合方法研究心理现象,在研究方法上主要采用演示和主观报告的方法,并在知觉、学习和问题解决等方面展开大量的实验研究。这些研究资料至今仍是心理学的重要财富。格式塔心理学派对视听法教学流派整体结构的学习理论有一定影响。

4. 行为主义(Behaviourism)

20世纪的美国心理学界出现了反对构造主义和机能主义的另一种思潮——行为主义。这是强调学习过程和测量外显行为的心理学派,其创始人是美国心理学家华生(J. Watson),后期主要代表人物是斯金纳(B. F. Skinner)。行为主义有两个主要特点:否认意识,主张心理学只研究人的行为;反对内省,主张采用客观的实验的方法。华生认为心理学是自然科学,心理学的目的在于预见并控制人的行为。意识是看不见、不可靠的,因而无法进行客观的研究。心理学研究的对象不应该是意识，而应该是可以观察到、可以测量的外显行为。这对心理学走上以行为测量为手段的客观研究道路是有积极作用的。华生受俄国巴甫洛夫(И. П. Павлов)经典性条件反射(classical conditioning)学说的影响，建立了刺激—反应(stimulus-response)模式，成为经典性行为主义理论。早期行为主义者的"刺激—反应"模式强调刺激与反应的直接联系，否定人脑和神经中枢在心理活动中的作用，显出了严重的理论上的漏洞。本世纪30年代出现的新行为主义，有的如美国心理学家托尔曼(E. C. Tolman)研究刺激与反应之间的个体认知的中介过程，在刺激与反应中间增加了代表反应的内部心理过程(包括需要、动机、知觉、再认、技能等)的"中介变量"。新行为主义代表人物之一的斯金纳，则受到操作主义哲学的影响，建立了操作行为主义(见第五章第一节)，和"刺激—反应—强化"的模式。行为主义作为一种重要的心理学派，直接影响到20世纪上半叶心理学的发展道路，并推动了心理学在医疗、教育、人事管理等领域的应用。在第二语言教学方面，成为听说法、视听法、程序教学法等很多有重大影响的教学法流派的心理学理论基础。行为主义心理学片面强调人与动物共有的外显行为，把人等同于动物而忽视人的思维活动，这些固有的弱点使它在50年代以后逐渐衰落。

5. 精神分析学派(Psychoanalysis)

心理学的精神分析学派是本世纪初由奥地利维也纳精神病医生弗洛伊德(S. Freud)创立的，其理论主要来源于精神疾病治疗的临床经验。弗洛伊德认为人的心理有两部分：一部分是意识，另一部分是无意识。人的一切思想和行为都根源于心灵深处的本能和原始冲动，特别是性冲动，这种本能和冲动以无意识支配着人的思想，并表现在人的正常和异常的行动之中。人出生后的愿望由于不容于社会标准而受到压抑，不能得到满足，被压抑到无意识中去，这是导致神经病的重要原因。通过与病人谈话、分析梦境和自由联想等手段，引导病人说出来，紧张心情得到缓解，从而达到治疗的目的。弗洛伊德的精神分析学说产生了深远的影响；但这一学说过分夸大了无意识因素在人的整个活动中的作用，认为基本上是由盲目的本能和冲动所组成的无意识，决定着人的行为。这种观点为许多心理学家所拒绝。

6. 认知心理学(Cognitive Psychology)

认知心理学出现在本世纪初，在60年代由于行为主义心理学弱点的暴露而迅速发展起来。1967年美国心理学家奈塞尔(U. Neisser)发表《认知心理学》一书，标志着现代认知心理学的正式诞生。广义的认知就是指人的认识活动，认知心理学研究人的认知过程，并把认知作为人的全部心理活动的过程。横断学科信息论、控制论、系统论和计算机科学的发展，对现代认知心理学产生了深远的影响。认知心理学不是把人看做是刺激的被动接受者，而是信息加工者，一种具有丰富的内在资源并能利用这些资源与周围环境发生相互作用的积极的有机体。人脑中对信息进行加工的过程就是认知过程，认知心理学强调对人的内部高级心理过程的研究。除了应用心理学的一般研究方法外，还发展了自己特有的计算机模拟等研究方法。应用这种方法不仅能客观地描述人类某些复杂心理的内部过程，而且能推动人工智能的研究，促进计算机技术的发展。现代认知心理学是在反对传统心理学思想的过程中发展起来的，但它与传统心理学又有着密切的联系，如接受了行为主义对客观方法的重视。它注意用精密的客观方法研究在人类信息加工中存在着的某些无意识的过程，另一方面它强调研究人的内部心理过程，强调研究意识，继承了格式塔心理学在知觉、思维和问题解决等领域的研究成果。可以说，认知心理学的出现表现了当代心理学互相融合的新趋势，其影响不但遍及整个心理学领域，和社会生活的关系也变得越来越密切。认知心理学已成为认知法教学流派的理论基础。

7. 人本主义心理学(Humanistic Psychology)

人本主义心理学是本世纪60年代才在美国兴起的一个心理学流派，创始人是马斯洛(A. Maslow)，影响最大的代表人物是罗杰斯(C. R. Rogers)。人本主义心理学强调心理学的首要任务是了解人、揭示人性的本质,认为既不要把人神化,也不要把人兽化。人本主义心理学强调人的价值和尊严,强调人有自由的意志,有发展自身潜能和自我实现的需要。人的内在价值是对满足的需要。人有获得生理上满足的需要,有安全的需要、归属的需要、爱的需要、自尊和尊重别人的需要,更有认知的、审美的需要,直到自我实现的需要。只要环境得当,人会努力实现积极的社会目标。人在争得需要的满足的过程中,能产生人性的内在幸福感和丰富感。这种感受又是对人的鼓舞力量。因此人性是善良的,或是中性的;恶不是人性固有的,而是由人的基本需要受挫折引起的。心理学应当研究发挥人的创造性、展现人的潜能的途径,促进人格的发展。人本主义心理学还认为人有自我指导能力,能认识自我实现过程中的正确方向,要关心人,信赖人,真诚待人。在人与人的关系中,情感因素起决定作用,反对强迫、压制的方法,而是要启示人的自我意识,促进人的自我实现。在研究方法上强调用与抽象思辨和元素分析相对立的整体分析法,对人做出全面的描述,把人当做一个理智与情感的整体来研究。人本主义心理学对传统心理学(行为主义和精神分析学派)进行了有力的批判,代表着心理学发展的一个新的方向。它已成为60年代以来兴起的咨询法、默教法等人本主义教学法流派的理论基础。

上述心理学诸流派中,重视意识、经验研究的早期构造主义、机能主义和格式塔心理学,现在已不再作为独立的学派发挥作用;重视正常行为分析的行为主义和重视异常心理、异常行为分析的精神分析理论,经过50多年的发展和改造现在仍起较大的作用;研究人大脑内认识过程的认知心理学和强调对人性进行整体分析的人本主义则是心理学新兴的学说。就第二语言教学而言,行为主义心理学、认知心理学和人本主义心理学对学习理论的影响最大,从而也对一些教学法流派的形成起了很大的作用。今天更值得我们关注的是认知心理学和人本主义心理学的发展,它代表了心理学发展的新趋势,也将对第二语言教学今后的发展发挥更大的理论指导作用。

第二节 对外汉语教学的文化学基础(一)

文化对对外汉语教学有极其重要的意义,这是因为:第一,要真正掌握一种第二语言,单学语言本身还不够,必须同时学习该语言所代表的文化(称“目的语文化”或“第二文化”)。交际能力中所包括的社会语言能力、话语能力和策略能力,均与文化密切相关。因此,中国文化的有关知识也是对外汉语教学的内容之一。第二,对外汉语教学要培养的交际能力实际上是跨文化的交际能力,需要以跨文化交际学的理论指导语言教学。第三,外国学习者在学习汉语的同时,一般都要求更多地了解中国社会和文化,甚至要学习专业性的文化知识。所以说,对外汉语教学离不开中国文化教学,对外汉语教学必须以一定的文化学理论为理论基础。特别是研究语言与文化的关系、诠释语言文化内涵的文化语言学和研究不同文化背景交际活动中的文化问题的跨文化交际学,更有直接的指导意义。

在第二语言教学历史上,虽然有的学者,像拉多(R. Lado)较早提出文化对比的问题,一些语言学家也在研究语言与文化的关系。但由于不论是结构主义语言学还是转换生成语法,都只是关注语言内部结构的研究,不考虑文化因素和社会因素。受其影响,第二语言教学也一直着重于语言结构的教学,不重视社会文化对语言运用的影响。60年代社会语言学兴起,70年代功能法出现,语用学、跨文化交际学也迅速发展,这才逐渐改变了人们“就语言教语言”的模式,加强了对语言教学中文化问题的研究。我们对外汉语教学界对文化的研究是从80年代初开始的。一方面受到当时我国文化界文化研究热的影响,另一方面更直接受到80年代初、中期我国语言学界对文化语言学的研究以及我国外语教学界对文化差异和跨文化交际研究的影响。80年代末至90年代初,对外汉语教学界更就语言教学和文化教学的问题展开了热烈的争论(见第一章第三节)。这场争论的结果,使对外汉语教学界对文化问题的研究更为重视,提高了语言教学中的文化意识,同时也进一步明确了语言教学与文化教学之间的关系以及语言教学中文化教学的内容和原则。

一、语言与文化

1. 文化的定义与分类

文化的定义至今已有100多种(一说500多种),尚无定论。比较有代表性的说法是:“人类在社会历史发展过程中所创造的物质财富和精神财富的总和”,[①]也就是说除了天然的物质以外,人所创造的一切都包含在文化之中。这是最广义的文化。狭义的文化主要指“精神财富”部分,即与“物质文化”相对的“精神文化”,包括经济、政治、哲学、教育、科学、历史、地理、文学、艺术、语言、世界观、价值观、思维模式、风俗习惯、宗教信仰等等。有时只是指其中的文学、艺术,而与政治、经济、科学、教育等并提。最窄的概念甚至具体到“茶文化”、“酒文化”等。从不同的视角对文化的理解重点也有所不同,有的文化定义强调“社会的全部生活方式”的一面,有的则强调“社会群体的行为准则”的一面。

对文化有多种分类方法。按文化的内容常把文化分为物质文化、行为文化、制度文化和观念文化四个部分。物质文化指人类创造的、体现一定生活方式的种种物质文明,如生产工具、交通工具、各种产品、器具以及园林、建筑、服饰、烹饪等技术体系,属整个文化体系的物质基础,既具有文化价值也具有实用价值,是表层文化。行为文化也称习俗文化,是人们交往中约定俗成的社会风俗习惯和行为标准,包括礼俗、民俗、风俗以及生活方式、人际关系等,可以看做是制度文化的一部分。考虑到语言交际的需要,我们把它单独列为一类。制度文化是由观念文化所决定的社会规范体系,指各种典章规范,如社会制度、国家制度、官制、兵制以及教育、婚姻、家庭制度等。很多

① 《现代汉语词典》(修订本)1996,商务印书馆。

学者认为，语言作为记录文化的规范的符号系统也属于这一类。制度文化与行为文化属中层文化。观念文化是人类在社会实践和意识活动中形成的价值观念、伦理道德、审美情趣、宗教情感、思维方式和民族性格，以及哲学、科学、文学艺术等具体学科的知识体系，属文化的精神内核，是深层文化。此外，还有大写字母 C 文化（简称大文化）和小写字母 c 文化（简称小文化）的分法。前者指上面所说的经济、政治、哲学、教育、文学艺术、科学以及思想观念和价值体系；后者指风俗习惯、生活方式、行为准则、社会组织和人际关系等。

2. 文化的特征

（1） 文化是人类在进化过程和社会发展过程中，通过实践创造出来的。对每个具体的人来说，有关文化的知识和能力则是后天在一定的社会环境下通过学习获得的。人们在享受文化的同时，也参与文化的创造。

（2） 文化具有民族性，是以民族的形式体现的。同一民族总的说来有共同的文化（当然其内部也必然存在着有差别的亚文化）；而不同民族的文化之间虽然也有共同之处，但由于各民族历史发展的过程、生活环境和生活方式的不同，更多地表现出不同的文化特色，形成了民族间的文化差异。各民族文化的共同之处，有利于各国人民相互理解；各民族间的文化差异固然会造成跨文化交际的障碍，但我们的世界是多元文化的世界，各民族发展自己有特色的民族文化，并互相影响、互相渗透就能为丰富我们的多元文化世界、为发展人类的文化做出贡献。

（3） 文化（包括亚文化）具有社会性，为一定的社会群体共同创造、共同遵守并共同享有，体现该社会群体的共性。个体的行为或心理如没有为社会所理解和接受，我们认为不能称为该群体的文化。因此，文化的社会性意味着文化为该社会成员所共享的同时，在社会中也发挥着一定的规范和准则的作用。

（4） 文化具有系统性，是一个由上述物质文化、行为文化、制度文化和观念文化从表层到深层组成的复杂的体系。文化系统各组成部分互相联系、互相依存、互相影响，当人们接触到某一层次具体的文化现象时，往往可以体现出这一文化系统的特征。

(5)　文化是建立在一定的符号系统之上的。文化必须通过一定的符号系统的记录，才能得以表达、保存和传递。语言是记录文化最重要的符号系统。此外还有非语言的符号系统，如体态语、各种信号和标记以及音乐、绘画、舞蹈等艺术形式。日常使用得最多、最基本的表述文化的符号还是语言。

(6)　文化是在发展变化的。文化是一种历史现象，在社会历史发展的长河中由历史的积淀形成一定的文化传统。文化传统中的优秀部分，将会一代一代传承下去。文化又是发展变化的。随着社会的发展，不断扬弃和更新原有的文化，借鉴别的民族的文化并创造新的文化。这种发展变化不仅表现在科学技术和物质文明方面，也表现在价值观念、典章制度、风俗习惯、社会心理等文化的各个方面。其中，物质文化变化最快，制度文化次之，习俗文化较为稳定，而观念文化变化最慢。

3. 语言与文化的关系

语言与文化有着十分密切的关系。

(1)　语言是文化的重要组成部分，语言与文化是部分与整体的关系，二者不可分割。语言和文化都是在社会发展过程中形成的，都是人们出生以后在一定的社会环境中获得的。文化所具有的民族性、社会性、系统性以及不断发展的特点，语言也同样具备。一种文化不可能没有与之相应的语言；抽去文化内容，语言也不能独立存在。

(2)　语言是用于记录文化的符号体系，是文化的主要载体。语言是文化中的特殊组成部分，其特点在于语言不仅本身是文化的一种形态，而且还是记录其他部分文化的符号，成为反映文化的一面镜子。语言之所以能发挥文化载体的功能，是由于语言是思维的工具，也是交际的主要工具；而文化的创造和发展离不开人的思维活动和社会成员之间的交际活动。文化的形成需要由语言来表达，文化的保存需要语言、特别是书面语的记载，而文化跨越时空的传播更需要借助于语言这一重要工具。

（3） 语言和文化相互依附、促进和制约。上边谈到文化是由于有了语言而得以表达、保持和发展、传播，语言的丰富多彩由文化内容的丰富多彩所决定。文化的发展必然带动语言的发展，如新词语的产生就是很好的说明；语言的发展也促进了文化的交流与发展。另一方面，文化与语言也在互相制约，如汉语把颜色分为七色，有的语言则只有五色、三色甚至两色，显然这类语言对颜色文化的认识就不如前者丰富。而要发展其对颜色的认识就必须增加有关颜色的词语。不能很好地掌握一种语言，就无法理解、体会该语言所表达的文化；各民族不同的文化特点又形成了语言结构、语言运用规律的差异，从而制约了跨文化交际中语言的理解和表达。

语言与文化的关系给我们的启示是：语言与文化相互依存、密不可分，是一个整体。要真正理解或研究一种文化，必须掌握作为该文化符号的语言；而要习得和运用一种目的语，必须同时学习该语言所负载的文化。对目的语的文化了解越多，越有利于语言交际能力的提高。

二、语言与跨文化交际

跨文化交际是指不同文化背景的人们之间的交际行为。这种交际主要是通过语言来进行的，称为跨文化语言交际。社会离不开人们为传递和获得信息而进行的交际活动。时代的发展不仅需要同文化的交际，也同样需要跨文化交际，它关系到各国人民的友好合作和人类的和平发展。影响跨文化语言交际的是不同文化之间的相同之处和不同之处，特别是文化差异。因此跨文化交际中要特别重视并研究文化差异。

1. 跨文化交际的特点

（1） 文化的差异与交际障碍。同文化交流，由于双方享有同一文化，不会因文化问题而产生交际障碍。而跨文化交际发生在不同的文化之间,两种文化的共同之处有利于对双方语言的理解,不同之处则可能由于差异的存在而造成对语言理解和运用的偏误,并形成障碍。不同文化间的差异程度是不同的,在差异严重的文化之间所形成的偏误,甚至能引起矛盾和冲突。

(2)　交际原则与价值观念。人们在会话交际中需要遵守一定的交际原则,如格赖斯总结的合作原则和利奇的礼貌原则等。但由于事实上存在的不同文化之间的差异,特别是东西方文化之间的鸿沟,对这些原则的理解就受到不同价值观念的制约。究竟什么是世界通行的礼俗准则,恐怕还是需要研究的问题。比如用利奇的以西方价值观为基础的、非常具体的礼貌原则作为标准,来评判、规范东方的交际行为,难免圆凿方枘、格格不入。

(3)　母语文化的思维定势和对异文化的成见。一般说来,人们自出生始就受到母语文化的熏陶,并可能持续一生。特别是在单一文化的环境中,往往容易形成母文化的思维定势和优越感,并不自觉地把母文化模式当做衡量别的文化的标准。凡不符合这一标准的就难于理解和接受。另一方面,在没有获得异文化社会环境的实际体验情况下,只受到间接经验的影响,人们也往往容易对异文化产生成见、偏见。文化思维定势和对异文化的成见、偏见,是直接影响跨文化交际的因素。

(4)　交际过程中的相互接近和求同趋向。跨文化交际中尽管存在着不同文化的巨大差异,但交际双方为了使信息传递顺利进行并实现交际目的,在交际过程中往往出现相互接近和求同趋向。特别是在双方或其中一方交际能力不强的情况下,都有帮助对方了解自己的愿望,从文化和语言两方面尽量向对方靠拢。如中国人一听到外国人能说中国话,一般就会产生一种惊喜的心情,不仅不会苛求对方在语音、语法、词汇方面的错误,而且要想方设法揣摩甚至替对方说出他的意思,以达到相互理解的目的。当发出信息时,也尽量用最简易的、对方能听懂的语言来表达,甚至会反复解释、变换说法直到对方听懂为止。文化方面的趋同则需要对对方文化有一定认识基础。有的西方学者甚至提出，即使你不会日语而用英语与日本人交谈，你的英语也必须体现日本文化的交际原则。跨文化交际中的相互接近和求同趋向，有助于达到交际目的。

（5） 交际的结果：文化的相互影响。跨文化交际实际上是不同文化的碰撞与交流。在长期的交际过程中，不同文化之间不可避免地相互影响。无论是社会还是个人都会汲取对方文化的某些方面，并使自己的文化发生一定的变化。这种在平等基础上进行的交流，有利于各种文化的互相学习、取长补短、共同发展。在不平等的交流中，特别是与政治等因素联系在一起，也可能发生强势文化对弱势文化的冲击和挤压，甚至同化。我们认为应当提倡不同文化之间的平等交流，促进各种文化的共同发展。

从上述五个特点可以看出，跨文化交际的根本特征是如何发现、认识和对待不同文化之间的差异。

2. 跨文化交际中文化的冲突和适应

在跨文化交际中，或是进入非本民族文化的生活环境中，以及学习目的语文化的过程中，文化差异都会引起人们的心理反应，产生一定的文化冲突，经历从文化不适应到适应的过程。这一过程大体上分为四个阶段：

（1） 蜜月阶段。刚刚接触到第二文化或进入第二文化的环境，对看到、听到的一切都感到新奇、惊讶、有趣，处于兴奋、激动、满足的状态，一切都觉得美好。

（2） 挫折阶段。新鲜的感觉过去，开始觉得衣食住行处处不习惯，人地生疏，语言隔阂，产生迷惑、沮丧、孤独、失落和烦恼、焦虑、悲伤、思乡的情绪。于是，有的采取消极回避的态度，不接触当地人和当地文化；有的对当地文化产生敌意，甚至发泄不满、采取不理智的行动；有的因承受不了心理压力而离开这一文化环境，回到自己的国家。这些表现叫“文化震荡症”，也叫“文化休克”（cultural shock）。文化休克是指在非本民族文化环境中生活或学习的人，由于文化的冲突和不适应而产生的深度焦虑的精神症状。处于异文化环境中的人一般都要经历这一挫折期和文化震荡症。只不过文化震荡症在不同人身上表现的形式和程度不完全相同。对文化差异了解越多,挫折感越小。对绝大多数人来说,挫折期是可以度过的。

(3)　调整阶段。经历了挫折期以后,人们开始调整自己与环境的关系,寻找适应新的生活环境和文化环境的方法。这时语言水平有所提高,与当地人的交往也增多,开始交朋友,孤独感和失落感有所缓解。对第二文化的看法既不像蜜月阶段那样浪漫、不切实际,也不像挫折阶段那样反感、不满,对该文化的了解在逐步加深。

(4)　适应阶段。经过一段时期的调整,对生活环境渐渐感到习惯,对第二文化也在逐步适应,能基本上采取比较客观的态度,甚至对其中的一部分已能接受。不能接受的部分也能要求自己理智地对待。

以上是适应第二文化的过程,一般说来要一年左右的时间。这一过程时间长短取决于学习者本人对待不同文化的态度。有的仅需几个月或几个星期,有的可能要几年甚至一辈子。儿童由于对母文化也所知不多,异文化环境所造成的文化休克就很微弱,甚至没有感觉。成人对异文化了解得越多,其适应该文化的能力也越强,文化休克也就弱。当然这一过程还取决于两种文化之间的差异大小。差异越大(如东西方文化之间),接受起来越困难。有的西方人抱怨在中国呆了十年八年,仍进入不了中国社会,弄不清中国人的人际关系。其实中国人在美国有的活了一辈子,同样进入不了美国的主流社会,仍觉得自己是外国人。很重要的原因是东西方的文化差异。对文化适应过程的研究,启示我们必须重视文化差异,重视第二语言学习初期文化冲突对第二语言学习的影响。对第二语言学习者在文化适应过程中所遇到的困难,要给予充分的理解并帮助他们度过文化休克期,这样也才有利于第二语言教学。理想的第二语言教学是使学习者同时掌握目的语和目的语文化。

3. 跨文化交际中对待不同文化的态度

对待非本民族文化的态度不仅对第二语言学习者来说十分重

要，对语言教师也同样重要。这不仅关系到第二语言学习，而且是21世纪人才素质培养的一项主要目标。这里主要是从跨文化交际的角度探讨对目的语文化的态度。

（1） 尊重不同的文化。这是对待任何一种文化应有的最基本的态度。前边谈到文化的民族性和社会性时已经提到，各民族的文化尤其是主流文化，都反映该民族的历史和特点，是其民族智慧的结晶，是与该社会发展的一定阶段相适应、为社会所需要的。从西方发达社会的物质文明到非洲原始部落的民间舞蹈，都是世界文化百花园的组成部分，构成了我们世界的多彩多姿的多元文化的格局。每种文化都有其长处和短处，在平等的文化交流中都能得到发展和进步。文化差异不应看做是文化的高下，不应受那些常常是出于民族中心主义而对其他民族文化进行不准确概括所形成的"文化成见"的影响。比如说美国人富有而阔气，英国人傲慢而节俭，德国人严谨而固执，意大利人浪漫而冲动，中国人含蓄而保守等等。历史已经证明，文化沙文主义，把自己的文化看做是"优等文化"而企图同化别的文化，不仅是违背历史发展规律的，也是十分愚蠢的。弱小民族的文化尤其应该得到尊重和保护。

（2） 理解与适应目的语文化。尊重其他民族的文化是第一步。对跨文化交际所面对的文化，或是新的生活环境中整日接触的异文化以及正在学习的目的语文化，仅仅从态度上尊重还不够。因为这是必须接触和运用的文化，需要进一步主动理解该文化。如果是你生活环境中的文化，则更需要尝试适应它。经过理解和适应，往往对这种文化产生更大的兴趣，甚至更热爱这种文化。另一方面，如果确实无法理解或适应，就有可能放弃这种目的语和目的语文化的学习。

（3） 求同存异对待文化冲突。即使是自己喜爱的文化，在接触和学习过程中，文化冲突也是不可避免的。文化冲突是由文化差异引起的。首先要承认，植根于不同的民族土壤、适应各自社会发展不同阶段的民族文化间存在着差异性。而每一种文化的产生和发展，又有其合理性。因此需要采取开放宽容的态度，用求同存异的原则化解文化冲突。

(4)　外为我用,发展本国文化。上面所说的尊重、理解、适应乃至求同存异的态度,都不意味着对目的语文化的全部赞同或全盘接受。但长时间、大量地接触目的语文化,特别是长期生活在这一文化的环境中,必然受到其影响。这是不可避免的。在要不要接受以及如何接受目的语文化的问题上,有四种态度。一是完全拒绝的态度,认为母文化一切都好,外来文化一无是处。这种态度常常是造成文化冲突的原因之一。如果出现在学生或教师身上,也必然影响到第二语言的学与教。二是完全同化的态度,对自己的母文化基本上持否定的态度,而主张对目的语文化全盘接受。在一部分移民人群中可能有这样的态度,而这种结合型的学习动机,对第二语言和文化的学习短期内也许会产生一定的促进作用。但实际上,文化差异和文化冲突并不会因为盲目接受一种文化而不再存在。这种态度仍解决不了文化冲突的问题,对一般人来说,同化型的态度和拒绝型一样,是不可取的。三是既完全保留母文化,又全盘接受目的语文化,成为"双文化型"或者叫做"边缘人"(marginal man)。也就是在价值观念、伦理道德、审美情趣、行为准则等方面同时具有两种文化体系,同时成为两种文化群体中的成员,并对不同的文化群体分别运用不同的文化。这实际上是难以做到的。特别是当这两种文化体系差异很大的情况下,无法满足来自这两边互不相容的文化要求,其结果只能摇摆于两种文化体系之间。最后一种是立足母语文化优秀传统和本质特征的同时,汲取目的语文化的长处,不断发展,创造本民族的新文化,可以称为"外为我用"型。这是对待母文化和目的语文化态度的最高境界,也是本书所主张的态度。

(5)　从跨文化交际的需要出发,选择文化依附。作为学生或教师,在目的语文化学习和教学的过程中有一个文化依附的问题;作为跨文化交际的双方,在跨文化交际中也有文化依附的问题。所谓文化依附,是指人们言行所代表和体现的是哪一种文化。第二语言学习者为了掌握目的语,需要了解和学习目的语文化知识;第二语言教师为了帮助学习者掌握目的语,也需要介绍目的语文化知识。因此在这一过程中,原则上师生都需要依附目的语文化。以学习汉语的外国学习者为例,为了尽快地学会汉语并正确地、得体地运用汉语,在他们学习期间、特别是在中国生活期间需要依附汉语的文化。这种依附并不意味着一举一动都要模仿中国人、做得跟中国人一模一样。文化依附首先是指熟悉中国文化并能正确理解中国文化,在跨文化交际中避免产生误解。这是最重要之点,是每一个外国学习者应该做到并能够做到的。比如关于隐私的问题,西方学习者可以保留母文化的习惯,不主动向别人提出工资、年龄之类的问题;但当中国人提出这类问题时,西方学习者至少应理解而不反感。至于个人的行为和表现是否要依附中国文化,这要具体分析。很多外国学生一来到中国就穿上布鞋、戴上解放帽,有的甚至还穿上中国北方农民穿的白布对襟褂子,并且用筷子吃饭。他们很容易在服饰和饮食上依附中国文化。在语言行为和很多非语言行为方面,他们需要依附于汉语的文化,这样才能学到地道的汉语。在制度文化方面,如果生活在中国则也应当依附、遵守而不能违反中国的有关制度。在习俗文化方面,根据"入乡随俗"的原则,在某些方面应当依附中国人的风俗习惯,而另一些方面也可以选择与汉语文化不相冲突的本国文化的风俗习惯。至于深层次的观念文化方面,在学习和运用汉语时汉族人的思维方式需要依附,否则无法提高汉语水平;而世界观、价值观、伦理道德、审美情趣等方面,只要能充分理解中国文化并把它运用于跨文化交际中就行。是否要依附或部分依附,这是应由学习者本人决定的。一般来说,对深层次文化不像接受表层以及中层文化那么容易。至于对外汉语教师的文化依附当然是中国文化,其责任是为学生提供中国文化的范例。但同时,教师在与外国学生的交往中,又需要了解他们的母文化,以便教学工作能有成效地进行。

在跨文化交际中,为了有助于交际的成功,也有可能出现依附于某一方文化的现象。一般说来应依附于所用语言的文化。比如用汉语交际,应依附于汉语文化;主动依附的一方,往往是对对方文化有较多了解的一方。更多情况下，为了保证跨文化交际的成功，双方都应采取向对方文化靠拢的原则。

4. 交际文化

80 年代初，对外汉语教学界的学者张占一等人，从第二语言教学培养交际能力的实际出发，按文化在交际中的功能提出区分“知识文化”和“交际文化”的观点。[①] 所谓知识文化是指跨文化交际中不直接影响准确传递信息的语言和非语言的文化因素；交际文化则是指跨文化交际中直接影响信息准确传递（即引起偏差或误解）的语言和非语言的文化因素。这一观点的提出者常举的例子是：中国人用筷子吃饭，这是知识文化；但不能把筷子插在饭菜上让别人吃，这就是会引起误解的交际文化。再如，中国有“长城”，这是知识文化，学生可能知道也可能不知道；但在“毁我长城”中，不能按字面意思理解为挖长城，而是把长城的含义引申为中国人民解放军，这就成了交际文化。张占一等学者认为这两种文化都参与交际，但所起的作用不同。知识文化常以“知识”或“内容”的形式参与交际。“知识”的多少也会影响到交际的进行。但懂就是懂，不懂就是不懂，一般不会产生误解。事实上同一种文化背景的人进行交际，也可能有知识差距。而交际文化则是指两种语言间规约性的文化差异，是以制约信息模式的形式来参与交际的，可能在交际中引起误解或偏差。

交际文化与知识文化概念的提出，加深了人们对语言教学中的文化教学的认识，突出了交际文化在语言教学中的重要性，为第二语言教学如何在浩如烟海的文化中区分轻重缓急、确定主要教学内容特别是教学重点建立了一个标准，对语言教学有实际意义。这一观点不仅在对外汉语教学界，在外语教学界也得到很多学者的赞同。但另一方面，这两种文化的区分也引起了不同意见的争论：除了对交际文化的理论根据和科学性提出质疑外，主要认为只强调交际文化

① 张占一（1990）试议交际文化和知识文化，《语言教学与研究》第 3 期。

会造成对知识文化的挤压。[①] 在这场讨论中，不少学者提出了较为宽泛的交际文化的概念。如吕必松指出："所谓'语言交际文化'，就是这种隐含在语言系统中的反映出一个民族的心理状态、价值观念、生活方式、思维方式、道德标准、是非标准、风俗习惯、审美情趣等等的一种特殊的文化因素，这种文化因素主要体现在语言的词汇系统、语法系统和语用系统之中。"并认为："语言中的这类文化因素对语言和语言交际有规范作用，但是本族人往往不容易觉察，只有通过对不同民族的语言和语言交际的对比研究才能揭示出来。"[②]在这里吕必松突出了交际文化的规约性和隐含性，指出了交际文化内容所涉及的方方面面，特别强调交际文化与语言系统的关系。

综上所述，跨文化交际应当体现互相尊重、互相沟通、互相理解、互相适应的原则。对外汉语教学要达到培养跨文化交际能力的目标，必须处理好语言教学与文化教学的关系，使学习者在掌握汉语的同时也能学习到有关中国文化的知识。

第三节　对外汉语教学的文化学基础(二)

一、对外汉语教学相关的文化教学

在如何对待第二语言教学与文化的关系问题上，国内外都出现过只重视语言结构而忽视有关的文化教学的现象；另一方面也出现过用文化教学取代语言教学或者语言、文化教学并重的观点。在我们学科内部，现在已基本上达成了这样的共识：对外汉语教学应该以语言教学为主，同时紧密结合相关的文化教学。这是因为语言教学离不开文化教学。从语言教学的第一课开始，所教的语言本身就包含着文化的因素，文化就成为语言教学内容不可分割的一部分。随

① 周思源（1992）"交际文化"质疑，《汉语学习》第4期。

② 吕必松（1996）《对外汉语教学概论(讲义)》(内部印行)。

着学习者语言水平的不断提高,他们对相应文化知识学习的要求也越来越高;而对目的语文化知识掌握得越多,越有利于他们语言交际能力的发展。文化一直在直接、间接地影响着语言的学习。另一方面,对外汉语教学作为语言教育学科的性质,决定了它必须以语言教学为主,而不能以文化为主或语言与文化并重。文化教学部分不能无限制地膨胀,冲击语言教学。在语言水平很低的情况下,文化教学本身也不堪重负。因此,在无限丰富的文化范围内确定对外汉语教学中的文化教学内容,就成了十分重要的问题。

确定文化教学内容应体现语言的、交际的、对外的三条原则:即与语言的学习和使用紧密相关且体现汉语文化特点的、为培养跨文化语言交际能力所必需的、针对外国学习者实际需要的那部分文化。具体说来,与对外汉语教学相关的文化教学应是三个层次,即对外汉语教学学科范围内语言的文化因素、基本国情和文化背景知识,和虽不属于本学科但为本学科所设专业(如汉语言专业、中国语言文化专业等)所需要的专门性文化知识。下面分别论述:

1. 语言的文化因素

语言的文化因素是语言教学中的文化教学首先接触的、也是最重要的部分,主要指语言系统各层次的文化内涵和语言使用的社会规约。语言文化因素主要隐含在词汇系统、语法系统和语用系统之中,在跨文化交际中制约着语言的理解和使用,甚至可能造成一定的交际误解和障碍。缺少语言文化因素的教学就不能达到语言教学的目的,因此就像语音、词汇、语法和汉字等因素一样,文化因素也是语言中不可或缺的组成部分,应作为语言系统内部与语音、词汇、语法、汉字等分支系统具有同等地位的又一分支的知识系统而存在。陈光磊把这种文化因素分为语构文化、语义文化和语用文化[①](详细介绍见下一小节)。这是从语言本位出发,把隐含于语言系统中的文化因

① 陈光磊(1997)关于对外汉语课中的文化教学问题,《语言文字应用》第1期。

素显露出来，使文化教学与语言教学融为一体，成为语言教学的有机组成部分。这部分文化内容常常与语法、词汇、语用教学结合在一起。

2. 基本国情和文化背景知识

指目的语国家的基本国情知识。虽然与语言结构没有直接的关系，也不一定造成交际中的误解，但却是掌握目的语和进行目的语交际所必需的，是第二语言教学的一个组成部分。比如说，运用汉语进行交际的第二语言学习者不应该不知道有关中国的一些基本情况。如中国的首都，中国的长城、黄河、长江，中国的人口和民族，政治经济、社会制度、历史演变、文学艺术等最必需的文化知识。这也是第二语言学习者感兴趣、希望了解的情况。国情文化知识可以看做是从文化本位出发提炼出的最基本的“知识文化”，它可以弥补上述语言文化因素比较零散、不够系统的缺点，也可为文化知识系统学习打下初步基础。在教学中安排在初级阶段后期和中级阶段语言综合课的课文或副课文以及听力、阅读、报刊、口语、写作等课程的课文（包括练习部分）所选用的语言材料中，体现“文以载道”的精神，也可以用中国概况课的形式加以补充。

上述两项文化教学内容是对外汉语教学的组成部分，也是与交际有直接关系的文化部分。它贯串于整个语言学习过程而以初级和中级阶段为重点，与语言教学同步进行，互为补充。

3. 专门性文化知识

这是在掌握最基本的国情和文化背景知识基础上，进一步掌握比较系统的专门性文化知识。在教学中主要体现在为高年级开设的文化课中。如中国文化史、中国文学史、中国历史、中国经济等等。这类课程的性质已不是语言教学，所以不属于对外汉语学科的范畴，但却是培养外国学习者的汉语言（专业）或中国语言文化专业人才的知识结构所需要的，也为培养高一层次的汉语交际能力提供一定深度的文化底蕴，是与语言教学平行而又相关的文化课。比起基本国情和文化背景知识的教学来，这类课程在介绍文化方面有一定的专门性、系统性、完整性，但作为为第二语言学习者开设的课程，这类文化课与为本国学生开设的一般文化知识课又有很大的不同。它强调"对外"的特点,要考虑外国学生的需要,要适当照顾到学生的目的语水平,甚至要有一定的语言要求。在课程内容方面,它强调文化知识的基础性和常识性,它所考虑的主要不是如何达到该专业(如中国历史)的目标,而是如何为实现本专业(如汉语言专业)的培养目标服务。

随着学习者汉语水平的提高,今后专门性文化知识课程应逐步加强学术性,突出文化价值观念系统及其体现——文学艺术、哲学思想等专业知识的内容,以保证汉语言或中国语言文化专业的学生在掌握好汉语的同时受到足够的人文科学教育。目前的情况离达到这一步尚有不小的距离,但从专业建设的长远目标来看,这一点应当考虑到。

二、对外汉语教学中的语言文化因素

语言文化因素是与语言教学关系最紧密的文化教学内容。在这里我们要稍稍展开讨论。

1. 语构文化

语构文化指词、词组、句子和话语篇章的构造所体现的文化特点,反映了民族的心理模式和思维方式。前边已经谈到,汉语结构最大的特点是重意合而不重形式。不是用严格的形态变化来体现语法关系和语义信息,而是除了遵照一定的结构规则外,只要在上下文中语义搭配合乎事理,就可以合在一起组成句子、语段。很多学者认为这与中国人善于概括、综合,从整体上把握事物而疏于对局部的客观分析和逻辑推理的传统思维方式有关。这种思维方式来源于作为中国文化一部分的传统哲学思想。中国传统哲学思想的主要特点之一是"天人合一"的主客体统一观。强调人与自然客体的和谐、融合,注重对客观世界通过直觉体验领悟和把握;而不是把自然和客观世界看做是要与之争斗的对立面,从事物的内里进行冷静的客观剖析。这种文化心理反映到汉语的词、词组、句子和篇章结构上,就形成了不注重形式标志、强调语言结构内部意义关系"意合"的特点。

汉语的意合性也必然带来语言结构的灵活性和简约性。在构词

上体现为不是采用由词根附加词缀的派生方法，而是用非常灵活的词根复合方式。两个词根只要意义上能结合，就可按一定的句法关系组成新词。如"动"和"静"这两个语素本身是单纯词，采用并列方式合在一起就成了另一个合成词"动静"。而"动"又可以和别的语素通过不同的句法关系组成"动物"、"动手"、"动人"、"动心"、"动身"、"动摇"、"改动"、"流动"等不同的词。这些合成词的意义与组成该词的各语素意义紧密相关。汉语词类的功能也有很大的灵活性，造成大量的"兼类"现象。汉语句子由于主要由语义和词序来表达意义，因而词语位置也有很大的灵活性。如："苹果多少钱一斤？""苹果一斤多少钱？""一斤苹果多少钱？""多少钱一斤苹果？"这几个句子语序不同，基本意思则一样。又如"三个人吃一斤饺子"与"一斤饺子吃三个人"；"衣服淋湿了"，与"淋湿衣服了"等句只要从意义上总体把握，施动者与受动者的换位并不会产生歧义或误解。汉语的分句结合成复合句也很灵活，中间常常不加连词。比如："明天有雨，出不去了。"这两个分句之间没有任何形式标志，如连词，但听者从整体上把握完全可以理解其因果关系。这种因采用意合法而非常灵活的结构，特别体现在汉语的流水句中。即几件事情按时间先后顺序或事理推移次序排列，只要意思连贯，有一定的因果、递进、承接、假设、条件等隐含的关系，就可以不用形式上的连接，一小句接一小句连续下去。小句主语可以隐去，也可以中途变换；焦点可以不止一个，语气可断可连，逗号到底。如下面一般叙述文字："小姐把我们引进预先订好的单间，宽衣，就坐，热手巾，菊普茶，然后互道契阔仰慕以及久闻大名之类的套话，接着名片递过来，才知道那位暴发户，是'东方投资公司'的老板，钱多得如流水"。[①] 而在古典诗词中"意合"更发挥到了极至，像"枯藤老树昏鸦，小桥流水人家，古道西风瘦马"这样完全由名词排列而无任何表示语法关系的形式标志。语义完全靠意合的手

① 李国文（1994）《老刀枪》，节选自《人民文学》第11期，见《实用汉语高级教程》，华语教学出版社。

法经常为古代诗人所运用,形成了中国诗歌独特的凝炼含蓄的风格和优美的意境。上述体现汉语结构灵活性的例子,同时也体现了简约性。在强调意合的句子中,关联词语大量省略,很多成分特别是主语也经常隐去,修饰语和中心词甚至连动词也都可省略。

此外,汉语句式结构还体现叙事一般按时间或事理顺序排列,说明事物常由大到小、从一般到特殊、从整体到部分、先原因后结果、由已知信息到未知信息等反映中国人注重直觉体验、善于整体把握的思维方式特点。汉语中独特的词语排列整齐、语义对称、节奏和谐的对偶句,体现了中国人喜欢对称、成双的心理。

本小节特别强调了汉语结构的特点,并不意味着汉语与其他语言在结构上无共同之处;我们强调汉语重意合、多灵活性,也不意味着汉语结构无规律可言。而是为了指出,与汉语结构科学性(规则系统)同时存在的还有其深厚的人文性的一面,或者说仅用西方的语法概念和理论框架无法全面地、准确地揭示出汉语结构的规律。对汉语结构的研究与教学,要充分考虑到中国人文传统的影响,找出真正能揭示汉语特点和规律的语言理论和方法。当然,这方面的研究如果说已经开始的话,也只是刚刚起步。在对外汉语教学中,语构文化的教学内容一般可以紧密结合语法教学进行。

2. 语义文化

语义文化指语言的语义系统、主要是词汇中所包含的社会文化涵义,它反映了民族的心理模式和思维方式。这是语言中的文化因素最基本、最大量的表现形式,也是语言教学中文化因素教学的重点之一。语义文化常常和词汇教学结合在一起。

首先是一个民族文化中特有的事物和概念体现在词汇中,而在别的语言中没有对应词语,如不加解释,第二语言学习者就难以理解。胡明扬先生又把它分为受特定自然地理环境制约的语汇(如“梅雨”、“梯田”、“戈壁滩”、“熊猫”等);受特定物质生活条件制约的语汇(如“馒头”、“旗袍”、“四合院”、“炕”等);受特定社会和经济制度制约的语汇(如“科举”、“支书”、“下放”、“农转非”等);以及受特定精神文化生活制约的语汇(如“虚岁”、“黄道吉日”、“红娘”、“阿Q”等)。[1]此外还有很多汉语中特有的熟语、典故等。

更多的则是某一事物或概念虽在不同的语言中有对应词语,但词义却存在很大差别,因而在语言交际中最容易造成误解和障碍。具体分为:词的内涵意义有差别,如“农民”一词在不同制度的国家所指不同,“胖”的含义在不同文化中也不相同;词义不等值,如汉语中的“知识分子”、“叔叔”与英语中的对应词义范围不同;词的褒贬义不同,如东西方文化中的“狗”、“龙”、“宣传”等词带有不同的褒贬义;词的引申义和比喻义不同,如松竹梅在汉语中象征人的品德高洁,而在英语中无此意义。

3. 语用文化

语用文化指语言用于交际中的语用规则和文化规约,是由不同民族的文化、特别是习俗文化所决定的。语用文化是培养语言交际能力的主要内容,是对外汉语教学中文化因素教学的重点之一。可以和功能意念的教学和语用规则的教学结合在一起。对外汉语教学中常用的基本的语用文化举例如下:

(1) 称呼。中国人讲究长幼、尊卑、亲疏的人际关系,对长辈(包括老师)、对上级不能直呼其名。中国人敬老在称呼中加上“老”字如“老大爷”、“老大娘”、“老先生”甚至“某(姓)老”都表示尊敬的意思。同样的道理,在称呼中也喜欢把别人的辈分抬高,如用自己子女的口吻称呼自己同辈为“叔叔”、“某伯伯”,对小孩用“小弟弟”、“小妹妹”、“小朋友”之类的称呼。为表示亲近和尊重,有时对不熟悉的人用亲属称谓,甚至出现“解放军叔叔”、“护士阿姨”的称呼。作为“官本位”思想的残留,汉语中常用“姓+职务/职业”构成称谓,从“某部长”到“某科长”、“某经理”、“某会计”都可使用,有时还故意省掉副职的“副”字。

(2) 问候和道别。“你好”是在不特别熟的人之间比较正式的

---

① 胡明扬(1993)对外汉语教学中的文化因素,《语言教学与研究》第4期。

问候语，而日常用得更多的则是根据当时对方的具体情况，提出一些明知故问或无疑而问的问题，如“在看书啊?”“洗衣服哪?”“进城去?”等等。有时即使问得具体一些，如“看什么书呢?”“去哪儿?”也无刨根问底之意，目的只是打个招呼而已，对方也可不做具体回答。比较熟识的人之间常问“身体怎么样?”乃至“衣服怎么穿得这么少?”以示关心而无干涉别人私生活之意。道别除了常用“再见”以外，有时还用“走好”、“慢走”、“路上小心”等表示关心的话语。主人送客有时会走出家门以表示对客人的尊重，客人则用“请回吧”、“请留步”、“别出来了”等表示劝阻。送人远行则一般用“一路顺风”、“多多保重”等告别语。

(3)　道谢和道歉。中国人用“谢谢”一词的频率大大低于西方人。“谢谢”在汉语中是表示礼貌、客气的用语，因此关系越亲密用得越少，家人之间一般不用。妻子给丈夫倒一杯茶，丈夫如说“谢谢”，妻子反而会觉得莫名其妙，感到“生分”而不是亲如一人。中国人道歉也用得不如西方人多，过去认为打喷嚏、打饱嗝、咳嗽之类的生理反应是无法控制的，没有道歉的习惯。也可能是因为汉语中缺少语义稍轻的“excuse me”的对应词，一道歉至少就用“对不起”。

(4)　敬语与谦辞。对别人表示尊重，对自己则尽量谦逊，这是中国文化最基本的交际规约。对长辈、对不太熟悉的同辈甚至晚辈，一般都要用敬语，如称对方为“您”，用“贵”(贵姓、贵校、贵国等)以及“请教”、“高见”、“光临”、“拜托”、“大作”等，对自己则常用谦辞“敝”(敝人、敝校、敝公司等)以及“浅见”、“拙作”、“寒舍”等。介绍别人时常把对方说得高一点以示尊重，自我介绍时一般都不愿炫耀自己的业绩，甚至故意压低自己以示谦虚和有修养。比如明明自己是某一方面的专家，却要说“我懂得不多，是外行，是来学习取经的”；明明是应邀作学术报告，但在开场白中要客套一番说“事前没有什么准备，谈一点不成熟的看法，抛砖引玉”，报告结束后还要加上“以上是个人粗浅的看法，拉拉杂杂浪费了大家的时间，不对的地方欢迎大家批评指正”等等。这在中国文化中显得言谈非常得体，而在西方文化中则可能被看做是“不真诚”,或者被误解为此公真的没有学问。

(5) 褒奖与辞让。谦虚在中国文化中被认为是美德,中国人不仅很少夸奖自己,对别人的赞扬也多辞让,把自己的成绩贡献归功于集体或领导。答复别人的夸奖时常用“哪里,哪里”,表示自己担当不起,或者强调自己不足的一面。如:“你的英语说得很好——哪里,我说得还不流利”,“你的毛衣真漂亮——漂亮什么,都快穿旧了”。当别人对自己的行为表示感谢时,在比较正式的场合还常常回答“这是我应该做的”。所有这些答话都是为了表示谦虚,而并非对夸奖者的否定或拒绝。

(6) 宴请与送礼。中国人接到别人吃饭的邀请,除了极熟的朋友外,在答应以前一般都要推辞一番,说“不要麻烦了”,以示礼貌和对邀请者的尊重。作客时的举止要注意文雅而合乎礼仪,以少麻烦主人为原则。当被问到“喝点儿什么”时,常常也是先推让说“不用了”,或者按“客随主便”的原则回答“随便”。这些都是西方习俗难以理解的。另一方面当中国人招待客人时,则又十分热情、主动,不仅不住地劝食劝酒,而且在未得到客人同意的情况下就可能给客人布菜添酒。这样做是热忱好客的表现而并非强加于人。尽管菜肴十分丰盛,但主人还要强调是“便饭”,“没有什么菜”,“没有什么准备”,甚至说自己的妻子“不会做菜”等等,妻子也决不恼怒。这同样是出于礼貌表示谦逊,而决非虚假。按同样的习俗,送礼的人常常贬低自己礼品的价值,说是“小意思”。在接受别人礼物时,除了极熟的朋友外,一般也需要先推让一番。受礼后对送礼者要道谢,但通常不当面打开礼物,以免显得迫不及待,也不会像西方人那样集中赞美礼物本身,说自己如何喜欢,而是表示受之有愧、心中 不安,如“太破费了”。农村地区甚至还有退回一半礼物的习惯,以示对送礼者尊重之意,这在西方是无法接受的。

(7) 隐私与禁忌。中国人之间越是知心朋友越能推心置腹,无所不谈。所以像年龄、工资、购物所付的钱、个人的婚姻、子女的情况,在西方人看来属个人隐私,而中国人好朋友之间则愿意分享信息,且一旦交换了这类信息,往往关系更为密切。中国人的卧室并非客人的禁地,床上也可以让客人坐,个人办公桌上报章杂志之类的东西相熟朋友翻一翻也不为过。有些是属于客观条件方面的原因,如一般说来中国人的住房较紧张,并非家家有客厅可接待客人。过去长期存在平均主义,工资差别不大,本身就不属秘密。至于年龄,因越大越受到社会尊敬,中国老人不太介意"老"字,"老了,不中用了"反而成了谦虚之辞,有时甚至往高处报自己的岁数。但并非中国人不存在隐私。年长者询问年轻女性的年龄、婚姻状况是可以接受的,因为这是一种关心;而中青年异性之间则不宜互问年龄,年轻男士尤其不宜向年轻女性询问这类个人的情况。在两性关系方面,中国文化的禁忌较多:婚姻、恋爱被称为"个人问题",两性关系不检点被称为"生活问题"。一般不当面赞扬年轻女性的外貌、身材,同辈异性之间更不宜这样做,至少会给人以轻佻之感。在西方极为普通的"性感"一词,在汉语中有贬义,尤其不能用来赞扬女性。异性之间除礼节性的握手以外,一般不宜有身体接触。即使是夫妇如当众接吻拥抱,也是不为社会习俗所接受的。中国人一般也不当面夸奖别人的妻子或丈夫漂亮。另一方面同性之间则禁忌要比西方小得多,手挽手、勾肩搭背、打打闹闹并无同性恋之嫌。

上述语用文化仅仅是针对东西方文化差异而列出的最为明显的数例,也是外国学习者在跨文化交际中最先碰到的障碍。这类语用规则突出地体现了中国文化崇尚集体与和谐、关心他人、尊重他人、热心待人、谦虚律己的传统。

三、对外汉语教学中的文化教学原则

将上述文化教学的内容组织到对外汉语教学中去,需要体现以下原则:

1. 要为语言教学服务,与语言教学的阶段相适应。

文化教学必须为语言教学服务,为培养语言交际能力的教学目标服务,这是本学科、本专业的性质所决定的。脱离语言教学的文化

教学,不是本学科、本专业所需要的文化教学,也远远超出了本学科、本专业所承担的任务。“以文化教学为中心”、“语言教学与文化教学并重”,与排斥文化教学的观点一样,都是语言教学的误区。文化教学为语言教学服务就必须与语言教学的阶段相适应,与学生的语言水平和交际需要相适应。从初级阶段的语言文化因素教学开始,中级阶段结合课文逐步增加国情文化知识的内容,高级阶段则开设一定的专门性文化知识课程。正如不宜脱离教学阶段去选择语言项目一样,文化项目的选择也不能脱离语言教学阶段。要体现由浅入深、由近及远、由简到繁、循序渐进的原则;而且要“适度”,不能借题发挥、喧宾夺主,把语言课上成文化知识课。这就要求文化因素的教学和文化三层次的教学有一个体现量化和序化的文化等级标准和等级大纲以及文化教学大纲。

2. 要有针对性

文化教学要针对外国学习者在跨文化交际中出现的障碍和困难,确定应教的项目并做出解释和说明。对中国文化的感受,美国学生和日本学生就很不相同,这就需要进行文化对比。正和语言对比一样,可以是一对一的对比,即中国文化与学习者的母语文化相对比,从而形成分国别专用教材。也可以是从分析中国文化出发,实际上是跟许多不同的文化相比较,找出中国文化的特点编写教材。为了加强针对性,与外国学者合作研究是非常必要的。外国学者对中国文化的特点比我们敏感。

3. 要有代表性

中国幅员辽阔,人口多、民族多。文化也呈现多元化的倾向,南北之间、城乡之间、各民族之间存在着文化的差别。文化教学中所介绍的中国文化,应该是主流文化、国家文化或者说是中国人共通的文化,而不是地域文化或部分人群的亚文化。正如我们对外汉语教学所教的汉语是普通话而不是方言一样。文化教学中所介绍的文化首先应该是当代的活生生的文化,这对培养外国学习者跨文化交际能力有直接帮助。而不要总是津津乐道过去时代的文化——一提到婚俗就是坐花轿、拜天地，一提到春节就是叩头祭祖。需要改变一些外国人至今仍认为中国人是拖着长辫子、裹小脚的误解。文化教学中所介绍的文化，还应当是有一定的文化教养的中国人身上反映的文化。任何一个社会都存在陋习和阴暗面。目前中国社会上还能看到随地吐痰，上公共汽车不排队、一哄而上，饭桌上大声咀嚼，在公共场所大声叫嚷等不文明的举止，这是事实。但不应该像某些国外的猎奇者或怀有偏见的人那样，把这些缺乏教养的、随着精神文明建设正在逐渐消失的社会陋习说成是中国文化的特点。再如“吃饭了吗?”作为一种问候语现在在城市里、知识阶层中很少使用，而我们的某些教材中非要把这句家庭妇女或者是极熟的人之间才用的话，当做国粹教给外国学习者，实在没有必要。从交际的得体性来看，外国学习者如用这样的话来跟他所遇到的中国人打招呼，也显得不伦不类、不合身分。所谓有代表性的文化，就是指中国人的主流文化、当代的活的文化和有一定的文化教养的中国人身上反映的文化。

4. 要有发展变化的观点

我国改革开放20年来，由于与不同文化的接触而受到的影响，特别在年轻人身上所反映的习俗文化已经有很大的变化。以上一小节所谈的语用文化为例，近年来“谢谢”就用得越来越多，回答别人的夸奖(甚至对女孩子服饰、容貌的夸奖)，也常常用“谢谢”，而不一定非用“哪里，哪里”。随着社会竞争压力的增强，贬低自己抬高别人的文化习惯，在很多年轻人身上已为推销自己所取代。随着与国外学术交流的增多，作报告时开场白和结束语的谦虚客套也越来越淡化。随着社会经济生活的变化，人们的隐私领域开始扩大，像工资一类的问题也成为禁忌。过去拜访无须事先约定，现在至少也得先打个电话。很多家庭也不习惯在卧室招待客人。处于社会变革期的中国，实际上是传统的文化习俗与新的文化习惯并存。因此在对外国学习者介绍中国文化、特别是习俗文化时，不能绝对化，要适当说明这一变化趋势。

5. 要把文化知识转化为交际能力

一般文化教学的目的是让学习者掌握有关的文化知识，而对外汉语教学中文化教学的目的就不仅仅是掌握知识，更重要的是把这些知识转化为跨文化交际中的交际能力，也就是能正确理解语言中的文化内涵，自觉遵守社会规约。这就需要在教学中进行大量的练习与实践。

四、对外汉语教学中的文化教学方法

对外汉语教学中的文化教学，有人称之为"文化导入"，有人称之为"文化揭示"。我们认为"文化揭示"的说法更为科学。既然文化因素是语言的一个组成部分，文化知识是语言所负载的，那么文化教学的作用应该是把语言中已有的文化内涵揭示出来，而不是从外边再导入什么。文化揭示或文化教学的方法主要有：

1. 通过注释直接阐述文化知识

这一方法比较灵活简便，语言学习各个阶段都可以用。开始甚至可以用学习者的母语注释，随着学习者汉语水平的提高，可逐渐用目的语注释。学习者自己阅读，省去课堂上讲解的时间。

2. 文化内容融会到课文中去

课文本身就可以介绍某一文化习俗，学习语言的同时也就学到了文化，这是比较理想、效果较好的文化揭示方法。初级阶段可以紧密结合口语会话材料，揭示语用规则（如何打招呼，如何问年龄等）及词语的文化内涵（如"叔叔"、"同志"的用法等）。中级阶段增加国情知识的介绍，高级阶段可结合较深层次的文化内容。这些都是以语言为纲、结合文化教学的语言教材。迄今为止大部分教材都属于这一类。我们也可以尝试以文化为纲、结合语言点教学的语言教材，在中级阶段使用可能会取得一定的效果。

3. 通过语言实践培养交际能力

课堂中引进有关文化项目的练习，对于把文化知识转化为技能是非常必要的。但要真正培养语言交际能力，还必须在真实的社会语言环境中进行语言实践。因此,到目的语国家去学习,而且要走出课堂融入目的语社会中去,才是文化教学最好的方法。

阅读参考文献

孟昭兰　1994　《普通心理学》,北京大学出版社。

唐　钺　1994　《西方心理学史大纲》,北京大学出版社。

高觉敷　1987　《西方心理学的新发展》,人民教育出版社。

章兼中　1986　《外语教学心理学》,安徽教育出版社。

周思源(主编)　1997　《对外汉语教学与文化》,北京语言文化大学出版社。

邢福义　1990　《文化语言学》,湖北教育出版社。

关世杰　1995　《跨文化交流学》,北京大学出版社。

胡文仲等　1997　《外语教学与文化》,湖南教育出版社。

胡文仲　1994　《文化与交际》,外语教学与研究出版社。

王福祥　1994　《文化与语言》,外语教学与研究出版社。

陈光磊　1997　关于对外汉语课中的文化教学问题,《语言文字应用》第1期。

赵贤洲　1992　关于文化导入的再思考,《语言教学与研究》第3期。

魏春木等　1992　基础汉语教学阶段文化导入内容初探,《世界汉语教学》第1期。

Stern, H. H. (1987) *Fundamental Concepts of Language Teaching*, Oxford University Press.

第五章 语言习得理论

在讨论第二语言教学理论之前，我们首先要介绍语言学习（习得）理论。我国古代伟大教育家孔子的著作中就有许多对学习的专门论述。汉语"教学"一词，非常精确地反映了教与学密不可分的关系。但人们对这个词的理解还只是突出了"教"的一面。长期以来"以教为主"的传统观点，束缚着人们的教育思想。西方在行为主义心理学强调外部因素作用的影响下，人们也总是把教师的教学方法看成是语言学习的关键，只重视对教师如何教的研究，而不注意学生如何学的问题。50年代末、60年代初认知心理学的发展和强调语言习得内在因素的乔姆斯基语言学习论的提出，逐渐改变了人们的看法。人们认识到学生学习语言的过程并非被动接受知识、听任教师来塑造的过程，而是其能力、性格、主动性、创造性发挥的过程。学习归根到底是学习者本人的事；真正决定语言教学成败的是学习者自己。60年代提出的"以学生为中心"的口号，打破了重"教"轻"学"、教师主宰一切的传统观念，强调"教"必须为"学"服务，必须接受"学"的检验。语言教学的一切活动都必须以对语言学习规律的研究和认识为基础，不了解语言学习的本质特点和心理过程，不了解学习者的个体因素的作用，这种教学就是盲目的，不可能取得成功。人们从对教师教学的研究转向对学生学习的研究，因此近几十年来语言学习理论的研究得到人们极大的重视，特别是第二语言学习（习得）的研究逐渐成为西方语言教育学科的一个新兴的热门研究领域。语言学习理论研究所涉及的不仅是语言教学问题,还与语言学、认知科学、心理学、社会学等学科密切相关。它有助于提高人们对语言本质的认识,对人的认知能力和认知过程以及大脑功能的认识。这对很多种学科的发展都有很大的意义,因此已成为这些学科共同关注、积极参与的研究领域。这种多学科交叉渗透的研究,使语言习得理论的研究取得可观的成果。

本章首先介绍作为语言习得理论基础的一般学习理论,特别是影响较大的行为主义学习理论和认知学习理论。语言习得理论的研究是从儿童第一语言习得的研究开始的。一百多年来,心理学家、语言学家和语言教育家希望通过揭开儿童怎样习得第一语言之谜,了解人的语言能力和交际能力是如何发展的,从而使第二语言教学获得有益的借鉴。他们提出很多第一语言习得的假说。本章着重介绍刺激—反应论、内在论、认知论和语言功能论等几种主要的第一语言习得理论和假说。有关第二语言习得的理论和假说现在已不下数十种,本章着重介绍影响较大的对比分析假说、中介语假说、内在大纲假说和习得顺序假说、输入假说、普遍语法假说及文化适应假说。最后对第一语言习得和第二语言习得做一对比。

第一节　语言学习与习得

一、学习与一般学习理论

在探讨语言学习理论之前,需要回顾一下一般学习理论。

1. 什么是学习

学习是人类生活中最重要的活动之一,从出生后的咿呀学语到掌握各种复杂的知识和技能,所谓"活到老学到老",贯串人生的始终。

作为心理学的概念,学习是指人和动物在生活过程中获得经验而产生行为的比较持久的变化。这是学习的广义概念。人类的学习则是指在人类的社会生活实践中运用语言工具主动地获得社会的和个体的经验,并产生比较持久的行为变化。

人和动物的行为有两类:一种是生来就会、通过遗传而获得的极为有限的“本能行为”,如婴儿会吸奶,母鸡会孵蛋;更多的则是在后天环境中通过学习而获得的“习得行为”,如海豚的表演、人的各种知识和技能等。人类的行为绝大部分都是学习的结果。

2. 学习理论的两大流派

学习理论又称学习论,是研究学习过程中的心理活动规律,也就是学习规律的理论。这是心理学的传统分支学科,也是心理学中最发达的领域之一。西方学习理论主要有两大派:一是行为主义学习理论,一是认知学习理论。两派之间还有折衷主义学习理论,或称认知—行为主义学习理论。此外,60 年代以来还出现了向传统的两大派挑战的人本主义学习理论。影响最大的行为主义学习理论和认知学习理论分别来源于哲学上的经验主义和理性主义。

(1) 受经验主义哲学影响的行为主义学习理论认为,学习是人和动物受环境支配、获得经验而被动形成的行为的改变。在这一过程中,完全排斥人的主观思想或思维活动。行为主义学习理论是在经典条件作用与操作性条件作用的基础上建立起来的刺激—反应学习理论,历来是西方学习理论的主体部分。这里需要特别提到桑代克的“尝试—错误学习理论”和斯金纳的“操作学习理论”。

美国著名心理学家桑代克(E. L. Thorndike)于 19 世纪末首先用动物实验进行学习的研究,通过他的饿猫的“迷箱实验”,提出了联结试误说。实验中的饿猫为了能出箱取得放在箱外的食物,在箱中乱抓乱撞,偶然碰到踏板,触动机关,启开门逃出箱外并得到食物。以后的实验中猫由于在尝试和错误中得到了经验,乱抓乱撞的无用动作就逐渐减少,最后达到一进迷箱就按动踏板,从而出箱得食。猫根据已得的经验,不断修正自己的行为,选择了正确的动作,找到了出箱的办法。因此桑代克认为动物是通过尝试与错误对环境的刺激找到能获得满意效果的反应,从而在特定的刺激和特定的反应之间形成联结;重复练习使这一联结得到加强。显然,这不是猫的本能行为,而是一种习得的刺激—反应的联结。桑代克也以人为被试进行了一系列的实验,认为人类与动物的基本学习方式都是试误学习,也都是在几乎没有思维和意识参与下形成的刺激—反应联结,只是复杂的程度有所不同而已。

美国心理学家斯金纳本世纪 30 年代以后提出操作性(也称工具性)条件作用理论。早在 19 世纪末 20 世纪初,巴甫洛夫进行了经典性条件作用的实验,提出条件反射学说。在巴甫洛夫的实验中,多次伴随食物出现的铃声在单独出现时也能使狗产生分泌唾液的反应。狗因食物的刺激而分泌唾液的反应是不学就会的本能反应,称为无条件反射;而狗对铃声产生的分泌唾液的反应则是经过学习获得的条件反射。由于铃声与食物的多次配合刺激的结果,狗学会在铃声与食物两个刺激之间建立联结,铃声也由中性刺激变成了条件刺激。经典条件作用学说解释了有机体如何学会把两个刺激联系起来,由一个刺激取代另一个刺激,并与条件反应建立联系。但斯金纳认为这只是有机体由特定刺激引起的一种应答性的行为,而在日常生活中人们的行为大部分是操作性行为。所谓操作是指主动作用于环境,不与任何特定刺激相联系的有机体的自发反应。对操作性行为的研究,更能揭示学习规律。斯金纳通过他所设计的"斯金纳箱",进行了操作性条件作用的实验:白鼠在箱中偶然按压了杠杆,得到了食物;食物强化了白鼠压杠杆的行为,它终于学会了主动操作(压杠杆)而获得食物。通过此类实验的研究,斯金纳建立了操作学习理论。他认为如果一个操作行为完成后伴随有强化的刺激,那么这一操作行为发生的概率就增多,从而养成习惯;如果不再有强化刺激,则该操作行为的概率就减少甚至消失。学习是一种反应概率的变化,强化可以增强反应概率。强化又分正强化(得到奖赏)和负强化(逃避或回避不愉快情境的出现)。很多行为是作为强化的结果而习得的。如果说经典条件作用强调的是用来控制反应的刺激,即反应前的刺激,其公式是"刺激—反应",那么操作性条件作用强调的则是对反应结果的强化,也就是反应后的刺激,其公式是"反应—刺激"。斯金纳操作性条件作用原理被广泛地运用于人类社会情境中,如通过各种强化的安排来塑造或除去某些行为等,在心理治疗、问题儿童的处理、弱智儿童的教育、课堂管理等方面都能发挥一定的作用。斯金纳学习理论最大的不足是他主要从事实验室动物的简单学习的实验,而对人的复杂思维和问题解决的学习缺少研究;他只研究有机体外部行为的变化过程,而对有机体内部思维活动则从不研究。这是行为主义学派共同的特点。

(2) 认知学习理论受哲学上的理性主义的影响,认为学习是学习者对环境和客观事物主动的认识和行为的主动的改变,是主体的认知过程,而不是在外界环境支配下被动地进行刺激—反应的联结和行为习惯的改变。强调学习中认知机制所起的作用,着重探讨学习者内部心理结构的形成和改变。这里我们主要介绍格式塔心理学的完形说和布鲁纳的认知—发现说。

认知学习理论最早的是完形说。德国格式塔心理学家柯勒于20世纪初对猩猩解决问题的行为做了实验研究。笼中的猩猩够不着笼顶上的香蕉,当它在不可能用所熟悉的方法(过去的经验)取得香蕉的情况下,并不是盲目地进行如桑代克所说的尝试—错误的动作,而是蹲在那里观察整个问题的情境——包括放在笼子里的小箱子,好像是在思考。然后突然领悟,找到了解决问题的办法,爬到小箱子上取得香蕉。柯勒认为这是通过顿悟实现了学习。顿悟是指突然觉察到解决问题的办法,要做到这点就必须对整个问题的情境(笼子里的事物)进行知觉,了解构成情境的各要素(如香蕉、距离、小箱子)之间的各种关系。格式塔心理学认为,有机体获得的每种经验都是一个有组织的整体,也就是完形——不是孤立的组成部分,也不是各组成部分的简单相加。由于新经验的发生,对问题的情境以及情境各部分的关系需要进行知觉的重组或认知的重组,即由一种完形改变成另一种完形,从而实现顿悟。因此学习就是个体内部通过知觉重组主动构造完形的过程,也是实现顿悟的过程。格式塔心理学认为顿悟学习可以避免盲目的试误学习,学生通过顿悟学习所获得的知识才能成为其知识和能力的一部分，可以运用于解决任何情境中的类似问题，而且通过顿悟的学习是不容易遗忘的。

关于布鲁纳的认知—发现说，我们在第三章第三节讨论其发现式的教学过程模式时已经提到一些。布鲁纳强调学生学习的目的在于掌握知识结构，学生在学习过程中应主动探索知识结构；学习应是主动发现的过程，而不是被动接受知识。因此发现法强调学习的过程而不仅仅是学习的结果，重视获得知识的方法而不仅仅是知识本身，强调学生好奇心的内部动机而不是受家长影响或与同学竞争的外部动机。

由上述学习理论两大派的简单介绍可以看出，行为主义学习理论的基础是刺激—反应理论，学习是刺激与反应建立直接联结并由于强化的结果而形成习惯，习惯形成以后在遇到类似的刺激情境时，就会有自动的反应。行为主义强调环境的支配作用，把学习看做是渐进的过程，着重研究外显的行为。而认知学习理论则认为学习是顿悟和理解的认知过程，是学习者对客观事物在大脑中进行完形构造形成认知结构的主动、积极的过程。认知学习理论强调个体作用于环境，把学习看成是遗传和环境的交互作用，学习是突变，着重研究内部心理过程。这两派理论都能解释部分学习现象，也都有偏颇之处。由于研究的学习任务不同，实验情境不同，研究的方法手段不同，强调的重点不同，这两派之间存在分歧甚至对立。但两派观点中也有不少共性，并非处处互相排斥。如行为主义的试误学习和认知派的顿悟学习实际上是适合于不同阶段、不同类型的学习，试误可能是顿悟的前提，顿悟往往是试误的结果，两者之间并无本质的差别。目前两派之间正出现互相吸取、逐渐融合的趋势。

3. 学习的分类、阶段和目标

由于学习涉及的范围很广泛，其过程又十分复杂，对学习就有不同的分类方法。其中西方心理学影响较大的有美国心理学家加涅(R.M.Gagné)提出的分类方法。加涅本人是从行为主义走向认知学派的心理学家，他综合各家之长、吸取各派的观点，提出了比较客观

的看法。他按学习的复杂程度,由低级到高级把学习分为八类:

（1） 信号学习(signal learning)。这是一种最简单的学习,是建立在巴甫洛夫经典性条件反射基础上的、对信号刺激所做出的特定反应的学习,如狗听到铃声就分泌唾液,人看到红灯就止步。

（2） 刺激—反应学习(stimulus-response learning)。这是比前一类稍复杂的一种基本的学习,是建立在斯金纳操作条件反射(operant conditioning)基础上的学习,如白鼠按杠杆而获得食物,小学生做作业而得到教师的表扬等。有机体做出的操作性行为由于得到强化而获得经验。刺激—反应学习得以实现的条件是学习者做出特定的反应,即操作性行为后必须立即得到强化,刺激的情境也必须多次重现。

（3） 连锁学习(chaining)。是建立在两个以上或一系列刺激反应动作联结序列基础上的学习,如体操动作的学习就是一系列刺激反应的连锁化。连锁学习得以实现的条件,首先必须掌握每一次刺激—反应的联结,并按一定的顺序反复练习形成连锁动作。强化对连锁学习也是不可少的。

（4） 言语联想学习(verbal association)。与上一类动作的连锁学习一样,不同的是这是指言语的连锁,即一系列连续性的言语的刺激反应,例如将单音节联成复合音节、将单词组成句子等。言语联想学习得以实现的条件是,言语连锁中的词语基本上应是学生已学过的,教师必须按适当序列呈现单词,并利用外部刺激提供线索,帮助学生学习。

（5） 多种辨别学习(multiple discrimination)。这是对多种刺激的异同进行辨别的学习,其实质是做出知觉的分化,如小学生对图画和符号的辨别,语言学习中对近义词的辨别等。辨别学习得以实现的条件是学习者必须具备再认或再现各种不同的反应连锁的能力,需要提供较多的对比练习的机会并及时给予反馈。

（6） 概念学习(concept learning)。在辨别学习的基础上,对外部形式不同但具有共同属性的多个刺激做出反应,实际上是用概念对同类事物的特征进行抽象。加涅把概念分为具体概念——能直接观察到的事物如桌、椅、方、圆等，和定义概念——抽象的、通过定义来学习的概念如温度、质量等。概念学习得以实现的条件是要求学习者具有辨别能力和抽象概括能力，同时必须提供大量的事例。概念学习同样需要强化和练习。

(7)　原理学习(principle learning)。原理学习是对各种定理、定律或规则的学习。原理(或称规则)一般是指两个以上概念之间的关系，原理学习也就是对多个概念连锁的学习，如“圆的东西会滚动”这一原理就是由“圆”和“滚动”这两个概念及其关系组成的。“汉语的定语总是在其修饰的中心语之前”这一规则是由“定语”和“中心语”及位置关系组成的。学习者掌握这一规则就会在任何情况下对这一类刺激做出正确反应。原理学习涉及推理能力的形成，原理学习得以实现的条件是学习者首先必须对构成规则的概念有正确的认识，并且对符合该规则的事例有较多的了解。

(8)　解决问题的学习(problem solving)。这是利用已掌握的原理解决问题，从而达到最终目的的学习，要求这些问题应是学习者以前未遇到过的，学习者自己构想解决问题的办法。简单的问题可以直接用已学过的原理来解决，复杂的问题则要组织若干原理并发现新的原理来解决，从而培养学习者解决问题的能力。解决问题的学习得以实现的条件是学习者必须识别所面对的问题的基本特征，并能回忆起已学过的有关原理和概念。

以上八类学习，前五种属行为主义，后三种属认知学派；前四种学习属基础性的、简单的学习，而且有相当一部分在学龄前就已开始，学校教育的重点则是辨别、概念、原理、解决问题等后四种学习。特别值得注意的是加涅所主张的是累积学习模式，他认为较复杂、较高级的学习是建立在基础性学习之上的，所以以上八类学习都是后一类学习以前一类学习为前提。累积学习模式对教学序列的设计有重要意义。

加涅认为学习行为分为八个阶段，即动机、领会、获得、保持、回忆、概括、作业、反馈。

（1） 动机阶段。诱发学习者的动机，引起学习者对达到一定学习目标而获得某种形式的报酬的期望，为学习指明方向。

（2） 领会阶段。注意与学习有关的刺激，并把所注意的刺激特征从其他刺激中分化出来，又称为选择性知觉的阶段。

（3） 获得阶段。对新获得的刺激进行知觉编码后，贮存在短时记忆中。

（4） 保持阶段。获得的信息进一步编码进入长时记忆贮存。

（5） 回忆阶段。通过检索系统对信息进行提取，使学生获得的信息在作业或练习中表现出来。

（6） 概括阶段。指学习的迁移，即将学到的知识运用于与最初学习时不同的情境或范围中去，达到举一反三的目的。

（7） 作业阶段。通过作业反映学生是否已获得了所学习的内容。

（8） 反馈阶段。学习的最后阶段，也是强化阶段。学生完成作业后教师及时给予反馈。学生在动机阶段所形成的期望在反馈阶段得到肯定。

加涅还归纳了上述各类学习应达到的五种学习结果，也就是教育所要实现的目标：

（1） 智力技能。使学生运用概念符号与环境相互作用的能力，如进行演算的技能和写作构思的技能。

（2） 认知策略。使学生在应付环境事件过程中控制自己“内部的”行为的能力，即指导自己注意、学习、记忆和思维的能力。

（3） 言语信息。使学生学会陈述观点、表达信息的能力。

（4） 动作技能。使学生掌握精确、连贯的动作操作能力，如写字、打球等。

（5） 态度。影响学习者对物、对人、对某一事件的态度，从而调节其行动。

以上所介绍的是一般学习理论和对学习的分类、学习行为的过程描述和学习应达到的结果，概括了从动物到人类、从最简单的学习到各门学科的学习的规律。其中也自然包括了语言学习的规律，可以看作是研究第二语言学习的基础。正如前边已经提到的，西方学者（特别是行为主义学派）对学习的研究往往以动物为实验对象，或从对动物的研究开始，而人类的学习与一般动物的学习尽管有很多共性，但更有自己的特点；人类不仅像一般动物那样学习到消极地适应环境的本领，还能通过语言学习到人类积累的历史经验，从而更好地认识环境、改造环境。因此人类的学习是一种更高级、更复杂的学习。在人类的学习中语言学习与其他知识、能力的学习相比，有一定的特殊性，第二语言学习与第一语言或母语的习得相比又有其特殊性。在第二语言学习过程中必须培养一种新的思维方式，新的情感和新的行为方式，同时还要克服原有的认知能力、情感和语言知识的影响与干扰，牵涉到许多错综复杂的因素。因此，需要进一步探讨第二语言学习的特殊规律。

二、语言学习与习得的区分

1. 学习与习得的定义

早从 60 年代开始，西方的一些学者就提出区分语言的学习（learning）与习得（acquisition）这两种不同的学习。70 年代中期美国语言教学理论家克拉申（S. Krashen）又进一步系统地提出了学习与习得的假说（详见下一节）。纵观一些西方学者的看法，“习得”是在自然的语言环境中，通过旨在沟通意义的言语交际活动，不知不觉（潜意识）地获得一种语言，典型的例子是儿童习得第一语言（一般是母语）；“学习”则是指在课堂环境下有专门的教师指导，严格按照教学大纲和课本，通过讲解、练习、记忆等活动，有计划、有系统、也是有意识地对语言规则的掌握，典型的例子是成人在学校学习第二语言。

在使用学习与习得这两个术语时，一般用法是：广义的学习包括习得和上述狭义的学习。也有的学者[①]主张把狭义的学习称为“学

① 李宇明（1993）语言学习异同论，《世界汉语教学》第 1 期。

得”，以示与其上位概念的学习相区分，即学习包括学得与习得。还有人把习得称为“获得”。

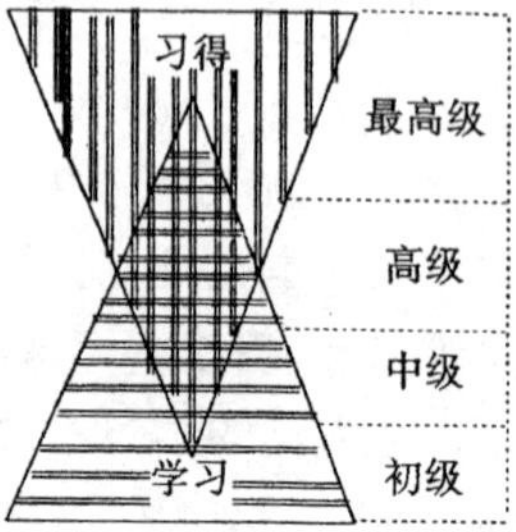

学习与习得这两种获得语言的途径，并非完全隔绝或相互排斥，而是相互交叉、相辅相成。无论是儿童或成人获得语言的过程中，都同时存在这两种途径，只是主次不同。儿童获得母语以自然习得为主，但同时家长又利用幼儿读物、认字块、讲故事等让儿童进行有意识的学习；成人第二语言学习是以有意识的课堂学习为主，但在一定的语言环境中通过会话、听广播、看影视、书面材料的阅读等，也常常不知不觉地习得很多东西。这种实际上存在的交叉现象，不仅没有减弱对这两种学习途径进行区分的意义，反而进一步说明研究两者的不同及相互关系十分重要。学习与习得不仅相互交叉，而且还主要体现在不同的学习阶段。西方学者认为成人第二语言的获得，是从有意识的学习逐渐发展为对语言的自然习得。学习与习得的关系好像两个上下倒置、部分交叠的三角形。随着时间的推移和语言水平的提高，成人第二语言学习中习得的成分越来越大，而学习的成分就相对地变小了。与之相反，儿童对第一语言的掌握都是从潜意识的习得开始，随着年龄的增长，有意识学习的成分越来越大，到入学以后，就变为以有意识的学习为主。①

正因为第二语言学习中也包含有习得的因素，越来越多的人把第二语言学习也称为第二语言习得。在第二语言学习理论的研究中，特别是西方学者的研究文章中已出现用术语“习得”代替“学习”的趋向。本书也基本上采用“第二语言习得”这一术语，但在强调成人的正规学习、特别是课堂学习时，则用“学习”。

① Walker, G. (1989) Intensive Chinese Curriculum: The EASLI Model, *JCLTA*, No. 2.

2. 习得与学习的不同

进一步分析,习得与学习有如下的不同之点:

(1)　习得,特别是儿童第一语言的习得,是从本能的要求(生存和交际的需要)开始、与其生理和心理的自然发育、成熟同步进行的过程,儿童是在不知不觉中习得第一语言的,成人的习得对主体来说也是一种潜意识的行为;学习则是主体为了掌握一种新的交际工具所进行的目的性非常明确的活动,除了本身的自觉要求外,还加上教师的督促、考试、竞争等外部因素的作用,是一种有意识的行为。

(2)　习得一般是在使用该目的语的社会环境中进行的;学习则主要是在课堂环境下进行的,可能有使用该目的语的社会环境(学习第二语言),也可能没有(学习外语)。

(3)　习得时注意力主要集中在语言的功能和意义方面,集中在语言如何有效地表达思想以及语言所表达的信息上(语言的内容),而不是语言形式,语言形式的掌握、语言知识的获得往往是潜意识的;学习,特别是在传统教学法的影响下,其注意力往往集中于语言的形式方面,有意识地、系统地掌握语音、词汇、语法等,甚至在很大程度上忽视了语言的意义。

(4)　习得的方法,主要靠在自然的语言环境中的语言交际活动,没有教学大纲,没有课本,也没有真正意义上的教师;学习则是在教师的指导下,通过大量的模仿和练习来理解、掌握和运用语言规则。

(5)　习得需要大量的时间,习得的效果一般都比较好,除了有严重生理、心理缺陷者以外,儿童都能习得自己的母语,而且是自然、地道的语言,并同时能形成一定的语言交际能力;学习相对说来花的时间比较少,但学习的效果是不确定的,学习者可能掌握一定的语言结构,获得一定的语言能力(语音、词汇、语法,听、说、读、写等),但不一定能获得语言交际能力,至于能达到说母语者水平的则为数更少。

简言之,习得是潜意识的自然的获得;学习则是有意识的规则的掌握。

苏俄学术界对这两种类型的学习，也有类似的看法。① 苏俄学者用“直觉掌握”和“自觉掌握”两个概念来表述。直觉掌握指在使用语言时，意识所控制的是话语所表达的内容而不是它的语言形式；而自觉掌握则是指在使用语言时，意识所控制的是话语的语言形式而不是它所表达的内容。与之相关的“直觉学习”指的是单纯模仿，知其然而不知其所以然，“自觉学习”则是指在理解的基础上模仿，不但知其然还要知其所以然。苏俄学者还认为学习第二语言最好的途径是从自觉到直觉，直觉掌握语言是第二语言教学必须达到的终极目标，是衡量教学效果成败的主要尺度，学习第二语言不能永远停留在自觉的水平和程度上。但要达到直觉掌握的境地，又应从自觉掌握开始，经过大量的目的语言语实践逐步增加直觉成分。

对习得与学习的区分，很多中外学者有不同的看法。主要论点如下：

（1） 有意识与潜意识、无意识的学习没有明显的界限，实际上难以区分。在自然语言环境中习得第一语言并非都是无意识的，在课堂上学习第二语言也不一定都是有意识的。

（2） 第一语言习得是儿童生长发育时期的某一特定阶段的现象，是与其智力、认知能力的发展紧密联系在一起的。这种意义上的习得随着儿童发育的基本完成而一去不复返，在成人的第二语言学习过程中不可能再重现。有的学者就从另一个角度来解释学习与习得，认为学习是一种行为，习得是一种过程，是学习的结果。学习与习得的关系是一种包容的关系。②

本书认为，将学习与习得作为两种不同的语言学习途径而加以区分，打开了探索语言习得过程的新思路，无论在理论上或实践上都是很有意义的。首先，学习与习得现象是有心理学依据的，上一章讨论语言教学的心理学基础时已提到。作为学习过程中的一项重要的

---

① 俞约法（1993），苏俄语言学习理论研究评介，《语言教学与研究》第3期。

② 吕必松（1996）《对外汉语教学概论（讲义）》，内部印行。

心理活动,识记是有有意识与无意识之分的。本小节详细分析了学习与习得两者的不同,至于两种途径的交叉正说明其相辅相成的关系。学习与习得的区分对改进课堂教学、建立学习与习得相结合的新的教学法体系有很大启示作用。

第二节 第一语言习得及主要理论和假说

任何一个生理正常的儿童都能通过自然习得成功地掌握其第一语言(母语)的口语,如何揭开这一奥秘,这是心理学家、心理语言学家、语言学家和语言教育家们一直非常感兴趣的问题。18 世纪末德国学者蒂德曼(D. Tiedemann)最早通过记录的方式,对其小儿子心理和语言的发展进行观察和研究。早期西方的很多学者都采取了用观察日记的方法收集自己子女的语言发展资料,以研究儿童心理的发展。此后经过华生、斯金纳为代表的行为主义心理学阶段,以乔姆斯基为代表的先天论学派和以皮亚杰为代表的认知学派,到本世纪 80 年代儿童语言发展的研究逐渐成为一门新的学科。我国儿童汉语习得的研究,最早可上溯到五四时期著名教育家陈鹤琴先生对其儿子语言发展进行的研究,以及后来赵元任先生于 1951 年发表的对其孙女学话过程的观察研究。中间经过了相当长的中断期。80 年代开始在老专家学者和中青年学者的共同努力下,我国儿童语言研究又有了较大的进展。

一、儿童第一语言的习得过程

儿童第一语言的习得过程大体上有五个阶段。

1. 喃语阶段(半岁至一岁)

这是前语言阶段,即婴儿语音的听辨和发声的准备阶段。婴儿出生后很快就有听觉反应,一两个月内就能辨别语音和一般声响的区别,能辨别出父母的声音。婴儿的发声过程从呱呱坠地时开始,儿周后由啼哭阶段进入咕咕之声阶段,半岁后进入咿呀学语阶段。这时也能听懂大人的一些指令如“笑一笑”、“跟阿姨再见”等,与成人有了被动的语言交际。

2. 独词句阶段(一岁左右)

这是真正语言表达的开始,女孩可能比男孩稍早。幼儿学习用单个词表达意思。如“妈妈”一词可能表示饿、要抱、撒尿等。独词句所用的大量的是普通名词或专有名词,还有一部分动词和修饰词。

3. 双词句阶段(一岁半以后)

儿童语言的迅速发展,出现了由两个词组成的句子。其中有相当一部分称为轴心结构,即由轴心词和开放词组成,如“要奶”、“要糖”、“要娃娃”,“爸爸好”、“妈妈好”、“宝宝好”等,其中的“要”、“好”就是轴心词。

4. 电报句阶段(两岁至两岁半)

电报句又叫实词句,在这一阶段儿童突破了双词句,出现了多词句。但在这一阶段的多词句中只用实词没有虚词,如“妈妈袜袜”、“宝宝肚肚饿”、“宝宝上外外”等,好像成人打电报所用的句式。这时已开始了由儿童的特殊语法向成人语法的转变。

5. 成人句阶段(两岁半到五岁)

儿童进入成人语法的阶段,开始有了语法感,语法关系逐渐复杂,功能词开始出现。到此阶段结束时,儿童第一语言口语的习得过程已完成。虽然儿童掌握的词汇还不多,但基本语法体系已掌握,能进行一般性的日常语言交际。儿童不但能表达眼前的事物,也能谈过去、将来,甚至根本不存在的事物(如讲故事),还能辨别错误的表达方式并加以纠正。

这五个阶段不是截然分开的,每个阶段也有长有短、因人而异,各阶段甚至可能有交叉。不同的语言,其习得过程也会有差别。五岁以后,儿童的语言系统和语言运用能力继续发展,迅速扩充词汇量,继续习得一些复杂的语法现象,特别是书面语的能力开始发展。儿童的第一语言能力趋于成熟。

二、儿童第一语言习得的主要理论

正如胡明扬先生所说，儿童第一语言习得“是一个艰苦、复杂而又漫长的过程，而不是像某些人所说的那样是一个轻松愉快而又简短的过程”，而且“一个学龄前儿童所掌握的仅仅是最简单的生活口语，语法现象和习惯用法都是比较简单的，语汇也是很贫乏的”，“说掌握了母语或第一语言而完全不考虑书面语至少是不全面的”。[①] 但尽管如此，任何国家的任何儿童几乎都能在学龄前的四五年时间里，通过在该语言环境中的自然习得而基本掌握其第一语言或母语（口语）复杂的语言体系这一事实，仍然使一直为成人第二语言学习成功率如此之低而感到困惑的语言教育家、教师以及学习者们感到不可思议。几十年来，不同学派的心理学家、语言教育家一直在试图做出某种合理的解释。由于研究的指导思想、研究的方法和角度不一样，出现了很多不同的理论，有的还是针锋相对的。这里主要介绍四种理论或假说：刺激—反应论、先天论、认知论和语言功能论。

1. 刺激—反应论

这是行为主义心理学的理论，盛行于40年代和50年代，代表人物是斯金纳。前边已经提到，行为主义者主张采用严格的科学方法对人类可以观察到的行为进行客观的研究，反对研究人内部的意识思维活动。他们把语言看做是一种人类的行为，试图通过研究人的言语行为建立一套完整的第一语言习得理论。

行为主义者认为语言不是先天所有而是后天习得的，强调外部条件在第一语言习得过程中的作用。这种行为跟人类的其他行为一样，是通过刺激—反应—强化的模式养成习惯而学会的。婴儿来到世界时像一张白纸，对这个世界、对语言没有任何先天的知识，完全由环境来塑造其行为。儿童学话就是对环境所给予的刺激做出相应的反应，开始是对成人语言的模仿，如果模仿得比较接近，就从成人

---

① 胡明扬（1993）语言和语言学习，《世界汉语教学》第1期。

那儿得到奖励或赞许，这样他的反应就得到了强化。由于对这种不断接近的模仿的强化，儿童与成人的说话方式就越来越吻合，并逐步学会越来越复杂的句子。为了获得更多的奖励，儿童一次次重复就形成了语言习惯。由于用刺激与反应直接联结的模式来解释语言习得过于简单，美国心理学家奥斯古德（C. Osgood）根据托尔曼的中介变量理论，提出"中介说"（mediational theory）：在外显的刺激和外显的反应中间增加了因联想而引起的隐含的刺激和隐含的反应的中介因素。如"汤姆是小偷"这句话，"小偷"一词能引起有关小偷行为的联想，并产生看管好自己钱包之类的反应。"小偷"一词引起的各种反应就会传递到"汤姆"这个名字上，这是传递性刺激和传递性反应，可用来解释非当时当地的事物是怎样表现的等较为复杂的言语行为，以及刺激—反应过程中的一部分心理活动。这就比传统的刺激—反应论有了发展。

对刺激—反应论的评价。用刺激—反应论来解释第一语言习得，出现了不少问题。第一，人们平时所听所说的每句话几乎都是新的，儿童不可能通过模仿来学会每一句话。儿童要听完所有的句子形成习惯再在生活中运用，这也是不可能的，父母、成人也不可能每天说固定的句子让儿童模仿。第二，刺激—反应论不能解释儿童言语行为中的创造性。儿童在语言习得中经常出现一些规则化的现象，如英语为母语的儿童在一定的阶段出现将动词过去式的构成规则用于不规则的动词上，说出 goed、comed 等错误的词。这显然不是模仿大人语言的结果，而是儿童自己在创造语言规则。第三，成人并不总是对儿童说出的话语进行强化，母亲不一定对孩子的每句话都做出肯定或否定的表示。即使有表示，也常常是针对其内容而不是话语的形式、句子结构等。母亲对孩子的语法错误常常是很容忍的。第四，单靠刺激—反应，即使能学到一些语言的外部形式，也培养不出语言交际能力。因此，刺激—反应论并不能全面解释儿童第一语言习得的问题，而且行为主义作为一种心理学理论由于暴露出越来越多的局限性，到 50 年代已走过其极盛时期，为新的理论所取代。

但是今天看来，刺激—反应论解释第一语言习得也并非一无是处，仍包含有很多合理的成分，如“模仿”不仅是儿童第一语言习得的事实，至今仍是第二语言习得不可少的方法之一；“强化”的作用也确实存在，无论是表扬还是纠正错误都是为了给学生以明确的反馈并加深其印象；要熟练地运用一种语言，也必须要形成习惯，当然习惯的形成不可能脱离人的思维活动。这些也都是第二语言习得中需要研究的问题。

2. 先天论

先天论又称“内在论”，代表人物是乔姆斯基，是在乔姆斯基语言学理论、特别是80年代初提出的“普遍语法”理论基础上的儿童第一语言习得理论。乔氏认为语言不像行为主义者所说的是“习惯的总和”，而是由抽象规则构成的复杂的体系。人们习得语言也绝不是单纯的模仿记忆，而是要把这些复杂的规则“内化”（internalization），达到自动运用的程度，成为理解和产生言语的基础。人们运用语言也不是把模仿记忆的东西一一搬出来就行，因为人们的言语行为充满了创造性，需要运用头脑里有限的语言规则系统，来理解和生成无限的句子。

儿童怎样才能掌握这种语言的规则系统从而习得第一语言呢？乔氏认为人类先天具有一种习得语言的特殊能力，表现为儿童头脑中有一种受遗传因素决定的“语言习得机制”（language acquisition device，简称LAD）。这一特殊机制脱离人类的其他功能而独立存在，甚至跟智力没有直接关系，在12岁以前发挥作用。语言习得机制包括两部分：一部分是以待定的参数形式出现的、人类语言所普遍具有的语言原则，又称为“普遍语法”（universal grammar）。普遍语法反映了人类语言的共性，它不是指那些具体的语法规则或某种语言的语法，而是存在于人类所有语言的深层结构中的语言中最本质的东西。比如说，任何语言都会有元音，都有影响意义的语序，都有主语、谓语、宾语等句子的组成部分，都有表示时间关系的手段。任何语言的陈述句改疑问句不外乎①改变语调（汉・英语都有），②改变结构，将疑问词提前或主语跟动词改换位置(汉语没有),③在陈述句后加助词或短语(汉语有)等。这些有关语法成分、句法结构以及句法转换等适合所有语言的语言知识和原则,成为“核心”部分,而各种语言本身所具有的特殊结构称为“外围”部分。很多学者认为在习得过程中儿童先获得与核心部分有关的结构,而这些普遍原则(核心部分)是以参数形式出现的,如 ± 主语省略, ± 修饰语在中心语之前等。这些参数的值(大多数只有两个值)在人们接触到实际语言材料之前是未定的,处于待定状态,是开放型的。语言习得机制的第二部分是评价语言信息的能力,也就是对所接触到的实际语言的核心部分进行语言参数的定值。婴儿大脑中“最初语言状态”就是语言的普遍原则和未定的参数值。当儿童接触到一种语言(如母语)的结构时、就能不自觉地运用普遍语法知识辨认该语言中的规则,逐步形成一些假设,然后根据在语言环境中获得的信息反馈,运用评价能力分析、验证这些假设。那些被证实了的假设就成为该语言的语法规则或该语言结构的一部分。这一给未定参数赋值的过程是连续的,不断积累的,从而逐渐形成儿童对该语言——母语的规则系统的认识,也发展了他的语言能力。因此语言习得过程是假设—验证的演绎过程。儿童除了给头脑中的语言参数定值外,还需要学习具体语言的外围部分以及具体语言的词汇。

对先天论的评价。先天论特别强调人类天生具有的语言习得的能力,正如鸟天生有学会飞翔的能力、人天生有学会走路的能力一样,这是决定语言获得的根本原因。先天论虽然并不否认后天语言环境的作用,但环境只起到提供具体语言材料、触发语言习得机制工作的作用,相对说来这一作用是次要的。先天论把儿童母语习得的过程看成是主动、积极、创造性的过程,而不是刺激—反应论者所说的对刺激被动模仿、反应、强化、重复的过程;儿童习得的不是一句一句具体的话语而是该语言的规则体系。这一理论可以解释:①为什么任何一个发育正常的儿童都能在 4 ~ 5 年的时间里获得其母语口语的表达和理解能力;②多数儿童能听懂他们自己还不能表达的语言结构,其理解能力大于表达能力,别人说话即使不十分完整也能理解;③儿童能说出他们从未听过的句子,造出意义上全新的句子;④儿童出现的语法错误,如前边提到的 goed, comed 等不正确的动词形态,是儿童常出现的语言规则过度概括的错误,正说明他们在检验和评价对语言规则的假设。他们需要一段时间才能学会正确运用加“ed”的规则,逐渐减少这类错误。

先天论也同样不能解释第一语言习得的所有问题。这一理论也引起了不少争论:①人脑中存在的语言习得机制只是一种假说,是思辨的结果,究竟有没有 LAD 很难通过实验来证明。有的学者认为 LAD 的理论就跟用上帝的存在来说明生命是怎样创造的一样神秘。②语言习得机制如果只是指人类具有的语言习得能力,不会有争议,但如果指的是普遍语法,就产生了疑问。人类的语言千差万别,即使能找到语言的普遍特征,是否能为人类天生所有?说儿童一生下来就懂得基本语法关系、语法范畴和转换规律,是很难令人信服的。实际上很多儿童都没有语法概念,学习本族语的语法仍需要花很多时间和潜力。③乔氏把语言习得机制与人类的其他功能分开,认为语言能力与智力没有直接联系,不受智力和认知能力的制约,可以先于智力而发展,在身体和智力尚未发育完全的情况下就能掌握复杂的语言规则体系。④先天论对环境的作用估计不够。语言体系由社会约定俗成,儿童离开社会,即使生来就有某种机制,也无从识别和运用其第一语言的语法规则,如印度狼孩就是很好的例子。

先天论是与刺激—反应论针锋相对的理论。后者把新生婴儿看成是一块完全由环境来捏弄的泥团,前者又把婴儿看成是带有将来发展蓝图的复杂的机制。后者过分强调了环境的作用,强调后天通过刺激—反应养成习惯,忽视认知能力的作用;前者又过分强调了天赋,忽视后天环境的作用,忽视反复操练养成习惯的必要性。这是两个极端的理论,在这两个极端中间还有很多其他理论,这里只提出强调先天与后天相互作用的“认知论”。

3. 认知论

认知论的理论基础是瑞士著名儿童心理学家皮亚杰(J. Piaget)的发生认识论(genetic epistemology)。皮亚杰在阐述儿童心理发展时指出,人有遗传的心理功能,它决定人与环境相互作用,并向环境学习。与环境作用的结果就形成并发展了儿童的认知结构(cognitive structure)。认知结构的组成部分又称为图式(schema),人脑中储存着各种各样的图式,如开车的图式、做饭的图式等。图式是心理活动的组织结构,也是人类认识事物的基础,是人类向环境学习的产物,同时对新事物的理解和吸收又取决于头脑中已有的图式。图式随着儿童心理的发展而变化,体现了认知的发展;而认知的发展受同化、顺应、平衡三个基本过程的影响。儿童遇到新事物、新经验,总希望把它结合到原有的图式中,使其成为自身的一部分,这就叫同化(assimilation)。如果同化成功,就会使认识与外界趋于一致,达到暂时的平衡(equilibrium);如果不能纳入原有的图式,儿童就要调整原有的图式或创立新的图式以适应环境、同化新事物,这就叫顺应(adaptation)。顺应的结果也使认识与外界趋于一致,达到新的平衡。比如婴儿会用嘴吸奶,这是他与生俱来的极有限的行为模式。当他碰到奶嘴、手指头、玩具也想吸,要同化。后来发现有的能吸,意味着新的经验被已有的图式吸收了;有的不能吸,而且不同的东西吸的方法、力度也不同,这就要改变他的行为方式,建立新的图式,这就是顺应。图式是通过同化和顺应不断发展的。同化是个体对环境的作用,顺应是环境对个体的作用。平衡则总是动态的,由一种较低水平的平衡过渡到一种较高水平的平衡。

认知论对儿童第一语言习得的观点是,儿童头脑中没有神秘的语言习得机制,更不存在普遍语法,但人类有先天的认知机制和认知能力。认知机制和认识能力与环境相互作用,并向环境学习。儿童语言的发展是个体在与客观环境交互作用过程中,通过同化、顺应和达到暂时平衡,不断地从一个阶段发展到一个新的阶段。儿童总是运用他熟悉的结构(图式中已有的)去创造新的用法,用他熟悉的东西去理解他不熟悉的。幼儿把四条腿的都叫做狗,后来在环境中发现还有猫、羊、马,逐步丰富了他的认知结构。儿童正是用这种认知能力对他所接触到的语言材料进行假设和检验,在实践中总结出语言规则,这是一个归纳而不是演绎的过程。所以说,儿童的语言习得是建立在儿童认知能力发展基础上的,认知能力的发展决定语言的发展。比如儿童认知能力还没有发展到需要用被动语态来表达复杂的思想时,他就不可能接受被动语态的结构,勉强学了也不会用。语言能力的发展不能先于认知能力的发展。

对认知论的评价。认知论与刺激—反应论也是针锋相对的,认知论强调语言是规则系统,语言学习也是一种创造性的、受规则支配的内在过程,而不是简单的刺激—反应,这是与先天论的共同之处。另一方面认知论有不同于先天论的地方:不同意过分强调语言学习能力的特殊性,不同意语言习得机制的说法,认为只有一种先天的认知能力,语言能力的发展不能先于认知能力的发展,更不能决定认知能力的发展。认知论可以解释很多语言习得现象,如儿童一开始使用的词汇都是周围的人和事,由近及远;不同语言的儿童在 24 个月以前习得的大都是名词,其掌握的名词的数量远远超过动词的数量,说明儿童首先对事物形成概念,然后才能对事物之间的关系有所认识,才能习得动词。认知论的不足之处在于:①这一学说不是专门解释儿童语言习得问题的,因此语言习得中的许多问题并未得到解决。②语言发展受诸多因素的影响,只强调认知一方面的因素也不可能是全面的。③只强调认知能力对语言能力的影响,忽略了语言能力的发展对认知能力发展的影响。

4. 语言功能论

代表人物是英国语言学家韩礼德。以上三派都是从语言结构的角度探讨第一语言的习得,语言功能论则别开生面地从语言交际功能的角度研究儿童语言的发展。在成人的语言体系中,语言结构只是其中的一部分,只是表达意思的手段之一。儿童习得语言是为了学会如何表达意思,如何用语言做事、进行交际,因此更为重要的是掌握语言的语义体系和语用体系。只从语言结构的角度探讨儿童语言的习得,不能解释儿童为什么能掌握成人的语言体系、儿童的语言体系是如何过渡到成人的语言体系的。必须进一步考察儿童是怎样运用这些结构来进行交际的。儿童习得母语的过程,应看做是逐步探索并掌握用语言来表示功能的各种方式的过程。事实上儿童在学话以前就已经用非语言的手段(如叫嚷、用手指东西、用手拉成人的衣服等)来表达意思,这时儿童语言体系中还没有成人的语言结构。因此儿童语言体系首先是有意义体系,语言是由意义体系逐渐发展起来的。儿童借助成人的语言去表达,由简单到复杂,在交际中儿童语言体系逐渐向成人语言体系接近直到吻合。

韩礼德通过对自己儿子习得母语过程进行分析,发现最初他只使用有限的几个功能,而且一个词只表现一种单一的功能。随着他的词汇量增加,表达功能的语言结构也越来越复杂,语言结构与语言功能之间就不再有一对一的关系。同一句型结构会因语言环境的不同而表达不同的功能。韩礼德把其儿子的语言功能(详见第二章第一节)的发展分为三个阶段:第一阶段从 10 个半月开始到 16 个半月,不到一岁的儿童已掌握表达自己的愿望与要求、控制别人行为、与别人交往、表达自我等功能,有的不是用言语而是用声音来表达。第二阶段从 16 个半月至 18 个半月开始,到 22 个半月左右结束。这一阶段又增加了认识周围环境和创造想像中的世界的功能,以及最后出现的传递信息的功能。儿童语言逐步向成人语言过渡,其词汇、语法和会话能力发展迅速,特别是语法和会话能力的发展,是第二阶段语言功能发展的重要标志,也是走向成人语言的重要体现。第三阶段从 22 个半月至 24 个月开始,进入成人语言阶段,儿童语言的七种功能复合成为成人的观念功能和交际功能,并增加了话语功能。

对语言功能论的评价。功能论触及到语言的核心——语言的交际功能,从一个全新的角度说明第一语言的习得过程。语言功能理论也影响到功能法教学流派的形成。该理论着重阐述儿童对语言意义和功能的掌握,而对语言结构的发展则论述不多。

以上四种关于第一语言习得的理论,简单说来,刺激—反应论认为后天环境的外部因素决定一切,必须靠模仿、强化、重复等外部因素去习得第一语言;先天论认为先天的语言习得机制决定一切,儿童头脑里的普遍语法使他能自然内化语言的规则体系;认知论则认为是先天与后天的因素相互作用,先天具有而后天不断发展的认知能力决定一切,语言能力只是认知能力的一部分;功能论把第一语言的习得过程看成是语义体系掌握的过程。每一种理论从不同的方面探讨第一语言习得之谜,各有独到之处,与其说是互相对立,不如说是相互补充。实际上第一语言习得受到多种因素的影响,既有语言因素也有非语言因素,包括认知心理和社会因素;既涉及到语言的结构形式,也涉及到语言的意义功能。显然单单从某一方面去论述是不够的,必须借助于多学科的协同研究。综合各家的观点,能否得出这样几点看法:① 儿童第一语言的习得是先天语言习得能力和后天环境作用的结果,既需要语言规则的内化,又需要通过模仿、操练养成语言习惯。②儿童语言能力的发展是其整个认知能力发展的一部分,是与儿童的成长发育过程相适应的。③儿童第一语言习得,既包括语言结构、特别是语法体系的习得,也包括语言功能以及与语言运用相关的文化知识的习得,这几方面是同步进行的。④儿童第一语言的习得是在交际活动中实现的。

第三节 第二语言习得理论和假说

有关第二语言习得的理论和模式,西方学者已提出不下数十种,从各个不同的角度论述或解释第二语言是如何习得的。其中有的理论虽然影响不小,但尚未得到足够的科学实验的证实,还只能称为假说。与第一语言习得理论一样,第二语言习得理论也有属于行为主义的(如对比分析假说),也有属于认知理论的(如中介语假说、内在大纲和习得顺序假说、输入假说、普遍语法假说等),以及属于社会文化理论的(如文化适应假说)。本节介绍上述几种有较大影响的理论和假说。

一、第二语言习得的主要理论和假说

1. 对比分析假说

这是由拉多于50年代中期行为主义鼎盛时期提出的假说。认为第二语言的获得也是通过刺激—反应—强化形成习惯的结果。一旦习惯形成,当学习者处于某一语言情境时就会自动地做出反应。但与第一语言习得不同的是,在习得第二语言的时候,学习者已形成了一整套第一语言的习惯,因此就存在第一语言(常常是母语)习惯的迁移问题。迁移(transfer)是心理学的概念,指在学习过程中已获得的知识、技能和方法、态度等对学习新知识、技能的影响。这种影响有的起积极、促进的作用,叫正迁移(positive transfer),有的起阻碍的作用,叫负迁移(negative transfer),也叫干扰。拉多认为第二语言与第一语言相似的语言成分容易学,不同的成分则难学。也就是说两种语言结构特征相同之处产生正迁移,两种语言的差异导致负迁移。负迁移造成第二语言习得的困难和学生的错误,这就是对比分析(contrastive analysis)假说。这一假说认为第二语言习得的主要障碍来自第一语言(母语)的干扰,需要通过对比两种语言结构的异同来预测第二语言习得的难点和易产生的错误,以便在教学中采用强化手段突出这些难点和重点,克服母语的干扰并建立新的习惯。

对比分析假说对第二语言习得的解释完全是行为主义刺激—反应—强化的理论,这一理论成为听说法、视听法等重要的第二语言教学法,特别是句型替换操练的理论基础,对第二语言教学产生了深远的影响。但另一方面,只强调学习者通过刺激反应被动地养成一定的语言习惯,否认学习者语言习得的认知过程,忽视人的能动性和创造力,是行为主义理论的根本缺陷。它不能全面解释第一语言的习得,也同样不能完全解释第二语言的习得。

2. 中介语假说

美国语言学家塞林克于1969年提出中介语(interlanguage)的概念。1972年在其著名论文《中介语》中提出的中介语假说,是试图探索第二语言习得者在习得过程中的语言系统和习得规律的假说,在第二语言习得的研究史上有重大意义。在此前后,与中介语相近的概念还有科德于1971年所提出的"个人特异方言"(idiosyncratic dialect)以及后来提出的"学习者的语言"(language learner's language),美国语言学家奈姆瑟(W. Nemser)1971年提出的"近似系统"(approximate system)等。中介语(也有人译成"过渡语"或"语际语")是指在第二语言习得过程中,学习者通过一定的学习策略,在目的语输入的基础上所形成的一种既不同于其第一语言也不同于目的语、随着学习的进展向目的语逐渐过渡的动态的语言系统。中介语既指学习者语言发展的任何一个阶段的"静态"语言系统,可以把它看做是某一阶段的"切片";也是指学习者从零起点到靠近目的语的语言发展轨迹,可以把它看做是各阶段相接而形成的一种连续体。

中介语有以下几个特点:

(1)　中介语在其发展过程中的任何一个阶段都是学习者创造的一种介于第一语言和目的语之间的独特的语言系统。它有一套自身的规律,在语音、词汇、语法等系统方面都有表现。学习者有意识地使用这套规则去生成或理解他们从未接触过的话语。中介语具有人类其他语言所具有的特点和功能,可以用作交际的工具。

(2)　中介语不是固定不变的,而是一个不断变化的动态语言系统。新知识和新规则不断注入;原有的尚未学好的规则和结构也在不断修正调整。随着学习者语言水平的提高和交际需要的增长,中介语不断发展,并呈一定的阶段性,由简单到复杂、由低级到高级,逐渐离开第一语言向目的语靠拢。虽然不同的学习者其中介语的发展有很大差异,但总体看来,同一发展阶段中的中介语又有其内部一致性。

(3)　塞林克把中介语的产生原因归纳为语言迁移、目的语规则的过度概括、训练造成的迁移、学习者的学习策略和交际策略等五个方面。也可以说中介语是由于学习者对目的语的规律尚未完全掌握的情况下，所做的不全面的归纳与推论而产生的语言系统。中介语中存在一定的偏误；但中介语并非都是错误的，它有正确的部分，而且正确的部分随着学习的进展不断扩大。

（4） 中介语的偏误有反复性。中介语不是直线式地向目的语靠拢，而是曲折地发展。已经纠正了的偏误还可能有规律地重现。

（5） 中介语的偏误有顽固性。语言中的某一部分可能会停滞不前，产生"僵化"或"化石化"（fossilization）的现象，特别表现在语音方面。僵化的原因是多方面的。可能是第一语言的影响无法消除；也可能是学习者意识到该偏误并不妨碍交际、甚至还得到过积极的反馈，便满足于已取得的进步而停滞不前；还可能是对目的语的某些方面形成偏见无法接受等。第二语言学习者完全达到目的语的彼岸、具有说母语者的水平的情况很少，大部分学习者可能一辈子使用的都是中介语。

中介语假说是以普遍语法理论和先天论的母语习得理论为基础，它不但把第二语言的获得看做是一个逐渐积累、逐步完善的连续的过程，而且看做是学习者不断通过假设—验证主动发现规律、调整修订所获得的规律，对原有的知识结构进行重组并逐渐创建目的语系统的过程。中介语理论有利于探索学习者语言系统的本质，发现第二语言习得的发展阶段，揭示第二语言的习得过程及第一语言的影响。对中介语的研究可以看做是语言习得理论特别是第二语言习得理论研究的突破口。另一方面，由于中介语假说提出的时间还不长，很多理论问题尚未解决，很多观点也未得到验证。比如对中介语的起点是学习者的第一语言的说法，就有不同的看法。

3. 内在大纲和习得顺序假说

科德于1967年在其《学习者言语错误的重要意义》一文中提出，第二语言学习者在语言习得的过程中有其自己的内在大纲（built-in syllabus），而学习者的种种偏误正是这种内在大纲的反映。这就是说，学习者不是被动地服从教师的教学安排、接受所教的语言知识，而是跟儿童习得母语一样，有其自身的规律和顺序。这一顺序并非完全按照语言形式的难易,有迹象显示它与课堂上所教的语法规则的顺序并不一样。可见第二语言习得也有一个自身的进展轨迹,是按其内在大纲所规定的程序对输入的信息进行处理。内在大纲实际上是人类掌握语言的客观的、普遍的规律,教师只能在有限的范围内控制教学过程,无法完全控制学习者对输入的语言的内化过程。当教师的教学安排与学生的习得规律、即内在大纲不一致时,就会影响到第二语言的习得。因此,如何弄清这一内在大纲就成了第二语言习得研究的一个重要问题。

这方面70年代进行的较有影响的研究是杜雷(H. Dulay)和伯特(M. Burt)按照布朗(R. Brown)研究儿童习得母语英语语素顺序的实验方法,率先进行的儿童习得作为第二语言的英语的语素习得顺序(acquisition order)的实验。其他如美国学者克拉申、贝利(N. Bailey)、拉森—弗里曼(D. Larsen-Freeman)等都对不同母语背景的儿童和成人进行过口语和书面语的实验。这些实验的结果发现(以及后来又有50多项类似的研究进一步证明),不同母语背景、不同年龄的英语作为第二语言的学习者,有非常相似的英语语素习得顺序。这一顺序反映在克拉申于1982年列出的九项英语语素习得"自然顺序"表中,他认为从第一组到第四组的习得顺序是固定不变的,每组内的项目顺序可能有一些差异:

第一组:现在进行时的词素-ing;
表示复数的-s;
系动词 to be (He is big);
第二组:助动词 to be (He is running);
冠词 the, a;
第三组:不规则的动词过去时态(went);
第四组:规则的动词过去时态-ed;
一般现在时态第三人称动词单数-s;
名词所有格词尾-s(the girl's food)。

内在大纲和习得顺序的假说,是对普遍语法理论和语言习得机制的支持,对中介语发展过程的研究也有一定影响。但是对语素习得的自然顺序也有不同的看法。有的学者认为上述英语习得顺序可能只是语素使用的频率、语素是否易于被感知以及语素在交际中的作用等因素所决定的,未必是真正的自然顺序。更多的学者认为,在尚未涉及语法结构系统的情况下,仅仅凭几项语素习得的顺序难以说明这就是该语言习得顺序或内在大纲。更为重要的是,这类研究都是集中在英语作为第二语言的习得上,不包括像汉语这样的非形态语言,因此缺乏普遍意义。到目前为止,内在大纲和习得顺序还只是一种假说,尚未获得足够的实验的支持。中国年青的学者正在进行汉语句式习得顺序和句式的习得过程的研究,其目的之一也是为了对内在大纲和习得顺序的假说进行检验。

4. 输入假说

从 70 年代末开始,美国语言教育家克拉申对第二语言习得提出了一系列假说。1985 年在其著作《输入假说:理论与启示》中正式归纳为习得与学习假说、自然顺序假说、监控假说、输入假说和情感过滤假说等五个系列假说,总称为输入假说理论。这一理论被认为是第二语言习得研究中论述最全面、影响最大的理论,但同时也是引起很多争议的理论。

(1) 习得与学习假说

克拉申认为成人有两种截然不同的获得第二语言的方法。一种是习得,即潜意识的、日常的暗含的学习,这是儿童自然获得第一语言的方法;另一种方法是有意识的语言学习,这是明确的、正规的、从语言学方面理解并掌握语言,一般在语言课堂上看到的就是这种学习。值得注意的是克拉申认为习得是首要的,远比我们想像的要重要,而学习实际上是辅助性的;通过学习获得的语言无法成为目的语习得的基础,也不能用来自然地表达思想,在交际中流利地运用第二语言只能靠习得。

习得与学习假说是克拉申输入理论的基础。上文已谈到,我们认为区分学习与习得两种学习途径在第二语言教育中有重要意义。

但是也有很多学者不同意这一区分。克拉申过分强调潜意识的习得在成人第二语言获得中的作用,而贬低有意识的、特别是课堂学习的作用,更引起很多人的反对。教育实践证明,在课堂学习中获得的语言知识经过反复练习,也可以变成自动的行为,或者说潜意识的行为,同样能运用于交际活动中。

(2) 自然顺序假说

克拉申赞同科德的内在大纲假说,认为人们习得语言规则有一个可以预测的共同顺序:有的先习得,有的后习得。克拉申通过实验得出习得作为第二语言的英语语素有一个固定顺序的结论,这一顺序不受学习者母语和年龄影响,称为自然顺序。(上文已介绍过九项英语语素的习得顺序)。

(3) 监控假说

这一假说与习得和学习假说紧密相关。克拉申认为,与习得和学习分别相联系,人的头脑中有两个独立的语言系统,一是潜意识的系统,一是有意识的系统,而且两个系统似乎存在于大脑的不同部位。流利地运用第二语言靠习得,交际中使用的输出的话语是由潜意识的习得系统引起或“驱动”的。通过学习所获得的有意识的系统语言知识和规则,并不能使学习者表达得更为流利。有意识的系统在言语行为中只有一项功能,即只能作为一个监督者、一个编辑,起监控(monitor)的作用,对输出的言语形式进行检查和控制(注意:学习只是对表达有这一作用,对理解则不起作用)。这种监控可能在说话前,也可能在说话同时甚至是说话之后进行校正。克拉申强调这种监控只是很小的纠正,是微调,是为了让说话显得更加完善。这种监控对交际不是很重要。即使实现这种不重要的监控作用,也要具备以下条件,即①要有时间。正常交际的谈话中,不可能老在思考规则,让对方等待或者错过对方说的话。在争辩或讨论中,更没有时间来监控。②要注重形式。如果在做语法练习或字斟句酌地推敲文章,专注于语言形式,可能有较多的监控。但在谈论或写有意思的话题时,即使有充分的时间也不会想到语言的规则,想的只是要说些什么而不是如何去说。③性格的影响。有的人谨慎,害怕犯错误,自我意识强,说话多考虑;有的人大大咧咧,很少管住自己的嘴,监控也就起不了作用。④要知道规则。小孩不知道规则,无法监控;成人作为第二语言学习者,知道的规则特别是能记住且随时运用的规则也不会太多。所以,符合上述条件而实现监控的情况并不是很多。而且根据对成人的研究,如果交际中专注于语言形式,会延长30%的时间并减少14%的信息传递,这将会严重地影响到会话交际。

在监控假说中,克拉申仍强调习得是主要的,学习是辅助性的这一有争议的观点。在克拉申看来,学习所获得的知识能起的监控作用是十分有限的。而且随着研究的进展,他认为可能这些有限的功能也会显得越来越小。因此,语言教学的重心应是交际,而不是规则的学习。

(4) 输入假说

克拉申认为这是第二语言研究中最有意义的假说,是用来回答人们是怎样习得语言这个问题的。这一假说有以下几层意思。第一,克拉申认为人类获得语言的惟一方式是对信息的理解,也就是通过吸收可理解的输入(comprehensible input)习得语言知识。人们的注意力集中在输入的信息本身,而不是语言形式上。当他们理解了输入的信息,并且让输入多少包括一点超过他们能力的语言时,语言结构也就习得了,语言结构也是在自然的语言交际过程中习得的。如果信息(像课堂教学中有时出现的那样)没有意义,或者由于某种原因学习者不理解,就不可能产生学习效果。第二,输入的语言信息既不要过难也不要过易,克拉申用“i+1”来表示。i代表学习者目前的语言水平,也就是在自然顺序上所处的某一阶段。i+1则是下一阶段应达到的语言结构的水平,即稍稍高出他目前的语言水平,让他通过上下文、一定的语境或借助于图片、教具等非语言手段,来理解i+1的信息,从而也就习得了该信息所包含的下一阶段的语言结构。教师无须先教下一阶段的语言结构后再让学习者去理解。输入的语言水平应控制在i+1程度上,因为i+2学习者难以理解,i+0则无法发展其语言能力。最好的 i+1 的可理解输入是妈妈或保姆对孩子讲的话(妈妈语),用简化的代码既让孩子听懂,又能不断地提高难度。对成人来说,也有帮助他们习得第二语言的简化的代码,这就是"教师的语言"、本族人与学习自己母语的外国人交谈时使用的"外国人的语言",以及第二语言习得者之间的交际语言"中介语"。这些语言的使用都是为了交际,目的是信息而不是语言形式,其形式特点都是句子短、语法比较简单、语域较窄,体现 i+1。第三,克拉申强调听力活动对语言习得最为重要,语言习得是通过听力理解来实现的,而不是通过"说"获得的,"说"常常是没有必要的,过早地说甚至是有害的。他举出的例证是有些儿童在第二语言的新环境中生活,常有很长一段时间保持沉默。他们是在利用可理解的输入通过听来形成自己的理解能力,一旦有了理解能力,他们就开口说话了。他认为不需要教学习者如何说话,教说话的最好办法是给他可理解的输入。他还反复强调口语能力会自然而然地形成。

克拉申的输入假说强调听力理解的重要性,特别是可理解的输入在语言获得中的重要作用,是很有意义的。他提出的 i+1 公式对教学也有很大的指导作用。但这一公式存在不可确定性。他认为"说"的教学没有必要,只要给学生可理解的输入,一旦水到渠成,学习者能自然地学会说话。这一观点很难为有实际教学经验的教师们所认同。

(5)　情感过滤假说

情感过滤假说也称屏蔽效应假说。第二语言学习者在学习和生活中有各种各样接触目的语的机会,这都是输入。但输入的语言信息有时并没有被吸收,即使最容易的、已经理解了的输入也不总是被吸收。第二语言课堂学习也总是输入大于吸收。人类头脑中这种对语言的堵塞现象,是由于情感对输入的信息起了过滤作用,称为"情感过滤"(the affective filter),或者说成为把输入挡在外边的屏障。而造成这种过滤或屏障的主要是一些心理因素,如学习的动力,对所学语言的态度,自信心,是否紧张焦虑,是否处于防卫状态,怕出丑,甚至精神和身体状况不佳都能产生屏蔽效应，挡住输入。这是对第二语言习得有深远意义的假说。

总结以上五个假说，克拉申认为第二语言习得的实现，主要决定于两个方面：一是习得者必须听懂可理解的输入，二是习得者在情感上必须对输入采取开放、接受的态度。可理解的输入是不可缺少的，但仅仅有它还不够，还需要降低屏蔽效应。可理解的输入加上低屏蔽效应、低焦虑环境，就一定能习得第二语言。这是克拉申提出的第二语言习得的基本原则。

5. 普遍语法假说

在讨论第一语言习得理论时，我们已经介绍过乔姆斯基的普遍语法理论。普遍语法理论不仅是语法理论，也是语言习得的理论，用来解释第一语言是如何习得的、语言习得机制是如何发挥作用的。乔氏认为婴儿的"最初语言状态"包括人类语言共有的语言原则和尚未定值的语言参数。婴儿接触到具体的语言（如母语）通过假设—验证给这些语言参数定值，逐渐形成他母语的规则系统。这就是上一节谈的"语言原则参数"理论。问题在于成年人掌握第一语言之后再学习第二语言，普遍语法是否仍起作用？在第一语言习得中已经确定了的参数值，能否根据第二语言给参数再定值？很多学者做了大量的实验与研究，所得的答案是不同的。

有实验表明，在第二语言习得中普遍语法仍起作用，人们对所接触到的第二语言的语言参数值可以再定值。学习的初期往往采用第一语言的参数值，所以初期体现第一语言规则及偏误。接触到更多的第二语言之后，逐渐把第一语言的参数值进行调整或重建。如越南学习者在习得其母语时已将参数值定为" + 定语在中心语之后"，在学习汉语的初期经常发生定语在后的偏误。但后来参数值调整为" + 定语在中心语之前"，习得了汉语的这一结构。有的学者还引用一些现象来支持这一观点：①第二语言学习者常出现各种错误，但这些错仍有规律可循，是在普遍语法允许的范围之内，如定语在前在后、状语在前在后，"了"与过去时，并未出现所谓"野语法"等。②学习者的有关第二语言的知识，并非全部来自他们所看到或听到的语言材料，也不是接触一句学一句，这些知识还是从普遍语法中来的。

有的实验则表明语言参数不能二次定值。儿童习得第一语言是利用大脑中先天的语言功能体系（普遍语法），因此儿童能极其自然地、本能地学会第一语言。但人过了青春发育期以后，左右脑分工，这时大脑中的推理思维功能体系有了发展，成年人学习第二语言时就不再是先天的语言功能体系起作用，而是大脑中的推理思维功能体系在起作用，是一种像学习数学、物理那样的有意识的学习。持这种观点的学者也引用一些现象来支持这一观点：①正常儿童都能掌握第一语言，而成人学习第二语言的成功率极低，很难达到说母语者的水平。②成年人学习第二语言受情感因素的影响，幼儿则不受这一影响。③成人学习第二语言，即使年龄、环境条件都相同，也会有的学得快、有的学得不快，表现出很大的差别；儿童即使所处的环境不同，他们之间的进步也没有大的差别。

尽管对普遍语法理论解释第二语言习得还有不同的看法，但自80年代中期以来普遍语法理论对第二语言习得研究起了很大的推动作用。以语言原则参数理论为基础的第二语言习得研究，已成为近几年来第二语言习得研究的主流，并将成为今后一个重要发展趋势。

6. 文化适应假说

由舒曼（J. Schumann）提出的文化适应假说（the Acculturation Theory），从文化与语言的关系出发，把第二语言习得的过程看做是逐步适应目的语文化的过程，把整个第二语言习得看做是文化适应的一部分，认为第二语言学习者对目的语文化的适应程度决定该目的语掌握的程度。所谓文化适应是指学习者与目的语社团的社会和心理的结合，因此，学习者与目的语文化的社会距离与心理距离，就成了影响第二语言习得的主要因素。由缩短的社会距离或由好的社会因素所形成的有利的语言环境，是指第二语言学习者与目的语社团的成员具有平等的社会地位；第二语言学习者本人和目的语社团都希望第二语言学习者被目的语社会同化；第二语言学习者和目的语社团都希望第二语言学习者能分享目的语国家的社会福利设施;双方在文化上和谐,对对方的态度均为积极的、肯定的;第二语言学习者期望在目的语地区逗留较长时间等。在这样良好的环境中,学习者能接触到较多的目的语输入,促成第二语言的习得;否则则起相反的作用。心理距离主要指学习者在情感方面影响到第二语言习得的因素,包括语言障碍带来的焦虑,文化震荡带来的恐惧紧张以及动机、自尊心等。在社会与心理距离太大的情况下,学习者的语言就会停留在初级阶段形成洋泾浜化,即使在自然的语言环境中也不一定能习得目的语,这就是舒曼提出的洋泾浜化假说(Pidginization Hypothesis)。而社会距离和心理距离二者之间,社会距离又起着主导的作用;心理距离只有在社会距离不发生重大作用时才起作用。

文化适应假说强调文化在第二语言习得中的重要性,这是正确的。要习得一种第二语言,必须了解并习得该目的语文化,缩短与目的语文化的社会和心理距离也确实是第二语言习得的重要条件。但把文化适应看做是第二语言习得的惟一关键因素,把语言习得过程完全等同于文化适应过程,特别是又把文化适应理解为对目的语社团的社会和心理的结合,则未必全面。上一章已经谈到,文化适应并不意味着对异文化的全盘接受和赞同(可以包括一部分虽不能接受但能予以理解的文化内容),更不等于被异文化的完全同化。至于热衷于融入目的语社会、成为其一员,从而分享目的语社会福利的,也绝不可能是大多数第二语言学习者的动机。世界上有这么多的民族,这么多的供人学习的第二语言,各民族互相学习第二语言的情况错综复杂,一定要把社会结合、同化作为习得第二语言最理想的环境和条件,那将会出现什么样的情况是令人难以想像的。事实上有很多不但成为目的语社会的一员而且在目的语社会生活了一辈子的移民,却说不出两句像样的目的语。文化适应的过程并没有、实际上也不能解释第二语言知识的内化过程和运用过程。

以上介绍的六种主要的第二语言习得理论中,可以说至今还没有一种理论能对第二语言习得做出非常令人满意的解释。有关语言习得是规则组成或者说是参数设定的结果的观点虽然现在较为流行,但有的学者认为这只是由于人们对第二语言习得注意的焦点仍是词法和句法的缘故。当第二语言习得的研究延伸到语言能力和交际能力的其他方面时,人们也将不得不考虑用别的理论来说明问题。比如,即使"习惯形成"说仍可以用来解释语音特征的习得和一些固定说法(像"好久不见"、"一路顺风"等)的习得;当涉及到语义问题时,则"习惯形成"说或"规则组成"说都显得无能为力了;特别是语用的习得,更需要发现新的理论去解释。正如拉森·弗雷曼等所说:"既然语言是如此复杂,就不可能期望语言习得过程会简单一些。"①

二、第一语言习得和第二语言习得的异同比较

本节和上节已分别介绍了有关第二语言习得和第一语言习得的主要理论,现在我们再将儿童第一语言习得与成人第二语言习得的异同点做一比较。儿童习得第一语言包括学龄前的自然习得阶段和入学后的学校教育阶段。成人第二语言习得大都是在学校教育的环境下进行的,也有可能是在目的语环境里的自然习得。这里主要比较的是成人在学校环境下的第二语言习得和儿童入学前在自然环境里的第一语言习得。

1. 第一语言习得与第二语言习得的相同点

(1)　两种语言习得都必须具备一定的主观条件和客观条件。无论是儿童习得第一语言或成人习得第二语言,都是主体和客观环境相互作用的结果。作为主观条件,主体必须具备健全的大脑和语言器官,大脑受损伤或发声器官、视听器官有缺陷,会影响到语言习得。作为客观条件,必须具备一定的语言环境,人具有先天的习得语言的能力,但语言的获得却是后天通过与环境的作用而实现的。狼孩由于与人的语言环境隔绝,虽然有先天的习得语言的能力也无法

① Larsen-Freeman, D. and Long, M. H. (1991) *An Introduction to Second Language Acquisition Research*, Longman.

获得语言。成人习得第二语言也必须有一定的语言环境,即使不能置身于目的语的自然语言环境中,至少也必须有提供一定目的语输入的语言环境(如课堂、教师或对话者)。

(2) 两种语言习得都是为了培养语言交际能力。语言是交际工具,习得语言的目的都是为了交际。儿童习得母语是为了生存和认识周围世界、进行交际活动的需要,成人习得第二语言也是为了从听说读写方面运用目的语进行交际。

(3) 两种语言习得都必须掌握语音、词汇、语法等要素和受文化制约的语用规则,都必须形成一定的听说读写(儿童首先是听和说)的技能。儿童从出生后就开始了语音系统的发展,一岁左右进入词汇发展阶段,从独词句、双词句、电报句到成人句,体现了儿童语法系统发展的过程。儿童在习得第一语言的同时也习得该语言的文化,通过语言交际掌握语用规则。成人习得第二语言,正如我们所熟知的,也必须掌握上述各项内容。

(4) 两种语言习得大体上都经过感知、理解、模仿、记忆、巩固和应用阶段。儿童从众多外界刺激中感知的语言信息只是其中一部分。对听懂了的话语,儿童喜欢反复模仿并较容易地记住,然后就是不停地应用。成人要获得第二语言也同样要经历这几个阶段。

第一语言习得和第二语言习得的共同点反映了语言习得的普遍规律,也可以看做是语言学习不同于其他学科学习的特殊规律。

2. 第一语言习得与第二语言习得的不同点

很多教学理论家希望在第二语言教学中汲取第一语言习得的成功经验,一些第二语言教学法流派甚至完全模仿儿童第一语言的习得过程。但是我们必须看到,儿童习得第一语言与成人习得第二语言之间存在着很大的不同,不了解这一差别,看不到成人第二语言习得复杂的一面而盲目模仿儿童习得第一语言的过程,不论是具体的教学方法或作为一种教学法流派,都将适得其反。

(1) 习得的动力不同。前边在讨论相同点时已经指出两种习得都是为了交际,但是两者所产生的动力并不相同。儿童习得第一语言是出于其本能，是一种生存和发展的需要，不掌握第一语言，不会说比如“奶”、“饿”就无法生存。儿童本能地要了解周围世界，不停地用刚学会的语言问：“这是什么？”“为什么？”因此，儿童习得第一语言是一种自然的需要，有天然的动力（尽管自己并不一定意识到），可以持久不衰，不需要别人来督促。成人习得第二语言在交际的大前提下有各种目的，除了想融合到目的语社会中去，不存在影响到生存问题；成人已经有了作为交际用的第一语言系统，不学第二语言照样能生活。这种习得的动机是受其意志支配的，也是不稳定的，有时会感到是一种负担，学到一定程度可能就停止，也可能选择另一种目的语学习，不是非掌握这种目的语不可。因此，一般说来，第二语言习得不具有第一语言习得的天然动力。如何不断增强学习者的动力，成为第二语言习得的关键。

（2）　习得的环境和方式不同。儿童第一语言是在天然的语言环境中获得的，不仅家庭、父母而且整个社会都提供了极其丰富的、以交际为目的的语言输入。儿童根据交际需要由近及远、由简单到复杂、由具体到抽象从中吸取他能吸收的语言材料，这是一种很彻底的“沉浸法”。除了睡眠时间以外，从早到晚的生活和游戏都在接触语言，每天至少有10个小时以上接受语言的输入，五年总共18000小时。这是第二语言学习者很难做到的。一般在非目的语环境中，第二语言学习者每周只有1～2课时。按最多的5课时计算，五年总共也只有1000小时。即使专业性的强化教学，一周也只有20学时，五年4000小时。而且在很多第二语言的课堂中，学生所接受的并非都是目的语的输入。在目的语环境中学习的成人，也不可能从早到晚只是学习语言。所以从习得语言的时间和语言的输入量来看，第二语言习得是无法与第一语言习得相比的。儿童从他身边的人、特别是父母那里获得的是简单、清晰、有重复、速度慢、充满了感情、有丰富体势语、而且体现了i+1特点的“照顾式”的语言，非常有利于语言水平的逐步提高。更为重要的是，儿童是以交际活动参加者的身分在与周围人的真实交际中习得并运用第一语言的，不仅能学到地道的语言，而且直接形成了语言交际能力。成人在课堂中习得第二语言要从学发音开始，从最基本的词汇和语法开始，学习的进展完全取决于教学计划和教师的指导。由于缺少真实的交际环境，不可能让学习者随时随地接触到各种语言情境，参加各种真实的交际活动，至多只能进行一些练习，无法在交际中习得目的语，也就难以培养语言交际能力。

(3) 习得的过程不同。前边已经谈到，儿童习得第一语言是与其生理、心理的发育同步进行的。儿童习得单词是从接触实际事物开始，同时建立有关事物的概念。比如对猫与狗不同概念的建立，是与习得这两个词同时实现的，开始把四条腿的都叫狗，后来才知道猫跟狗不一样。通过模仿、记忆、运用学会了这些词，也就建立了有关的概念。至于时间、地点、空间的概念也是与习得相关的词同时建立的。同样，在习得词组或句子时便同时建立概念与概念之间的关系，如修饰关系、述宾关系等。可以说儿童习得第一语言的过程，也就是建立概念、形成并发展思维能力的过程。语言能力是与思维能力同时发展的。成人习得第二语言的过程则根本不同。成人由于习得第一语言时已经建立起比较完整的概念系统和语言系统，特别是语义系统，并发展了思维能力，尽管由于不同民族文化差异，在第二语言习得中也可能碰到一些新概念或自己尚未接触到的概念需要建立，有的概念需要调整或修正，但总的说来不需要从头另搞一套概念系统，而是需要学习一种新的符号表达形式。如看见猫时，已经有了猫的概念，问题是不知道目的语如何表达，如何建立新的音、形与义的联系。因此习得第二语言时，往往不是让实际事物与第二语言直接联系，而是中间要经过第一语言的思维。如说英语的学习者看见猫需要先想到 cat 这个概念，然后才习得目的语的表达方式(语音和结构)。第二语言习得过程的特点，使学习者可以利用第一语言已建立起来的概念、第一语言的系统知识以及运用第一语言的经验来帮助习得第二语言。第一语言对第二语言的习得可能起积极的、正面的作用，但也可能产生负面的干扰作用。这就是下一章要谈的迁移问题，这是第二语言习得过程不同于第一语言习得过程的一个十分重要的问题。

（4） 文化因素习得的不同。前边已经提到，语言是文化的载体，同时也是文化的一部分。要习得一种语言必须习得该语言所体现的文化，特别是其中的语言文化因素。儿童要成为社会的一员，要按照社会可以接受的方式去运用语言表达思想，在第一语言的环境中通过交际自然习得第一语言的同时，也自然地习得文化和社会价值。但在第二语言习得过程中，特别是在非目的语环境中，如果没有专门安排，不一定能同时习得该目的语的文化。而且，不同文化之间的相异之处可能形成文化冲突，先入为主的母语文化对习得中的目的语文化也会产生各种影响。

（5） 主体的生理、心理特点不同。这是最基本的不同。第一语言习得者都是儿童，而第二语言习得者多为成人，两者年龄的不同形成了不同的生理和心理特点，包括认知和情感方面的个体因素。这将是下一章专门讨论的问题之一。

从以上不同点的对比可以看出，第一语言习得过程伴随着学习者认知、情感、生理等方面的发展变化，而第二语言习得则是在上述变化基本完成以后进行的，两者的习得条件也很不相同。因此需要充分研究成人第二语言习得的特殊规律。

阅读参考文献

施良方 1994 《学习论——学习心理学的理论与原理》，人民教育出版社。

《世界汉语教学》、《语言文字应用》、《语言教学与研究》编辑部 1994 《语言学习理论研究》，北京语言学院出版社。

王建勤（主编） 1997 《汉语作为第二语言的习得研究》，北京语言文化大学出版社。

靳洪刚 1997 《语言获得理论研究》，中国社会科学出版社。

桂诗春 1985 《心理语言学》，上海外语教育出版社。

李宇明 1995 《儿童语言的发展》，华中师范大学出版社。

布莱尔 1987 《外语教学新方法》，北京语言学院出版社。

Krashen, S. D. (1985) *The Input Hypothesis: Issues and Implications*, Longman Group Limited.

Ellis, R. (1994) *The Study of Second Language Acquisition*, Oxford University Press.

第六章　第二语言习得研究

第二语言习得研究是一块新开垦的处女地。有的学者从科德1967年发表的《学生偏误的意义》一文算起，把该文和塞林克1972年发表的《中介语》一文看做是第二语言习得研究的开端。本书则同意另一部分学者的看法，认为应把以拉多于1957年发表的《跨文化语言学》为标志的对比分析研究，作为第二语言习得研究的起点。这样算来，第二语言习得的研究至今已有40年的历史。

第二语言习得研究除了上一章第三节所谈的第二语言习得理论，侧重从学习者的内部机制探讨第二语言是如何习得的以外，主要还包括三个方面。第一个方面是对语言习得过程和学习者语言特征的研究，这部分又先后出现了对比分析、偏误分析、运用分析和话语分析几种模式，也就是从最初只是对目的语的研究发展到后几种模式对学习者中介语的研究。第二个方面是对第二语言学习者个体因素的研究，研究学习者生理、认知和情感方面的个体因素对语言习得的影响。第三个方面是对语言习得外部因素、即语言习得环境的研究，包括课堂教学的环境和社会大环境。这三方面研究的综合成果，将有助于了解第二语言习得的规律，从而揭开第二语言习得之谜。本章主要介绍这三方面的内容。

第二语言习得研究的意义重大。第二语言习得不同于第一语言习得。对第二语言习得的研究，目的在于在一般的语言习得规律之外，探讨第二语言习得的特殊规律，建立有关第二语言习得的理论体系。教师了解学生的学习过程和学习规律,可以使"教"更好地适应"学",为学服务;学生了解学习规律,可以自觉地把握学习过程,发挥其主动性和创造性。第二语言习得规律和理论体系的研究将成为深化教学理论、促进教学改革、提高教学效率的科学依据,对第二语言的全部教学活动,从教学大纲的设计、课程的设置、教材的编写、课堂教学一直到测试评估,都将具有指导作用,从而使教学效率的提高建立在科学的基础之上。

汉语作为第二语言的习得研究,对我们更有特殊的意义。首先,我们是汉语的故乡人,对汉语习得规律的研究,我们责无旁贷;第二,西方在语言习得理论的研究方面已提出了很多假说,取得了很多成果,但这些研究主要是以西方语言为基础的,是否适合离西方语言谱系关系较远的汉语,则需要通过汉语习得的研究来进一步验证。汉语习得的研究可以检验并发展西方的有关理论和假说;汉语习得的特殊规律的探讨、汉语习得理论的建立,可以大大发展整个第二语言教学理论。第三,从事对外汉语教学的教师和研究人员,大都以汉语为母语。我们无法亲身体验汉语作为第二语言或外语的学习过程,亲身感受汉语作为第二语言的习得规律。这使我们与那些母语为非汉语的海外汉语教学界的同行们或国内英语、俄语等外语教学界的同行们相比,存在"先天不足",如果再不研究汉语作为第二语言的习得规律,我们在教学中就难以避免"无的放矢"或"隔靴搔痒"的毛病。

第一节 第二语言习得过程研究

一、对比分析

1. 对比分析的目的

对比分析(Contrastive Analysis)是将两种语言的系统进行共时比较,以揭示其相同点和不同点的一种语言分析方法。

对比分析作为一种语言分析的方法已有久远的历史。自从有了不同语言间的接触,可以说就有了语言对比。语言对比最早是用来进行语言研究的。以我国的语法研究为例,以完成于1898年的第一部语法著作、马建忠先生的《马氏文通》到黎锦熙、王力、吕叔湘、高名凯先生的语法论著,都是主要运用了汉外语言对比的方法进行汉语研究,并建立起汉语语法理论体系。

把对比分析运用到第二语言教学中来,始于40年代的美国。著名语言教育家弗赖斯(C. Fries)1945年就指出:最有效的教材应该是以对学习者的母语和目的语进行科学描述和仔细对比为基础。提出第二语言习得的对比分析假说并建立起对比分析的理论系统的,则是弗赖斯的学生和后来的同事拉多。拉多在1957年出版的《跨文化语言学》一书中指出:凡跟学习者的母语相似的项目,对他们就比较简单,而和他们的母语不同的项目,学起来就很困难。因此,教师如果把目的语和学生的母语进行比较,找出它们之间的差异,就会清楚地了解什么是学生学习中的难点,并为教授这些难点做好充分的准备。由于拉多的倡导,对比分析又用于对学习者的母语和目的语的体系进行比较,以预测两种语言之间的差异所造成的学习中的难点,从而在教学中采取预防性措施,建立有效的第二语言教学法。我国对外汉语教学长期以来一直没有停止过这方面的研究。比如,在汉语作为母语的语法教学或语法著作中,助词"了、着、过"的用法从来就没有成为讲授或论述的重点,常常是三言两语一带而过。因为对以汉语为母语的人来说,运用这些助词并不存在任何困难。但在对外汉语教学中通过汉外语言对比却发现:由于汉语动词的时和态的表示法与很多学习者的母语不同,学生往往把"了"误认为是过去时态的标志,成为外国学习者学习汉语的最大难点之一,也成了我们多年来教学语法研究和语法教学的一大重点。对比分析用于第二语言教学,发现了学生的难点与教学的重点;又反过来促进了对目的语的研究。

2. 对比分析的理论基础和步骤

对比分析的语言学理论基础是结构主义语言学,其心理学的理论基础是行为主义心理学和迁移理论。

结构主义语言学强调对语言的结构进行客观的、静态的描写；对语言的研究只集中于语言形式方面而不注重意义方面。正因为有了这种对语言结构的细致的描述，不同语言间的共时对比才有了物质基础。

行为主义心理学，正如前面所介绍过的，把语言看成是一种习惯，习得第二语言意味着克服旧的习惯并形成一套新的习惯，而在形成新习惯的过程中，原有的习惯就会产生迁移作用。如果是负迁移则对学习产生干扰，这种干扰又分为两种：一是阻碍性的干扰（preclusive interference），指目的语中需要学习的某一语言项目是第一语言中所没有的，第一语言中所缺少的东西在学习时就要受到阻碍，如对从没有接触过汉字的西方学生来说，汉字总是较难掌握；另一种是介入性干扰（intrusive interference），即第一语言中的某一语言项目虽然在目的语中没有，但在学习过程中仍要顽强地介入，如西方语言中通过词形变化来表示动词“时”的概念，在汉语中本来没有，但西方学生学习汉语时仍时常出现这方面的干扰。

对比分析大体上按照以下四个步骤进行：

（1）　描写：对目的语和学习者的第一语言进行详细的、具体的描写，作为对比的基础；

（2）　选择：在两种语言中选择进行对比的某些有意义的语言项目或结构；

（3）　对比：对两种语言中选择好的语言项目或结构进行对比，找出两种语言的相同点和不同点；

（4）　预测：在对比的基础上对第二语言学习者在学习中可能出现的困难和发生的错误进行预测。

3. 对比分析在教学中的应用——“难度等级模式”

预测学习者在第二语言学习中可能出现的困难，是教学中进行对比分析的主要目的。很多语言教育学家制订了语言难度等级，以减少预测的主观性，便于对比分析在教学中的运用。这里介绍由普拉克特(C. Practor)提出的一种分类比较简明的“难度等级模式”。该模式将难度分为六级,从零级到五级,级数愈高难度也愈大。

(1) 零级:指两种语言中相同的成分,在学习中产生正迁移,而不会发生困难。如英语和汉语都是“动词+宾语”的语序,因此以英语为第一语言或母语的学习者在学习汉语的这一结构时,没有困难。

(2) 一级:在第一语言中分开的两个语言项目,在目的语中合成一项。学习者可以忽略在第一语言中两个项目的区别而逐渐习惯合并后的项目。如英语中的单数第三人称代词有 he 和 she 的区别,而汉语在读音中则不分,都读 tā。英语为第一语言的学习者在听、说汉语时,要忽略单数第三人称男性、女性的区别,而用同一个 tā。

(3) 二级:第一语言中有而目的语中没有的语言项目,学生必须避免使用。如英语语音中的[ð][θ],汉语中没有,英语为母语的学生学汉语要防止其介入性干扰。

(4) 三级:第一语言中的某个语言项目在目的语中虽有相应的项目,但在项目的形式、分布和使用方面又有着差异,学习者必须把它作为目的语的新项目重新习得。例如汉语和英语都有被动句,但汉语中除了有标记的由“被”、“叫”、“让”等表示的被动句外,大量的则是无标记被动句,还有像“是……的”等表示被动意义的句子。以英语为第一语言的学习者学习汉语时,在其原有的英语被动式知识的基础上,必须重新认知汉语的被动句,否则就会因英语的影响而造出错句,如*“这本书是被他买的”,或者无法理解像“茶喝了”这样的句子。

(5) 四级:目的语中的某个语言项目,在其第一语言中没有相应的项目,学习者在习得这些全新的项目时会产生阻碍性干扰。如以英语为第一语言的学习者在学习汉语的声调、汉字以及语法的“把”字句及多种补语时,都会感到一定的困难。

(6) 五级:与前边的一级困难正好相反,第一语言中的一个语言项目到了目的语中分成两个或两个以上的项目,需要学生克服第一语言所形成的习惯,逐项加以区别,才能在目的语中正确使用。这是本模式中难度最高的一项。如英语动词 visit,可译为汉语中的“参观”、“访问”、“看望”三个动词,各与不同的宾语组合。“参观”的宾语只能是表示场所机构的事物,“看望”的宾语只能是人,而“访问”则指人指事物均可。学生如不了解汉语的这种区别,就会受第一语言的影响,造出 * “我明天参观我老师”这样的句子来。

上述“难度等级模式”可以作为进行语言对比、预测教学难点的参考。这一模式是否完全适合汉语的情况,还需要做进一步的研究。

4. 对比分析的意义与局限

对比分析盛行于本世纪 50 年代和 60 年代,它对语言学和语言教育学的研究做出了巨大的贡献。对比分析有一套严密的方法和程序,通过对不同语言的比较,使人们对语言现象的描写和研究、对语言特征的了解更为深入,从而丰富了普通语言学、具体语言学和翻译学的理论。对比分析应用于语言教学,通过目的语与学习者第一语言的对比,从两种语言的差异中发现了第一语言给第二语言教学带来的干扰,从而为第二语言教学提供了十分重要的信息:发现了学生学习的难点,揭示了教学的重点,加强了教学的针对性,便于更有效地制订大纲、设计课程、编选教材和改进课堂教学与测试。尽管 60 年代后期以结构主义语言学和行为主义心理学为基础的对比分析从理论上受到挑战,从研究的成果上受到批评,在西方曾一度遭到冷落,但对比分析对语言研究和语言教学研究所起的重大作用无法抹煞;对比分析对第二语言学习者可能遇到的难点和产生的错误的一定预测性以及对教学和习得中所产生问题的解释性不应否定。特别是对教师来说,对比分析仍有很大的吸引力。对比分析作为一种语言分析的方法是科学的,也是十分必要的。至于对比分析的内容则应当有所发展。近年来对比分析把研究的内容扩大到语用、文化和话语结构方面,显示了在未来的第二语言习得研究中它将继续发挥重大的作用,因而又重新得到人们的重视。在我国的语言学界和语言教育学界,对对比分析一直非常重视。1977 年 5 月 5 日吕叔湘先生在北京语言学院发表题为“通过对比研究语法”的演讲,大大推动了文革后汉外对比分析的研究。对外汉语教学界元老王还先生一直从事汉外对比研究。在老一辈学者的倡导下,我国对外汉语教学工作者和外语教学工作者一直坚持汉语与外语的对比研究,并注意将其成果运用到教学中去。

对比分析作为第二语言习得的一种研究方法,也确实存在一些局限性。

第一,对比分析的主要观点是两种语言的相同之处产生正迁移,不同之处则产生负迁移;两种语言的差异越大,干扰越大,学习的困难也就越大。实际情况并非如此,两种语言差别大,虽然掌握起来要慢一些,但干扰反而小,掌握的准确度要大。比如印欧语系学习者在掌握另一种拼音文字时母语可能产生的干扰,在他们学习汉字时决不会存在。两种语言表面上很相似,也许掌握起来要快一些,但细微差别所产生的干扰则更大,准确度更难把握。比如母语同样是声调语言的越南学生,在掌握汉语声调方面往往不如第一次接触声调语言的某些非洲学生。语言的差异与学习者可能遇到的困难之间的关系是一个复杂的问题,二者不是简单的成正比的关系。

第二,对比分析只研究第一语言(母语)对目的语学习的迁移作用,而第二语言学习者所遇到的困难和所犯的错误并不只是来自第一语言的干扰。调查研究表明,第一语言干扰所造成的错误只占学习者全部错误的33%,而且主要集中在学习者因缺乏目的语的有关知识而较多地依赖其母语的初级阶段。到中、高级阶段,第一语言迁移所引起的错误的比例还要小。事实上,学习者困难和错误的来源是多方面的。

第三,对比分析在结构主义语言学理论的影响下,只对语言的表层结构进行对比,而且主要集中于语音、词汇、语法几个方面,没有语义、语用、话语、文化等方面的比较,因此这种对比也是不全面的。

第四,对比分析最大的问题在于把学习者看作是机械刺激的对象,不重视对学习者的研究,干脆抛开学习者,只是进行目的语和学习者母语的对比,甚至根本没有涉及学习者的实际语言表现,也未涉及到学习者的特点。因此有的学者就认为对比分析只是一种语言的研究,不应包括在第二语言习得研究的范围之内。

正是考虑到对比分析的局限性,沃德霍(R. Wardhaugh)把对比分析假说分为强式(strong version)和弱式(weak version)两种。强式是以事前对第一语言和第二语言的对比分析为基础来预测学习者在第二语言习得中可能产生的错误,这种预测常常不能达到预期的目的;弱式则是从两种语言的相似与不同点事后解释学习者已形成的错误的原因,这样对比分析在更大范围内寻找错误的来源方面仍能发挥作用。于是,从70年代开始人们的研究重心也就转向了偏误分析。

二、偏误分析

本世纪60年代末到70年代初,人们发现第一语言的干扰并非学习者错误产生的惟一原因,于是便开始把研究的重点从两种语言的对比转到直接研究学习者的语言本身,集中对学习者所产生的语言错误进行系统地分析研究,从而发现第二语言的习得过程。这就标志着第二语言习得研究由对比分析发展到偏误分析。70年代在西方是偏误分析的鼎盛时期。

1. 偏误分析的理论基础和作用

偏误分析(Error Analysis)是对学习者在第二语言习得过程中所产生的偏误进行系统的分析,研究其来源,揭示学习者的中介语体系,从而了解第二语言习得的过程与规律。

首先要说明什么是偏误(error)。科德把学习者所犯的错误分为失误(mistake)和偏误两种。所谓失误是指偶然产生的口误或笔误,如本想说"甲",但临时因紧张或是疏忽说成了"乙"。这种错误没有什么规律,即使操本族语的人也常常会发生。说话者一旦意识到马上可以自己改正,以后同样的错误也不一定再次出现。由于这类错误不反映说话者的语言能力,所以不在我们讨论的范围之内(当然不等于说对失误完全可以忽视)。偏误则是指由于目的语掌握不好而产生的一种规律性错误,它偏离了目的语的轨道,反映了说话者的语言能力和水准。比如以汉语为母语的人学习英语,常常忘记第三人称单数一般现在时动词后边要加“s”,这类错误一般学习者自己难以察觉,也不易改正,同一错误会多次重复出现。这类规律性的偏误正是中介语特征的反映,是偏误分析要研究的主要内容。

偏误分析的心理学基础是认知理论,语言学基础则是乔姆斯基的普遍语法理论。第二语言习得过程被看成是规则形成的过程,即学习者不断从目的语的输入中尝试对目的语规则做出假设,并进行检验与修正,逐渐向目的语靠近并建构目的语的规则体系。

科德是偏误分析最早的倡导者。他认为偏误分析有如下作用:

(1) 通过偏误分析,教师可以了解学习者对目的语的掌握程度及其所达到的阶段;

(2) 通过偏误分析,研究者可以了解学习者是如何习得目的语的,有助于了解学习者在学习过程中所采取的学习策略和步骤;

(3) 通过偏误分析,学习者可以更好地检验对所学的语言规则做的假设。

对第二语言学习者的错误的分析研究,早在 60 年代就开始了。我国对外汉语教学工作者也从 60 年代就开始对外国学生学习汉语的病错句进行收集、整理和研究,积累了丰富的成果(集中体现在 1986 年出版、佟慧君编写的《外国人学汉语病句分析》和 1997 年出版、程美珍等编写的《汉语病句辨析九百例》等书中)。但六七十年代只是把学习者的病错句与目的语的标准形式进行词汇学、句法学的对比,指出其结构上或语义上的错误所在并做出语言学的解释,而未能涉及学习者的心理因素和学习规律。中介语理论指导下的偏误分析的研究,在我国对外汉语教学界是从鲁健骥于 1984 年发表《中介语理论与外国人学习汉语的语音偏误分析》一文开始的。十多年来,对外汉语教学界已发表了数十篇有关偏误分析的文章,包括汉语语音、词汇、语法、汉字、语用、语篇等各个方面,成为本学科理论研究的一个热点。与此同时,美国、英国、新加坡等国的学者也在汉语偏误分析方面做了很多研究工作。

2. 偏误分析的具体步骤和偏误的分类

科德把偏误分析分为五个步骤：

(1)　搜集供分析的语料：从第二语言学习者的口头和书面表达中或听力理解中选择供分析用的语料。

(2)　鉴别偏误：首先要区分是有规律性的偏误还是偶然的失误（二者的鉴别并不是很容易的事情），同时还要区分是结构形式的偏误还是语用的偏误。

(3)　对偏误进行分类。

(4)　解释偏误产生的原因。

(5)　评估偏误的严重程度，是否影响到交际。

对偏误可以从不同的角度进行分类。传统的分类方法是按语音、词汇、语法等不同方面的偏误来分类，这是课堂教学中常用的方法，也是教师最习惯的方法。这种只着眼于语言形式的分类方法，往往会忽视语言交际方面的偏误。有的语言教育家根据偏误的严重程度分为整体性偏误（global errors）和局部性偏误（local errors）。前者指涉及到句子总体组织结构的错误（如误用句式，误用关联词语，语序颠倒等），影响到对整个句子的理解；后者指句子的某一次要成分的错误（如某些助词、冠词的误用等），不影响对整个句子的理解。进一步分析，人们把第二语言学习者在学习过程中由于对目的语规则掌握不全面或因错误推断而造成的偏误称为语内偏误；把由于第一语言的干扰造成的偏误称为语际偏误。也有的学者认为应当区分理解偏误与表达偏误。理解偏误往往表示学习者对某一语言规则并不了解，这类偏误较为严重，需要及时纠正；表达上的偏误不一定说明对该规则不了解，可能有一些其他因素，如因交际中的快速反应而监控不够，也可能是一定的学习策略或交际策略所造成的。对学习者适当提醒就可以。同样，区别对待口语中的偏误和书面语中的偏误也是很必要的。口语交际中一般是边想边说，来不及监控，出现一些语言形式的错误是难免的；而且口语交际由于伴随非语言手段（体势语），可以减少偏误对意义表达的影响。而书面表达中的偏误是在有充分的考虑时间并在语言知识的监控下出现的，这类偏误常常反映出学习者的实际语言能力。

科德提出显性（overt）偏误与隐性（covert）偏误的分类方法。前者指那些明显的带有结构形式错误的句子，后者指语法虽然正确、但在一定的语境或交际情境中显得不恰当的句子。这种分类法强调不能只注重语言形式，要重视语言在交际中的使用。科德还根据中介语的发展过程，把偏误分为三类：

（1） 前系统偏误（presystematic errors），指目的语的语言系统形成之前的偏误。学习者正在学习和理解、但尚未掌握目的语的规则和系统，处于摸索的阶段，因此出现较多的偏误。对这些偏误，学习者无法解释，更不能自行改正。

（2） 系统偏误（systematic errors），指第二语言习得过程中，学习者正逐渐发现并形成目的语的规则和系统，但还不能正确地运用这些规则，因而出现的规律性的偏误。学习者对偏误不能自己改正，但可以做出一些说明，解释为什么要这样使用。

（3） 后系统偏误（postsystematic errors），指目的语系统形成后的偏误。学习者基本上掌握了有关的语言规则，一般能正确地运用，但有时也会用错而出现偏误。在这种情况下学习者能自己改正偏误，也能说明原因。

3. 偏误的来源

第二语言学习者偏误的来源是多方面的，是由多方面因素造成的。这里就母语负迁移、目的语知识负迁移、文化因素负迁移、学习策略和交际策略的影响、学习环境的影响等五个主要方面做一简略分析。

（1） 母语负迁移。学习者不熟悉目的语规则的情况下，只能依赖母语知识，因而同一母语背景的学习者往往出现同类性质的偏误。对初学者来说，这是其偏误产生的主要原因之一。母语负迁移又特别体现在目的语语音的学习中，用学习者第一语言的语音规律代替目的语的语音规律是中介语语音的一大特色。如很多母语为印欧系语言的学生不分送气音与不送气音，日本学生不分 p 和 f，一些东欧国家的学习者常把"ying"发成"yin + g"等，都是受其第一语言的影响。在重音方面，汉语的双音节词或多音节词的重音往往在最后一个音节上；而英语则相反，不带前缀的双音节词的重音，大多在第一个音节上。英语国家学生在读本应是"后重"的汉语生词时，受其第一语言"前重"的干扰，如把"食堂"读做"食堂"（与他们相反，中国人学英语因受汉语的影响，往往把"dining hall"读成"dining hall"）。

第一语言在词汇和语法方面对第二语言的干扰也是非常明显的。下面是以英语为第一语言的学习者偏误的例子：

*　那个鸡很胖。　　（fat 在英语中既可用于指人，也可用于指动物或肉类。）

*　阿里在哪儿？——我不会。（to know 可以译为"知道"和"会"。）

*　他唱歌很好和他跳舞也很好。（and 可以连接两个句子或分句。）

*　他想结婚她。　　（to marry 是及物动词。）

*　请你把这本书送到王老师。（send to 后边可以接指人的名词或代词）

*　你应该不走那么快。（英语带情态动词的句子，否定词放在情态动词之后。）

这部分偏误也是对比分析研究的内容，在偏误分析中对比分析仍有用武之地。

（2）　目的语知识负迁移。学习者把他所学的有限的、不充分的目的语知识，用类推的办法不适当地套用在目的语新的语言现象上，造成了偏误，也称为过度概括（over-generalization）或过度泛化。这类偏误一般在其母语中找不到根源，而且不同母语背景的学习者常常出现同样的偏误。如果说由于母语负迁移所造成的偏误在学习的初级阶段占优势，到中级阶段或高级阶段目的语知识负迁移造成的偏误就逐渐占了优势,这是学习者内化规则过程中所产生的偏误。表现在语音方面,如学习汉语第三声声调先降后升是学习者的一大难点,但在实际运用中读完整的第三声的机会并不多,在绝大多数情况下第三声都要变调;而学习者在看到第三声调号时,常常念出或说出的却是他们经过很大努力才掌握的全三声。再如字母 ü 在 ju、qu、xu、yu 等音节的拼写中,上边的两点要省去,学习者常常把这些音节中省去两点的 ü 读成 u。这些都是语音方面过度泛化的偏误。

词汇和语法方面的目的语知识负迁移所造成的偏误也大量存在,仍举以英语为第一语言的学习者的例子:

* 我们每天两小时学习。(“两小时”应为时量补语,此处为状语的过度泛化。)
* 我决定下周回去美国。(带趋向补语的动词,其宾语如不能因动作而移动位置则必须放在动词与趋向补语之间,此处为趋向补语的过度泛化。)
* 他作练习作得很马马虎虎。(形容词重叠后不能再用“很”修饰,此处为副词“很”的过度泛化。)
* 他正在看看电视呢。(表进行态的动词不能再重叠,此处为动词重叠的过度泛化。)
* 这个天大家都休息。(“天”前边不需用量词,此处为量词的过度泛化。)

以上例句所涉及到的语法现象,如状语在所修饰的动词之前、动词 + 趋向补语再带宾语、形容词重叠、动词重叠、名词前加量词等,都不是英语中所有的,而是学到的新的汉语语法规则。学习者不适当地使用这些新学的规则,过度泛化造成偏误。这类目的语知识负迁移是对比分析所未曾考虑到的。解决这类新问题正是偏误分析的独特作用。

(3) 文化因素负迁移。有的偏误不完全是语言本身的问题,而是由于文化差异造成语言形式上的偏误，或是语言使用上的偏误。究其原因，不外是受本国文化的影响，或是由于未能正确理解目的语文化所造成的。比如外国学生有的不了解中国人的姓名是姓在前名在后，按本民族的习惯把中国人的名误认为是姓，可能称一位叫张大年的中国人为"年先生"，或者为了表示亲密而直呼其名叫他"张"。再如有一次我在北京王府井大街碰到一位熟识的外国学生，我们交谈几句以后他突然以"走好"向我道别，使我一下子莫名其妙。显然他把带有中国文化特点、但只有在送客时才用的"走好"、"慢慢走"之类的用语看成是一般的告别词语，用在很不合适的语境中。这类由于文化因素所造成的偏误，常常是语用的偏误，也是对比分析所从未涉及到的。

（4）　学习策略和交际策略的影响。学习者作为语言学习和语言交际的主体，不论是在学习语言的过程中或是在运用语言的过程中，都以积极的主动参与态度为克服困难、达到有效学习和顺利交际的目的采取各种计划和措施，这分别表现为学习策略和交际策略。对学习者学习策略和交际策略的研究是第二语言习得研究的一个重要课题，在本节中只是从偏误分析的角度对可能成为偏误来源的某些学习策略和交际策略做一说明。

造成偏误的学习策略主要有迁移、过度泛化和简化。迁移主要指学习者在遇到困难的情况下求助于已知的第一语言知识去理解并运用目的语，有可能由此而产生偏误；过度泛化主要指学习者采用推理的方法，把新获得的目的语知识不适当地扩大使用而造成偏误。这两类偏误实际上就是前边已经提到的母语负迁移和目的语知识负迁移。简化的策略常常指学习者故意减少他们认为的目的语的冗余部分，或者将带状语、定语成分的复杂句子，分成几个简单的句子。比如：

*　他气得不说话。　　　　（应为"连话也说不出来了"。）

*　他不高兴了，他走了。（应为"他不高兴地走了"。）

*　她到学校了，她穿了新衣服。

（应为“她穿着新衣服到学校了”。）

造成偏误的交际策略很多（下一节将详细介绍），这里重点提一下回避和语言转换。回避是第二语言学习者经常采用的策略，在对某一语音、词汇或句式甚至某一话题感到没有把握时，就尽量避免使用。回避的方法可能是保持沉默不愿开口，但更多则是采取代替的办法，以简单的句式代替复杂的句式。如尽量不用“把”字句，不说“请把你的衣服给我”，而说“＊请给我你的衣服”。尽量不用可能补语，如不说“太多了，我吃不下”，而说“＊太多了，我不能吃”。代替的结果不仅不能准确地表达原来的意思，而且说出的句子也不地道。语言转换是指学习者觉得无法用目的语说清楚时，就借助于第一语言，在目的语中夹杂一两个第一语言的词，特别是当学习者知道教师或对话者也懂他的第一语言时，就更容易采取这一策略。这种夹杂着其他语言的句子也是一种偏误。

（5） 学习环境的影响。除了上面所谈的属于学习者方面的因素外，外部因素也是偏误产生的原因之一。这里所说的学习环境的不良影响，主要指教师不够严密的解释和引导、甚至不正确的示范，教材的科学性不强或编排不当，课堂训练的偏差等。以语音为例，汉语的音节 bo、po、mo、fo 的实际读音分别应是[pwo]、[p'wo]、[mwo]、[fwo]，如果教材中没有说明，教师在课堂中又不适当地提醒，学习者很难学会正确的发音。很多语法点、句型也常常由于课堂训练不当而引起偏误。比如有的教师常要求学生反复进行把非“把”字句改成“把”字句（或者相反）的练习，这种脱离语境的句式变来变去，给学生的印象是用不用“把”字句所表达的意思一样，所以学生对待“把”字句常常采取回避的策略。

外部因素所造成的学习中的偏误，有的是由于我们对一些“老大难”问题特别是语法问题的研究至今尚未取得令人满意的结果，因此不论在教材中或是教师在课堂上，目前还无法把它解释得更科学、更透彻。也有一些是属于教材编者或教师的态度问题。比如有的教材粗制滥造、漏洞太多，也有的教师面对学生的提问怕丢面子，在没有充分把握的情况下轻率地给以答复，这些都形成了对学习者不利的学习环境，成为偏误的来源之一。

4. 对待偏误的态度

在如何对待学习者的偏误问题上，一直存在两种截然相反的观点。一种是完全从消极方面看待偏误。行为主义认为学习者必须通过对正确形式的强化来养成正确的语言习惯，而偏误对形成正确的语言习惯是极其有害的，必须避免出现偏误。对已出现的偏误则有偏必纠，一个也不能放过，以免养成错误的习惯。因此，像直接法、听说法等教学法，对待学生的偏误非常严格，在课堂教学中紧紧抓住学生的偏误不放，把纠正偏误作为教学的重要环节，千方百计将偏误消灭在萌芽状态之中。另一种观点如内在论则认为偏误是走向完善的路标，是学习过程中必然出现、也会自然消失的现象，就像儿童习得母语那样，到一定时候偏误就会自动克服，因此任何偏误都可以听之任之不必纠正。交际教学法为了鼓励学生大胆表达，对学生的偏误也采取能不纠就不纠的态度。这是两个极端。中介语理论和偏误分析启示我们如何正确对待学习者的偏误。

(1) 对偏误的本质要有全面的认识。首先要看到偏误的积极意义，不应像对比分析那样认为偏误是由于学习者无法控制的第一语言习惯的顽强表现，把偏误看做是学习上的失败表现，是坏事；而应看做是学习者尝试过程的反映。根据中介语理论，第二语言学习者在不断地、主动积极地建构目的语规则体系。跟儿童习得母语一样，也是根据所接触到的语言输入，采取种种学习策略和交际策略，对目的语的规则做出假设并检验其正确性。当学习者的假设与目的语的体系相符时，就形成了中介语中正确的部分，当其假设与目的语体系不符时，就出现了偏误并成为中介语中错误的部分而被学习者所抛弃。因此，偏误的出现是学习过程中的正常现象，对学习者目的语系统的形成不仅是无法避免的，而且也是十分必要的。偏误反映了学习者的目的语体系即中介语的发展过程，同时也反映了学习者的学习心理过程。

其次,对偏误在交际中所产生的影响也要有实事求是的估计。对一般的第二语言学习者来说,所追求的应该是成功的、但不一定是完美的交际。前面已经谈到许多第二语言学习者可能一辈子都使用带有偏误的中介语进行交际,而且在大部分情况下是成功的交际。这固然是由于我们已经谈过的语言交际中双方相互接近和文化求同趋向,同时也说明并非所有的偏误都会对交际中的信息传达和理解产生阻碍性的影响。比如,词汇方面的偏误就比语法方面的偏误对交际的影响大;个别语音偏误对交际的影响最小,但全面性的语音和声调的偏误可能影响到信息的传达,使交际无法进行;整体性偏误比局部性偏误的影响更大。偏误的严重性不能只根据对孤零零的句子做语言学上的分析来判断,更要看到它在一定的语言环境中所起的作用,语言环境常常有利于减小偏误的影响。很多研究表明,话语缺乏流利程度对交际的影响,可能比某些偏误还要大。

因此,对偏误的正确看法应当是:偏误是第二语言习得中必然有的现象,是正常的现象,伴随习得过程的始终。学习者正是通过不断地克服偏误学会语言的。教师对学生的语言偏误,既无须视为大敌,也不应过分挑剔;重要的是鼓励学习者积极进行语言交际,不要因怕犯错误而不敢大胆地运用语言。另一方面,强调偏误的不可避免性和它对认识习得过程的意义,强调实事求是地评价偏误对交际的影响,并不意味着教师对学习者的偏误可以采取不闻不问的态度。恰恰相反,教师有责任帮助学习者改正偏误。根据中介语理论,并非所有的偏误都会自行消失,有些偏误可能产生僵化的现象。因此教师纠正学习者的偏误能加速中介语的发展,促进第二语言学习的过程。而且,绝大多数学习者是希望自己的偏误得到纠正的。

(2) 利用对比分析和偏误分析,教师预先了解学习者可能产生的偏误及偏误的来源,以便在教学过程中掌握主动;从一开始就提供正确的示范,让学习者正确地模仿、记忆和运用并帮助学习者克服偏误。在对偏误的预测和研究方面,不论是偏误分析还是对比分析都能起到很大的作用。

(3)　纠正学习者的偏误,既不能采取不分青红皂白有错必纠的机械态度,也不宜采取能不纠就不纠的过分宽容态度,而是首先要对偏误的性质进行分析:是整体性偏误还是局部性偏误;是理解的偏误还是表达的偏误,是口语中的偏误还是书面语的偏误,以区分轻重缓急。同时还要看偏误发生的场合,采取不同的纠正方式:在对语言形式进行训练时(如语音、词汇、句型等操练),不论是语音的还是词汇、语法的偏误都应从严纠正;在进行交际性练习时(如演讲、对话等)则应避免当场纠错、影响学习者的交际活动。可以把偏误记录下来,事后再给学习者指出。总之,纠正偏误方法要得当,不要挫伤学习者的积极性,不要因纠错而造成紧张的心理,更不能伤了学习者的自尊心(让一个国家的学生去纠正另一个国家学生偏误的做法就应特别慎重)。最好的办法是启发学生自己发现并改正偏误。

5. 偏误分析的意义与局限

偏误分析作为一种理论和研究方法,在第二语言习得研究中具有很大意义。

(1)　偏误分析是对比分析的继承和发展。在中介语理论影响下,突破了对比分析只强调第一语言干扰的局限,指出过度泛化等语内干扰以及学习策略、交际策略和学习环境所造成的偏误,弥补了对比分析的不足,全面分析学习者偏误及其来源并形成一套科学的偏误分析方法与程序,成为第二语言习得研究中的重要部分。

(2)　偏误分析改变了人们对语言学习过程中所出现的偏误本质的认识。从把偏误看成是需要防范、避免的消极因素,发展到强调偏误的积极意义,把偏误看成是了解第二语言习得过程和习得规律的窗口,把偏误分析看成是中介语研究的重要手段。

(3)　偏误分析对习得过程和习得规律的研究丰富了第二语言教学理论,促进了第二语言教学的发展;偏误分析的具体研究成果对整个教学活动包括总体设计、课堂教学、教材编写和测试提供了积极的反馈和依据,有利于教学实践的改进与提高。

偏误分析也同时存在着一些局限性:

(1) 正确与偏误的区分标准很难确定。人们一般都是以目的语国家说本族语者规范的语言为标准。从课堂教学的要求来看,这是可以理解的。但用来作为鉴别交际中使用语言正误的标准,则会遇到各种难以解决的复杂情况。首先,根据社会语言学的观点,语言在实际运用中会产生很多变体,这在其使用的地区常常是合法的、有效的,很难区分正误。其次,学习者学习第二语言的目的也是不同的,并非所有的人都希望达到目的语国家电台播音员的水平。从社会心理学的角度来看,有些第二语言使用者往往故意显示外国腔调,以表明自己非目的语国家成员的身分。第二语言使用者之间(特别是其母语相同的情况下)用目的语交际时,往往不愿意使用过于地道的目的语,特别是在语用和文化方面。

(2) 从目前对各种偏误的研究情况来看,还很不平衡。对语音、语法、词汇方面的规则研究较充分,偏误也易于辨认,这方面的偏误分析较多。而对语用和文化方面规则的研究则远远不够,这方面的偏误分析也做得很少。对语言表达的偏误分析研究较多,对语言理解的偏误则研究较少。特别是对于学习者,由于采取一定的交际策略(如回避)而造成的偏误则研究更少。研究少的原因主要还是这方面的理论探讨不够,具体进行偏误分析难度较大。

(3) 对偏误来源的分析本是偏误分析的一大特点,但这方面的研究并未深入下去,陷于公式化,硬套上述五个来源,对指导教学与学习实践意义不大。另一方面偏误来源的问题本身也较复杂,有时是多方面因素同时作用的结果,难于定为某一种来源;有的则是来源本来就很模糊难于说清。而且像人们习惯使用的迁移、泛化、简化等概念都有交叉,很难明确区分。

(4) 偏误分析的最大弱点在于只研究中介语的偏误部分,而且是横切面式的静态分析,并未研究中介语的正确部分。其结果,只能了解学习者未掌握的部分,而不能了解学习者已掌握的部分。这就割裂了中介语体系,看不到中介语的全貌及其动态的发展轨迹。这种对中介语的研究是不全面的,也无法完整地了解第二语言习得过程。

偏误分析存在局限性并不意味着它的消亡，而是促使它融入到在更大范围内对中介语进行分析的“运用分析”之中。

三、运用分析和话语分析

运用分析（Performance Analysis）和话语分析（Discourse Analysis）也始于70年代。由于偏误分析的局限性愈来愈多地暴露出来，到80年代人们才更为重视第二语言习得运用分析与话语分析的研究。

1. 运用分析

运用分析是对第二语言学习者运用目的语的全部表现（既包括偏误部分也包括正确部分）进行分析，从而揭示中介语的发展轨迹。迄今为止，西方学者的运用分析研究主要集中于对英语语素习得顺序（acquisition order）的研究和对英语某些句法结构发展进程（developmental sequences）的研究。70年代初开始的语素研究，可以看做是最早的运用分析研究。上一章已经介绍过杜雷、伯特和克拉申等对英语语素习得顺序所做的实验和得出的结论。这里需要指出的是，他们采用双语句法测量法（bilingual syntax measure，缩写为BSM），即研究者在与被试的自然会话中利用彩色漫画诱导被试回答问题时运用某一目的语结构或语素（如复数的“s”），根据被试不同的回答情况（能正确地运用该结构或语素；虽然能说出但结构不完整；根本没有用这一结构或语素）来进行评分。这一实验所依据的假设是，使用得越准确的语法项目也就是越早习得的项目。这一假设本身是否成立尚有争议，因而有关语素习得顺序的实验结论也受到一定的怀疑，但从实验过程来看体现了研究者所关注的已不仅是学习者的偏误，而是其语言运用的全貌。对英语某些句法结构如否定句、疑问句、关系从句等发展过程的研究，主要采用对一个或数个被试的语言运用进行较长期的跟踪调查。这种纵向调查的方法是按一定的间隔（通常为两周）记录其运用目的语的情况，从半年或一年的跟踪所得的语料分析该语言结构的发展阶段和进程。这方面最早的研究是拉万（R. Ravem）于1968年和1970年对其说挪威语的孩子所做的英语否定句和疑问句的跟踪,1974 年米龙(J. Milon)对一个以日语为母语的七岁儿童的跟踪。多次调查结果表明,不同母语背景的第二语言学习者英语否定句、疑问句的发展进程,均与以英语为母语的儿童该句型的发展进程非常相似。这一结论也被认为是第二语言习得研究迄今最重要的发现之一。(不过,也有的调查得到与之相反的结论。)

中国学者在 80 年代大量进行偏误分析研究的基础上,90 年代初也开始了运用分析的研究,研究汉语作为第二语言的习得过程。北京语言文化大学的一批年轻学者首先成为这一领域的探索者,他们发表了一批数量虽不多但极富开创意义的成果。孙德坤首次对外国学习者采用个案跟踪法进行纵向研究,于 1993 年发表《外国学生现代汉语"了. le"的习得过程初步分析》,阐述了两个汉语作为第二语言的学习者习得助词"了"的过程和影响这一过程的因素。赵立江首次进行了纵向个案跟踪与横向规模调查相结合的研究,于 1996 年发表《外国留学生使用"了"的情况调查分析》,再次分析了汉语作为第二语言的学习者在习得的不同阶段对"了"的掌握和使用情况,并运用中介语理论对调查结果做了初步分析,论及对研究与教学的启示。王建勤首次通过对北京语言文化大学"汉语中介语语料库系统"的大批语料(914 条)的研究,探讨以英语为母语背景的汉语学习者群体"不"和"没"否定结构的习得全过程,于 1996 年发表《"不"和"没"否定结构的习得过程》,论述了从"不"和"没"否定结构习得的消长过程中所体现的习得有序性,特别从谓词否定与助动词否定习得的爆发过程所体现的习得的阶段性特征,以及从"不"和"没"的扩散过程所体现的规则习得的过渡性特征,并得出汉语否定结构的习得过程是按一定的习得顺序进行的、这一习得顺序又反映了否定结构习得的难易顺序的结论。迄今规模最大的一项对汉语肯定句式和疑问句式习得顺序的综合研究,是施家炜于 1997 年结合其硕士学位论文撰写所做的研究课题,并于 1998 年发表《外国留学生 22 类现代汉语句式的习得顺序研究》一文。该课题研究采用了(选自北京语言文化大学"汉语中介语语料库系统"的 7611 句)语料分析、测试和问卷调查(外国留学生 162 人,中国小学生 95 人)、个案跟踪三种语料收集手段和研究方法,对留学生 22 类现代汉语句式的习得顺序进行了全面的、横向与纵向相结合的研究,在对预期假设进行检验的基础上提出了一套"外国留学生汉语作为第二语言习得顺序理论假说",并提出"自然顺序变体理论假说",对自然顺序及其变体、习得等级、习得顺序的成因及制约因素进行了深入的探讨。1999 年王建勤又发表《表差异比较的否定结构习得的分化过程》一文,通过对第二语言习得者习得"和/跟……不一样"的表差异否定结构及功能的过程,即简单表述阶段——分化阶段——整合阶段的描述与分析,进一步探讨了习得过程中学习者的简化策略、外化过程的心理机制、语境认知与模板制作机制及策略取向等理论问题,对西方学者提出的观点进行检验和补充。与此同时孙德金发表了《外国学生汉语体标记"了""着""过"习得情况的考察》,将汉语体标记"了""着""过"放在一起进行研究,并着重从动词语义特征及句法结构对习得的影响来分析习得过程。发表于 1999 年的这两篇文章标志着通过运用分析对汉语习得过程的研究进一步深入。除了上述北京语言文化大学的学术群体六七年来在这方面所做的研究外,北京大学钱旭菁于 1997 年发表《日本留学生汉语趋向补语的习得顺序》,运用横向规模调查的方法通过日本留学生不同阶段掌握汉语趋向补语的准确度来探讨趋向补语的习得顺序,并提出该语法结构的教学顺序,是国内第一篇直接研究外国留学生汉语习得顺序的文章。

本书的这一部分之所以比较详细地介绍我国学者通过运用分析研究汉语习得过程的初步成果,一方面是为了说明尽管比起西方学者对英语习得过程的研究晚了 20 年,但汉语习得过程的研究课题在我国已经启动,而且出现了较好的势头,引起了对外汉语教学界的重视。正像前一阶段偏误分析的情况一样,将会出现运用分析研究的新热点。另一方面也是为了强调我国年轻一代学者的开创精神,这种精神不仅体现在他们研究的结果上,体现在他们敢于评价前人得失并敢于提出自己的观点,而且也体现在他们所采用的国外同类研究中并不多见的、对成人第二语言习得的纵向个案研究和以多项语法结构同时进行的大规模横向调查相结合的研究方法上。他们的研究触角已经伸向、并勇敢地冲击这一学术领域的前沿，这显示了我国年轻一代学者的探索勇气和理论研究的潜力。可以期望今后十年中对外汉语教学界在这方面的研究将会出现更多的成果，从而影响到整个第二语言习得过程的研究。

2. 话语分析

比起对比分析和偏误分析来，运用分析在第二语言习得研究中显示了很大的优势。但运用分析也有局限性：只研究句子平面而且仍只侧重于语言结构，脱离了语境，特别是抛开了直接引起学习者语言行为的语言输入，这就无法全面地分析学习者的语言表现。很多学者认为，要全面研究第二语言的习得过程和中介语的特征，仅仅靠以研究学习者一方的语言表现为目的的运用分析还是不够的，必须进行以研究语言交际活动中双方应接的连贯表达为目的的话语分析。话语分析作为一种语言研究方法，我们在第三章第二节已经做了介绍。70 年代末大力倡导把话语分析用于第二语言习得研究的是哈奇（E. Hatch）。她认为语言习得最重要的途径是语言交际，即第二语言学习者与以该语言为母语者之间的交谈，因此特别强调研究话语分析中的会话分析，尤其是说母语者提供的输入与学习者的中介语形式之间的关系。也有的学者认为不仅要研究学习者如何掌握语言形式，还要研究如何恰当地运用这些形式，因而强调研究言语行为和功能（如抱歉、邀请、埋怨等）。对语言形式和功能的重视，打开了话语分析研究的广阔领域。如与外国人谈话（foreigner talk）的话语研究——着重研究说母语者在与该语言的学习者交谈时如何调整自己的话语以及这种调整对第二语言习得的影响；连贯与衔接——研究连贯与衔接在超句子的系统中如何实现；交际策略——研究第二语言学习者在未获得目的语完整知识的情况下，为进行交际采用何种补偿策略；语境分析——研究语境对语言形式的影响；课堂话语分析——研究第二语言课堂中教师与学生以及学生之间的交互活动；

话语功能分析——研究学习者如何运用已掌握的目的语句法的初步知识,在口语表达中完成话语功能;言语行为分析——研究某一言语行为是如何在语言中实现的,常根据某一功能(如抱怨)在学习者的母语和目的语中是如何实现的,来分析第二语言习得过程。这类研究又被冠以“对比话语分析”的名称,似乎又回到了本节开头的对比分析。在上述各类研究中,西方学者自70年代至今都分别取得了一些成果,但还只能算是初步的。我国学者运用话语分析进行汉语作为第二语言习得过程研究的,目前还不多。但这个问题已愈来愈引起大家的重视,不少学者开始关注这方面的研究。

以上介绍了第二语言习得过程研究从对比分析发展到话语分析的情况。除了对比分析开始于50年代以外,偏误分析、运用分析和话语分析基本上都先后开始于70年代,它们之间很难区分出不同的阶段,更不存在后者取代前者的问题。事实上每种分析模式都有其特点,它的出现都扩大了我们的视角,并在第二语言习得过程研究中做出了各自独特的贡献。非常有趣的是在最后出现的研究言语行为的话语分析中,又出现了“对比话语分析”,这不是简单的循环,而是说明这四种分析模式都在发挥着积极的作用。它们之间的关系应该说是后者包括了前者,如偏误分析仍需要对比分析来解释一部分偏误的来源;偏误既然是学习者语言运用的一部分,偏误分析在运用分析中就仍然要发挥一定的作用;而学习者的全部语言运用又必须在话语分析的考虑范围之内。总之,这四种分析模式都用来进行中介语研究,而尤以后两种模式可望成为当前和今后研究的热点。

第二节　学习者的个体因素

第二语言习得有普遍规律,同时学习者又表现出很多个体因素的特点。如果说在第一语言习得中儿童语言发展的快慢有所不同、但都经历相同的阶段,并且在一定时间内(五岁左右)都能基本上获得各自的第一语言，那么第二语言习得即使是相同年龄、在同一教室的学习者之间，也表现出明显的差异。这种差异可以说是千差万别、因人而异，直接影响到学习的成绩和最终是否能获得第二语言。因此，第二语言习得研究除了要研究共同的规律外，还要了解个体差异对习得的影响。由于语言学习活动必须通过学习者来实现，从这个意义上来说个体因素在语言习得中起决定的作用。只有充分地研究学习者的个体因素，才能真正了解第二语言的习得过程和规律，对教师来说也才能针对学习者的特点，采取有效的教学措施。

所谓学习者的个体因素，指第二语言学习者个体在习得过程中表现出的、对第二语言习得产生一定影响的生理、认知、情感等方面的特点。

一、生理因素

语言习得有关的生理因素主要是年龄。年龄对第二语言习得的影响是一个至今仍未很好解决、仍有争议的十分复杂的问题。第四章已经介绍了母语习得的关键期假说：从两岁至 12 岁青春期开始前，人的大脑处于语言功能侧化过程中，具有可塑性，能使儿童自然地习得母语。这一假说也被运用到第二语言学习中。第二语言学习的关键期指学习第二语言的最佳年龄段。很多学者也认为是青春期开始以前的这段时期。一旦大脑语言功能侧化完成就难以获得第二语言，因此儿童学习第二语言比成人的成功率大，特别是在语音和口语方面具有优势。过了关键期，成年人学习第二语言就比儿童速度慢，成功率降低，特别是母语的口音难以克服（有的调查发现只有 6% ~8% 的成人第二语言学习者能不带母语口音），这说明成人第二语言学习很难达到说母语者的水平。西方学者的很多实验支持这一观点。但同时也有不少人反对。除了前边所谈对大脑功能侧化完成的年龄有不同的看法外，很多学者还认为儿童母语的习得也并非像人们所认为的那么快、那么容易。儿童是用数以万计的小时接触母语的情况下，才学会母语的口语，而且也没有习得全部语法结构，所掌握的词汇更是有限。如果成人也能用这么多时间学习第二语言，其学习效果未必不如儿童。即使是人们普遍认为的儿童在第二语言语音习得方面具有优势，也有实验得出与之相反的结论。因此，至今关键期仍是未被证实的假说，第二语言学习的最佳年龄段也难以通过实证来确定。而不同的实验其测量标准难以一致，不同的被试——儿童与成人的应试技巧和经验相差很大（有些题型如翻译、判断句子显然不适合儿童去做），是造成实验结果不一致的主要原因。

但是较多学者认为：

第一，年龄对第二语言习得的影响是存在的，不同年龄的第二语言学习者在第二语言习得方面具有不同的优势。儿童和少年模仿能力强，短时记忆力强，学习更灵活，敢于表现自己，善于在一定的语言环境中自然而有效地习得语言，因此在获得准确、地道的语音和流利的口语方面占有优势；而他们理解、分析能力和已取得的学习经验则比不上成年人，特别是在词法和句法规则的理解方面要弱一些。成年人的自我意识增强，不愿意表现自己，不长于自然习得的方式，模仿能力和记忆能力下降，在语音和口语的掌握方面困难要大一些；但由于理解和联想能力强，长于规则的学习，在句法和词汇的学习方面，在阅读理解和写作方面、特别是对较难的语言内容的理解和掌握上占有优势。因而有人认为，如果说有关键期的话，也是不同的言语技能有不同的关键期。有的关键期较短，结束于青春期前；有的则很长，能持续终生。

第二，影响第二语言习得成功与否的根本因素是学习时间的长短，而并非学习开始得早晚。学习开始得早的儿童，从总体上看并无明显优势。但即使开始得晚的成年人，只要增加学习时间也能达到规定的标准。开始学习第二语言时间的早晚，可能只对获得语音的准确程度起一定作用，因此不应片面强调开始学习第二语言的时间越早越好。

第三，正是由于个体差异的存在，学习者的生理、心理特点不一样，因此很难确定适合所有人的最佳的第二语言习得年龄段。也不宜孤立地看待年龄因素,而是要结合认知、情感等因素做综合分析研究。

第四,教师应根据不同年龄学习者的特点,采取不同的教学方法,发挥学习者的优势,克服其弱点,以达到较理想的教学和学习效果。

二、认知因素

语言习得的认知因素主要包括智力、学能、学习策略和交际策略以及认知方式。

1. 智力

什么是智力,现在还没有一个公认的定义。大体说来,智力是人的一种心理机能,是成功地认识客观事物和解决问题的各种心理因素的总和,是由观察力、注意力、记忆力、思维能力、想像力和创造力组成的综合能力。人的智力水平用智商(intelligence quotient, 简称IQ)来表示。智商中等的占人群中的大多数,智商高的和低的较少。一般说来,智商越高,学习效果也就越好。但不同的科目与智商的相关程度也不相同。

在第一语言习得过程中,一般认为智力不是决定性的因素。因为只要不是弱智,任何儿童都能获得自己的母语。智力对第二语言习得的影响,一直是学者们关注的问题,但至今也无定论。有的西方学者认为智力在语言学习中所起的作用在各种因素中只占16%;有的研究表明,年龄小的学习者在学习第二语言时智力因素的影响小,年龄越大影响也越大。在自然语言环境中习得第二语言,智力没有太大的影响;但在正式的课堂教学中、特别是强调语言形式教学时,智力起较大作用。研究成果还进一步表明,智力与正式学习中的阅读能力、写作能力的提高以及语法和词汇的学习有较大的关系,而对听力、口语能力的影响要小得多。所有这些结论,都还有待于进一步实验和研究的验证。

尽管智力不是第二语言学习决定性的因素,但教师还是应当对学习者的这一个体因素有所了解,注意不同智商的学习者在教学方法和学习方法上的差异,特别要鼓励智力一般或较差的学习者,培养他们的自信心。

2. 语言学能

智力对第二语言习得影响较小的原因，可能在于它所包括的并不都是与语言学习特别相关的能力特征。一般是认知能力对语言学习也同样发生作用。但往往出现这样的情况：有的学生其他科目学得很好，但学外语却十分吃力。这说明第二语言习得需要一些特殊的素质。这种学习第二语言所需要的特殊认知素质叫做第二语言学习的能力倾向，也称语言学能（language aptitude）。一般的智商测验不能准确地预测语言学能，专门用来测量语言学能的是语言学能测验。有影响的语言学能测验有三种，即由卡罗尔（J. Carroll）和萨彭（S. Sapon）于 1959 年编制的《现代语言学能考试》和 1967 年编制的《初级现代语言学能考试》以及由平斯勒（P. Pimsleur）于 1966 年编制的《语言学能考试》。

语言学能测验，根据卡罗尔的观点，主要考查四种能力。这种测验常采用一种人们不熟悉的语言或干脆是人造语言来进行。

（1）　语音编码解码能力。主要指识别语音成分并保持记忆的能力。常采用对一种新的语言从声音辨认符号或从符号辨别声音的试题。

（2）　语法敏感性。指识别母语句法结构和语法功能的能力。如在试题的句子中找出与例句中某一成分具有相同语法功能的词。

（3）　强记能力。在较短时间里能迅速记住大量语言材料的能力，特别是强记大量新语言生词的能力。通过与之意义相配的母语单词来检查记忆是否正确。

（4）　归纳能力。从不熟悉的新语言的素材中归纳句型和其他语言规则的能力。

尽管还存在不少争议，但根据目前对语言学能的研究情况，很多西方学者持有如下看法：

（1）　语言学能是可以分析的。上述四种能力是学习第二语言所必需的特殊能力。

（2） 第二语言学习者不同程度地具备这些能力。有的辨音能力强，有的语法感强，也有的善于强记或者善于归纳，因而也出现了学能方面的个体差异。

（3） 语言学能的差异影响到第二语言习得的速度。但学能另一方面的优势可以克服这一方面的不足，而且学能不足的方面，也能通过训练或学习的实践不断改善。

学能测验的具体设计，显然是受50年代、60年代最为流行的听说法教学的影响，强调对语言形式的掌握，特别是听说能力的培养。今天无论对语言习得过程还是对语言教学过程的研究都更为深入，语言习得理论和语言教学理论也在不断深化。因此对语言学能的理解已不仅限于掌握语法结构的语法能力，还要考虑到在一定的社会文化环境中运用语言进行交际的能力；不仅仅限于认知因素，还要结合学习者的情感因素。可见现在我们对语言学能的理解和描述还不能算是全面的。这是今天设计新的学能测验所面临的新课题。在我国，对测试汉语学习者学能的研究尚未进行。随着汉语教学的不断发展，这一课题的研究也应提到日程上来。

3. 学习策略和交际策略

学习策略（learning strategies）是语言学习者为有效地掌握语言规则系统，发展言语技能和语言交际能力，解决学习过程中所遇到的问题而采取的各种计划、途径、步骤、方法、技巧和调节措施。研究发现，不同学习者所采用的学习策略有很大的一致性和规律性。探讨学习策略的规律性有利于深入了解第二语言习得过程，同时对教学实践也有启发意义。

对学习策略的分类问题，西方学者从不同的角度依不同的标准提出各种各样的分类法。如可以从学习过程来分，也可以从对学习所持的原则和态度来分，甚至从学习各语言要素和言语技能的具体步骤来分。因此有的学者认为学习策略有数百种之多，难以列举。综合看来，学习策略大体上可分为认知学习策略和元认知策略（metacognitive strategies）两大类。认知学习策略实际上是直接影响到第二语言学习的一般性策略。根据最早研究学习策略的茹宾(J. Rubin)所提出的六种认知学习策略,可以概括为以下几个方面:

(1)　求解。学习者对所接触到的新语言材料首先必须理解,往往是通过已有的语言知识和具体的语言情境进行猜测,并通过各种办法(如要求对话者或教师举例说明、解释或重复)证实其所做的假设。

(2)　推理。学习者通过原有的知识(包括第一语言知识)以及新获得的语言知识,进行概括推理或演绎推理以及分析、归纳等思维活动,以内化规则。在这一过程中可能采取会导致偏误的迁移、过度泛化和简化等具体策略。

(3)　实践。学习者通过大量练习或言语交际活动,从模仿、重复、记忆到运用,以熟练地掌握目的语。

(4)　记忆。学习一种语言离不开记忆,不论用何种方法(记笔记、朗读、复述、比较、组织、复习等),学习者必须记住所学的规则和语言材料。

(5)　监控。学习者发现自己的语言方面或交际方面的错误并加以纠正。

元认知策略就是学习者通过计划、监控和评估等方式对自己的认知过程进行反思和研究。元认知可以说是对认知的认知,是一种深层次的认知活动,是学习者对自己的能力特点、对认知任务和认知策略的认知,并通过认知活动中的体验,对认知过程和认知策略进行自我监控和调节,以保证学习活动的成功。如学习者通过学习成绩的反馈发现自己学习方法的问题,通过与其他人学习策略和学习结果的对比,发现相互之间的差异,从而取长补短提高自己的学习效率。元认知策略可以概括为以下几个方面:

(1)　计划。根据认知活动的性质、任务和应达到的目标制定活动计划,确定认知策略。如预先了解教材的内容,确定注意的重点并进行预先演练。

(2)　监控。不论是听读或说写都做到自我监控,注意理解和表达是否正确。

（3） 评估。根据反馈的信息，自我检查和评估学习策略的运用和学习的成绩、效果。

（4） 调节。根据评估结果，调节学习策略和学习进度，对已出现的问题提出弥补措施。

除了上述对学习策略产生影响的认知学习策略和元认知策略以外，还有对其产生间接影响的交际策略。交际策略是学习者为顺利进行语言交际活动（即理解对话者的意图和表达自己的意思）有意识采取的计划措施或方法技巧，是语言使用者交际能力的一部分。西方学者认为一般是在交际中遇到困难，如语言知识不能应付交际需要或缺乏某一特定的语言表达手段，无法按原定计划实现交际目标时，才采用交际策略。本小节主要讨论第二语言学习者的交际策略。对第二语言学习者来说，其交际活动在一定意义上也是学习活动的一部分，可以获得把学到的语言知识付诸实践进行运用的机会，是实现培养语言交际能力这一目标所不可缺少的。能否成功地进行交际，对学习过程和学习者的情感因素会产生很大影响。各种具体的交际策略，实际上也扩充了学习者的语言表现手段。交际策略可以看做是学习策略的一部分。

西方学者对学习者的交际策略也做了不同的分类。这些分类各有特点。综合各家的看法，大体有以下几种策略：

（1） 回避。回避某一话题或放弃表达某一信息。

（2） 简化。对目的语的形式或功能加以减缩。

（3） 语言转换。在目的语中夹杂母语。

（4） 母语目的语化。用母语的语言项目或规则来表达目的语，形成母语式的目的语。

（5） 母语直译。将母语直接译成目的语。

（6） 语义替代。用比较熟悉的同义词做近似表达。

（7） 描述。用一段描述或解释迂回表达某一意义。

（8） 造词。造目的语中并不存在的词语。

（9） 重复。对对方听不明白的部分不断重复，希望能使对方听懂或争取时间想出别的表达方式。

(10)　使用交际套语。使用已经储存在记忆中的一些固定说法(如汉语的“好久不见”、“一路顺风”等)。

(11)　利用交际环境。一定的交际环境有助于意义的表达。

(12)　等待。一时不知如何应对,在记忆中检索。

(13)　体势语。

(14)　使用其他语言。既不是母语也不是目的语,而是用其他语种。

(15)　求助于对方。直接要求对方解释或重复,也可以通过停顿、眼神间接求助于对方。

其中(1)(2)两项基本上属于回避一类,即改变原来的交际目标。初学者或语言程度差的学习者常用此策略;(3)~(5)项属于依赖母语解决问题的策略。(6)~(11)项属于以目的语为基础解决问题的策略,为语言程度较高的学习者所运用。(12)~(15)项属其他类。这15类策略都反映了学习者在交际中所遇到的语言表达或理解方面的困难,不得不求助于一些策略手段,以保持交际的顺利进行。其中有一些策略显然会造成偏误,因此有的西方学者认为适当地运用交际策略固然有助于目的语的学习,但学习者过多地在交际策略上下功夫则会影响到对新的语言知识的学习,甚至错误地认为交际策略可以代替语言表达手段。教师对学习者交际策略的鼓励和培养,要紧密配合语言知识学习和语言技能的训练。

学习策略和交际策略的研究,进一步加强了对学习主体——学习者认知的认识,同时也深化了对第二语言习得过程的研究,对第二语言教学大纲的制订和教学原则的确定乃至教材的编写均有重要的参考价值。另一方面,无论是学习策略还是交际策略都是可以训练和培养的。教师不仅要教给学习者目的语知识、培养目的语能力,同时还要对其学习策略和交际策略加以指导,以收到良好的学习效果。

4. 认知方式

认知方式(cognitive style)是人们感知和认识世界的方式,对学习者说来,也是其学习方式。认知方式存在着个体差异,这里着重讨论场独立性和场依存性、审慎与冲动、歧义容忍度等。

(1) 场独立性和场依存性。场独立性(field independence)是易于从整体中发现个别的认知方式,善于剖析事物和问题,把部分与整体区别开来,能集中于某一部分而不受其他部分的干扰。场依存性(field dependence)是易于感知事物整体的认知方式,倾向于从宏观上看事物并把事物作为一个整体来对待。这两种认知方式各有利弊,过于场独立会产生只见树木不见森林的毛病;过于场依存,容易忽视个别而不能很好地解决具体问题。因此很难说两者之间哪种方式更好,而是要取决于具体的学习任务。

在第二语言学习中,场独立性的学习者由于分析能力强,能从一定的语境中把语言项目分离出来,长于在课堂教学中有意识地学习语言形式,有场独立性的人自信心强,富于竞争性,也善于考试。场依存性的学习者则长于在自然语言环境中习得语言,他们关心别人,善于与别人交往,因而易于在交际过程中潜意识地习得语言。研究还表明儿童的场依存性倾向大一些,因而易于在自然语言环境中习得语言,与此同时其场独立性逐渐发展。成人的场独立性强,需要在正规的课堂学习环境里学习第二语言。由于第二语言学习既需要能在一定的语境中从整体上把握语言所表达的内容,又要能离开语境对具体的语言结构进行分析理解,因此这两种认知方式第二语言学习者都应具备,并根据学习的特点灵活运用。西方学者有很多实验表明场独立性的学习者第二语言学习的效果要好,有的学者就认为场独立性应成为语言学能的一个组成部分。这一点在我国对外汉语教学界尚未得到证实,尤其是汉语学习的认知方式问题,到目前为止我们还很少进行研究。

(2) 审慎型与冲动型。这也是一组相对的认知方式。审慎型的人在学习中善于周密地思考,全面分析,反复权衡以后才做决定或反应;冲动型的人在学习中反应快捷,甚至不假思索,在没有现成答案的情况下宁愿用猜测的办法。反映在课堂中,审慎型的学习者不轻易开口，表现得冷静持重，而冲动型的学习者则非常活跃，抢着举手，但让他发言有时却尚未想好答案。两种认知方式也是各有长短。冲动型的学习者易犯错误，一般口语听说能力强；审慎型的学习者知识比较扎实，特别适应归纳法的教学，读写能力较强，但过分审慎、过慢的速度不利于参与语言交际活动，也不利于语言交际能力的培养。实践表明，冲动型的学习者易于较快地取得小的进步，而审慎型的学习者虽然在某一阶段停留的时间可能很长，但其进步的幅度要大得多。

（3）　歧义容忍度。对模糊不清或有歧义的问题的接受与容忍的程度叫歧义容忍度（ambiguity tolerance）。歧义容忍度高的人能接受与其理念和知识结构不同的观点和意见，能接受互相矛盾的内容，能恰当地处理复杂、模糊的事物。歧义容忍度低的人则拒绝那些与他们不一致的观点，对事物的看法是非白即黑，没有中间色彩，不能忍受模糊不清或有歧义的事物，对之采取回避的态度。

在第二语言学习中经常遇到歧义现象。除了目的语的结构与学习者的母语有很大的不同，一种语言的规则错综复杂，存在很多矛盾和例外现象不易掌握外，还存在两种文化的差异与冲突。在这种情况下，歧义容忍度高的认知方式会较好地处理这些问题，从而有利于第二语言的学习，西方学者有些调查也证实了这一点。但歧义容忍度过高也会导致对歧义研究分析不够，因容忍而不予深究，以致影响到对知识的吸收。另一方面歧义容忍度低，在语言学习中事事要弄个一清二楚，实际上是不可能的，结果会导致回避甚至拒绝歧义现象和自相矛盾的现象，这也是有害于第二语言学习的。理想的第二语言学习者既要能采取开放型的态度容忍歧义，同时又能探究歧义以促进语言学习。

三、情感因素

情感因素在第二语言习得中起着极其重要的作用。有的西方学者（如斯特恩）就认为其作用甚至比认知因素还要重要，是启动后者的点火机。在上一章也介绍过克拉申的情感过滤假说，把情感因素看成是可能阻碍学习者吸收输入信息的一种心理屏障。作为个体因素中的情感因素主要指动机、态度和性格。

1. 动机

动机(motivation)在情感因素中又占极其重要的地位。调查结果发现,在影响第二语言学习的诸因素中,动机占33%,学能占33%,智力占20%,其他占14%。动机是激励个体从事某种行为的内在动力,常表现为为达到某种目的而付出努力的愿望。西方学者常常将动机看做是人类为满足需要而采取行动的欲望,这种需要有生理上的,也有心理上的。生理上的需要常常是出于一种本能,而心理上的需要则包括自尊、对成功的期望、得到社会的承认等。第二语言习得的动机是推动学习者学习并达到掌握第二语言目的的一种强烈愿望,包括目的、要达到目的的愿望、对学习的态度和努力行动四个方面。只有从这四个方面进行研究,才能全面了解动机。

动机有内部动机和外部动机之分。内部动机是个体自身所产生的动力,常常来自个体对所做事情的兴趣和对其意义的认识。外部动机是外部因素作用的结果,如别人的影响、奖赏、惩罚等。内部动机能取得长远的成功,而外部动机只能取得短期的效果。对第二语言学习者来说,内部动机是非常重要的,能对学习产生持久的激励作用;但外部动力也很重要,恰当地利用外部因素的影响,把两种动机结合起来可以发挥更大的作用。动机还有近景动机和远景动机之分。近景动机是指与学习活动直接联系、具体、局部的动机,如为了应付考试或为了与同学竞争班上的好名次而临时突击,这类动机作用的范围小、时间短,但往往十分强烈。远景动机则是与长远目标特别是有社会意义的目标相联系,如有的中学生学习第二语言是为了立志将来当翻译家或外交家,或者为国家、为学术界做出某项贡献,这类动机有较深的思想基础,比较稳固,在较长的时间里发挥作用。

对第二语言学习动机的分类影响最大的是由兰伯特(W. Lambert)和加德纳(R. Gardner)所提出的融合型动机和工具型动机。所谓融合型动机(integrative motivation)是指为了跟目的语社团直接进行交际,与目的语文化有更多的接触、甚至想进一步融合到第二语言社团中成为其一员。工具型动机(instrumental motivation)是指把第二语言用作工具的实际目的,如查阅资料,进行研究,寻找工作,提高自己的知识水平,改善自己的社会地位等。一般认为融合型动机更为强烈,所取得的学习效果也更大。但这也不是绝对的,因为是融合型还是工具型只是根据动机中的"目的"一项来划分的,对动机的分析还应考虑到学习者的愿望、态度和努力程度。考虑到这些因素,工具型的学习者也会有强烈的动机并产生很好的学习效果。在很多情况下,第二语言学习者会同时具有这两种动机。

实际上第二语言习得除了这两种主要的动机外,还有其他类动机。如单纯是出于个人的兴趣爱好或者旅游等临时性原因,也产生一定的学习动机。由兴趣爱好或临时性因素所产生的动机比起融合型或工具型动机来,要弱得多。根据一些调查研究发现,目前把汉语作为目的语的外国学习者中,为了了解中国,即出于对中国文化和社会的兴趣而学习汉语的,占相当大的比例。[①] 如果再对在其本国学习汉语的学生特别是中小学生进行调查,估计出于兴趣动机的学习者所占的比例会更大。这在目前汉语尚未成为世界普遍使用的语言、在很多地区寻找与汉语有关的职业还不太容易、直接与中国人用汉语进行交际的机会也还不太多、特别是目前世界汉语教学的起点和所达到的程度都不高的情况下,是必然会出现的现象。问题在于仅仅出于兴趣爱好的动机,往往不能持久,特别是一旦在学习中碰到较多的困难(如汉字对某些刚开始学习汉语的外国学生来说既神秘又有趣,但学习一段时间后就会感到不堪记忆汉字的重负),兴趣也就不复存在了。这就给第二语言教学特别是汉语教学提出了如何不断激发学习动机的极其重要的问题。

第一,要充分利用学习者本身已有的动机,并不断"充电"使之进

---

① 参阅高彦德等(1993)《外国人学习与使用汉语情况调查研究报告》,北京语言学院出版社。

一步增强。如果学习者有为获得知识或成功而主动学习的内部动机，就应当结合奖励表扬等外部动机加以巩固；反之，如果只有奉父母或教师之命或为了考试成绩过关等外部动机，则必须启发引导学习者把第二语言学习当做自觉的需要。同样，对持有融合型动机或工具型动机的学习者，对持有远景动机或近景动机的学习者，都应当使两种动机结合起来，互相补充和支持。对于仅仅出于兴趣爱好的学习者，则更需要引导他们树立自觉的、长期的、与其理想志愿相结合的比较稳固的动机，并使当前的学习成为有意义、有价值的活动。

第二，语言是交际的工具，学习第二语言的最根本动力应是交际的需要。如果没有这种需要，学习语言仅仅是为了增加知识，学习语言的兴趣就难以持久，动机也难以保持。因此，需要从激发学习者的交际需要来增强语言学习的动机。

第三，教师的教学活动是最直接增强学习者学习动机的因素。教师要不断改进教学，使教学内容适合学生的需要、教学方法能引起学生的学习兴趣。运用启发式，使课堂教学生动活泼；加强言语交际活动，提高学生运用目的语进行交际的能力；结合语言教学进行文化因素的教学，从而进一步激发学生的学习动机。

第四，以鼓励和表扬为主，多给学习者以成功的机会并及时加以肯定。学习者了解自己的长处和取得的进步，会产生更大的积极性。对困难的学习者则应具体帮助，让他们也看到自己在前进，增强学习的信心。

第五，适当地运用竞争机制，在课堂中展开学习竞赛，激发学习者的上进心，进一步激励动机，调动学习者的积极性。

2. 态度

态度是构成动机的主要因素之一。它是个体对某种客观事物的评价性反应，是在对事物了解的基础上产生情感上的褒贬好恶，并反映出对之采取行动的倾向性。西方学者的调查表明，学习第二语言的态度与所取得的学习成绩之间的关系高于学习其他科目的态度与成绩之间的关系。这是由于语言学习涉及到更多情感因素的原因。

影响学习态度的几个方面是：

(1)　对目的语社团和文化的态度。对目的语文化、历史、社会和人民有好感，渴望有更多的了解甚至向往其生活方式和精神文明，一般说来将会形成学习该目的语的十分有利的态度。反之，由于某种原因对该日的语文化抱有反感甚至仇视的态度，则不可能有积极的学习态度。

(2)　对目的语的态度。对所学的语言有好感，认为它有较大的交际用途，语音优美，结构和表达方式丰富多彩，感到学习该语言可以不断接触新的事物，学习过程本身就是一种乐趣。反之，如果觉得该语言难听，语法过难，学习很吃力，就会产生一种畏惧或厌恶的心理，采取消极应付或干脆放弃的态度。

(3)　对课程和教师、教材的态度。对大多数学习者来说直接影响其目的语学习态度的还是他们在语言课堂上的感受。课程是否有意义，教材是否有趣，教学方法是否生动活泼，特别是教师的知识、经验和个人的魅力，会在很大程度上影响到学习者对第二语言学习的态度。

学习态度大体上可以分为积极态度、一般态度和消极态度三种。持积极态度者往往是因为有较强的内部动机的支撑，表现为自觉、主动、积极地学习，而且对学习本身有浓厚的兴趣；一般态度往往是因外部因素的影响改变了原来的态度，仅能要求自己把语言课程作为一般学习任务来完成，但缺乏主动和热情，缺乏兴趣；消极态度往往是因外界压力被迫地学习，不仅无自觉要求也毫无兴趣，甚至有一定的反感，认为是一种沉重的学习负担，一有机会就想放弃。消极态度与不佳的学习成绩形成了恶性循环。

一般说来学习态度一旦形成就比较稳定持久，但也不是不可以改变的。通过学校和家长的适当的教育工作，特别是与目的语文化和人民的接触和交际活动，会逐渐培养起学习第二语言的兴趣。外国留学生除了少数奉父母之命者外，能千里迢迢来我国学习汉语，一般说来都是有较强的学习动机和较积极的学习态度。问题在于来学校以后我们的教学安排和教师的教学活动如何进一步影响他们的学习态度。以往有很多例子说明,由于我国悠久的历史、丰富多彩的文化和良好的语言环境,一些原来持有消极态度的留学生也会对学汉语产生兴趣;但是如果教学方面滞后,也可能使原来持积极态度的学生感到失望,转向消极甚至不愿再学下去。

3. 性格

性格特征对第二语言习得的影响是公认的。个性特征是重要的情感因素。这里主要讨论内向和外向、自尊与抑制、焦虑和移情几个主要个性特征。

(1) 内向和外向。心理学把性格区分为内向和外向两种。内向性格一般不爱说话,不善于或者不愿意表达自己的思想,也表现为不爱交际、不好活动、喜欢独自学习。外向性格则热情开朗、爱说话、善交际、非常活跃。一般认为外向型性格有利于习得第二语言,内向型则不利于学习第二语言。但一些调查结果并没有明显地支持这种看法。可能是由于语言能力和语言交际能力的不同方面,需要不同的性格特征,不能一概而论。不同性格的学习者运用不同的策略处理不同的学习任务,因而各有所长,也有所短。外向型的学习者喜欢多说话,愿意交际,不怕犯错误,这就能获得较多的语言输入和输出的机会,特别有利于强调快速反应的口语能力的提高;但缺点在于不太注重语言形式的严格要求。而内向型的学习者由于不爱说话、不爱交际,可能在口语能力的提高方面慢一些,但能对语言输入进行细致的形式分析,对文化因素能做扎实的探求,在听力、阅读理解及写作能力方面钻研较深,其总体水平不一定比外向型学习者差。

教师对于不同性格的学生,一方面要针对其特点因材施教,发挥其长处;另一方面要适当地鼓励他们吸取性格对立一面的某些特点,以扬长避短、适应不同的学习任务。

(2) 自尊心和抑制。自尊心(self-esteem)是个体对自身价值的自我判断。自尊心强,即充分肯定自己存在的价值,对自己持肯定、积极的态度。个体对自己的评价往往来自主观的感觉,也从跟别人的关系中了解自己。自尊心这个词本身并无贬义。自尊心影响到人的各种行为,与第二语言习得自然也有关系。语言学习的自尊心既表现为对语言总能力的自我评价,也表现为对语言某一方面能力的自我评价。如有的学习者口语较强,他们对自己的口头表达能力充满自信,这方面的自尊心也就强一些。有些实验已表明,自尊心强的学习者第二语言口语会学得更好一些,因为他们有自信,不怕犯错误,敢于用目的语进行交际。但是,这一看法现在还不能成为定论。

与自尊心有着密切关系的是抑制。抑制是个体的一种防御外部伤害、保护自我的心理屏障。婴儿一生下来没有自我意识,甚至不能区分自我和周围世界。随着年龄的增长,自我意识逐渐形成。从青少年时期开始,自我意识进一步发展,害怕自我暴露太多而使自尊心受到伤害,于是采用抑制的方法保护自我。到了青春期随着在生理、认知和情感上受到的挫折增多,个体意识到不仅要认识自己还要认识周围的环境与社会,处理好跟环境和社会的关系,因而用于自我保护的抑制心理更为增强,而且一直发展到成年期。相对说来,自尊心强的人较为自信,自我保护的意识要弱一些;自尊心不强的人也缺乏自信,用于自我保护的抑制心理更强。

圭奥拉(A. Guiora)在研究第二语言习得过程中的抑制心理时,提出语言自我(language ego)的概念,用来表示对自己语言的认同。学习一门新的语言实际上是建立一种新的语言自我,会造成对自身评价的变化。儿童的自我意识处于发展之中,有较强的可塑性,抑制较小,学习一种新的语言对儿童的自我不会造成太大的影响。过了青春期,保护自我的意识增强,也包括要保护以母语为基础的语言自我,已经形成了抑制的屏障。这时的语言自我也就有了一定的保护性。学习一种新的语言并用来进行交际会犯错误,会当众出洋相,尤其是成年人比较复杂的思想与较低的目的语表达能力形成了反差与矛盾,有时觉得十分难堪。这表明建立新的语言自我要付出相当的代价,不仅对已有的语言自我、而且对整个自我会造成伤害,因此感到很不安全,更加强了学习过程中的抑制。这也可以说明成人学习第二语言的情感因素与儿童的不同之处。过高的抑制心理显然不利于第二语言的习得,学习者和教师需要在学习过程中逐步排除这一心理屏障。

(3) 焦虑。焦虑是一种性格特征。具有这种性格的人在做事之前或做事之后都可能产生对能否做好事情的焦急、担心和忧虑的情绪。这里所指的是第二语言学习中所产生的焦虑。有的研究表明,38%的学习者认为在第二语言课上比在别的课上更为焦虑。第二语言学习中的焦虑常表现为交际焦虑、考试焦虑和对负面评价的焦虑几个方面。有关焦虑与第二语言习得的关系,也有相互矛盾的调查结果。一般认为焦虑与学习态度、学习成绩呈负相关,过多的焦虑造成思想上很大的负担和压力,增强了抑制,会阻碍第二语言习得;但是,如果一点焦虑也没有,同样不利于第二语言习得。适当的焦虑会增加学习的动力和上进心。比如对考试有太重的焦虑,在平时会影响正常的学习,临场则可能现有水平也发挥不出来,难以取得好的成绩;如果一点焦虑也没有,松松垮垮,可能在考场上连题都做不完。

教师在平时要给学生适度的焦虑以促进其学习,但对焦虑过重的学生、特别是性格上容易产生焦虑的学生,则应多做工作。缓解焦虑的有效办法是:事前做好充分准备,对困难有足够的估计并想出克服困难的方法和措施,能看到有利条件和已取得的成绩,对完成任务有信心。

(4) 移情。移情(empathy)是指设身处地领会别人的思想和感情。这是人与人交往中相互沟通、消除隔阂、达到和谐相处的必要条件。语言是达到移情的主要手段,在语言交际过程中双方都要不断做出假设,揣摸从对方输入的信息所表达的意思以及将要输入的是什么信息,同时还要时刻推测自己输出的信息是否为对方所理解。做出假设和判断就离不开移情。由于认知因素和情感因素的差异,在同一语言文化的成员之间也需要有一定的移情,理解对方的认知及情感特点和状态,才能使交际顺利进行。在两人交谈时常有这样的情况：一方的话才说出半句，另一方就心领神会，于是谈话就能愉快地、不断地继续下去。反之，如果一方的话会让另一方做出错误判断，产生种种误解，这就出现了"话不投机"的情况而使交际索然无味，甚至无法进行下去。运用第二语言进行交际，除了认知和情感方面的差异外，更存在双方在文化上的差异和语言方面的障碍，更需要双方跨出自我的疆界，运用更多的移情来理解对方的文化特点和语言结构特点。

通过实验对移情与第二语言习得的关系研究所得的结果也不一致。有的学者特别强调移情与第二语言发音能力相关，也有的学者认为移情不仅对语音、而且对词汇、语法等各个方面都是十分重要的。这一观点虽有待于实验的进一步证实，但从常理推测不是没有道理的。掌握一种新的语言、建立新的语言自我，不仅因涉及到对自己的评价而影响到自尊心的问题，而且也必然涉及到性格的其他方面，需要哪怕是暂时地放弃一部分自己的个性特征并建立新的个性特征。如中国人学习外语要获得地道的目的语语音，移情必须做到刻意模仿洋腔洋调，达到惟妙惟肖的地步。这对某些学习者来说并非不能而是其个性不愿这样做。同样，目的语的特殊词汇、语法结构和表达方式，对某些不善于移情的学习者来说也是难以接受的。第二语言学习需要有足够的灵活性，拆除自我保护的心理屏障，勇于接受新事物。而这些方面就需要教师采用较好的教学方法，创造条件增强学习者的灵活性，降低抑制、减少焦虑，增强其移情能力。

以上分析了个体因素中的生理因素、认知因素和情感因素。我们可以充分体会到上述诸因素在第二语言习得中的重要作用。不对这些因素进行全面的研究，就很难正确了解第二语言的习得过程与规律，在教学实践中也就心中无数。问题在于尽管西方学者对这些方面的调查研究已进行了二三十年，但所得出的结果很不一致，而且很多情况下缺乏可靠的研究手段，很难用实验方法加以证实。主要原因在于人的情感、认知等方面的特点是十分复杂的，常常是多方面的因素同时起作用，很难将单个因素如学习策略、交际策略、认知方式、动机、态度、性格,或性格中的自尊、抑制、焦虑、移情等分离出来专门加以研究。因此在很多问题上除了根据常理推断或是凭经验而形成一定的看法外,还不能通过精确的实验达成共识,因此也就不能真正了解到这些个体因素对第二语言习得究竟产生何种影响。

我国对外汉语教学界迄今为止在这一领域中研究的最大项目为《外国人学习与使用汉语情况调查研究报告》(高彦德等,1993)。这是一项历时两年多、涉及 89 个国家 1178 名调查对象的研究课题。其调查的重点是学习者学习汉语的目的、就业情况、不同专业人员对基本语言技能掌握运用情况和主要困难、对语音词汇语法的掌握情况和需求、对课程内容和教材的评估与需求等。虽然除了学习的目的动机外未多涉及学习者的生理、心理因素,但这是本学科有关学习者个体情况大规模研究的首次尝试,其规模之大、调查内容之广泛,国内尚无先例。调查的资料及所得的结论对教学有很大的参考价值。其他有关学习者个体因素的分析文章如《日本人性格的若干特点对其汉语学习的影响》(梁霞,1994)、《学生情感与课堂教学》(金兰,1996)、《日本留学生汉语学习的感知结构分析》(王珊,1997)等,都试图结合汉语的特点,从性格、情感、认知等方面研究学习者的差异。但这一领域的研究至今尚未全面展开,仍是第二语言习得研究中比较薄弱的一环。从我国对外汉语教学的实际考虑,除了对学习者的个体因素研究以外,对同一母语和文化背景的学生的群体特征的研究,对教学安排也是很有意义的。但需要注意的是群体特征的研究不能代替个体因素的研究,尤其不能从群体特征得出对学生个体因素的某种固定的看法。对教师来说个体因素的研究仍是首要任务。

第三节　语言学习环境

如果说生理、认知、情感等个体因素是第二语言习得的内部条件的话,环境则是客观存在、影响第二语言习得的外部条件。不论是第一语言或第二语言的获得,都与环境有密切的关系。在对待第一语言习得的问题上,行为主义的刺激—反应论认为环境决定一切;先天论虽然特别强调先天语言习得机制的作用,但这一神奇的机制也需要后天环境通过语言输入予以启动;认知论则强调人的认知能力与环境的相互作用。至于语言环境对第二语言习得的重要意义则是每个学习者都能体会到的,克拉申的输入假说也对此进行了理论阐述。可见语言习得离不开环境,已成为人们的共识;如果连最起码的语言环境都不具备,就根本不可能获得任何语言。对语言学习环境的研究已成为第二语言习得研究中的一个极其重要的课题。在教学活动层面上,无论是总体设计、教材编写、课堂教学或测试评估等任何一个环节,都必须着重考虑环境因素。

语言学习环境,是一个内涵与外延较广的概念。可以说,学习者主体以外、与语言学习和运用有关的一切周围事物都是语言学习环境的一部分:从国家的政治、经济、文化、语言政策、教育政策等所形成的宏观语言环境,到使用目的语的社会大环境和课堂学习小环境。这里我们要着重讨论的还是社会环境和课堂环境。

一、社会环境对目的语学习的影响

第二语言学习,分为在目的语社会环境中和在非目的语社会环境中两种不同的情况。前面已经提到,有无目的语社会环境是第二语言教学和外语教学的主要区别。社会环境包括语言环境和人文环境两个方面,其中语言环境又包括视觉环境如报纸、杂志、书籍、电脑、广告和各种标志等和听觉(或视听结合)环境如广播、电视、电影、戏剧、录像、录音带等,特别是在该社会中广泛使用的鲜活的目的语口语是最重要的语言环境。语言环境为学习者提供了自然生动、丰富多彩、无穷无尽的语言输入和学习模仿的语言资源。人文环境则包括目的语社会的物质文明、人际交往、风俗习惯、文化历史传统和所创造的一切精神文明。人文环境除了为学习者提供自然习得目的语及相关文化因素的社会背景外,还提供了运用目的语进行交际并获得反馈的真实活动场景。因此,有无目的语的社会环境对第二语言学习有极其重要的意义。在非目的语社会环境中学习目的语,无论在语言输入、自然语言资源的提供、语言运用机会等方面,都无法与在目的语社会环境中学习相比。社会环境因素从质和量的方面直接影响到学习者语言的输入、内化和输出的习得过程,也影响到课堂教学中教师所采用的教学方法和学生所采用的学习策略,也最终影响到第二语言的学习效果。

非目的语环境中学习第二语言的不利因素,是可以通过一定方式加以弥补的。以美国的汉语教学为例,很多暑期学校都采用"沉浸法"进行短期强化教学,其中最有名的如明德暑校、印第安纳暑校及马里兰暑期中文师资培训班等,都非常重视创造一个运用中文的环境。他们想方设法使整个教学和活动场所"中国化"。学员们看到的是中国的书法、绘画、图片及艺术品,听到的是汉语广播和中国乐曲,欣赏的是中国电影和录像。除了每天上下午安排得满满的强化课程外,还让学员与以汉语为母语的教师和助教同吃、同住、同参观游览,并规定学习期间汉语为惟一的交际工具,禁止说英语。离"中国城"近的学校,一到周末就把学员拉到"中国城"去体验华人的社会环境。在暑期学校这种主要是"人造"的中文小社会环境里,虽然只学了四个或八个暑期,但学员的汉语听说技能和交际能力往往比平时正常学习一年还要提高得快。

在目的语社会环境中学习目的语,也不一定意味着社会环境因素的优势能自动地得到发挥。如果仍采用基本上是封闭式的课堂教学,没有很好地把以语言学习为主的课堂教学与社会环境中的语言习得结合起来,给学习者提供更多的接触社会环境和进行真实的语言交际的机会,即使有好的社会语言环境,也会得不到利用。我国对外汉语教学界需要进一步重视社会环境在语言学习中的作用,需要对如何利用社会语言环境优势做专门的、深入的研究。

二、课堂语言环境与第二语言学习

课堂语言环境，主要指由教师、教材和学习者相互之间所提供的目的语语言输入以及学习者用目的语进行的各种操练和交际性的语言活动。迄今为止不论是在目的语的环境中还是在非目的语的环境中，第二语言学习主要是依靠课堂教学进行的，第二语言的获得也主要是在课堂学习的环境中实现的。这一状况在今后相当长的时期内不会发生根本性改变，因此课堂语言环境对第二语言来说仍然是至关重要的。从60年代开始，对第二语言课堂中教师和学生行为的研究逐渐成为第二语言习得研究的一个热点问题。但是对课堂教学与学习的作用，西方学者一直有不同看法。

1."无关联"与"有关联"的观点

克拉申通过英语语素习得研究发现，不论学习者的年龄和母语背景如何，其英语作为第二语言的习得有一固定不变的自然习得顺序。这一习得顺序不受课堂教学的影响。课堂教授语法规则对学习者习得这些规则——指运用这些规则进行真实的交际活动没有影响（除了在运用语言过程中极其有限的、有意识的监控以外），课堂正式学到的东西也不能变成习得的东西。这是课堂正式教学与第二语言习得"无关联"的观点（non-interface position）。克拉申认为，许多人能在完全没有课堂教授的情况下习得第二语言，同时也有许多人虽然用很长时间在课堂上学习语言结构但并不能运用这种语言，正反两方面的例子都说明课堂教学对第二语言习得不起作用，试图用课堂教授的办法使学习者掌握第二语言的结构规则，至少也是低效率的。他反对在课堂上正式教授语法规则，主张把课堂变成语言习得的场所，让学习者在课堂上尽可能多地接触体现 i+1 原则的可理解输入，由他们按自然顺序通过假设和验证在有目的的交际活动中习得目的语的基本规则。

但是也有不少学者认为尽管正式的课堂教学对学习者的语言习得顺序不起作用，不能帮助他们跳过习得顺序中的任何阶段，但是获得语法结构的速度却受到正式教学的影响。他们的实验和调查证明,在课堂上教授语法的情况下,学习者的语法知识发展较快,对语法结构掌握的速度也较快,比未接受正式教学的学习者学得好。当然这种正式教学的内容要符合学习者的语言发展水平,同时还要适合其认知程度且在心理上有充分的准备接受所教的内容。这就形成了与克拉申相对的、课堂正式教学与第二语言习得“有关联”的观点(interface position)。其中,沙伍德—史密斯(M. Sharwood-Smith)与克拉申的观点针锋相对,认为学习先于习得,是习得不可缺少的组成部分。学习到的东西可以直接帮助习得语言,而且通过练习可以把学习来的项目转变为习得的项目。要达到能在交际中运用语言的水平,课堂教授语法规则非常必要,是培养准确、流利交际能力的高效率的办法。他认为第二语言的获得必须先明确地讲解语法规则,并有大量机会在一定的语境中练习、使用这些规则,才能将语法规则储存在长期记忆之中,从而在交际中加以运用并在交际中继续习得语言。

同样属于“有关联”观点的白丽丝托克(E. Bialystok)则持比较适中的立场。她认为第二语言既可通过习得也可通过学习而获得,不同的学习者有不同的具体学习目标,需要达到不同的语言水平,这就决定了是采用正式讲授还是自然习得这两种不同的途径。白丽丝托克还认为对语言知识掌握有两种情况:一种是分析性的掌握,即对语言规则进行分析,经过分析的语言知识易于灵活运用;另一种是自动的掌握,即语言知识能迅速准确地加以运用,达到脱口而出的程度。不同的语言活动需要不同类型的知识,并通过不同的途径获得。自然习得着重流利地运用语言而不注重对语法的分析,因而习得的结果往往提高了语言运用自动化的程度,但不能灵活运用语法规则。课堂学习既重视语法的分析能力,也强调提高语言运用的自动化程度,因而最终能流利而灵活地运用语言。如果学习者的目的仅是能进行自然的口语会话,则可采用克拉申的输入理论,主要通过交际来习得第二语言;如果学习者的目的是既要进行熟练的口语会话、又要掌握书面语(要掌握经过分析且达到自动化的知识),则应从课堂正式教授语言结构开始。

2. 课堂教学的作用和局限性

对第二语言课堂教学的作用,不仅存在理论上的分歧,而且由于课堂教学的效果一直不能令人满意,因而对其作用又进一步产生了怀疑。这就需要对课堂教学的长处和不足有一个比较全面的评估。

课堂教学的优势在于:

(1)　课堂教学能充分利用人们长期积累的对语言本身和语言教学的研究成果,通过教学大纲和教材的精心安排,进行集中的、有目的、有计划的教学活动,收到相对说来短期速成的效果。这是旷日持久的自然环境中的语言习得所无法比拟的。

(2)　课堂教学的重点往往是语言形式的掌握,课堂能有目的地提供比自然语言环境更集中、范围更广、形式更为复杂的语言形式,实际上也就提供了这一方面的语言环境,使学习者更注意语言的表达形式,有利于语言形式的掌握。

(3)　课堂教学强调教授语言规则,符合成人的思维特点和学习特点。很多研究证明,正式教授语言规则虽不能影响学习者习得这些规则的顺序,但可以提高习得速度,不论对儿童或是成人,不论是初学者或是高年级的学习者、甚至不论有无语言环境都能收到这一效果。

(4)　课堂教学有经验丰富的教师的指导和帮助,可以迅速提供反馈,及时纠正错误,从而加快语言学习的速度。

但是课堂教学也有一定的局限性:

(1)　通过课堂教学接触目的语的时间是极有限的,目的语的输入量也无法与自然习得相比。

(2)　课堂教学所提供的不都是真实的语言材料,教给学生的常为"课堂语言"或"教科书语言",与实际生活中的语言有一定距离。

(3)　课堂教学侧重语言形式,但不可能教给学生所有的语法规则,最好的教学语法体系也往往是不充分的。有的学者还认为某些语法结构只能在自然习得中掌握,不适宜在课堂中学习。另一方面,课堂教学如处理不当还可能产生误导,如对某一结构的过分强调和大量操练,有可能使学习者产生过度使用的偏误。

(4) 课堂教学最根本的缺陷在于难以提供真实的交际情境,也难以进行真正的交际活动。单靠课堂很难培养语言交际能力、完成第二语言教学的根本任务。

正由于课堂教学今后仍将是获得第二语言的主要途径,因此,如何克服上述局限性、发挥其优势以提高学习效果,是第二语言习得研究要解决的主要问题之一。

构成课堂语言环境的,除了教材以外主要是教师的语言、教师与学生以及学生之间的交互活动。这些问题将在第九章进一步讨论。

三、充分利用语言环境提高学习效率

我国对外汉语教学,有得天独厚的目的语社会语言环境,也有提供良好课堂语言环境的长期经验。现在需要研究的是,如何充分利用社会语言大环境和改善课堂语言小环境,并把两者结合起来,建立既有利于语言学习又有利于语言习得的新的教学体系。

建立新的教学体系,特别需要强调在充分利用语言环境的基础上发挥成人自然习得的作用。对外汉语教学和整个第二语言教学的特点决定了第二语言的获得主要通过正规学习的途径。但是还存在着成人语言获得的另一种途径,即自然习得。这不仅是一个理论问题,也是实践的问题。成人不仅具有自然习得语言的能力,而且实际上在第二语言学习中都或多或少地通过习得途径学到了课堂里得不到的东西,习得起着辅助正规学习的作用。比如有关目的语的基本知识、规则以及一部分言语技能主要通过学习获得,正规学习着重解决语言的准确性。而语感、地道的语音、对语言中文化因素的把握,特别是语言交际能力的获得,则主要通过习得途径。习得可以进一步解决语言的得体性和流利程度。成人接触面广,有可能从社会大环境中习得语言。成人不但靠听而且更能从阅读中习得语言,能充分利用书报杂志、电脑网络、广告新闻、广播影视及文学戏剧等各种输入渠道。问题在于,我们教师和教学理论研究者,至今在教学活动

中都只考虑课堂教学这一个方面,没有把自然习得纳入整个教学体系中去,而是采取了听之任之的态度。这就使学习者的学习能力未能全部发挥,可以说我们一直在用一条腿走路。

要很好地发挥成人自然习得的作用,关键在于充分利用语言环境。新的教学法体系应突破课堂教学的框框,由课堂教学、课外活动和社会语言环境里的交际活动三个层面组成。

首先要充分发挥课堂教学的重要作用。除了知识与规则的传授和技能训练外,课堂本身也能提供习得的机会。为此,就要在课上加强交际性的教学活动并扩大输入的渠道。实践证明,通过交际性活动以及听力、泛读这样的课程,学生自然习得的东西可能比精读课要多。教师在课堂上也不必处处都讲到、讲透,有经验的教师会故意留下一些空白让学生自己去习得。课堂教学的任务之一是训练学习者如何用已掌握的知识技能去解决问题,如何培养学生在课外扩大汉语知识并提高运用汉语的能力。做到这点将大大有助于课外的自然习得。

第二是把作为语言实践的各种课外活动纳入到教学计划中去,进行精心的设计安排。不论是参观游览、座谈访问还是游戏表演,都要给学生提供真实的语言交际情境,提供语言习得的机会。

第三是充分利用汉语的社会大环境,引导学生到汉语的大江大海里游泳。这是课外活动范围以外,学生在中国社会里的日常交际活动,更不为一般的教学计划所注意,但恰恰是学生自然习得汉语、提高其交际能力的最好机会。教师首先要激发起学生投身到汉语的社会环境中去的兴趣。因为有不少学生不习惯于利用目的语环境的优越条件,总把自己关闭在课堂或学校的小天地里。一个敏感的教师还可以通过学生的言语表现,发现他们在社会环境里自然习得的新的活的语言,并通过课堂教学给予肯定和巩固。教师无法完全控制学生的自然习得,但可以影响它并提高其效率。

上述三个层面所组成的是课内与课外相结合、学习与习得相结合的立体教学体系,其核心在于充分地利用汉语学习环境。

阅读参考文献

三刊编辑部　1994　《语言学习理论研究》,北京语言学院出版社。

王建勤(主编)　1997　《汉语作为第二语言的习得研究》,北京语言文化大学出版社。

王初明　1990　《应用心理语言学》,湖南教育出版社。

马丁·韦德尔、刘润清 (1995)《外语教学与学习——理论与实践》,高等教育出版社。

鲁健骥　1999　《对外汉语教学思考集》,北京语言文化大学出版社。

王魁京　1998　《第二语言学习理论研究》,北京师范大学出版社。

高彦德等　1993　《外国人学习与使用汉语情况调查研究报告》,北京语言学院出版社。

施家炜　1998　外国留学生22类现代汉语句式的习得顺序研究,《世界汉语教学》第4期。

刘　威　1995　外国留学生在短期记忆中理解汉语句子的实验报告,《世界汉语教学》第3期。

佟乐泉等　1994　外国留学生在快速显示条件下阅读汉语句子的实验报告,《世界汉语教学》第3期。

石定果等　1998　关于对外汉字教学的调查报告,《语言教学与研究》第1期。

Ellis, R. (1985) *Understanding Second Language Acquisition*, Oxford University Press.

第七章 第二语言教学法主要流派与发展趋向

从本章开始,我们转入对"教"的问题的讨论。对外汉语教学是整个第二语言教学的组成部分,即使在我国进入改革开放新时期以前,对外汉语教学也不是与世隔绝的。事实上在其发展过程中,一直受到世界第二语言教学各种教学法流派的影响,并从中不断吸取营养。因此,我们讨论汉语教学问题也就离不开整个第二语言教学发展的大背景,特别是要了解对对外汉语教学产生过很大影响的各种第二语言教学法流派的特点和演变情况。这里要说明的是,汉语"教学法"一词在使用中有多种含义。它可以指整个学科理论和实践,成为学科的名称,如"外语教学法"(见第 章);也可以指某一教学法流派,如"听说法"、"交际法";还可以指教学中采用的具体方法,如"归纳法"、"句型替换法";甚至指教学的技巧,如"板书法"、"演示法"等。对上述不同层次的概念,本书分别用"对外汉语教育学"("教学论")、"教学法(流派)"、"教学方法"和"教学技巧"来表示。

教学法流派,指在一定的理论指导下在教学实践中逐渐形成的、包括其理论基础、教学目标、教学原则、教学内容、教学过程、教学形式、教学方法和技巧、教学手段、教师与学生的作用和评估方法等方面的教学法体系。一种教学法流派的形成除了受当时的时代背景,特别是政治、经济等因素的影响外,更直接地受这一阶段的语言学理论、心理学理论、教育学理论以及一些其他相邻学科发展的影响。各种不同教学法流派之间的差异,主要是由于对语言本质特征和对语言学习规律有不同认识,因而对教学规律有不同看法。它影响到教学大纲的制订、教材的编写、课程教学程序和方法的确定,以及测试评估手段的选择等。

第二语言教学是与人类的文明史同时开始的,至今已有几千年了。现代第二语言教学还只有一百多年的历史。在这一百多年间,特别是20世纪以来,人们为了寻找有效的第二语言教学方法,在迅速发展的语言学、心理学和教育学理论指导下,不断加强对教学理论的研究和教学实践的探索,先后出现了数十种各具特色的教学法流派。对这些教学法流派,学者们有不同的分类方法。本书认为这些教学法是从不同的角度出发、从不同方面体现其特征的,为了把这些特征充分地反映出来,需要适当地分得细一些。其中一些影响较大的流派按其所体现的主要语言教学特征可分为四大派:(1)强调自觉掌握的认知派,如语法翻译法、自觉对比法和认知法等;(2)强调习惯养成的经验派,如直接法、情景法、听说法、视听法等;(3)强调情感因素的人本派,如团体语言学习法、默教法、暗示法等;(4)强调交际运用的功能派,如交际法等。这些流派各有独创之处,也有不足之处,异彩纷呈,各领风骚,都为第二语言教学理论的发展做出了重大贡献。20世纪60年代以来,第二语言教学法蓬勃发展之中还出现了一些非常值得注意的新趋向。这些新趋向将影响到今后第二语言教学的理论和实践。本章将着重就这两方面的问题做一介绍和讨论。

第一节 认知派与经验派教学法

认知派以语法翻译法为代表,这一派教学法的主要特点是强调学习者对语言规则的理解和自觉掌握。经验派以直接法为代表,这一派强调通过大量的模仿和操练形成习惯。这是在本世纪70年代以前就已形成的对语言教学有较大影响且主要原则完全不同的两大派。下面按时间顺序将这两大派中的主要教学法做一简要介绍,讨论的重点是各种教学法产生的背景、理论基础、主张和主要特征以及对该法的评价，目的是理出教学法发展的脉络和当前的趋向，而不偏重于对各种教学法具体方法的介绍。

一、语法翻译法（Grammar-Translation Method）

语法翻译法又称“传统法”或“古典法”，是以系统的语法知识教学为纲，依靠母语，通过翻译手段，主要培养第二语言读写能力的教学法。这是第二语言教学史上最古老的教学法，在欧洲用于教授古希腊语、拉丁语已有千百年的历史。当18世纪开始教授法语、意大利语、英语等现代语言时，仍沿用这一古老方法。18世纪末、19世纪初，德国语言学家奥伦多夫（H. Ollendorff）等对语法翻译法进行了理论上的总结与阐述，使之成为一种科学的第二语言教学法体系。

语法翻译法的语言学基础是历史比较语言学，认为一切语言都起源于一种共同的原始语言，语言规律是共同的，词汇所代表的概念也是相同的，所不同的只是词汇的语音和书写形式。因此通过两种语言词汇的互译和语法关系的替换，就能掌握另一种语言。语法翻译法的心理学基础是18世纪德国的官能心理学，其创始人是德国哲学家沃尔夫（C. Wolff）。他认为心灵虽然是统一的，但能划分为不同的官能或能力，如认识、情感、意志等，各种不同的官能可以分别加以专门的训练，以促进其发展。这一理论影响到18和19世纪的教育把重点放在通过训练以加强官能，而不是获得知识。复杂而严密的拉丁文语法正可以用来训练学习者的记忆能力和逻辑思维能力，从而发展其智力。

语法翻译法的主要特点是：

（1）以理解目的语的书面语言、培养阅读能力和写作能力以及发展智力为主要目标，不重视口语和听力的教学。

（2）以系统的语法知识为教学的主要内容，语法教学采用演绎法，对语法规则进行详细地分析，要求学生熟记并通过翻译练习加以巩固。

（3）词汇的选择完全由课文内容所决定，用对译的生词表进行教学；句子是讲授和练习的基本单位。

（4）用母语进行教学，翻译是主要的教学手段、练习手段和评测手段。

（5）强调学习规范的书面语，注重原文，阅读文学名著。

语法翻译法的教学过程，一般从讲词法开始，然后讲句法，用演绎法讲授语法规则，并通过语法练习主要是翻译练习让学生掌握语法规则，最后对课文进行逐句的讲解并要求学生能记住。

语法翻译法是第二语言教学法史上第一个完整的教学法体系，它强调对语法规则的掌握，注重学生智力的发展，能较好地培养阅读能力和翻译能力，体现了理性派教学法的主要特点。该法历史最久，有很强的生命力，从 19 世纪 40 年代到 20 世纪 40 年代的一百年间一直在欧洲第二语言教学中居统治地位，对我国的外语教学及对外汉语教学特别是精读课，也有较大影响。今天对外汉语教学高年级某些课程如综合课、翻译课的教学，仍可以借鉴其优点。

语法翻译法也有其严重的不足之处。主要是忽视口语教学和语音教学，缺乏听说能力的训练；过分依赖母语和翻译手段；过分重视语法知识的教学，死记硬背语法规则，不注重语义；教学内容枯燥无味或者过深过难（指经典文学作品）。而最根本的问题则是不利于语言交际能力的培养。语法翻译法本身也在不断发展变化。到 20 世纪中期，古典的语法翻译法经过改革，吸取其他教学法的长处，发展成为“近代的语法翻译法”。在强调阅读领先、着重培养阅读和翻译能力的同时，也加强了听说能力的培养；教学从语音开始，在以语法为主线的前提下，注意语音、词汇、语法的综合教学。当然，十分重视语法和翻译仍是这一教学法的特点。

二、直接法（Direct Method）

直接法又称“改革法”或“自然法”，19 世纪末 20 世纪初产生于西欧，主要是法国和德国。这是与语法翻译法相对立的教学法，是主张以口语教学为基础，按幼儿习得母语的自然过程，用目的语直接与客观事物相联系而不依赖母语、不用翻译的一种第二语言教学法。

19 世纪中叶西欧各国工业发展，贸易兴盛，各国之间政治经济往来频繁，需要大量掌握外语口语的人才。语法翻译法则因无法达到这样的目的而受到质疑和反对。19 世纪末欧洲出现了外语教学的“改革运动”（The Reform Movement）。这一运动从德国、法国开始，席卷西欧各国，延续了半个世纪。其主要内容为探索第二语言教学的新思想、新路子，从而导致直接法的产生。直接法早期的代表人物有改革运动的先驱、直接法的奠基人、发表《语言教学必须彻底改革》反对语法翻译法的德国语言教育家菲埃托（V. W. Vietor），有在世界各国创办外语学校、大力推广直接法的德国教育家贝力子（M. Berlitz），有发表《语言教授法和学习法》并创造“系列法”的法国语言教育家古安（F. Gouin）等。典型的教材有英国艾克斯利（C. E. Eckersley）编的《基础英语》等。

直接法的语言观认为语言是习惯，语言的运用是靠感觉和记忆而不是思维，其产生的背景是，当时语言学有了进一步的发展，对欧洲几种主要语言做了比较全面的描述与对比，研究的结果证明不同语言的语法结构和词汇并不存在完全等值的关系，这就动摇了语法翻译法的理论基础。而当时语音学的发展，国际音标的制订，为口语教学创造了条件。直接法主要受到从 18 世纪末开始、19 世纪末已取得一定成果的对儿童语言发展研究的影响，教学过程模仿幼儿习得母语的自然过程（这也是该法又叫“自然法”的原因）。直接法的心理学基础是联想主义心理学，认为人的学习方式与动物一样，是刺激与反应直接联结，否认意识在其间的作用。直接法强调词语与客观事物直接联系而不通过母语的中介，运用联想使新旧语言材料建立联系，以加强学习和记忆。

直接法的主要特点是：

（1）目的语与它所代表的事物直接联系，教学中排除母语，排除翻译，采用各种直观手段用目的语学习目的语（第一批词通过实物、图画或动作演示来讲授),课堂教学常用扮演角色或演戏的方式。

(2) 不是先学习语法规则,而是靠直接感知,以模仿、操练、记忆为主形成自动的习惯。在一定阶段对已获得的语言材料中的语法规则进行必要的总结和归纳。

(3) 以口语教学为基础,先听说后读写。认为口语是第一性的,先学话后学书面语是学习语言的自然途径。重视语音教学,强调语音、语调、语速的规范。

(4) 以句子为教学的基本单位,整句学、整句运用,而不是从单音或孤立的单词开始。句子是言语交际的基本单位,词语的意义只有在句子中才能明确掌握,词语连成句子也便于记忆。

(5) 以当代通用语言为基本教材,学习生动的、活的语言,而不是文学名著中典雅、但已过时的语言。从有限的常用语言材料开始,对常用词、常用句式按其使用频率进行科学的筛选。

所谓直接法,实际上是指改革运动前后出现的一些体现以上基本特点、同时又各具特色的第二语言教学法的总称。其中最具代表性、影响最大的是贝力子于 1878 年开始创办的贝力子外语学校所采用的贝力子教学法,这种专门从事短期第二语言教学的贝力子外语学校,遍及欧美各国,第一次世界大战前夕曾达到 340 所。至今世界上仍有不少贝力子学校在进行外语教学。贝力子口语教学法严格按照幼儿学语的方法,强调演示而避免翻译;强调动作等直观手段而避免解释;强调由学生问问题而避免教师的演讲;强调纠正学生的错误而避免模仿学生的错误;强调说完整的句子而避免只说单词;强调学生多说而避免教师说得太多;强调保持学生的适当进度而避免进度太快;强调教师的语速、音量正常自然而避免说得过快、过慢或过于大声;强调课堂气氛放松而避免教师的急躁。他们所编写的教材紧密结合学生生活,内容生动有趣,体现了循序渐进的特点。所有这些都集中地体现了直接法的主要特点。此外,特别需要提出的还有对后来影响较大的系列法。

系列法(Series Method)产生于 19 世纪后半期,倡导者为法国语言教育家古安。古安根据对儿童语言行为的观察,发现儿童有强烈的讲述自己经历的要求,而且有依据时间顺序排列事件的能力;事物如具有系列性的特点则有利于根据上下文来理解和联想、记忆,也有利于表达。因此他在编写教材中,把学生的日常生活分解成许多意义上有联系同时按顺序排列的小段,从而组成一个个系列,再根据这些系列组织语言材料。其中特别要突出动词的使用,把动词作为语言的中心。按他的分析整理,把学生的日常生活先分成几个部分,每个部分又分成几个总系列,下面再分成小系列。总共 4000 个小系列,大约需要 800 到 900 小时就能完成教学任务。以第一课为例,“开门”动作的系列为:

我向门走去。

我走近门。

我更接近门。

我走到门前。

我在门前停下来。

我伸出胳膊。

我抓住门把手。

我转动把手。

我开门。

……

教师上课时一边说这些句子,一边做动作,学生复诵句子,或按句子表演动作,然后有的学生说出句子,有的学生做动作。这些句子由于有一定的语境并按动作顺序排列,所以非常容易记忆。系列法注重口头训练,通过归纳让学生掌握语法,按事件发生的顺序组织语言材料,运用手势和动作进行教学等,对教学法的发展具有重要意义,特别是对后来的情景法和全身反应法产生直接的影响。系列法也有其局限性的一面:仅仅用一种形式来从头至尾安排教学内容,显得单调,不利于发挥语言丰富多彩的表现力。

综上所述,直接法伴随着外语教学改革运动而产生,是与语法翻译法针锋相对的一种教学法流派。它的出现打破了语法翻译法独霸天下的局面，并提出了一条与之截然不同的教学路子，活跃了学术思想，从而开辟了第二语言教学法研究这一新的领域。直接法的许多主张，如与客观事物直接联系、句本位、以模仿为主、用归纳法教语法、以口语为基础、教授活的语言等原则，丰富了人们对第二语言教学规律的认识，对以后的听说法、视听法、自觉实践法乃至功能法都产生了很大的影响，开经验派教学法的先河。直接法出现后为世界很多国家所采用，对我国解放前的英语教学法有过一定的影响。解放后，五十年代直接法作为“资产阶级的教学法”曾受到批判，60 年代以来对我国外语教学又产生影响，当时我国的对外汉语教学法也曾被称为“相对直接法”。

直接法的局限性是过分强调了幼儿学习母语的规律，而对成年人学习第二语言的特点认识不足，对课堂教学的现实也考虑不够；强调口语教学，对读写能力的培养重视不够；过分强调模仿，偏重经验，对人的积极、主动学习强调不够，忽视对语法规则的掌握。早期的直接法过分排斥母语，对母语在第二语言教学中的作用注意不够，本来一些用母语一点就透的问题，因坚持用目的语讲解而影响到学习者的理解。此外，这种方法对教师的言语技能要求也太高，在实际操作中并非所有的教学单位都能做到。如很多公立学校试用直接法就未能像贝力子学校那样取得那么大的成就。所以到本世纪 20 年代，直接法在欧美也渐趋衰落。

三、情景法（Situational Language Teaching）

情景法是本世纪二三十年代产生于英国的一种以口语能力的培养为基础、强调通过有意义的情景进行目的语基本结构操练的教学法。情景法早期称为口语法（Oral Approach），代表人物为英国著名语言教育家帕默（H. E. Palmer）和霍恩比（A. S. Hornby）。帕默发表过大量有关第二语言教学的著作，如《科学的外语教学法》、《外语教学诸原则》以及《外语教学的口授法》、《通过动作教英语》等，也编写过很多教学用书,其中如《英语口语日常用句》、《英语口语语法》,在全世界的英语教学界都有影响。他曾长期在贝力子学校任教,熟悉直接法,但他的教学思想已远远超越了直接法和改革运动,提出了很多前瞻性的精辟见解,有的至今才为人们所认识。他认为学习语言有两种能力:一种是有意识的学习能力,如认字、学拼读、记规则、写作等,主要为成人所有;另一种则是天赋的自然学习能力,即只注重语言内容不注重语言形式的学习能力,儿童尤为明显,成人已逐渐退化。语言教学要运用有意识学习的能力,通过模仿、练习养成新的语言习惯,更需要唤起成人处于潜伏状态的后一种能力,要特别强调自然的、无意识的学习能力的发展。只有同时运用这两种能力才能学好第二语言。这应看做是最早提出的区分语言学习与习得的理论。他提出了一套听说读写的教学顺序,即口语先于书面语,听力先于表达能力,流利先于准确,句子先于单词,操练先于活用等;认为第二语言教学要有一个为期三个月左右的听力训练阶段,在此期间,不要求学习者开口,主要培养听懂目的语的初步能力和习惯,也为了唤醒学习者自然学习语言的能力,提供自然吸收的机会。他认为语言学习是一种习惯的养成,是学习一种技艺而不是学科学,主要靠模仿、练习而不是靠逻辑思维;为了习惯的养成,要让学习者听正常语速的话,要及时纠正错误。在借助母语和运用翻译手段方面,帕默的观点与古典直接法有所不同,认为不必采取绝对排斥的态度。更为难能可贵的是他已认识到在教学方法上不要走极端,而是取各家之长,有人认为这是最早提出的综合法理论。帕默的这些观点,在下面要介绍的、数十年后出现的一些教学法流派或学者的论述中,又被重新提起或付诸实施。也正是因为这些教学思想,使被称为"英国应用语言学之父"的帕默成为20世纪上半叶最杰出的第二语言教育家。

在直接法受到愈来愈多批评的情况下,帕默、霍恩比等英国教学法专家着手研究一种比直接法更具有科学基础的教授英语口语的方法,而首先考虑的就是对词汇和语法的控制。帕默等人十分重视词汇在第二语言教学中的重要作用,通过词频统计建立英语常用词表,并作为编写教材的依据。同时对英语语法进行分析，将主要的句法结构化为句型，并将英语句型分类反映到他们所编的许多词典和语法书中，为教材编写提供了基础英语句型资料。对词汇和语法教学内容进行系统的研究，确定教学内容系统的选择、排列和呈现原则并由语言教育家将其纳入到英语作为第二语言教学法的框架之中，这就为口语法打下了坚实的理论基础。50 年代口语法已成为英国的英语教学法而被广为接受。

强调在自然情景中教授语言是口语法的主要特点，也是五六十年代该法由“口语法”称为“情景法”的原因。情景法在教学过程方面比早期的口语法有了进一步的发展，其语言学理论基础是英国的结构主义。口语被认为是语言的基础，准确的结构是说话能力的核心。这种观点与美国结构主义的观点没有很大的不同，只是英国语言学家更强调语言结构知识必须与其可能使用的情景联系起来，通过情景掌握并运用词汇和语法结构。情景法的心理学基础是行为主义的习惯形成理论，强调学生通过模仿形成正确的语言习惯。发音和语法的准确性被看做是最重要的，不惜一切代价避免错误。

情景法的主要特点是：

（1）教学目的是对听说读写四种言语技能的实际掌握，而言语技能又是通过掌握语言结构而获得的。

（2）语言教学从口语开始，教材先用于口头训练然后再教书面形式。

（3）课堂用语是目的语。

（4）新的语言点要在情景中介绍并操练。

（5）运用词汇选择程序，以确保基本词汇的教学。

（6）按先易后难的原则对语法项目进行分级排列。

（7）在学生具备一定的词汇语法基础后，再进行阅读和写作教学。

情景法的教学过程一般是：教师多次示范新的词语或结构，让学生集体模仿；对学生进行个别语音操练；运用已知句型进行问答以引进新句型;通过问答、造句、用提示词等练习新句型;让学生自己纠正错误。

与直接法相比较,不难看出情景法在直接运用目的语教学、强调口语教学、先教听说后教读写以及语法教学采用归纳法、词汇教学避免对词义进行解释等方面,继承了直接法的特点;但在确立对课程内容的系统选择、安排和呈现原则上,特别是对词汇和语法的控制方面以及强调在教学中运用情景方面,比直接法又有了很大发展。

情景法代表性的英语教材有"Streamline English"、"Access to English"等,在世界各地广泛使用,产生很大影响。60 年代中期,由于人们对语言、语言学习和语言教学的认识有了发展,交际法在欧洲产生,因而情景法受到了挑战。但情景法强调口语实践、注重语法句型等特点,符合许多从事实际教学的教师们的想法,80 年代至今仍广为运用。

四、阅读法(Reading Method)

阅读法产生于 20 世纪初,为英国著名语言教育家韦斯特(M. West)在印度从事英语教学工作时所创立,又称韦斯特"新法"。这是一种强调通过直接阅读来培养阅读能力的教学法。以口语教学为主的直接法发展到本世纪 20 年代已逐渐走下坡路,原因是口语教学的要求太高,脱离实际,不但学习者在有限的学习时间内难以达到规定的目标,一般教师的目的语水平也难以适应直接法的教学要求。何况在没有运用目的语环境的情况下,掌握流利的口语能力对大多数学习者来说也实在无此必要。韦斯特提出第二语言教学的首要任务应是培养学生的阅读能力,即使因此而相对地放松口语教学也是应该的。掌握阅读技能最为实用,为学习者所需要,相对其他技能来说也比较容易,是最有可能达到教学目的的,学习者也因有成就感而增强了学习积极性和信心。从培养阅读能力开始,学习者有了一定的语感,到学习口语时就可以少犯错误,更快地学好目的语。因此与帕默强调"口语是基础"不同,韦斯特强调"阅读是基础"。经过多年的教学实验，韦斯特形成了一整套有关阅读教学的主张，他认为应当通过阅读学会阅读，阅读既是目的也是手段。与语法翻译法的阅读训练不同的是，阅读过程中避免使用母语或翻译。阅读法要求学生接触大量的语言材料，在上下文或插图的帮助下直接理解阅读材料的内容；不主张阅读之前先教语法规则，而是阅读后把学习者在阅读中已熟悉的语法项目进行归纳。词汇也是通过上下文掌握，在阅读中自然吸收，而不是脱离课文讲解、翻译或死记硬背。

为落实其教学主张，韦斯特发表了著名的《双语现象》、《学习用外语阅读》等著作，还编选了常用词表和阅读课本，并出版了新法系列丛书。韦斯特与帕默等人合作，按词在交际中的使用频率精选常用词，于1935年完成了《通用词表》（“A General Service List”），约20年后于1953年正式出版《2000英语常用词表》（“A General Service List of English Words”），成为国际上最有影响的英语词表之一。韦斯特根据此词表编写了一套阅读教学课本《新法读本》（“The New Method Readers”），全套十册，共有常用词3500个，均匀分布逐步递增。这套课本的特点是内容生动有趣，适合儿童的年龄特征，同时在词汇控制方面十分严格。一方面精选词汇，用现代常用词代替过时的书面语词汇；一方面则分散生词，把生词率限在50:1，即约50个词中才出现一个生词，避免每个句子中都碰到生词而使学生失去阅读信心。这套课本还强调生词的高重现率。生词出现后在同一篇课文中重现不得少于3次，以后还要有计划地重现。为了培养学生的阅读能力，在控制生词量的同时，韦斯特主张加大学生的阅读量。他认为课文的字数应当超过现有一般教材的十倍以上。为此在十册正课本以外还附有副课本，用正课本所学生词改写童话故事及文学名著以培养学生的泛读能力。

阅读法首次提出了以培养阅读技能为主的单项语言技能训练方法，并从理论和实践方面对阅读教学进行了深入研究，所提出的主张至今仍有重要参考价值。韦斯特等所编写的控制词汇的阅读教材和常用词表，在世界各地广泛流传，为第二语言教学做出了重要贡献，也使该法在两次大战之间成为教学法的主流。阅读法严格控制使用母语和翻译,强调直接阅读目的语的材料,语法教学采用归纳法等特点,都体现了直接法的基本原则而与语法翻译法相对立。阅读法(特别是在其后期)尽管并不完全排斥听说技能的训练,但总的看来它过于侧重阅读技能的培养而忽视其他言语技能,这是该法的不足之处。随着二次大战后人们强调语言的实际运用和对语音、听说教学的重视,过于侧重阅读且带有较浓文学味的阅读法就显得陈旧。另一方面韦斯特本人在阅读内容方面又逐渐改变了强调实用和知识性的初衷,愈来愈增加了文学作品的分量,这就使新出现的听说法又成为四五十年代影响最大的教学法流派。

五、自觉对比法(Сознательно - сопоставительный метод)

自觉对比法是主张通过母语与目的语的翻译和结构对比,自觉掌握目的语的一种教学方法。在本世纪30年代至50年代成为前苏联正统的外语教学法,对东欧和蒙古的外语教学也有较大影响。50年代我国外语教学基本上是以自觉对比法为依据。

自觉对比法是以直接法为对立面,客观上成了语法翻译法的继承和发展。在当时的政治形势下,苏联外语教学界把直接法当做资产阶级的学术思想加以批判,处处与直接法针锋相对以示与资产阶级意识形态的彻底决裂。同时也由于那时的苏联受西方国家的包围封锁,与西方国家之间很少人员来往,不需要很多人从事外语专业,也不用强调掌握外语的口语,这也是帝俄时代盛行的直接法在苏联被否定的实际原因。自觉对比法的理论基础首先是重视德育、把教育教养任务放在首位的苏联教育学思想,认为学校的每门课都有通过传授知识而培养科学世界观的任务,学生通过两种语言的对比,有利于更深刻地理解自己的母语,因而外语课不是单纯的工具课而是知识课。自觉对比法还以当时苏联的语言学和心理学理论为基础,如强调学习一种外语就是掌握语言、词汇、语法三要素,强调通过对比克服母语的干扰,认为外语学习的过程是从自觉到直觉,即从集中注意语言形式、学习语言规则达到只注意话语内容而无需注意语言形式的直觉掌握。

上述理论基础决定了自觉对比法的特点是：

（1）依靠母语自觉进行翻译对比是自觉对比法最重要的特点，教学全过程都要用母语来讲目的语，以充分利用学习者的母语知识和技能。

（2）重视语言知识的教学，在语言规则的指导下进行实践，强调先讲解理论知识以避免盲目的实践。

（3）在理解语言形式和意义的基础上再进行模仿、练习。

（4）由分析到综合，先学习构成句子的要素然后再学整句、课文，以免囫囵吞枣。

（5）以书面语为基础，以文学语言为基本教材，不重视口语的教学，反对听说领先。

这些特点显示了自觉对比法与直接法的完全对立，而与语法翻译法一脉相承，且有发展。自觉对比法把语言对比引进第二语言教学并置于教学法体系的重要部位，同时强调发挥学习者的自觉性，提出学习第二语言从自觉到直觉的理论，这些是对教学理论的重要贡献。实践也证明在培养学习者的语文修养方面有其成功的一面。另一方面，自觉对比法在反对直接法的局限性时，又走上绝对化的道路，陷入另一个极端：过分强调翻译对比和理论知识的讲解（有时甚至占 80% 的课堂教学时间），忽视操练和交际性练习，因而不能很好地培养学习者的语言交际能力。进入 60 年代以后，随着苏联外语教学改革的实施，自觉对比法逐渐为自觉实践法所取代。

六、听说法（Audiolingual Method）

听说法是本世纪 40 年代产生于美国的第二语言教学法。强调通过反复的句型结构操练培养口语听说能力，又称“句型法”或“结构法”。

二次大战前，外语教学在美国一直不受重视，外语人才缺乏。二次大战后期,美国向海外派遣大批军队,急切需要在短期内培养出受过基本外语口语训练的人员。当时盛行于美国的语法翻译法和阅读法无法达到这一目的。于是布龙菲尔德等语言学家受政府委托,为此制订了一套军队特别培训课程,用速成方法训练军队人员的外语口语,所以也称为“军队法”。1943 年前后,成立了各种外语训练中心,开办了 20 多种语言训练班(赵元任先生主持哈佛大学陆军特别训练班中文部),编写专门教材。训练班 6 ~ 9 个月为一期,每周 6 天上课,每天不少于 5 课时,8 ~ 10 人小班上课,由以该目的语为母语者任教师,用速成的方法进行突击、强化、“沉浸式”的口语听说训练。这种方法取得了很大成功,满足了美国战时外语人才的需求,也在世界上产生很大影响。战后美国的研究机构和语言学家们继续总结战时军队外语教学经验和理论,于 50 年代形成了“听说法”,并推广到高等学校和中学的外语教学中去。

听说法的语言学理论基础是主张对活的语言(口语)进行仔细的描写分析、不同语言间进行结构对比的美国结构主义语言学。因而该法强调第二语言教学要从口语开始、从教说话开始,通过掌握语言结构学会目的语。其心理学理论基础是把人和动物的行为都纳入到刺激—反应轨道之中的行为主义心理学。特别是斯金纳的操作行为主义,认为言语行为是通过刺激与反应的联结并加以强化而形成习惯,强调第二语言教学要通过大量的模仿和反复操练养成新的语言习惯。

听说法的特点是:

(1) 听说领先,口语是第一位的,书面语是第二位的,读写为辅。

(2) 反复操练,用模仿、重复、记忆的方法形成习惯。

(3) 教学内容以组成语言的基本结构——句型为中心,通过句型练习掌握目的语。

(4) 排斥或限制使用母语,尽量用直观手段或借助于情景、语境,直接用目的语理解或表达。

(5) 对比母语与目的语以及目的语内部的语言结构,找出学习者的难点,以确定教学重点。

(6) 严格、及时地纠正学习者的错误,避免养成错误的习惯。

(7) 利用现代化的教学技术手段如幻灯、录音、电影、电视,从多种途径强化刺激。

听说法的教学过程,按特瓦德尔(W. F. Twaddell)的归纳分为五个阶段:

(1) 认知。教师向学生展示新语言材料(句型),借助于实物、情景、手势等使学生理解语言材料的意义。

(2) 模仿。在教师的反复示范下,学生准确地模仿。

(3) 重复。通过反复练习(多项选择、判断正误等),不断重现已模仿的语言材料,达到让学生牢记(背诵)的目的。

(4) 变换。用变换句子结构的练习(如词语替换、句型转换、句子扩展等)给学生以活用的机会。

(5) 选择。用问答、对话、叙述等方式,让学生选择学过的词语或句型,描述特定的场景或事件,进一步活用。

听说法的代表人物除布龙菲尔德以外还有弗里斯(C. C. Fries)和拉多等。代表性的教材如大家所熟悉的《英语 900 句》。

听说法的出现成为第二语言教学法发展史上的一个里程碑,在理论和实践两方面,都促进了第二语言教学法的发展。听说法第一次自觉地把语言学和心理学理论作为教学法的理论基础,使第二语言教学法建立在更为坚固的科学基础之上。听说法有一套完整的教学法体系,提出了许多合乎第二语言教学规律的重要原则,至今仍被证明是正确的,并为人们所遵循。听说法继承了直接法的主要原则,如以口语教学为基础,直接用目的语教目的语,以句子为基本单位,通过反复操练在实践中掌握语法规则等。同时又有所发展,特别是强调目的语与学生母语的对比,以此为基础编写教材和进行课堂教学。采用句型教学已被证明是掌握目的语规则的有效手段,既避免了语法翻译法的繁琐讲解,又使语言结构的教学得以落实,从而能真正贯彻听说领先的原则。在母语的使用上也采取比较灵活的态度,避免直接法绝对排斥母语的片面性;重视对现代化教学手段的利用。所有这些特点表明,听说法具有其他教学法少有的成熟性。这使得听说法在五六十年代风行美国并影响到世界各地。尽管70年代新的教学理论兴起,该法受到一定非议,但至今仍在美国外语教学中占据重要地位,并在很多国家继续发挥影响。60年代和70年代我国外语教学界一直受听说法的影响,并一度推广听说领先法。我国对外汉语教学不论在教材编写还是课堂教学中都吸取了听说法的一些优点。60年代初曾进行过听说领先的教学试验,后来由于文革而中止。1974年编写、1977年正式出版的对外基础汉语教材《汉语课本》第一次编进了句型替换练习,至今句型练习仍为我国对外汉语教材中语言结构教学的重要方式。

但听说法也存在严重的缺点。首先,该法以行为主义心理学为基础,把人和动物等量齐观,把外语学习看成如同训练动物,学习者只是对刺激做出反应并通过强化养成新的语言习惯。这就否认了人的认知能力的能动作用。过分强调机械训练不仅枯燥无味、引不起学习者的兴趣,也忽视了学生语言基础知识的掌握和语言运用能力的培养。第二,结构主义语言学过分重视语言的结构形式而忽视语言的内容与意义,认为只要彻底了解语言结构就能理解别人、表达自己。这与传统的语法翻译法以语法为纲并无原则区别。其结果,学习者也只能流利地说出一些正确的句子,但难以具备在一定的情境下进行语言交际的能力。听说法还可能使学习者产生阅读、写作能力差,出现缺乏语文素养、知识面窄的弱点,难以培养合格的外语人才。

七、视听法(Audio-Visual Method)

视听法是50年代产生于法国的一种第二语言教学法。它强调在一定的情景中听觉(录音)感知与视觉(图片影视)感知相结合的教学方法。因它首创于法国圣克卢高等师范学院,所以也叫"圣克卢法"。代表人物是古布里纳(P. Guberina)和古根汉(G. Gougenheim)。

典型教材如《新概念英语》。

视听法来源于直接法和听说法。它继承和发扬了二者的长处，重视口语，用目的语直接教学，强调反复操练，在母语与目的语对比的基础上确定教学内容。同时它又克服了听说法脱离上下文和一定的语境孤立进行枯燥乏味的机械句型操练的缺点，创造性地提出了情景视觉与听觉相结合、以整体结构感知的新教学法体系。

视听法的理论基础也是结构主义语言学和行为主义心理学，认为掌握了一种语言的结构就是掌握了该语言，主张对目的语结构进行科学分析与描写。第二语言习得过程被认为是刺激—反应过程，视觉形象与听觉形象相互联系，同时作用于感官，可以增强刺激、加快反应并加深记忆。同时图像与声音相联系建立起条件反射，一旦图像（情景）单独呈现时，学习者也能自动做出反应。视听法又受到完形心理学的影响，强调完整地感知事物，通过具体情景或图像使词语组成一个整体、一种完整的结构形式，从而达到整体结构感知。所以视听法也叫"整体结构法"。

视听法的特点是：

（1）视觉感知和听觉感知相结合。利用声光电等现代化技术手段展示语言材料，充分调动大脑两半球的功能，比单凭听觉或视觉在理解、记忆和储存语言材料方面效果更好。通过实物、图片、影像等让语言与形象直接联系，有利于培养直接用目的语表达思想的能力，避免了母语的中介作用。

（2）语言和情景紧密结合。人们的交际活动总是在一定情景中进行的，言语活动也总是受情景制约。视听法从日常生活情景中选择、安排语言材料，并创造接近于真实的情景进行听说读写活动，有利于培养运用语言的能力。

（3）整体结构感知。视听法通过一组组图像和一段段完整的对话，使语音、语调、词汇、语法在对话中被整体感知。以语音为例，不单是要求发音正确，而且要在掌握语音整体结构（包括发音、声调、语调、节奏、旋律）的基础上，再进行个别音素的训练。词汇、语法也是通过图像所呈现的情景，先整体感知，从语段和句子开始进行教学，教学顺序是：成段对话—句子—单词—语素。

（4）先口语教学，后书面语教学；听说领先，教材以对话为主，进行集中强化教学。

视听法的教学过程，首先是感知，一般先让学生看幻灯或电视，配合录音感知课文大意，边看边听边记忆；第二步是通过图像和录音，由教师讲解词、词组和句子，帮助学生完全理解课文内容；第三步在放图像和录音的同时，让学生模仿、重复、熟记、回答问题，进行大量练习；第四步利用图像和录音，通过叙述课文内容、自由对话、评论课文、扮演角色等形式，或以新的图像和录音进行问答等，用目的语表达思想，培养活用目的语的能力。在教材方面，有专门按情景编写的，也有以情景为主照顾到句型结构的；也有以句型结构为主而辅之以情景等不同类型。

视听法是对直接法特别是听说法的进一步发展，它的主要贡献在于广泛使用声、光、电技术手段和现代化设备，使语言与形象紧密结合。它强调整体感知并特别重视在情景中教学，有利于培养学习者运用目的语的能力，对后来的功能法有一定影响。视听法的上述优点使它在70年代中期以来成为世界上被广泛运用的一种教学法。视听法随着《新概念英语》等教材于70年代中期进入我国，受其影响，对外汉语教学界不少学校进行视听说的教学。视听法也存在不少缺点，主要是重视口语会话而忽视书面语的阅读；过分强调整体感知和综合训练而忽视对语言结构的分解和单项训练。而根本的问题还在于所有结构法的共同弱点：只注重语言形式的掌握而未能着重培养语言交际能力。

八、自觉实践法（Сознательно－практический метод）

自觉实践法是前苏联20世纪60年代以来广泛采用的外语教学方法。主张学习者在自觉掌握一定语言理论知识基础上，主要通过大量言语实践活动达到直觉运用目的语。代表人物是前苏联的心理学家别利亚耶夫(Б. В. Беляев)。

50年代以后,苏联与西方国家在经济、文化、科技等方面的联系日趋频繁,需要大量实际掌握外语的人才。而原有的自觉对比法不能满足这一需求,社会和教育部门都关注外语教学的改革问题。自觉实践法正是在教学改革的大讨论中出现的,它摈弃了自觉对比法脱离语言教学、突出教育教养任务的做法,主张寓教育于语言教学之中。自觉实践法主要继承直接法通过大量言语实践培养听说读写技能的本质特点,同时也继承了语法翻译法强调自觉掌握语言规则的正确主张,这就同时吸取了对立的两大派的长处。该法在发展过程中又不断吸取其他一些外语教学法的新成果。如从美国听说法中吸取句型练习的做法;从法国视听法中吸取情景的特点以及对现代化教学设备的利用;特别是从英国的交际法中吸取交际性原则,使70年代的自觉实践法给它所强调的"言语实践"赋予了交际性的灵魂。这样,该法发展成为更为全面、成熟、更具综合性的教学法。

自觉实践法的心理学基础是别利亚耶夫的外语教学心理学理论。这一理论认为目的语学习过程就是用目的语思维的过程,只有在学习者的内部言语中运用目的语,做到用目的语思维,才能养成自动的言语熟巧和语感,达到直觉掌握目的语的程度。而用目的语思维及自动的言语熟巧及语感,只有在大量的目的语言语实践中才能实现,也就是说直觉的掌握是从自觉的实践中获得的。作为实践的出发点,应当使学习者掌握一定的语言理论知识,让学习者了解为什么要实践及如何实践,使实践活动成为有目的、为意识所控制的活动,这将发挥学习者的自觉性,有利于熟巧的形成。但是课堂教学中应严格掌握,把理论知识及语言规则的讲解压缩到15%,而85%的时间则用于目的语的言语实践活动。言语实践活动又应体现创造性,而不是重复的机械操练。自觉实践法还受到苏联心理学家列昂季耶夫(А. А. Леонтьев)言语活动论的影响,进一步强调交际性原则。自觉实践法的语言学基础是苏联著名语言学家 и. в. 谢尔巴院士关于区分语言、言语、言语活动的学说,并根据这一学说将第二语言教学分为语言教学、言语教学和言语活动教学三个互相联系的方面。

自觉实践法的主要特点是:

(1) 自觉性原则。强调学习者要自觉掌握语法理论知识并理解语义和句子的实际用法,用来指导言语实践活动。可以采取理论先行的方法,也可以用在实践后进行理论概括的方法。

(2) 实践性原则。第二语言习得的决定性因素是大量的言语实践,70 年代进一步强调交际性的言语实践。这种交际活动不仅是第二语言教学的根本目的,也是主要的教学手段和途径。

(3) 功能、情景、题材相结合的原则。在选择和组织语言材料方面,把意念—功能和情景—句型及题材几个方面巧妙地结合在一起,即吸取交际法从语言交际需要出发选择一定语义—功能项目的做法,同时结合结构法在典型情景中选择典型句型的做法,并组织在一定的题材之中。

(4) 口语领先原则。吸取直接法的主张,特别是在入门和初级阶段体现口语领先原则,在口语教学基础上进行书面语教学。

(5) 以句法为基础的原则。与直接法、结构法相同,认为句子是言语的单位,在句子的基础上学习单词和语法有利于培养学习者的言语活动能力。

(6) 综合性原则。语音、词汇、语法、修辞、民俗等方面以及听说读写技能综合进行教学,以培养言语活动能力。但同时也不排除必要的分科教学,在不同阶段对某一方面有所侧重。

(7) 考虑母语的原则。课堂上尽可能使用目的语,使目的语与学习者的思维建立联系。在初级阶段不排除有限度地使用学生的母语。翻译和对比可以作为一种教学手段,但翻译不宜作为主要的讲练手段;对比应体现在实际言语训练之中,而不是用于讲解。

以上特点可以看出,自觉实践法在理论体系上基本应属于直接法一派,但同时吸取了语法翻译法的长处,成为更具综合性的教学方法。自觉实践法体现了 60 年代以来苏联外语教学改革的经验,也体现了当今外语教学法各种流派融合的新趋向,很值得我们认真研究和借鉴。

九、认知法(Cognitive Approach)

认知法又称认知—符号法(Cognitive-Code Approach),60年代产生于美国,代表人物是美国心理学家卡鲁尔(J. B. Carroll)。由于听说法重实践轻理论,重结构形式轻意义,重机械性的重复操练轻对目的语的灵活运用,因而难以培养高水平的第二语言人才。认知法主张在第二语言教学中发挥学习者智力的作用,通过有意识地学习语音、词汇、语法知识,理解、发现、掌握语言规则,并能从听、说、读、写方面全面地、创造性地运用语言。认知法的主张与听说法相对立,而且又重新肯定了强调语法学习和发展智力的语法翻译法,因而也被称为"现代语法翻译法"。

认知法的语言学理论基础是乔姆斯基的转换生成语法理论。认为语言是一种受规则支配的体系而不是习惯体系,人类学习语言决不能单凭模仿记忆,而是一种有意识的、创造性的运用过程。因此学习第二语言首先要理解句子规则,在此基础上进行有意义的学习,重在创造性地活用。认知法的心理学基础是认知心理学,强调学习是一个感知、记忆、思维、想像的过程,是大脑抽象思维活动的结果,而决不是简单的刺激—反应和模仿、重复。认知法还受到皮亚杰的"发生认识论"以及布鲁纳"学科结构论"和"发现学习论"等心理教育学理论的影响,有坚实的理论基础。认知法的特点是:

(1)在学习过程中要充分发挥学习者智力的作用,强调通过观察、记忆、思维想像等活动,内化语言的知识体系,获得正确运用语言的能力,反对动物型的刺激—反应的学习。

(2)强调在理解、掌握语法规则的基础上,进行大量有意义的练习,提倡演绎法的教学原则。反对机械模仿(句型操练也应在理解句型的结构、意义基础上进行),同时也反对过多的知识讲解(教师的讲解不应超过教学活动总时间的五分之一)。

(3) 以学生为中心,重视培养学生强烈的学习信心和浓厚的学习兴趣。强调以学生的活动和操练为主,注意培养学生的自学能力,充分调动学生的积极性和主动性。

(4) 听说读写齐头并进,从一开始就进行全面训练,口语和书面语并重。

(5) 适当使用学习者的母语,特别是进行母语与目的语的对比,可用母语解释一些比较抽象的语言现象,以利于目的语的学习,但反对滥用母语。

(6) 正确对待学习者的错误,在学习过程中出现错误不可避免,对错误要进行分析,采取不同的处理办法。反对有错必纠,防止因纠错过多使学习者怕出错而影响到语言的运用甚至失去学习信心。

认知法的教学过程一般是从理解新语言材料及其语言规则的意义、构成和用法开始,经过围绕教材内容进行大量练习和操练以培养语言能力的阶段,最后进入脱离课文进行交际性言语活动以培养运用语言交际能力的阶段。

认知法把当代心理学的重要学派——认知心理学的理论用于第二语言教学。其最大贡献是更多地从心理学的角度研究第二语言教学,如强调对学习者和学习过程的研究,强调理解和有意义的操练,提倡以学习者为中心。这就大大拓宽了语言教学理论研究的思路,使第二语言教学法走上了更为科学的发展道路。认知法作为听说法的对立面而出现,它反对听说法的听说领先、侧重口语以及机械的操练,但也运用了听说法的句型操练手段和进行语言对比的方法。认知法基本上继承了语法翻译法重视自觉掌握语法知识的本质特点,但同时也要避免过多的语法知识的讲解、过分依赖母语和翻译、不重视口语和听说技能的缺点。因此认知法本身也体现了从不同的甚至对立的教学法流派中,吸取有益的成分并克服其片面性的倾向。另一方面,认知法的出现并没有取代听说法。有的学者做了认知法与听说法教学效果的对比实验,其结果并不一致。由于认知法的历史还不长,正在发展之中,其教学法体系还有待于进一步完善。

第二节 人本派与功能派教学法

本世纪60年代至70年代是第二语言教学法探索的空前活跃时期,出现了流派纷呈、百花齐放的局面。其中有一派受人本主义心理学的影响,更多地考虑人文方面的因素,特别强调以学生为中心,教为学服务,在教学中重视情感因素的作用,建立和谐融洽的同学关系和师生关系,充分发挥学生的主动性,着重从心理学的角度、从如何为成功的学习创造必须的条件方面探讨教学法。从这一共同特点出发,把它们归为一派,但在其他原则方面,它们之间的差别也很大。这一派教学法有团体语言学习法、默教法、全身反应法、暗示法、自然法等。

70年代还出现了至今仍影响最大的教学法流派——受社会语言学、功能主义语言学的影响,重视培养学生的语言交际能力的功能派。这一派主要是交际法。

一、团体语言学习法(Community Language Learning)

团体语言学习法60年代初创立于美国,代表人物为美国心理学家柯伦(C. A. Curran)。这是一种采用小组集体讨论的形式、教师和学生处于医生和病人的关系并把学习过程看成是咨询过程的第二语言学习方法,也称为咨询法(Counseling Learning)。柯伦认为刺激—反应的行为主义心理学和认知心理学都不能解释学习问题,也不能提出有效的教学模式。根本问题在于重视学习过程中的情感因素,建立师生间相互信任、相互支持的创造性关系,从而使学生形成良好的心理状态。团体语言学习法的理论基础是人本主义心理学,强调整体学习观,认为人类学习是完整的人的学习,语言学习是一个整体的学习过程,不仅是让学生接受知识、培养能力,而且是既有认知思维的一面又有情感需要的一面,两者需要协调一致。为此,教师不仅要看到学习者“学生”的身份,更要看到他们作为“人”的身份,注重人的内在价值和潜能,发挥人的创造力。在语言学习中情感是一个决定性的因素,要相信学生能充分发挥自己的潜力,要尊重学生的感情和意见,真诚地对待学生。团体语言学习法吸取了心理疗法的理论和方法,认为人们在社会中生活,总要让别人了解自己并得到别人的帮助,因而把教师看做是咨询医生,把学生看做是病人。学生在语言学习中遇到困难需要向教师咨询求助,就像病人需要得到医生的帮助一样;学习第二语言的过程也就是学生向教师咨询、取得教师的了解和帮助的过程。咨询法的整体学习观和重视情感因素的特点,还体现在小组集体之间互相交流互相帮助,学习不仅是个人的努力而且是集体合作的成果。

团体语言学习法强调学习的六个基本要素:

(1) 安全感(security)。成年人学习外语过程中怕暴露自己的无知,怕丢面子,怕失败,要维护自己的自尊心。这就造成心理上的障碍,成为学习的阻力。只有仿照咨询和心理治疗,师生间建立起如医生和患者那样的相互理解的关系,即教师放弃权威的地位,对学生尊重,对学生的个性不加评论,而学生则对教师完全信赖,双方共同创造安全感,这样才能减少学生的紧张和焦虑,降低防范意识,形成轻松愉快的气氛。小组集体学习的形式,使学生有了团体合作的感觉,更加深了安全感。

(2) 注意力和进取心(attention-aggression)。在轻松愉快的学习氛围中,学生处于放松的状态,他们想学的(而不是教师要他们学的)就容易学会,其主动性和积极性才能得以充分发挥。课堂上要让学生有许多机会参加各种活动,如让学生(用母语)自己创作需要学习的对话(教材)。学生愈是积极参与,注意力也愈集中,勇于对教师的示范进行模仿,运用自己的词汇和语法结构,多争取练习的机会,取得教师和同学的帮助。在这一过程中,其自信心也不断增强。

(3) 记忆力和思考 (retention-reflection)。课堂上要有足够的静默时间,让学生对集体学习活动接触到的语言材料即课堂内容,进行思考、吸收和记忆(可以用放录音的办法,也可以写黑板)。经过思考后的知识和语言材料才能记得更牢,更有利于运用。同时学生对自己这一段的学习经验,也要进行反省,考虑学习中的矛盾及焦虑等情绪,考虑学习的成败得失并加以陈述。教师以顾问身份提出建议及时给予帮助,对学生获得鼓励和希望非常重要。

(4) 辨别(discrimination)。学生对语音、词汇、语法规则的正误和差异甚至包括一些非常细微之处,都能加以辨别,进一步掌握语言要素之间的关系,并提高语言运用的准确性。

团体语言学习法的基本程序一般是6~12个学生在教室围坐成一个圆圈,教师在圈外。学生用母语传达一个信息,教师译成目的语,学生如感兴趣就用目的语重复。别的学生则仍用母语进行这一话题,传达更多的信息,教师再翻译并让学生重复,会话就这样继续下去。学生也进行各种小组活动:讨论某一话题,准备对话,准备某一话题的提纲或故事。学生将在班上或小组的目的语会话用录音机录下来并转写下来或者把黑板上的句子抄下来,这就成了教材,用来对目的语的语言点主要是语法、词汇进行分析。如果学生愿意,作为被咨询者的教师可以给学生一些指导,解释一些语言规则,也可以引导学生归纳一些词语和语法的用法;对于学生的错误,则尽量少纠正,通过表达正确的句子让学生自己去发现,只有学生主动问起时才判断对错。学生还对课堂和小组活动的经验、感受进行思考,并向大家作报告。作为"病人"的学生,由完全依赖教师到逐渐不用翻译,由用目的语说一个词、一个短语到句子、一段话,直接用目的语与教师和同学进行自由会话交流。教师作为顾问的指导也逐渐减少。

团体语言学习法比较典型地体现了人本派教学法的特点,其最大特色是完全打破了以教师为中心的老传统,充分发挥学生和主体作用,重视人的主观因素和学习心理特点,注意建立良好的学习环境和人际关系,最大限度地发挥学生的主动性,让学生自己(或师生共同)决定学习的内容、方式。学生不再感到是被动的学习,没有怕犯错误的心理,也没有同学之间竞争的压力,而是在一种轻松、安全的氛围中学习,就像日常生活中的交谈一样。同学之间互相帮助共同切磋,有问题则向老师咨询,师生之间、同学之间非常融洽和谐,以利于取得最佳的学习效果。据柯伦自己进行的试验,在正规的大学班里采用团体语言学习法,学生在一年之内能有2~3门语言获得较强的理解能力,其中有一门能熟练掌握。这一教学法也存在明显的不足。首先是教师的指导作用发挥不够,尤其是起步阶段完全要求学生自己摸索,有时会事倍功半;而教学内容和方式一切由学生自己决定,从某种意义上说成了学生牵着教师鼻子走,又偏于另一个极端。它没有传统意义上的教学大纲,没有固定的教材,考试也不再占重要的地位——大纲、教材和考试都被看做是强加于学习者的东西而被忽视。但这样做是否有利于科学化的教学,还是一个需要探讨的问题。另一方面这也意味着对教师提出了更高的要求:教师必须有较高的业务水平和丰富的教学经验,要胸有成竹,才能在仅扮演顾问角色的限制下,因势利导随机应变,根据学生的咨询提供与之水平相应的表达方式和结构规则。这是一般教师难以做到的。团体语言学习法也主张通过掌握基本语音和语法来掌握语言,这与结构主义语言理论是一致的,但在教学中对用语言规则来指导言语交际活动、促进交际能力的培养重视不够。

综上所述,恰当地运用团体语言学习法不是很容易的,但它所提出的教学主张开阔了人们的思路。

二、默教法(The Silent Way)

默教法是美国教育家加特诺(C. Gattegno)于60年代初首创的一种第二语言教学法。它要求教师在课堂上尽量少说话,尽量鼓励学生多参与言语活动,从而使学生更有效地掌握运用第二语言的能力。

默教法的主要理论基础是布鲁纳"发现学习"的教育思想,认为学习应是解决问题式的、创造和发现式的活动,学生是主要的活动者而不是被动的听话者;通过发现或创造而不是通过记忆与重复,能取得更好的学习效果。为此,学生要发展独立意识、自主能力和责任心,成为解决语言问题的能手。默教法还从儿童第一语言习得中吸取了不少有益的东西,但同时又认为成人第二语言学习完全不同于儿童母语习得,因而用直接法或完全模仿母语习得的"自然法"来掌握第二语言,都是误导。成功的第二语言学习绝不是按"自然"的方法,而是"人为"的方法,是受到严格控制的。所谓"人为的方法"是指成功的学习需要学习者通过运用沉默的意识和积极的试验,对语言习得做自我投入。沉默被看做是学习最好的工具:正是在沉默而不是重复练习中,学习者能集中精力于所要完成的任务及完成任务可能用的方法。因此,默教法不仅要求教师沉默,也要求学习者在学习中有一定的沉默时间。沉默可以激发人的意识,沉默是保持记忆的好方法——睡眠作为最沉默的时期,也是保持记忆的好时机。另一方面,默教法又强调通过语言基本要素训练培养听和说的能力,强调把词汇结构切分成小的组成部分教给学习者,强调课程根据语法项目和词汇项目来安排、语法项目又根据其复杂程度确定先后次序等等,表明它受结构法较大的影响,基本上采纳了结构法的教学大纲。

默教法的主要特点是:

(1) 以学生为主体,学生的学比教师的教更为重要,教服从于学。教师不再扮演传统的、作为样板随时向学生提供帮助的角色,也不再主要考虑如何教的问题,而是作为启蒙者给学习者创造一个鼓励冒险、有利于学习的环境,启发学习者的学习,培养他们的学习能力。学习主要依靠学生自己。

(2) 教师的沉默是默教法的最大特点。在课堂上教师尽量少说,让学生多说多参与各种言语活动。随着学生水平的提高,教师说得愈来愈少。

(3) 充分利用直观教具,使用彩色棒、彩色挂图、指示棒以及实物、动作、手势等手段,以代替教师的口头讲解。

(4) 教师一般不改正学生的错误,作为一个中立的观察者对学生的成功失败不轻易表露自己的情绪,而是让学生自己改正错误。

(5) 强调学生之间的交互活动。学生之间的关系不是竞争而是相互合作,相互帮助纠正错误,共同解决问题。

(6) 口语领先,以句子为本位;先培养听说能力,随后培养读写能力。

(7) 把词汇看做语言学习的核心,将词按功能进行分类,依照一定的顺序学习。强调词汇的选择,用少量的词创造大量的句子。

默教法的教学过程,一般在课堂的前一部分进行语音教学,起始阶段教师边示范发音边指点图表上的记号,以后就通过指点图表上的记号让学生操练并校正音素、词组和句子的发音、语调、重音和节奏。每课时教学中至少有 15 分钟用于语音练习,然后练习句型,操练结构和词汇。句型操练一般先由教师说一个句子,用彩色棒进行直观演示,再让学生自己进行练习。一个结构介绍和理解以后,教师就提出某种情境,让学生使用彩色棒在该情境中练习。整个教学过程中不论是演示或是对学生的指令、评价,教师都尽量利用彩色棒和图表,尽量少讲话。

默教法的优点是重视学生的主体作用,让学生为自己的学习负责,充分发挥学生的主动性、积极性。在课堂活动的组织方面,在间接发挥教师的指导和监督作用方面,在要求学生自己发现和检验语言规则方面,都有很多创造。但这些优点的另一面也正是其缺点之所在:过于强调教师少讲话,教师的指导作用发挥不够,不仅影响到语法知识的传授,也影响到教师的示范。正如咨询法一样,过多地让学生自己去发现语言规则,把很多时间花在探索、归纳上,对学习语言和掌握语言也未必很有帮助。而对学生的错误不加以纠正,则十分不利于学生的学习。默教法在语言技能的培养方面基本上受听说法的影响,语言脱离社会语境,对语言的交际价值重视不够。

三、全身反应法 (Total Physical Response)

全身反应法(简称 TPR)于 60 年代初期产生于美国,盛行于 70 年代,创始人是美国实验心理学家阿舍尔(James T. Asher)。这种教学法强调语言学习行为的协调,通过身体动作教授第二语言,主要用于美国移民儿童的英语教育。

全身反应法是以儿童习得第一语言的理论为依据。婴儿出生以后有相当长一段时期只听大人讲话,自己不出声,也没有人要他说话,只是对大人的指令做出反应,首先是身体的反应,在学说以前有大量听的机会。等到他准备好了并有说话的冲动才开口,从叫爸爸、妈妈开始学习说一些句子,至于读和写则要等五年以后。这种以右脑控制的非言语行为开始,也是易于成功的自然顺序。对儿童母语习得过程的发现,使人们把听力理解的重要性放到了首位,人们认为第二语言的学习过程也应是先听后说。其实比阿舍尔早半个世纪,第一次大战时帕默就提出过第二语言听说读写的教学顺序,主张理解能力先于表达能力,第二语言教学一开始应有为期三个月左右的听力训练阶段("前口语阶段"),不要求学生马上开口,培养学生听懂目的语的初步能力和学习习惯。帕默还在他的著作《通过动作学英语》中,竭力提倡在教学的第一阶段让学生做执行教师指令的训练。后来很多学者也提出过"通过听来学"、"口语练习延迟法"等相同的主张,逐渐形成了各种以听力领先、从较长期的听力理解训练开始的"领会教学法"(Comprehension Approach),全身反应法则是其中最具代表性、且影响最大的一种。

全身反应法的主要教学原则是:

(1) 教学的总目标是培养学生的口语能力,但在发展学生的表达能力之前应先培养其对目的语的理解能力,也就是先进行充分的听力理解训练后才能转入说的训练(一般在20课时后才进入口语会话教学)。这样不但减轻了学生的压力,也可以使说的技能的发展有更稳固的基础,而已形成的听力技能则可以转化为别的技能。

(2) 通过全身动作的反应来训练理解能力,有利于学习者掌握目的语。用祈使句进行的指令既是基本的语言交际行为,也是有效的语言训练方法,是全身反应法课堂的主要活动。研究证明目的语的大多数语法结构和许多词汇项目都可以通过教师的指令来教授,动词是语言教学的中心内容。

(3) 在学习者已准备好并有了说目的语的要求时,再让他们开始学习说话,说的训练也是从让学习者向同学发指令开始。

(4) 要减轻学生的心理压力,使学生在少焦虑的状态下学习语言并有成就感。对学生的言语表达不要要求太严格,采用带有游戏性质的教学方法,营造愉快的学习氛围,学生可学得更快。

全身反应法的教学过程,一般有以下几个步骤:

(1) 教师先用母语介绍本课要采用的学习方法,然后一边发指令一边做示范,如"站起来"、"坐下"、"转身"等。教师发指令先让个别学生做,再让全班做。

(2) 教师只发指令,不做示范动作,让学生自己做。先是全班做,然后几名同学做,再让自愿者上来做。

(3) 教师将前后发出的指令结合起来,同时做示范动作;然后发指令让学生做。

(4) 教师将前后发出的指令结合起来,但不做示范动作,先让个别学生做,再让全班做,并变化指令的顺序,让学生做出反应。

(5) 教师把指令(短句子)写在黑板上,每次不超过 3 个。

(6) 鼓励能说的学生发指令,让教师和其他学生做动作。

约在 20 课后进行对话教学,搞一些短剧、游戏、看图片幻灯等课堂活动。

全身反应法主张先理解后表达,通过动作指令学习语言,这是该法的一大特色,是对第二语言教学法的贡献。就其重视语法结构和词汇的学习、重视操练而言,受结构法影响较大。另一方面全身反应法又是以人本主义心理学为基础,尽管教师起着导演的作用,决定教什么、如何教,而学生作为演员主要是按指令行动,但该法主要考虑的是如何减轻学生的紧张心理,使学生的情绪放松,提高学习效率,因此从实质上看仍是以学生为中心。全身反应法在第二语言教学中有一定的影响,美国的一些汉语教师也在汉语教学中试用此法。但该法显然也有一定的局限性:对成人学习的特点注意不够,对读写能力的培养重视不够,而且用一般动作表达语义毕竟还受到一定的限制。因此,这种方法比较适用于第二语言学习的初始阶段,或者为了活跃课堂气氛在教学中插用此法。到中、高级阶段单独运用这一方法是难以达到教学目的的。

四、暗示法(Suggestopedia)

暗示法是由保加利亚精神病医学家和心理学家、教育家罗扎诺夫(G. Lozanov)于60年代中期创立的。这是一种强调通过暗示,开发人的身心两方面的潜力,激发高度的学习动机并创造最佳学习条件,有意识的和无意识的活动相结合,让学习者在放松而又注意力高度集中的心理状态下进行有效学习的教学方法。

暗示法以现代心理学和生理学为其理论基础。所谓暗示是指建议或诱导,按罗扎诺夫的解释,它在人们意识领域并更多地存在于各种超意识(即或多或少不自觉的心理活动,意识范围以外的东西包括无意识的创造、直觉、灵感等)层面上发挥作用,体现为来自外部或个性内部的意识——超意识的刺激,以激发人的潜力,实现超过平常能力许多倍的超常记忆和超常创造性等。这种暗示常常用来解除一些已有的社会暗示对人的心理的束缚,如人们一般认为创造性的工作是很艰苦的,学习也总是要吃苦的,因而产生畏惧感;认为人的能力是有限的,人对新语言材料的吸收只能达到很低的水平,因而缺乏信心。在这些暗示的影响下,造成了一定的心理障碍,有的学者认为第二语言学习者只把百分之五到百分之十的精力真正用于学习,大部分的精力则消耗于紧张和恐惧之中。罗扎诺夫还指出,对学习的畏惧心理和有限能力的看法给现有的教学法带来的弊病,如从有限能力的考虑出发,把学习材料切分成愈来愈细小的部分,让学习者分别掌握这些部分,然后逐渐结合成较大的实体。而最低阶段养成的一些早期习惯到了较高阶段就必须放弃;为了获得更高一级的习惯和技能又必须克服前一阶段形成的习惯和技能。其结果,减少了学习者的学习动机,延迟了教学效果的出现。又如教师在课堂上为了活跃气氛有意穿插一些笑话是向学生暗示，课堂上的紧张疲劳、不愉快的感觉以及消极的精神状态是正常的。再如教学中强调使用机器和固定的教学程序，目的是加速教学过程，而实际上是把学习者跟团体所提供的社会环境和人与人之间丰富的情感隔离开来。从机器或程序教学中得来的缺乏温暖的反馈信息更强化了学习者的消极心理状态，这些错误的社会暗示和教学中的做法又进一步增强了一种心理定势，使学习者个性受到压迫，学习动机明显削弱，甚至造成“恐学症”、“学校神经症”。学习者对自己的能力失去了信心，使教育和学习从满足人的求知欲的基本需要变成了心理折磨。

罗扎诺夫还进一步针对以往教育中所存在的不符合人的生理、心理功能的做法，强调教育体系应与心理、生理学一致起来，提出教学中充分考虑到心理、生理规律的三个基本原则：

(1) 学习活动应由整个大脑组织参与。以往的教育违反了人脑是功能的统一体的特点，在教学中情感情结与动机情结、形象思维与抽象思维不是同时活动，未能调动大脑所有部分的机能、加强两半球的联系。如能用大脑左半球吸收新的语言材料，同时又开动右半球的形象思维，两半球同时进入工作状态，能收到更好的效果。

(2) 教学中的分析与综合应同时进行。以往的教学违反了分析与综合活动是紧密联系、同时完成的特点，教学中把两者割裂开来，区分为纯粹的分析阶段和纯粹的综合阶段。各种语言因素分别学习，独立于整体之外，通过令人疲乏的练习使之达到自动化；或者只考虑整体而不注意各组成部分。

(3) 学习者的意识过程和超意识过程应同时地、不可分割地进行。以往的教学违反了在交际过程中人的个性在意识和超意识的许多层面上同时起作用的特点，在教学过程中常常只强调学习者用一种严格自觉的和理性的方式来学习各种语言要素，而忽视了综合课上可以通过直觉自发地学习的一面；或者只注重学习者的超意识和直觉力量，忽视有意识的学习。

为了把学习者从错误的暗示惯性中解放出来，正确的暗示主要采取两种手段:威信和稚化。威信是指教师的威信和信息来源的威信,教师作为学生的榜样和支柱,其威信在记忆语言材料的信心方面起着暗示作用。稚化指把成年的第二语言学习者看做是小孩,教师与学生的关系好像家长与孩子的关系,由教师组织他们参与各种对话、游戏、唱歌、体育;扮演各种角色,形成轻松愉快、自由自在、无忧无虑的气氛,重新获得孩童学习的自信和自发性。教师威信对形成稚化的气氛又起重要作用,而威信与稚化相结合,再加上音乐的运用,就形成了一种在放松和平静中全神贯注的心理状态(类似于音乐会上愉快而不易疲倦的集中精力状态),在这种状态下大脑的潜力能得到充分发挥,能产生超常的记忆力和超常的创造性。罗扎诺夫的实验表明,在音乐伴奏下讲解课文的收效比没有音乐伴奏的记忆效果要高出两倍多。

暗示法的特点是:

(1) 布置舒适幽雅的环境,创造轻松和谐的气氛。运用音乐伴奏,不仅使精神和肌体得到放松,也使左右脑都能参与学习活动。这就消除了来自外部的精神压力所造成的紧张心理状态,使学习者心情舒畅、充满乐趣,以享受艺术的心情不断获得审美上的快感,激发其记忆力和想像力,为学习提供理想的条件。

(2) 不仅要调动学习者有意识的活动,而且要通过各种暗示手段和形成的愉快轻松的心情,充分发挥无意识活动的作用,做到有意识和无意识活动协调发展,以挖掘学习者的学习潜力。在教学过程中应把学习者的主要注意力引向有意义、令人愉快的整个句子及其交际意义和功能,而对无意义的构成成分(如语音、词汇、语法等)则在第二个层面上通过无意识学习活动与整体同时吸收,不要加以过多的注意和令人乏味的机械操练。

(3) 通过教师和教学材料的威信以及学习者的稚化,建立高度自信心,鼓励学生大胆运用目的语。对学习者多表扬、肯定,少纠正错误(错误由教师正面示范,让学习者自己改正),没有强制性的课外作业,更不要给学习者考试的压力,以免造成紧张的心理。

（4）在消除学习者的心理障碍、充分发挥其潜力的情况下，扩大语言材料的输入量。暗示教学法大纲所规定的语言材料比一般第二语言教学法要多出好几倍。基础语法从第一课开始就提供给学生，避免把学生限制在几个词和几个句型的范围内进行交际。

暗示法一期课程共10单元，30天学完，每单元学习3天，其重点是1200单词组成的对话和相关的词汇表、语法注释。暗示法的教学过程一般也分为展示语言材料和运用两个阶段。第一天是展示语言材料，第二天和第三天分别对课文进行初步和进一步讲练和运用。初步练习为对课文对话的模仿、问答、阅读以及对该单元的150个新词的操练；进一步练习包括鼓励学生根据课文对话进行重组和改编，阅读跟对话平行的小故事或短文并进行练习。此外，全课程中还有两次运用的机会。一次在期中，要求学生在未来可能遇到的情景中（如旅馆、饭店）练习运用目的语，另一次则在课程的最后一天，要求人人都参加根据教材内容编制短剧并进行即兴表演。第一天的四小时课又分为三个阶段。第一阶段是对前面学过的内容进行口头复习；第二阶段是介绍和讨论新的材料，包括学生对词汇语法或课文提问题，教师做解释；第三阶段是伴随音乐的听力练习，最能体现暗示法的特色。

暗示法对课堂环境的布置有特殊要求，把教学环境作为间接教材的一部分。要求教室有可调节的柔和光线，有播放音乐的设备，墙上贴有目的语国家美丽的图片，舒适的软椅排成半圆形，甚至可以用沙发、地毯和床来代替课桌椅。学生或躺或坐，心情松弛、平静而愉快。教师让学生听几段经过特别选择、深沉而富有哲理的古典乐曲或现代轻音乐，使学生进入一定的音乐状态。为了消除紧张心理和一切杂念，有时教师在放音乐的同时还带学生做肌体和精神的放松练习（如配合音乐的节奏做深呼吸运动），目的是使学生得到很容易地吸收新语言材料的暗示。接着教师随着背景音乐的抑扬节奏，并借助于表情手势朗读新课文，学生边听边看带有母语译文的课文，也可以轻声跟读模仿。音乐的第一部分和第二部分之间有几分钟的间歇,有时允许学生活动一下。在第二部分音乐开始之前也有几分钟的静默,教师再朗读课文并要学生合上书听。学生以轻松愉快的心情听教师的朗读,可以产生有意和无意的认知活动,在不知不觉中记住许多语言材料。

暗示法特别强调在第二语言教学中运用心理、生理学规律和心理疗法的方式,对教学过程进行心理组织。是一种颇具特色的教学方法,给第二语言教学带来很多有益的启示,也成为欧洲教学法的一个热门讨论题。汉语作为第二语言教学界也用这一方法进行试验,所以本书做了较详细的介绍。但正如有的西方学者所说,暗示法受到最热烈欢迎的同时也受到最尖锐的批评。该法强调了记忆,而对语言知识的系统传授,对语法规律之于语言交际的指导作用则重视不够。暗示法大力提倡学习环境的布置和轻松愉快的课堂气氛的营造,是必要的,但过分强调则又带来了片面性。且不说该法提出的课堂环境布置的要求,不是一般学校能做到的;更需要探讨的是,语言学习中是否应该完全排除紧张和焦虑?学习者不付出一定的艰苦努力勤奋学习,能否达到掌握一种全新的语言交际工具的目的?

五、自然法(Natural Approach)

自然法是70年代后期产生于美国的新教学法,其倡导者是美国加州大学西班牙语副教授特雷尔(Tracy Terrell)和美国语言教育家克拉申。1977年特雷尔根据自己的教学实验并结合克拉申第二语言习得理论,首次提出了“自然法”的主张。1983年克拉申与特雷尔合作出版了《自然法:课堂中的语言习得》一书,全面阐述了自然法的理论基础和具体实践。

自然法所说的“自然”是指成功的第二语言习得的自然原则。自然法是根据对自然环境中的母语习得和第二语言习得的观察与研究,提出在非自然条件(即课堂教学)中最大限度地扩大对学习者的语言输入、首先集中培养理解能力并强调通过习得掌握第二语言的教学方法。特雷尔与克拉申提倡的自然法与20世纪初作为直接法别称的“自然法”在崇尚语言学习的自然原则这一点有共同之处。但两者又有很大的不同。直接法只强调模仿儿童母语习得过程,强调通过大量的操练获得准确性;而自然法则强调可理解的输入,强调交际。

自然法以语言交际理论和克拉申的有关第二语言习得理论,即“输入”的五个假说为理论基础。自然法认为应当把培养用语言进行有效交际的能力、而不是把语法上的完美无缺作为初级语言教学的目标。在课堂条件下,甚至从较早的时候开始,学习用目的语进行交际是可能的。问题是必须降低对语言结构准确性的要求。学习者的中介语不可能是完美无缺的,在有意义的语境中语法错误并不会造成太多的交际困难,不要用语法规则来束缚学习者的语言输出。重要的是吸收词汇,而语法的作用是辅助性的。比如学习俄语或德语等有格系统的语言,完全可以一开始只用一个格(如主格),语法的规范性随着时间和经验而逐渐增长。只要给学习者提供足够的、适合其水平的、可理解的输入,学习者会依照一定的自然顺序习得某些语法点,正式教授第二语言的结构是不必要的。根据克拉申学习与习得的假说,习得是最重要的,学习所得的自觉的知识并不会自动转变成在话语中使用这种知识的能力。因此必须给学习者以“习得”语言的机会,而不是强迫他们“学习”语言。课堂教学应该以习得为主,也就是进行注重内容而不是结构形式的交际活动,学习则可以放到课下通过作业进行。在自然语言习得中学习者常常是花大量时间从听力理解中获取经验,在有充分把握以前避免参加谈话,因此理解在自然法中起着十分重要的作用。应当让学习者通过可理解的输入多接触目的语,而不是急于操练。至于什么时候开始口语表达,应由学习者自己决定。克拉申的习得理论还强调低情感过滤问题。特雷尔认为影响第二语言习得的首要因素是情感方面的,而不是认知方面的。课堂气氛要生动活泼,应当使学习者在课堂上感到轻松自如,要以学习者的需求和兴趣而不是根据语法大纲来组织课堂活动。

根据上述理论,自然法的特点是:

(1) 以培养学习者的口头和书面交际能力为教学目的,课堂活动全部用来进行交际。

(2) 强调理解的重要性,语言学习应从理解开始,加强听和读的活动,推迟口语表达。为了集中于理解,允许学习者用母语回答问题。

(3) 强调自然习得,课堂全部用于进行注重内容、注重信息交流的交际活动,给学习者提供语言习得的机会。语言形式方面的讲解和练习放到课外进行,词汇量比结构的准确更重要。

(4) 一般不纠正学习者的错误,以免影响其表达的积极性,只有在笔头作业中才纠正错误,并强调自我纠正。

(5) 创造轻松愉快的学习气氛,优化学习情绪,降低情感过滤,根据学习者的需要和兴趣确定教学内容。

自然法把第二语言教学过程分为三个阶段:

(1) 表达前阶段,也就是集中发展听力理解能力的"沉默阶段"。一般通过教师发指令让学习者完成动作,也可以利用图片或学习者的身体、衣着特征进行描述和辨认。这一阶段延续多长由学习者本人决定,以不强迫他开口为原则,一般小学生要几个月,中学生约一个月,大学生则只要几节课。

(2) 早期表达阶段,在学习者一般已能理解 500 个词的基础上,强调依靠学习者自己的习得能力来进行表达活动。这一阶段的语言表达活动要与学习者较低的语言能力相适应。对学习者出现的错误,除非妨碍了意义的传递,一般不纠正,以免把学生的注意力从语言内容引向语言形式,避免给学生带来情感障碍。

(3) 扩展表达阶段,进一步发展表达能力,常采用游戏、角色扮演、自由对话、小组讨论等活动形式。

自然法作为一种完全建立在第二语言习得理论基础上的教学法,在各种教学法流派中独树一帜,使第二语言习得理论得以运用于教学实践,有其特殊意义。在很多问题上,特别是在非自然环境的课堂教学中如何进行自然习得,自然法给我们提出了很多启示。该教学法突出了以学生为中心的原则,重视情感因素,主张课堂气氛轻松愉快,体现了人本派教学法的特色;它强调培养语言交际能力,强调教学过程交际化,这与交际法有共同之处;它还吸收了其他教学法如全身反应法、暗示法等具体的方法和技巧,是一种综合的教学法,具有较大的适应性。而且由于其倡导者是克拉申,这一教学法也得到较多的重视。另一方面对自然法也存在一些争论,主要是过分强调了习得的作用,而对课堂教学条件下有意识学习的作用估计不足;过分依赖尚未完全证实的"自然顺序"假说,对教授语言结构、让成人掌握语法规则的意义缺少认识;在非目的语环境中,特别是非本族语教师很难不断提供大量的、可理解的输入;让学习者为自己的学习负责、决定学习的进展速度,也并非每个学习者都能做到。

六、交际法(Communicative Approach)

交际法又称"交际语言教学"("Communicative Language Teaching")较早称为"功能法"("Functional Approach")、"意念—功能法"("Notional-Functional Approach"),是以语言功能和意念项目为纲、培养在特定的社会语境中运用语言进行交际能力的一种教学法。交际法产生于70年代初期西欧共同体国家,中心在英国,创始人为英国语言学家威尔金斯(D. A. Wilkins),代表人物还有英国的语言教育家亚历山大(L. G. Alexander)、威多森(H. G. Widdowson),荷兰的范埃克(J. A. Van Ek)等。交际法最有名的教材是《跟我学》。

70年代西欧各国间为了加强政治、经济、文化、科学和军事等方面的交流合作,迫切需要解决语言障碍,更快更好地培养大量能掌握欧洲共同体国家主要语言交际能力的人才。而当时盛行的教学法,不论是英国的情景法或是美国的听说法都只是把注意力局限在语言结构的掌握上,忽视交际技能的训练。为此,改革教学、建立一种新的第二语言教学法势在必行。1971年5月欧洲共同体文化合作委员会召开会议讨论成人外语教学问题,几个月后又召开专家会议讨论制订欧洲现代语言教学大纲。经过欧洲各国一百多位专家数年的努力,终于完成了欧洲各主要语言初级阶段的教学大纲:《入门阶段》

（“Threshold Level”）和英语作为第二语言的教学大纲《初阶》（“Waystage”）。威尔金斯于1972年初步提出、1976年正式出版了《意念大纲》（“Notional Syllabuses”），这些研究成果的问世为交际法的发展奠定了基础。由于一批体现了交际法教学原则的教材的出现并产生很大影响，以及教学法专家、课程设计单位甚至政府对这些原则的迅速接受，使交际法很快得到推广，从一种可替用的教学大纲发展成一种教学途径，从主要流行于英国到推向全世界，成为当前影响最大的教学法流派。

60年代开始，语言学研究的重点由语言的形式结构转向语义、语言的使用和语言的社会功能。交际法的语言学理论基础正是60年代兴起、70年代形成高潮的社会语言学，尤其是社会语言学家海姆斯的交际能力理论和功能主义语言学家韩礼德的功能语言理论和话语分析理论，以及威多森的语言交际观。交际法的语言观认为语言是表达意义的系统，其基本功能是社会交际，因而语言的基本单位不仅是其语法结构的特征，也包括话语中的功能范畴和交际意义范畴，而语言的结构则反映其功能和交际用途。语言学不应仅仅研究语言的形式，更要关注语言要完成的社会功能以及语言在人们社会交往中受到的制约因素。因此，第二语言教学的目的不仅是让学习者掌握语言规则、能正确地运用语言，更要掌握语言的使用规则，得体地运用语言。就对交际所产生的影响而言，后者甚至比前者更为重要。

在心理学的理论基础方面，交际法受到人本主义心理学和60年代后期兴起的心理语言学的影响。交际法强调以学生为中心，首先要分析学习者对第二语言的需要，通过“需要分析”选择应该学习的语言功能和语言形式，教学内容和教学方法的决定都必须从学习者的需要出发。交际法制订了“单元—学分体系”，除了作为共核人人必须学的单元外，学习者可以选择自己需要的单元，积累一定的学分并达到规定的水平。交际法还认为学习者在言语中出现一些错误是正常的也是不可避免的现象，学习者所能追求的不可能是完美无缺的交际,而只能是有缺陷、但有效的交际,因此对学习者的语言错误不应苛求。心理语言学的研究表明,人们在言语交际中首先确定要表达的内容(功能和意念),然后才有语言表达的形式,因此交际法与一般教学法相反,主张在教学中应采取从功能意念到表达形式的教学路子。

交际法一反其他教学法以语法或句型结构为纲的传统做法,明确提出以功能意念为纲。功能是用语言做事,完成一定的交际行为。交际大纲把语言功能分为六类:①传达与了解实际情况,如判明、报告、纠正、询问等;②表达或了解理智性的态度,如同意、可能、知道、确定、必须、接受、拒绝等;③表达或了解道义上的态度,如道歉、原谅、赞同、反对、遗憾等;④表达或了解情感性的态度,如高兴、不高兴、喜欢、满意、失望、意愿、需要、希望等;⑤请人做事,如请求、警告、指令、建议等;⑥社交,如问候、介绍、告别、祝酒等。意念指功能作用的对象,也就是功能的具体内容,常用来回答"什么"、"谁"的问题。意念又分为普通意念和特殊意念。普通意念指与功能相关的时、空、数量等关系,比如表示存在、空间、时间、数量、质量、心理关系、指代等,适用于各种话题和背景,是所有学习者都必须掌握的,与功能称为"共核";特殊意念是由话题直接决定的词汇项目,也就是各类词汇,如个人身份、住处、业余爱好、旅行、健康福利、买东西、食物饮料、花鸟鱼虫、家庭社会、服务行业、问路、语言、天气、公共标志等。以"邮局在哪儿?"这个句子为例,其功能是询问,问的内容是"位置",这是普通意念,"邮局"则是特殊意念。功能、普通意念、特殊意念是交际的三大要素。除了这三大要素外,人们的交际活动还涉及到情景,社会、性别、心理等作用,语体或语域,重音和语调,语法和词汇,语言的辅助手段等因素。比如社会、性别、心理等作用就包括社会身份、职业、性别、与对方的关系、双方的感觉等。同一功能和意念在不同的社会地位、身份、性别的对话者之间,就有不同的表达方式,这是由体现社会行为准则的语用规则所决定的。语体或语域在语言形式中占有相当重要的地位,一般分为严肃体、正式体、中性体、非正式体、亲昵体五种，需要根据对话者的身份关系、使用场合及谈话的内容而进行选择。交际法主张以功能意念为纲并非否认语言知识的教学。在交际大纲中，不论是功能或意念项目都有相对应的语言形式。语言能力（语法能力）是交际能力不可少的组成部分，语言形式结构的掌握也是教学的重要内容之一。有的学者提出区分交际前活动和交际活动。交际前活动包括结构性活动和准交际活动；交际活动包括功能交际活动和社会交往活动。交际法并不绝对排斥适当的句型、词汇的操练，只是强调语言形式是实现语言功能的手段，学习者是为掌握功能而学语法，因此语言形式结构的教学要服从于语言功能。

从以上交际法的主张可以看出其特点是：

（1）明确提出第二语言教学目标是培养创造性地运用语言进行交际的能力，不仅要求语言运用的正确性，还要求得体性。

（2）以功能和意念为纲，根据学习者的实际需要，选取真实、自然的语言材料，而不是人为的“教科书语言”。

（3）教学过程交际化，交际既是学习的目的也是学习的手段，在教学中创造接近真实交际的情景并多采用小组活动的形式，通过大量言语交际活动培养运用语言交际的能力，并把课堂交际活动与课外生活中的交际结合起来。

（4）以言语交际的主要形式——话语为教学的基本单位，语音、词汇、语法主要通过话语情景综合教学，必要的句型操练也是为掌握话语能力服务的，并结合话语进行。

（5）单项技能训练与综合性技能训练相结合，不排斥单项技能训练，但要以综合性训练为主，最后达到在交际中综合运用语言的目的。

（6）通常按话题螺旋式地安排语言材料，将功能与结构结合在话题之中，循序渐进地组织教学，每一话题有几次循环，每次逐渐增加难度。

（7）强调言语交际的内容和信息的传递，不苛求语言形式，对学习者在学习过程中出现的语言错误要有一定的容忍度，不影响交际的错误能不纠就不纠，尽量鼓励学习者言语交际活动的主动性和积极性。

(8) 根据学以致用的原则，有针对性地对不同专业的学习者进行“专用语言”的教学(language for special purposes，简称 LSP，如科技英语、法律英语等“专用英语”English for special purposes，简称 ESP)，突出不同交际目的和方式、不同交际范围里所使用的目的语的特点，在所选用的语言材料及听说读写言语技能训练方面都体现不同的侧重点。

为了进一步了解交际法的特色，可以将交际法与另一影响较大的教学法——听说法做一比较：

(1) 目标。听说法是培养语言能力，强调语言的正确性，追求达到说母语者的发音水平；功能法是培养语言交际能力，更强调语言的流利性、可接受性和得体性，而正确性要由语境来决定，追求可理解的发音。

(2) 重点。听说法对结构和形式的重视超过意义，语言学习是学习语音、词汇、语法，句子是基本教学单位；功能法则意义和功能压倒一切，语言学习是学习交际，话语是基本教学单位。

(3) 内容。听说法不强调学习语言的变体，语言项目不一定情景化，教学顺序由语言结构的复杂性决定，先听说后读写，先口语后书面语；功能法把语言变体看做是重要的学习内容，语言项目必须情景化，教学顺序主要由学习者对内容、功能或意义的需要和兴趣决定，听说读写全面要求，阅读和写作根据需要从一开始就进行。

(4) 方法。听说法要求记忆以语言结构为基础的对话，操练是主要的方法，追求“过度学习”，通过句型教学掌握目的语的语言系统，在长期严格训练后才开始交际活动，教学过程中避免语法翻译；功能法的对话以交际动能为核心，一般不需要专门记忆，不排斥句型操练但主要通过交际活动掌握目的语系统，从一开始就鼓励交际活动，并采用一切能帮助学习者的手段。

(5) 母语。听说法尽可能避免使用学习者的母语，初级阶段禁止翻译练习;功能法在需要时允许适当用一些母语,也可以进行翻译练习。

(6) 师生。听说法以教师为中心,教师决定教学的内容和顺序并成为课堂的主宰,通过操练严格控制学生的学习,不放过学生的任何错误,避免错误形成习惯;功能法以学生为中心,从学生的需要出发决定教学内容和方法,教师作为课堂活动的引导者、协调者、参加者和资源提供者,创造有利的学习条件,帮助学生主动自由地运用语言,允许学生犯错误,让学生通过无数试误和发现的学习掌握语言。

交际法适用于语言学习的任何阶段和任何技能的教学,很难列出其典型的教学过程。大体上分为以下几个步骤:

(1) 展示新语言材料。一般为真实、自然、连贯的对话(一段或数小段),常通过图片、实物在一定的情景中展示,展示过程中突出该语言材料的情景和功能。

(2) 对每段对话进行口头练习。包括朗读,根据对话的话题与情景进行问答,并进一步以对话的主题为中心结合学习者的个人经验做问答练习。

(3) 学习对话中出现的基本交际表达法及其相应的语言结构,帮助学习者发现并总结用于表达功能的结构规则。

(4) 在教师提供的一定交际情境中,让学生运用学过的语言形式从有指导的到完全自由地表达自己的思想,常采用游戏、谈话、即席讲话、讲故事、讨论、辩论、扮演角色、即兴表演等解决问题的活动,以培养学生在实际生活中的交际能力。

交际法博采众长,从当代语言学和心理学研究的最新成果中获取营养,它受到诸如社会语言学、人类语言学、功能主义语言学、语用学、话语语言学、跨文化交际学、言语行为理论、语言变体研究直到中介语理论的影响,受到人本主义心理学的影响,因而具有雄厚、扎实的理论基础。同时它又吸取了直接法、情景法、听说法、视听法等教学法的长处,并注意克服它们的缺点。交际法明确提出培养交际能力这一语言教学的根本目标,并力图通过教学过程的交际化来加以实现;提出功能意念范畴,并依此制订了教学大纲,突破了以语言结构为纲的传统观念;强调从学生的需要出发提供真实自然的语言材料,主张以话语为教学单位以代替"句本位"的传统做法;重视语言运用的得体性和流利性,并以一种全新的观点对待学生的语言错误。上述原则对语言教学理论的发展起了重大作用,同时也为人们广泛认同与接受——尽管在具体理解和实践上仍存在不同变体和模式,这就使交际法成为迄今为止影响最大也最富有生命力的教学法。另一方面交际法提出的时间不长,正如范埃克所指出,由于社会急需,即使大部分问题还没有解决、专家还来不及把改革方案修改到自己满意的程度就得拿出来付诸实施。因此留下了很多尚未解决的难题,也存在着很多缺陷:

(1) 语言功能和意念是很广的概念,这方面的基础研究还很不够。如何按照交际的需要和教学的需要,科学地对功能和意念项目进行确定、分类和排序,像语法大纲那样完成作为教学依据的较为成熟的功能大纲和意念大纲,还是有待解决的问题。

(2) 语言功能和语言结构在教学中的结合是长期以来难于解决的问题。在以功能意念为纲的情况下,往往难以照顾到语言结构的循序渐进和系统性,从功能出发容易忽视语言结构;过多地考虑语言结构又难以落实以功能为纲。除了功能结构外,还有话题、情境、语用、语体等多方面因素的协调,这就使教材编写和教学内容的安排成为十分复杂的问题。

(3) 课堂教学交际化难以真正做到。其主要原因是对教师的要求太高,特别是非本族语教师本身并非都能做到得心应手地用目的语交际。而且课堂中的交际毕竟受到一定的限制,与社会上真正交际还有很大距离,如何通过课堂上的交际活动培养交际能力,还是值得研究的问题。此外,过分强调课堂教学交际化还有可能忽视语音、语法、词汇等语言基本功的掌握,语言基本功太差也难以培养语言交际能力。

(4) 交际法在教学内容和教学方法上的革新,带来了教师培训、教材编写、测试评估等一系列新问题。教师的目的语水平和组织课堂教学的能力不一定适应交际法的要求；缺少真正按交际法原则编写的教材；现有的语言测试方法还难以评估语言交际能力。在这些方面必须做相应的改革，才能为交际法的实施提供必要保证。

（5）允许学习者犯错误不等于对学习者的错误采取不闻不问的态度。事实证明走上这一极端不仅不利于学习者的进步，也不符合绝大多数学习者的意愿——他们希望从教师的纠错中得到帮助。

交际法对我国外语教学产生很大影响，培养语言交际能力受到我国外语教学界特别是外语专业的重视，有的高校还按交际法的路子编写外语教材。我国对外汉语教学界从70年代末就在对外汉语教材编写中借鉴功能法的长处，并提出结构与功能相结合的教学法路子。由于对外汉语教学是在汉语的环境中把汉语作为第二语言的教与学，培养学习者的汉语交际能力不仅十分必要而且也有可能，因此培养汉语交际能力已成为对外汉语教学界的共识。

第三节　第二语言教学法的发展趋向

一、第二语言教学作为一门学科的发展概况

第二语言教学作为一门学科在这一百多年的发展中，大体上经历了酝酿时期和确定时期，并进入了进一步独立发展的时期。

从19世纪80年代到20世纪初是这一学科的酝酿时期。这一时期以改革运动中产生的直接法及其对长期以来占主导地位的语法翻译法的挑战为特征，开始了对语言教学法的专门研究。

20世纪20年代至70年代是这一学科发展的第二时期，即确立学科的时期。随着以研究语言教学为主要任务的应用语言学于40年代初在美国的兴起，并于50年代～60年代主要在美国和英国的不断发展，学术机构开始建立，专业刊物先后出版，一些大的研究项目逐步开

展，第二语言教学作为一门学科的地位得以确立。而语言学、心理学、教育学等支撑学科的新成果，又不断给这门年轻的学科以丰富的营养，使它迅速得到发展。这期间各种教学法如雨后春笋不断涌现，从40～50年代的情景法、听说法、视听法，到60年代的认知法和各种人本主义教学法、70年代的交际法，出现了百花争艳的局面。

70年代以来，第二语言教学理论研究的重点转向对习得过程、习得规律和学习者的研究。这一转变是受了乔姆斯基普遍语法理论的影响和心理学、教育学人文主义思潮的影响。这一转变的结果是第二语言教学终于找到了适合自身特点的特殊发展道路。不再仅仅依附于语言学这一门支撑学科，而是建立在语言学、心理学、教育学和社会学等多学科理论基础之上，进行跨学科的综合研究。这一新的发展趋势标志着本学科进入了发展的第三时期——体现本学科特点的独立发展时期。

由于历史的原因，本章所讨论的教学法流派和发展趋向主要限于欧美各国，并反映在英、法、德、西等西方语言作为第二语言的教学中(也包括前苏联俄语作为第二语言教学)。我国作为世界文明古国和语言大国，在语言教学理论方面一千多年前就有精深独到的研究，并记载在很多历史文献中，同时也积累了十分丰富的语言教学实践经验。对外汉语教学发展50年来，我们在坚持从汉语的特点出发探索汉语作为第二语言教学规律的同时，也吸取了西方教学法流派的很多长处，逐渐形成自己的教学法体系。从古代到现在的我国汉语教学理论需要进行全面、系统的总结，对国外第二语言教学理论成果也需要认真加以研究。今天我们研究第二语言教学法流派的历史演变及当前的发展趋向，正是为了把它作为总结我们的过去、进一步探讨新的对外汉语教学法体系的借鉴。

二、第二语言教学法流派分析

上述15种教学法流派，很多对我们并不陌生。但由于研究不够，缺乏比较全面的了解，“借鉴”也往往是套用一些具体的方法技巧,甚至被一些表面的新奇所吸引。在目不暇接的形形色色的国外教学法的更替中,常感到困惑。不是对某种流派全面赞同、期待在教学中能产生奇迹,就是因运用的效果并不理想而失望、采取一概否定的态度。如何正确认识和对待国外教学法流派,对对外汉语教师和研究工作者来说尤为重要。

1. 全面、系统地了解、研究各种教学法

本章开头已经提到,每一教学法流派都反映了内容非常丰富的教学法体系,涉及到教学的方方面面;同时它又不是孤立的现象,而是受到各支撑学科和其他学科的影响。正确地认识一种教学法就需要对其体系做全面了解,并研究对之产生影响的外部因素,同时还要从教学思想发展过程中分析出不同教学法之间的区别与联系。这样不仅对某一教学法有比较全面的认识,而且还能进一步理清整个教学法发展的脉络,找出发展规律。因此,分析教学法流派主要应从三方面入手,即教学法的理论基础、所体现的主要教学原则和采取的主要教学方法。美国教学法家理查德和罗杰斯(Jack C. Richards and Theodore S. Rodgers)提出了一个比较全面的描述和分析第二语言教学法流派的模式。这一模式分三个层次:①路子(approach),即该教学法所依据的语言理论和语言学习理论;②设计(design),由路子所决定的语言教学计划和安排,实质上反映了主要教学原则;③步骤(procedure),实现教学设计的具体方法技巧和课堂的活动。前两节我们已基本上根据这一模式,特别是上述三个主要方面分述了各教学法的特点,现在再从纵的方面对教学法流派的不同类型做综合分析。

(1) 理论层面。上述四大派教学法从语言学的理论基础和语言学习理论看,大体上可以分为两大类。一类重语言结构规则,强调课堂中的自觉学习;一类重语言的功能意义,强调在课堂内外交际中自然习得。当然这两大类的划分不是绝对的,其中存在交叉现象(见283页图示,教学法名称带括号者表示按该教学法的主要特征属于这一类)。

<table>
<tr><td rowspan="5">第二语言教学法流派</td><td colspan="3">重语言结构规则</td><td colspan="2">重语言功能意义</td></tr>
<tr><td colspan="3">课堂中自觉学习</td><td colspan="2">课堂内外交际中自然习得</td></tr>
<tr><td>认知派</td><td>经验派</td><td colspan="2">人本派</td><td>功能派</td></tr>
<tr><td>(语法翻译法)
(自觉对比法)
认知法</td><td>直接法
阅读法
情景法
听说法
视听法</td><td colspan="2">团体语言学习法
默教法
全身反应法
暗示法</td><td>交际法</td></tr>
<tr><td colspan="2">(自觉实践法)</td><td colspan="3">自然法</td></tr>
<tr><td>语言学理论基础</td><td>转换生成语法理论</td><td colspan="2">结构主义语言学</td><td colspan="2">功能主义语言学</td></tr>
<tr><td>心理学理论基础</td><td>认知心理学</td><td>联结－行为主义心理学</td><td colspan="3">人本主义心理学</td></tr>
</table>

(图6) 第二语言教学法主要流派分类表

第一类重语言结构规则的,包括主要受转换生成语法理论和认知心理学影响的认知派、受结构主义语言学和联结—行为主义心理学影响的经验派。转换生成语法理论认为语言是能创造性运用、生成无限句子的规则体系,语言学习是学习者主动发现、掌握并运用语言规则的过程;认知心理学强调人的心理认识过程,研究感知、记忆、思维、想像等心理活动。因而语言学习被认为是一种自觉的智力活动,认知法最典型地体现了这种语言观和学习理论。就主张自觉掌握语法规则而言,古老的语法翻译法和较早的自觉对比法也应属于这一类。结构主义语言学把语言看做是由音位、语素、句法等相互联系的单位组成的结构系统;联结主义心理学强调客观事物与目的语词之间直接联结,行为主义心理学强调通过刺激、反应和强化形成语言习惯。因而语言学习就是通过反复模仿、操练、巩固,掌握这一结构系统并形成习惯的过程,直接法、阅读法、情景法、听说法、视听法集中体现了这一语言观和学习理论,而团体语言学习法、默教法、全身反应法和暗示法等人本派教学法,虽由于产生较晚、受到其他语言学理论一定影响,但在主要方面仍体现结构主义的语言观,强调掌握语言结构。不论是自觉掌握语言规则还是被动形成语言习惯,都是从语言知识入手,以语言形式为中心,运用课堂正规学习的方式通过大量练习把知识转化为技能。

第二类重语言功能意义的教学法,主要受功能主义语言学和人本主义心理学的影响。功能主义语言学强调语言的本质功能是社会交际功能,语言是表达功能意义的载体,语言学习应以语言内容为中心,通过对语言意义的理解和表达来掌握语言形式。不仅在课堂内而且在课堂外、不仅要自觉地学习更要自然地习得,在言语交际活动中逐步培养语言交际能力。而人本主义心理学强调以学生为中心,重视人的情感因素与人际关系,主张营造轻松愉快的学习气氛,学习内容和方式的选择应从学习者的需要出发,注意清除心理障碍,充分发挥学习者的潜能。这种语言观和语言学习理论不仅集中地体现在交际法上,也部分地体现在人本派教学、特别是自然法上,并愈来愈对其他教学法产生影响。

(2) 设计层面。设计包括教学目标、教学大纲、学与教的活动类型、学习者的作用、教师的作用、教材的作用等方面,实际上体现了该教学法的主要教学原则。

从教学目标来看,上述两大类教学法有明显的不同。重语言结构规则的一类,强调语音语法词汇知识的教学和口语听说技能的训练,追求语法语音的准确性;重语言功能意义一类则强调语言交际能力的培养,追求在交际中能成功地表达自己和理解别人。

在教学大纲的制订即教学内容的选择和顺序安排方面,重语言结构规则的一类(最典型的如情景法、听说法等)着重语言点的学习,教学内容强调"如何说",并根据内容的难易程度或出现的频率确定教学顺序,这一顺序对所有学习者都是相同的;重语言功能意义一类(如功能法特别是专用英语教学)着重题材的学习,教学内容强调"说什么”,教学顺序由学习者交际的需要来确定。两者的差别甚至从大纲的模式就能区分出来。重结构规则的大纲往往带有语法项目表、词汇结构表和词汇表;而重功能意义的教学大纲则规定出用于交际的功能、意念、话题,也包括语法和词汇内容。人本派教学法较少使用大纲一词,团体语言学习法根本没有事前准备的语言教学大纲,从观察实际课堂教学分析,该教学法所侧重的还是词汇语法即“如何说”的问题。

学与教的活动类型反映了教学过程。绝大部分教学法特别是重结构规则的教学法,其教学过程都以传授式为主,在教师的主导下系统地传授知识(作为语言教学当然也包括语言技能的操练),从最古老的语法翻译法到直接法、情景法、听说法、视听法等都体现了这一特点。人本派教学法则更多受到发现式学习的影响,主张在学习学科知识的同时让学习者通过自己的活动去发现知识、总结规律,这已成为团体语言学习法、默教法、全身反应法、暗示法、自然法等教学法的主要特征之一。不同教学法所经常采用的活动类型也不同。重结构规则的如听说法基本上采用对话活动和句型操练;重功能意义的如交际法则主要采用“完成任务”的活动,这种“任务”常常是参加者带有“信息差距”或要求“传递信息”。同一活动在不同的教学法中作用也不同,如交互活动的游戏在听说法中只是为了使枯燥的句型操练能有一些变化,为了增加学生的学习动力;而在交际法中同样的游戏则用来进行相互交流的练习。

学习者的作用主要指学习者对学习过程所起的作用,表现为学习者对学习内容的控制程度、对学习活动的参与程度以及学习者在学习方面相互影响的程度。在情景法、听说法、视听法中学习者只是一种刺激—反应的机器,几乎发挥不了任何作用。而在交际法中首先强调要分析学习者对目的语的需要,弄清学习者未来要用目的语从事什么样的活动,需要什么样的运用目的语的能力,让他学习他所需要的内容。教学过程交际化决定了学习者在整个教学活动中处于主体的地位,体现“自我学习”的过程,强调学习者个人经验在课堂学习中的作用。在自然法中,学习者根据其学习目标和学习进展情况,自行决定何时“开口”,决定讲什么和运用哪些表达形式,甚至像语法、语音练习的时间教师都必须与他商量。在团体语言学习法中,也是由学习者自己决定学习的内容和方式。

与学习者的作用紧密相关的是教师的地位和作用。教师对教学过程所起的作用,体现在他所扮演的角色是指导者还是顾问、他对教学过程的控制程度和对决定教学内容所负的责任以及师生交互活动的方式。从语法翻译法到听说法、视听法等大部分教学法中,教学都完全依赖教师,把教师看做是知识的来源和教学的主宰;而功能派和人本派教学法中,教师只是起学习的促进者、顾问、引导者和示范者作用,师生之间的关系体现为医生与病人、教练与运动员的关系,甚至朋友、同事和队友的关系。教师的作用看似降低,实际上对教师提出了更高的要求。

教材的作用也在不同类型的教学法中有不同的体现。重结构规则的教学法要求教材对教学内容和进度做详细规定,并且要提供足以示范的结构规则和词语用法;功能派和人本派的教学法则强调教材应给教师和学习者自主性的发挥提供较大的空间,所用材料不应是专门为第二语言学习者编写的,而应是为本族语者所用的“真实”的材料。

(3) 步骤层面。步骤一般指展示新语言材料的活动、语言练习的方法和对学习者表达的形式和内容给以反馈的步骤和技巧。不同教学法所采取的步骤差别更大,以上在介绍各种教学法流派时已分别谈过。

2. 客观、辩证地对待各种教学法流派

以上对各种第二语言教学法流派做了分析与比较。那么,如何看待教学法的发展、演变?如何评价各种教学法流派?

(1) 首先应该看到各种教学法的产生有其必然性和合理性。每种教学法的出现都不是偶然的,都是一定历史条件的产物,都是为了适应社会对语言教学的某种需求,各有其产生的原因和所负的使命,而且受到一定的语言学、心理学、教育学理论的影响。比如直接法是为了满足19世纪中叶西欧各国加强交流合作需要大量外语人才的社会要求,是为了解决语法翻译法所难以解决的培养口语人才的问题而产生的。当时语言学的发展、对儿童语言发展研究所取得的成果,以及联结主义心理学理论,都为直接法的产生提供了理论基础,创造了必要的条件。阅读法的兴起是由于直接法所定的口语交际目标太高,认为阅读能力的培养倒是切合实际、为社会所需要的。到了二次大战期间,由于战争需要大量具有外语听说能力的军事人员,听说法正是在这一历史背景下应运而生的。而结构主义语言学和行为主义心理学,又从理论上支持了这一新兴的教学法。

(2) 各种教学法之间存在着对立、排斥的关系,同时又有继承和发展的关系。新教学法往往是在前一种教学法遇到难以解决的矛盾而由盛转衰的情况下,提出针锋相对的主张而出现的,因此不同的教学法流派之间存在着对立的关系。上一小节已经详细分析了重语言结构规则和重语言功能意义两大类教学法之间的不同,现在我们再看看重结构规则一类中以直接法为代表的经验派与以语法翻译法为代表的认知派之间的对立。这一对立关系非常清楚地体现在以下几个方面:

语法翻译法:	重书面语;	重语言知识;	重读写;
	依赖母语;	用演绎法;	重自觉思维活动;
直接法:	重口语;	重言语技能;	重听说;
	排斥母语;	用归纳法;	重直觉刺激—反应;

另一方面,同一派的教学法之间,由于后者吸取了前者的优点,形成了继承与发展的关系,因而也体现了同一派的共同特点:

语法翻译法——自觉对比法——认知法。

直接法——情景法——阅读法——听说法——视听法——自觉实践法。

(3) 各种教学法都有长处,也都有短处。新教学法由于针对旧教学法的缺点提出了新主张,弥补了旧教学法的不足,对语言教学规律的认识有所提高，因而获得了生命力，显示出优越性。但同时又由于缺少辩证的观点，过分强调某一个方面，走向另一个极端，又造成了新的片面性和局限性。比如，语法翻译法完全依赖母语，依靠翻译手段；而直接法则反其道而行之，绝对排斥母语，宁可浪费大量的猜测的时间，也不愿轻而易举地用母语翻译。在对待母语的问题上，这两种教学法都有片面性。

（4）新旧教学法没有互相取代，而是长期共存。不同教学法的侧重点不同，各有所长，都拥有相对真理，从不同的方面为第二语言教学理论的发展做出了贡献，也都能满足特定的社会需要和教学需要。因而新教学法的兴起并未导致旧教学法的消亡，连最古老的语法翻译法今天也仍然为人们所采用。各种教学法都在发挥自己的优势，并吸取其他教学法的长处以克服自己的不足，在自我完善以适应社会需要的过程中得到进一步发展。

三、第二语言教学法的发展趋向

20 世纪 60 年代以来，第二语言教学法的发展出现了一些新趋向，这些新趋向将会影响到新世纪的教学实践和学科理论研究。

1. 不同教学法流派在保持自己特色的同时，出现了综合化的趋向，教学法研究的重点转向指导教学的基本原则。

随着教学理论和习得理论研究的深入，人们对第二语言教学规律和学习规律的理解也不断加深。特别是在长期的教学实践中，各种教学法流派既显示出其长处也愈来愈暴露出不足。人们逐渐认识到没有十全十美的教学法，在坚持自己的主要原则、保持自己的主要特色的同时，需要克服片面性，吸取对立面教学法的优点，相互学习取长补短。各流派逐渐抛弃门户之见，把探讨的重点转向教学的基本原则，处理好各种矛盾关系。在六七十年代出现的教学法中，我们已很少看到极端化的主张，而是尽可能综合各种科学的教学思想和教学原则，体现各种教学法的长处。综合化已成为教学法流派发展的一个主要趋向。以认知法为例，它继承了语法翻译法重视理解、掌握语言(语法)知识的同时,也强调听说技能的培养,进行大量的操练,包括听说法的句型操练。而且还吸取了人本派重视学习者的情感和动机、充分发挥学习者主动性的特点。再如自觉实践法从产生之初就主张兼取直接法和语法翻译法对立两派的长处,在其发展过程中又吸取了听说法、视听法甚至交际法的特点,成为一种综合教学法。而交际法更受到多种学科和理论的影响,在强调培养交际能力的前提下吸取了听说法、情景法直到人本派教学法的特点。就认知法、自觉实践法和交际法这三种各具鲜明特色的教学法而论,它们的基本教学思想已相当接近,也为愈来愈多的人所肯定。

由于教学目的、教学对象、教学阶段和教学条件的不同,事实上不可能有适应各种情况的万能教学法。很多学者主张应该根据不同的情况,选择不同的教学法。美国学者黎天睦(T. Light)提出了“分阶段教学法”的主张,即根据不同学习阶段的特点,采用适当的教学法。初级阶段宜用听说法,中级阶段宜用交际法,高级阶段则用认知法或语法翻译法;同一阶段也可以几种教学法交叉使用。

2. 在探讨习得规律的基础上研究教学规律,第二语言习得研究为教学法的发展提供了更科学的基础。

20 世纪 70 年代以来,第二语言习得作为一门新科学的兴起对教学法研究产生了重大影响。人们认识到对“学”的研究是对“教”的研究的基础,教学法的探索必须以对学习规律的认识为前提。近 20 多年来在第二语言习得研究方面所取得的初步成果,也进一步开拓了人们的思路,甚至出现了主要建立在第二语言习得理论基础上的教学法——自然法。另一方面,第二语言习得研究主要是对学习者学习心理过程和心理规律的研究,必然较多地运用心理学、教育学的理论和研究方法。这就不仅为第二语言教学法研究注入了新的活力,打开了新的天地,更为重要的是人们从中进一步认识到本学科作为综合学科的性质和特征,认识到本学科的研究离不开众多的相邻学科,特别是心理学和教育学从理论与方法上的支持。因而对明确整个学科的发展方向和道路,尤其是如何体现本学科的特色、走一条独特的发展道路，也不无有益的启示。

3. 培养运用目的语进行交际的能力正成为第二语言教学目的的共识。

第二语言教学的目的是只让学习者掌握目的语的语言知识和一定的听说读写技能，还是培养运用目的语进行交际的能力，这个问题对大多数第二语言教师来说已经比较清楚。掌握第二语言的交际能力是社会现实对第二语言人才的要求；为了掌握语言交际能力当然又必须掌握一定的语言知识和言语交际技能。交际法产生20多年来为这一教学目的的实现积累了不少成功的经验，也提出了不少难以解决的问题。目前人们讨论的主要问题仍是语言交际能力作为教学目的的界定，如何处理语言形式与语言功能之间的关系和如何探索并完善交际性课堂教学的途径等。

4. 以学生为中心，重视教学中的情感因素和人际关系是重要的教学原则。

20世纪60年代受人本主义心理学的影响，提出了“以学生为中心”的原则。随后，一系列人本派教学法如团体语言学习法、默教法、暗示法等的涌现，使这一原则初步得以体现；而其中的一些具体做法所引起的争议，又促使人们深入地思考这个问题。教师主宰课堂教学、学生听任教师摆布的传统格局，已从认识上为人们所否定，但如何发挥学习者的主动性、积极性，特别是如何重视情感因素在教学中的作用(20多年前一般人几乎还没有意识到这个问题)，建立和谐的师生关系和同学关系，依然是今后教学法研究的重点。

5. 加强教学手段现代化，迎接信息社会和网络时代的挑战。

科学技术的飞跃进步和信息社会、网络时代的迅速到来，给第二语言教学质量的提高带来新的机遇，同时也给第二语言教学法研究提出了新的课题。这不仅是用先进的技术装备第二语言教学的问题，新技术的出现必然对教学目标、教学内容、教学过程、教学形式、教学方法、教师和学生的作用、教材的编写等带来一系列重大影响。这将会对现有的教学法体系产生巨大的冲击，甚至可能引起革命性的变化。这是第二语言教学法研究不能不面对的重要问题。

上述第二语言教学法发展的新趋向,必然而且已经对对外汉语教学法的发展产生影响。研究历史上的、外国的第二语言教学法流派的特点和今后的发展趋向,归根到底还是为了古为今用、洋为中用,有助于建立汉语作为第二语言的教学法体系。为此,需要从汉语教学的特点出发,博采众长,为我所用;同时要把握好今后的发展方向,高瞻远瞩,进行立足现在、面向未来的学科建设。50 年来我国对外汉语教学界在辩证唯物主义思想指导下,正是从汉语教学的实际出发,吸取了国外第二语言教学法各流派的优秀成分,摈弃其极端化、片面化的做法,不拘一格走一条综合化的路子。今天本学科大部分教师和学者仍主张继续进行"综合法"的研究。具体说来,这种综合法既应重视语言功能的教学和交际能力的培养,又应加强语言结构规则的教学;既强调语法知识的理解和掌握,又重视通过模仿操练形成习惯;既重视课堂上的自觉学习,并以此为主;又重视课堂和课下的自然习得,不排斥其辅助作用;既强调以学生为中心、充分调动学习者的主动性积极性,又重视教师的主导作用;教材既要用规范、循序渐进、有利于学习的材料,也要逐步增加"真实"教材的比重。当然,如何处理好这一对对矛盾关系,是一个十分复杂的问题。我们将在下一章的教学原则一节继续讨论。

阅读参考文献

章兼中　1983　《国外外语教学法主要流派》,华东师范大学出版社。

Richards, J. C. and Rodgers, T. S. (1993) *Approaches and Methods in Language Teaching*, Cambridge University Press.

Blair, R. W. (1982) *Innovative Approaches to Language Teaching*, Newbury House Publishers, Inc.

Howatt, A. P. R. (1984) *A History of English Language Teaching*, Oxford University Press.

Diller, K. C. (1978) *The Language Teaching Controversy*, Newbury House Publishers, Inc.

第八章　对外汉语教学理论与应用(上)

在介绍现代第二语言教学史上有较大影响的教学法流派并探讨教学法发展趋向的基础上,本章和下一章将从教的角度集中讨论对外汉语教学的一些理论问题和应用问题,这也就是对外汉语教学学科体系中对外汉语教学理论和应用研究部分。

80 年代初,吕必松根据对外汉语教学事业创立时期教学活动处于经验型的探索阶段、缺乏科学性和规范性的实际情况,提出了总体设计的理论。他把对外汉语教学看做是一项系统工程,认为总体设计是“根据语言规律、语言学习规律和语言教学规律,在全面分析第二语言教学的各种主客观条件、综合考虑各种可能的教学措施的基础上选择最佳方案,对教学对象、教学目标、教学内容、教学途径、教学原则以及教师的分工和对教师的要求等做出明确的规定,以便指导教材编写(或选择)、课堂教学和成绩测试使各个教学环节成为一个互相衔接的、统一的整体,使全体教学人员根据不同的分工在教学上进行协调行动。”①这是对语言教学系统工程的全面设计。他并把总体设计以及根据总体设计而进行的教材编写、课堂教学和语言测试看做是对外汉语教学活动的四大环节。本章和下一章所讨论的内容,主要也是围绕这四大环节。

对外汉语教学的涵盖面很广,从学习者的汉语水平等级来看,从

---

① 吕必松(1996)《对外汉语教学概论》(讲义)。

零起点开始到初级、中级、高级各阶段的汉语教学,还涉及到本科高年级甚至研究生阶段的汉语教学。从教育类型来看,有非学历教育的预备教育(解决入专业学习的汉语水平问题)、短期教育(半年以下的汉语学习)、进修教育、速成教育(较短的时间内完成较重学习任务的密集式教学)、特殊目的教育(学习经贸汉语、中医汉语等)和特殊形式的教育(广播、电视教育)等专门进行的汉语作为第二语言的教学,也有学历教育的本科专业和研究生专业中以提高非本族语者的汉语水平为目的所进行的汉语作为第二语言的教学。它们之间在教学目的、内容、方法方面有很大不同,本书不可能对各类教学所涉及的理论问题和应用问题详加讨论。正如一般外语教育学著作以中小学外语教育为研究对象,本书的这两章也主要针对基础阶段、特别是初中级阶段的对外汉语教学。因为这一阶段学习者人数最多,迄今为止研究成果最集中,从一定意义上说也是最能体现第二语言教学特点和规律。本章所讨论的教学目的、课程设置、教学原则和教材编写,主要在这一范围之内。

第一节　对外汉语教学目的与课程设计

教学目的是总体设计中的首要问题。教学目的一经确定,将决定教学内容、课程设置、教学原则、教学过程、教学方法直到测试评估等一系列问题。另一方面,教学作为教育的主要内容,其目的又决定于整个教育目的。本节还要从教育目的谈起。

教育目的是根据时代、国家、社会和个人的需要所决定的。第三章已经提到,科学的教育目的应当是培养德智体美全面发展、为时代进步和社会发展所需要的人才。现在的问题是,对外汉语教学的对象是外国学习者,对外国学习者的教育目的又该如何确定?

一、对外国学习者的教育目的

教育受一定的社会经济制度、政治制度和文化传统所制约,要与生产力发展水平、与一定的社会形态相适应。在今天多元化的世界上,教育的性质和教育的目的自然也存在很大的不同。我国是社会主义国家,我国教育的性质是为社会主义现代化建设服务,为社会主义事业培养人才。我国的教育目的是培养德、智、体等方面全面发展的社会主义事业的建设者和接班人。我国的教育在培养本国人才时,这是惟一的教育目的。但对外国留学生的教育,则是一种不完全等同于本国学生的教育。对外汉语教育的对象是外国的学习者,他们在我国接受一定阶段的教育以后,主要是服务于自己的国家和社会。因此对外国学习者的教育不仅要考虑到我们的教育目的,同时还要考虑到外国学习者本人及其未来服务的国家和社会对教育的要求。如果忽视了这一点,那么外国留学生教育事业、包括对外汉语教育事业根本就无法开展。半个世纪以来我国对留学生教育的实践及我们所取得的正反两方面的经验表明,只要我们从加强各国之间、各国人民之间的合作与交流的愿望出发,遵循教育的客观规律,是可以在体现我国教育性质和目的的同时,兼顾外国学习者及其国家与社会对教育的要求,可以在两者之间找到平衡点——这就是培养全面发展的人才。

外国学习者不远万里来我国学习,他们的最大愿望是能学到所需要的文化科学知识和能力,能学有所成。汉语学习者总希望能利用中国的语言和文化环境,更好地掌握汉语、了解中国文化,学到他们在国内无法学到的东西。这实际上也是我们兴办留学生教育的主要目的。智育是我们学校和教师的一项根本教育任务,在这一点上教育者和受教育者的认识是一致的,目的也是共同的。在智育中应当坚持严格要求、热情帮助的原则,中外学生一视同仁。如果说有什么不同,则是因前期教育的差异和学生语言水平和文化心理的障碍,需要给予外国学习者更多的帮助。除了智育外,带有中国特色的体育,如中国的武术、气功、太极拳等;和带有中国特色的美育,如中国的绘画、书法、工艺美术、影剧、戏曲、杂技、烹饪、服饰、园林建筑、山水风光等,常常是外国学习者非常感兴趣并乐于接受的。至于德育,也是各国教育中不可少的组成部分。19 世纪近代国家的公共教育制度诞生后,法国、瑞士、英国、美国都开设宗教、道德课,在日本有修身科。19 世纪末 20 世纪初,美国、德国开设公民科、社会科,并开展公民教育运动。只是德育的内容由于社会形态和意识形态的不同,各国之间有很大差别。对在我国长期学习的外国学习者,特别是正处于成长时期的青少年,如果连一般公认的道德品质教育都没有,这是无法想像的,也未必是他们的国家和父母所期望的。当然,我们特别需要注意的是不能把对中国学生进行德育教育的内容和方法照搬给外国学生。应本着求同存异、不强加于人的原则,确定德育的内容。根据我们的经验,对外国学生的德育教育主要是进行勤奋学习的教育、遵纪守法的教育、良好道德的教育和团结友好的教育。这些方面都是不同国家学习者所能接受的。以良好道德教育为例,主要包括遵守公共秩序、爱护公物、保护环境、乐于助人、遵守时间、礼貌待人、尊重妇女、诚实守信等国际公认的社会公德和敬业、勤业等国际公认的职业道德。当然在长期的学习和生活过程中他们也不可避免地受到中国传统美德的熏陶,如谦恭礼让、尊老爱幼、尊师重道、勤劳俭约、孝敬父母、仁爱宽恕、修身自律等。对后者,应当作为中华文化的一部分向外国学习者介绍,使他们能自然了解,而不是强加给他们。对外国学习者的教育,应针对其特点、在不强加于人的原则下仍以德智体美为内容,目的是培养全面发展的人才。

二、对外汉语教学目的

教学活动是为实现教育目的服务的,从根本上来说,教学目的就是为了培养全面发展的人才。由于教学活动主要是从事文化科学知识和技能的传授和学习,因此又存在具体的教学目的。

对外汉语教学的教学目的应归纳为:掌握汉语基础知识和听说读写基本技能,培养运用汉语进行交际的能力;增强学习汉语的兴趣和动力,发展智力,培养汉语的自学能力;掌握汉语的文化因素,熟悉基本的中国国情和文化背景知识,提高文化素养。不同的学习阶段、不同学习期限在要求上应有所区别,但都应从这三方面来考虑教学目的。

1. 掌握汉语基础知识和听说读写基本技能,培养运用汉语进行交际的能力。

这是最直接、最根本的教学目的,体现了语言教学的根本任务。在讨论语言能力和语言交际能力时我们已谈到,语言交际能力是指在真实情景中运用语言进行社会交往的能力。培养语言交际能力的教学目的是由语言作为交际工具的本质特点所决定的,符合当今世界各国之间密切交往迫切需要语言人才的现实,同时也是学习者本身对学习第二语言所提出的要求,是兴趣、动力之所在。而对外汉语教学具有在汉语的语言环境中学习并运用作为第二语言的汉语这一特点,因而比其他情况下的汉语教学更充分地显示出把培养交际能力作为教学目的的必要性和可能性。比如我国的外语教学界曾进行过有关中学外语教学目的的讨论。在我国进行外语教学特别是中学阶段,由于缺少学习外语的自然语言环境和运用外语的真实交际情景,这种教学条件与真正达到培养语言交际能力的教学目的显然有相当的距离;再加上对具体使用"交际能力"这一概念,教学理论界还有不同的看法,因此在我国现行的外语教学大纲中根据不同的教学阶段对教学目的提出了分步要求。如《九年义务教育全日制初级中学英语教学大纲(试用)》中,只提出"为交际初步运用英语的能力";在《全日制高级中学英语教学大纲(初审稿)》中规定"初步运用英语进行交际的能力"。但学习语言是为了能交际,交际是语言教学的目的和方向——这一点是没有问题的。对外汉语教学所面对的学习者一般都有学会用汉语进行交际的动机;从来到中国的第一天起,生活就要求他们必须用汉语进行交际,周围的社会语言环境和课堂语言环境也为他们交际能力的培养提供了很好的条件。因此,对外汉语教学以培养交际能力为目的,已成为教师和学习者的共识。

语言交际能力包括语法(语言)能力、社会语言能力、话语能力和策略能力,因此要培养语言交际能力必须掌握汉语的基础知识和听说读写基本技能,以及语用规则和相关的文化知识。

2. 增强学习汉语的兴趣和动力,发展智力,培养汉语的自学能力。

语言学习是一个认知过程,也是智力活动的过程。智力包括观察力、注意力、记忆力、思维力、想像力和创造力等基本心理因素。在语言学习过程中必须发挥这些基本因素的作用,才能加速认知过程,取得好的学习效果。情感因素是非智力的心理因素,主要包括动机、态度、兴趣、情感、意志、性格等,在语言学习中也发挥重大作用。情感因素可以使学习不断产生动力,并在克服困难的过程中使学习活动得以坚持,直到达到学习的目的。在掌握目的语的过程中,由于教师有意识地采取适当的训练和辅导方法,加上学习者的积极配合,智力和情感因素都能得到锻炼和进一步发展。

汉语学习是一个长期的过程。在教师指导下的课堂学习毕竟是有限的,让学习者懂得如何独立地学习,掌握获取新的语言知识和运用语言的能力,不仅有利于学习期间取得好的效果,更会对其今后语言能力和语言交际能力的可持续发展产生难以估量的作用。自学能力的培养同样涉及到智力因素和情感因素,其关键是帮助学习者掌握学习方法。因此在教学过程中,教师不仅要帮助学生学会语言,更要帮助学生学会如何学语言。

3. 掌握汉语的文化因素,熟悉基本的中国国情和文化背景知识,提高文化素养。

学习汉语必须同时掌握一定的中国文化知识。应该说,中国的人文知识愈丰富愈能从深的层次上掌握汉语,发展高级的汉语交际能力。学习中国文化知识除了直接有利于汉语水平的提高外,还对提高学习者的文化素养和道德修养产生潜移默化的影响。优秀的中国文化是世界文化宝库的组成部分,是各国人民的共同财富。正如中国的学习者在学习外语的过程中不断吸取外国文化的优秀成分一样,外国学习者学习汉语也能从中国的优秀文化传统中吸取营养,有助于提高文化素养,培养美好的情操和高尚的人格。在这一过程中,同时也学会如何正确对待不同文化间的差异。外国学习者可以通过各种渠道获得中国文化知识。在对外汉语教学范围内,主要是掌握汉语的文化因素、基本的中国国情和文化背景知识。汉语文化因素包含在汉语的词汇系统、语法系统和语用系统中;中国国情知识和文化背景知识通过课文和有关语言材料获得。

三、对外汉语教学的课程设计

教学目的决定教学内容。选择教学内容并组织教学进程从而构建专业课程体系,是课程设计的主要任务。以课程设置为主要内容而制定的全面指导某一专业教与学活动的规范性文件,称为教学计划。对具体课程所制订的指导性文件,称为教学大纲。

1. 教学内容

第二语言教学是为了培养语言交际能力,这一教学目的决定了教学内容。从语言能力和语言交际能力的构成因素出发,吕必松曾提出语言教学的教学内容应包括“语言要素、语用规则、言语技能、言语交际技能和相关文化知识”。[①] 这样,对外汉语教学内容可以概括为四个方面:

(1) 语言要素(汉语语音、词汇、语法、汉字);

(2) 言语技能(汉语听、说、读、写);

(3) 言语交际技能(汉语语用规则、话语规则、交际策略);

(4) 相关文化知识(汉语的文化因素、中国基本国情和文化背景知识)。

语言要素通常指语音、词汇、语法三要素,根据汉语的特点需要加上书面语言的文字——汉字,这样就构成了语言的四要素。学习者需要掌握语言要素的知识,并能运用这些知识。言语技能就是指听、说、读、写的技能,言语技能以语言要素为基础,受语言规则的制约,保证言语的正确性。言语交际技能指用言语进行交际的技能,言语交际技能以言语技能为基础,不仅要求言语的正确性,还要求言语

---

① 吕必松(1996)《对外汉语教学概论》(讲义)。

的得体性,即在一定的语言环境中恰当地使用语言。因此,要获得言语交际技能除了掌握言语技能外,还必须掌握语用规则、话语规则和交际策略等。语用规则指在一定的语境下语言的使用规则,也就是在不同的交际场合,针对不同的交际对象,根据不同的交际目的对言语的内容、形式和应对方式进行选择的规则。语言交际一般都是以话语形式进行的,这就需要掌握一定的话语规则。语言的得体性还表现在恰当地使用交际策略。相关文化知识包括体现在语言系统中的文化因素、基本国情和文化背景知识。语言要素、言语技能、言语交际技能和相关文化知识就构成了语言交际能力的基础。这几方面的教学内容,比较全面地概括了语言的结构形式、功能意义以及与语言交际相关的文化;或者说概括了作为第二语言教学内容的知识和技能两个方面。

2. 课程设计

课程设计,简单说来就是制定课程。我们这里所指的课程是正式的教学科目,包括必修课、选修课以及课堂外的社会实践课等。课程设计是在教育目的和具体教学目的的指导下,从学习者的特点和需要出发,根据专业对知识结构和能力结构的要求,最优化地选择教学内容、组织教学进程,形成合理的、相互配合的课程体系。因此,课程设计不能只考虑教学内容一个方面,它涉及到对教学需求和教学条件的分析、课程与大纲设计理论的选择、教学目标、教学内容、教学进度、教学方法、教学评估和教学管理等多方面问题的确定,直到课程计划和教学大纲的制订。以教学条件分析而论,包括学习者的心理、生理特点如年龄、性别、性格,学习者的文化程度、目的语起点,其母语与目的语、母语文化与目的语文化的关系等,也包括教师的水平和经验以及学校具备的教学资源、设备、目的语环境等条件。以需求分析而论,要深入了解社会对学习者的需求和学习者本身的需求。社会的需求主要表现在对学习者知识结构和能力结构的要求,学习者的需求包括未来使用目的语的场景、方式、交往对象、达到的程度、目的语的语域、语体等。这些都是课程设计中要考虑的因素和不可缺少的环节。

对外汉语教学基础阶段的主要课程,大体上分为三类:

(1) 汉语技能课,又分为综合技能课(原称为精读课)和专项技能课(即听、说、读、写技能课)。

(2) 汉语言知识课,即语音、词汇、语法、汉字知识课。

(3) 中国文化知识课,包括中国基本国情、中国文化知识。

以北京语言文化大学汉语言专业(1998~1999年度)的课程设置为例,

汉语综合技能课有:初级汉语综合课(第一学年)、中级汉语综合课(第二学年)、高级汉语综合课(第三、四学年);

汉语专项技能课有:汉语听力、汉语读写、汉语阅读、汉语口语、汉语视听、写作入门(以上第一学年)。汉语听力口语、汉语泛读、汉语写作基础、中国报刊语言基础、新闻听力、翻译基础(以上第二学年)。汉语高级口语、汉语写作、中国报刊阅读、翻译(以上第三学年)。翻译、当代中国话题(以上第四学年)。

汉语知识课有:现代汉语语音、汉字概论(以上第二学年)。现代汉语词汇、古代汉语(以上第三学年)。现代汉语语法、汉语语法修辞(以上第四学年)。

文化知识课有:中国近代史、中国现代史、中国地理(以上第二学年)。中国古代史、中国现代文学史、中国文化史、中国哲学史(以上第三学年)。中国古代文学史、汉语古籍选读(以上第四学年)。

其他课程:中华武术(第二学年)、中文电脑编辑、实习、讲座、学士学位论文(以上第四学年)。

作为学历教育的专业课程设置,上述各类课程的安排比较全面、合理,反映了在长期对外汉语教学实践基础上的课程研究成果,对非学历教育的各类对外汉语教学也有参考价值。非学历教育的对外汉语教学课程设置,同样需要处理好不同教学要求、不同阶段各类课程的比重,要处理好语言知识课与言语技能课的关系、综合技能课与专项技能课的关系、语言课与文化课的关系、课内课程与课外课程的关系。这些关系也正是教学原则要讨论的主要问题。

3. 教学计划与教学大纲

教学计划是根据教育目的和培养目标所制定的全面指导某专业教与学活动的规范性文件。教学计划是以课程设计为核心的总体设计的具体体现,主要包括专业培养目标、学习年限、课程设置及其主要教学方式和学时分配。其中,课程体系是主要内容,教学计划也可以看做是课程设置的总体规划,决定该专业课程的结构与方向。教学计划常由国家教育行政部门组织制订,对有关专业的教学工作和教学活动提出统一的要求,因此教学计划是编制教学大纲和编写教材的主要依据,也是进行教学活动、评估教学工作的主要依据。

教学大纲是根据教学计划、以纲要形式制定的、对具体课程的教学目的、教学内容、教学进度和教学方法进行规范的指导性文件。教学大纲通常分说明、正文和附录三部分。说明部分阐明本课程的教学对象、教学目的要求、教学方式、本课程在专业中的地位和作用等;正文部分按课、章、节详细规定教学内容及其定量分级、主要教学环节;附录部分是各种教学参考资料和附表(如语言学科的词汇表、汉字表、功能项目表等)。根据语言教学的特点,有的教学大纲按语言要素分别制订,就有关方面的教学内容做出规范,如语法大纲、句型大纲、词汇大纲、情景大纲、功能大纲、意念大纲等。

教学计划和教学大纲都是教学工作指导性文件,教师在教学活动中应该严格遵守、认真执行。

由于历史的原因,80 年代以前,对外汉语教学主要是进行非学历教育的预备教育和短期教育,而且主要集中在个别(后来是少数几个)学校,因此制订全国性教学计划和教学大纲迟迟未能提到日程上来。但作为教学计划核心的课程设置,一直在当时主要从事对外汉语教学的北京语言学院进行探索。特别是 1975 年该校率先试办外国留学生汉语本科专业(当时叫现代汉语专业),更加紧了对课程设置的研究与试验。1975 年 8 月完成了《北京语言学院现代汉语专业教学试行方案》,在此基础上几乎逐年进行调整改进,不断对课程设置进行修订。1982年该校完成了《二年制文科班课程设置计划及有关问题(讨论稿)》,这是跟总体设计有关的第一个文件。北京语言学院的课程设置曾对全国各有关院校产生过一定的影响。随着对外汉语教学事业的发展,从事对外汉语教学的学校增多,各校在借鉴北京语言学院经验的基础上,也都对课程设置问题展开探索与试验,并发表了很多文章。由于各校办学情况差别很大,很难立即统一课程设置。直到80年代后期,对外汉语教学界才开始了标准与大纲的研制。1988年中国对外汉语教学学会组织研究、完成我国第一个《汉语水平等级标准和等级大纲》(试行),后来又由国家对外汉语教学领导小组办公室继续组织修订,于1992年出版了《汉语水平词汇与汉字等级大纲》,1995年出版了《对外汉语教学语法大纲》,1996年出版了《汉语水平等级标准与语法等级大纲》。北京语言学院(北京语言文化大学)90年代也继续加强这方面的研究,于1995年出版《中高级对外汉语教学等级大纲(词汇·语法)》(孙瑞珍主编),1999年出版《对外汉语教学初级阶段教学大纲》(杨寄洲主编。包括语法大纲、词汇大纲、功能大纲、情景大纲),《对外汉语教学中高级阶段功能大纲》(赵建华主编)。特别是1999年又推出《对外汉语教学初级阶段课程规范》(王钟华主编)和《对外汉语教学中高级阶段课程规范》(陈田顺主编),对初、中、高三个阶段近20门主干课程的性质、目的任务、内容要求、教学环节与教学方法的规范,进行了详细的阐述。

在以上研究成果的基础上,制订全国性教学计划和教学大纲的条件已经成熟,目前这方面的研制工作正在进行中。

第二节　对外汉语教学的基本教学原则

第二语言教学原则是人们从一定的教育和教学目的出发,在第二语言教学实践基础上、根据对语言规律、语言学习规律和语言教学规律的认识而制订的指导整个教学过程和全部教学活动的原则。科学的教学原则反映了人们对语言教学客观规律全面、正确的认识，成为教学活动必须遵循的基本要求，用来处理教学活动中各种矛盾和关系。因此，教学原则是教学法体系的灵魂。上一章所介绍的各种教学法流派，其差别和争论也主要体现在教学原则上。

一、确立教学原则的指导思想

对外汉语教学原则不是凭空确定的，而是理论与实践相结合的产物。教学原则是由一定的教学理论所决定的，而教学理论又是在语言学理论、心理学理论、语言学习理论、教育学理论、跨文化交际理论、哲学理论等理论基础上，对汉语教学本身的规律进行研究而形成的理论体系。因此确定教学原则必须从教学理论以及上述理论基础中寻找依据。另一方面，教学原则又是长期以来教学经验的总结，人们正是不断地在教学实践中发现、验证教学原则并加以完善。探讨教学原则，应该考虑到以下几个方面。

1. 从相邻学科中汲取理论营养

语言学理论为最直接的理论依据，对语言特征的看法（语言观）直接决定教学原则。比如，语言的交际功能决定了语言教学的根本任务；语言是一种符号系统决定了语言教学的诸要素；语言作为生成系统的特征决定了语言教学中规则的掌握与技能训练的关系。新发展的语言学分支如话语语言学、计算语言学、工程语言学等，也给教学原则的确定带来了新的启示。

心理学理论和语言学习理论所提出的第二语言学习中学习者的心理活动规律、个体因素的作用以及学习过程等，涉及到教与学的关系原则以及提高学习效果的一系列原则。最直接的影响还是来自教育学所提出的普遍教学原则，如第三章所提到的理论联系实际的原则、知识传授与智能发展相结合的原则、教师的主导作用与学生的主动性、自觉性相结合的原则、统一的培养要求与因材施教相结合的原则、系统性与循序渐进相结合的原则，直观性原则、巩固性原则、量力性原则等，对对外汉语教学都是适用的，应当结合汉语教学的特点，在教学原则中得到体现。跨文化交际理论决定了有关语言教学中揭示文化因素的教学原则。

2. 要研究第二语言教学的共同规律，更要研究汉语教学的特殊规律

汉语作为第二语言教学是整个第二语言教学的一部分。第二语言教学的共同规律，特别是经过其他语种的反复实践已被证明了的规律，如束定芳、庄智象所归纳的系统原则、交际原则、认知原则、文化原则和情感原则等五大基本原则，也是适用于汉语教学的；而今天第二语言教学的发展趋势，更值得我们关注。另一方面，对各种不同流派的教学方法，应以辩证的观点分析其长处与不足。应该看到，人们常提到的某些第二语言教学规律是以西方语言为基础的，不一定完全符合汉语的特点，需要通过汉语的教学实践加以检验；汉语教学本身又有很多特殊的规律（如汉字教学）需要我们自己来发现。因此在确定教学原则时，应该参考其他第二语言的教学原则，更主要的是总结我们自己的经验和研究成果，从汉语教学的实际出发，找出汉语教学自身的规律性。

这里要特别提到继承我国语文教学的优秀传统和吸取我国外语教学的成功经验问题。我国有数千年的语文教学传统，在春秋战国时期就已发现并贯彻如启发式、循序渐进、温故知新、学思结合、因材施教、教学相长等重要教学原则，并形成了像对文学名著的大量阅读和诵记、在熟练诵记的基础上活用等行之有效的教学方法。虽然这些原则和方法是用于母语文教学的，但对第二语言教学也极富于启发意义。我国外语教学界非常善于吸取国外第二语言教学成果，并结合以汉语为母语的学习者的特点加以创造性地运用，他们的经验同样对我们有启发意义。

3. 从学习者的实际出发，根据不同的教学目的灵活运用教学原则

教学活动总是受具体的教学目的、教学阶段、教学条件和学习者个体因素的影响和制约，采取简单划一的做法不仅是行不通的，而且会扼杀新教学方法的探索。何况在许多问题上我们的认识过程还未完成,许多看法还有待于实践的检验;而教学原则又随着社会的发展和科学的进步,本身也在不断发展。因此我们既要根据汉语的教学规律总结出一定的教学原则,体现我们学科的特色;同时又不应把它固定化、模式化,要容许以不同方式来运用这些教学原则,提倡教学方法的多样化。

二、对外汉语教学的基本教学原则

半个世纪以来,对外汉语教学园地上的几代耕耘者创造性地运用了普遍的教学原则和第二语言教学的基本原则,从自己的教学实践中不断加深对汉语作为第二语言教学规律的认识,同时也借鉴了国外各种教学法流派的经验,通过长期的探索和总结,归纳出以下对外汉语教学的基本教学原则。

1. 掌握汉语的基础知识和基本技能,培养运用汉语进行交际的能力原则

这是总则,体现了语言教学的根本任务和对外汉语教学的目的,上文已做详细论述。为了达到培养语言交际能力的目标,应当注意:

(1) 首先必须把语言当做交际工具来教和学,尽可能做到如交际法所提倡的"教学过程交际化",鼓励学习者创造性地运用语言表达自己的思想。同时并不排斥(特别是初级阶段)为了掌握语言形式并养成习惯、适当采取听说法所强调的句型操练等机械训练方式。

(2) 能力的培养离不开知识的掌握和技能的训练,语言知识的学习、语言规则的内化是形成语言交际能力必不可少的条件。因此,要重视基础知识的教学;但语言知识的教学要为培养言语技能和交际能力服务,通过练习把语言知识转化为技能和能力。

(3) 培养交际能力需要运用实际生活中真实的语言材料。即使在初级阶段也应选用一些与学生的水平相适应的"原文",到中高级阶段应更多地选用原文。但如果从一开始学习就把街上的店名、标志、火车时刻表、菜单等作为教材的主体,则是一种极端做法,不利于

初学者对语言的掌握。

2. 以学生为中心、教师为主导,重视情感因素,充分发挥学生主动性、创造性原则

这条原则是针对教与学的关系而提出的,是一条根本的原则。强调学生是学习活动的主体,“教”只有通过“学”才能起到作用;“教”必须为“学”服务。这条原则主要体现在:

(1) 从学生的特点和需要出发,制订课程计划、教学大纲并确定教学内容、教材和教学方法。学习的内容应是真实而实用的,“学以致用”才能提高学习者的学习兴趣。

(2) 研究学生的个体差异,因材施教,在学习方法上给予指导,培养学生的自学能力并不断激发学生的学习动力。

(3) 课堂要营造轻松愉快的气氛,加强趣味性;课堂教学多用启发式,发展学生的智力,体现以学生活动为主的积极性原则;建立融洽的师生关系,发挥情感因素的作用,排除学生心理障碍。

(4) 让学生参与设计教学活动,多听取学生的意见,并根据所得到的反馈不断调整课程计划,改进教学。

(5) 对待学生的偏误应采取严格纠正的态度,但纠错要根据其性质和发生的场合区别对待,注意方式方法。

在有“先生讲、学生听”、以教师为中心传统的我国,强调以学生为中心是十分必要的。另一方面,西方的某些教学法又走向另一个极端,只强调以学生为中心而忽视了教师的作用。我们认为在学校教育的范围里,在课堂教学的形式下,教师是教学活动的主体,仍要起主导作用。语言教师的主导作用主要表现在组织、激励、示范、参与和指导作用。教师要按教学大纲的要求钻研教材,确定教学方法,组织好每一节课;要了解自己学生的特点,不断排除学生的心理障碍,激励学生的学习积极性;在目的语的运用上成为学生模仿学习的榜样;在一切课堂教学活动中,能以平等的身份参与;在学生产生语言运用偏误时,认真给予指导。

这条原则的精神实质,还是充分发挥作为教学活动两主体的学生和教师的主动性和积极性。

3. 结构、功能、文化相结合原则

这是近年来我国学者根据从事对外汉语教学的经验,总结、研究得出的一条教学原则。"结构"是指语言的结构,包括语法结构和语义结构。"功能"指用语言做事,即语言在一定的情景中所能完成的交际任务(这里还有个"情景"问题。情景通常指一定的交际场合、交际对象和交际目的。功能离不开情景,总是在一定的情景中实现。在结构、功能、文化的大三角中,我们把情景作为功能的一部分来研究)。这里所说的"文化"也是指语言教学范围里的文化,主要是在跨文化交际中由于文化差异而影响到交际的语言文化因素以及目的语国家的基本国情和文化背景知识。这三方面概括了我们的主要教学内容,而这三者的结合又体现了我们的教学路子。70 年代初由威尔金斯的《意念大纲》引起的一场结构与功能之争,一直延续到今天尚未结束。我们认为结构与功能这对矛盾既是对立的,又是相互依存的。结构是用来表达功能的,功能离开了结构也就无法实现,在语言交际中两者是紧密结合在一起的。我们主张结构、功能、文化"三结合"的意思是:

(1) 结构是基础。国内外长期的汉语教学经验证明,从起始阶段开始的、通过系统的语言结构的学习掌握语言规则,是第二语言学习者较迅速地获得语言交际能力的关键。反之,初级阶段忽视结构教学或完全打乱结构教学的系统性,会给汉语学习带来极其不利的影响。

(2) 功能是目的。学习语言结构是为了交际,因而结构是为功能服务的,结构教学必须与功能教学紧密结合。这表现在:结构教学要重视组装规则以解决表达问题,而不是把重点放在结构的分析上;按人类言语活动从意念到言语形式的顺序,从功能出发进行结构教学,而不是按传统的从形式到意义的顺序、以教授结构为出发点;要突出功能的教学,既要考虑到结构的系统性,也要注意功能的系统性。

(3) 文化教学要为语言教学服务。文化教学是语言教学不可或缺的一部分。语义和语用的教学，作为语言交际能力一部分的社会语言能力、话语能力和策略能力的培养，都离不开文化教学。文化教学要紧密结合语言教学，着重揭示语言交际中的文化因素，介绍目的语国家的基本国情和文化背景知识。

结构、功能、文化的结合应贯串语言教学的始终。一般说来，初级阶段以结构为主，中级阶段要加强功能并巩固、扩展结构，高级阶段文化教学、特别是目的语国家国情和文化背景知识的教学分量应逐渐加大。

4. 强化汉语学习环境，加大汉语输入，自觉学习与自然习得相结合原则

语言交际能力不是仅仅靠课堂教学就能培养成的。语言环境的有无与好坏，学习者对目的语的接触面及目的语的输入量的多与少，都会直接影响到语言学习的效果。对外汉语教学虽然有使用目的语的自然环境，但如何有意识地利用语言环境促进语言的自然习得，还需要深入研究。

尽管对克拉申学习与习得的区分有不同的看法，但这一假说以及自然法、暗示法等教学法的经验，对我们还是有很大启示。既然事实上存在自然习得的现象，而且这种在语言运用中潜移默化的学习方式在培养目的语的语感、地道的语音以及言语交际技能等方面，能弥补从语言知识入手强调自觉掌握语言结构形式的正规学习的不足，我们就应该利用它，形成教学中的两条腿走路。在正规、自觉的课堂学习为主的情况下，自觉学习和自然习得相结合，以利于培养交际能力。为此必须强化汉语学习环境，加大汉语的输入，加强课外活动与社会语言实践并把它与课堂上丰富多彩的教学活动结合起来，更多地给学习者提供运用汉语的机会，形成课上课下、校内校外、学习与习得相结合的新教学体系。这将大大提高培养语言交际能力的效率。目前看来，不论是中国国内或海外的汉语教学，都需要加大学习者汉语的接触面和输入量。

5. 精讲多练,在语言知识的指导下以言语技能和言语交际技能的训练为中心原则

我们认为第二语言的获得,是“规则的学习”与“习惯的养成”两方面的结合。反映在课堂教学中需要正确处理理讲与练、知识与技能的关系。

“精讲多练”是60年代初北京语言学院教师总结出的一条对外汉语课堂教学原则。“精讲”是对教师的知识讲授而言,适当的理论知识和语言规则的介绍,对成人学习第二语言是必不可少的;练习也必须是在理论和知识指导下进行。知识不能不讲但要讲得少而精;讲解的方法,我们提倡归纳法,但也不排除演绎法。“多练”是指学生在课上、课下要进行大量的练习,培养语言运用的熟巧度。练习方法,我们提倡综合性、交际性的练习,但也需要单项练习。“精讲多练”体现了我们长期以来主张的“实践性”原则。

鉴于语言课首先是技能课、工具课,所以语言教学应体现以技能训练为中心的原则。根据目前学生入学时语言水平普遍偏低的情况,这一原则至少在培养汉语专门人才的汉语言专业,应从初级阶段一直贯串到中、高级阶段。这里所说的技能训练,不仅仅指听说读写言语技能训练,而且为了培养交际能力,还需要进行有关语用规则、话语规则和交际策略的言语交际技能训练。

6. 以句子和话语为重点,语音、语法、词汇、汉字综合教学原则

这条原则涉及语言要素的教学。语音、语法、词汇的教学可以在不同阶段有所侧重,甚至采取语音教学阶段、语法教学阶段等分阶段教学的做法。但语言诸要素只有组成句子或话语时,才能较好地发挥交际工具的作用,所以我们主张以句子和话语这两级语言单位为重点,语音语法词汇综合教学。句子是语言交际中表达完整意义的最基本的运用单位,是语音、语法、词汇的综合体。长期的教学实践也证明通过句型能较好地掌握语言的组装规则。因此从第二语言教学的角度考虑,句子仍应是教学的重点。随着话语语言学的兴起,人们对言语活动的研究更加深入,认识到第二语言教学中除了传统的句子操练外，还需要加强话语的训练。话语教学是一个新的研究领域，目前已有的研究成果还难以运用到教学中去。与这一问题相关的是，在进行单项训练时，要重视发挥体现语言整体运用的课文的作用。

7. 听、说、读、写全面要求，分阶段侧重，口语、书面语协调发展原则

这条原则涉及听说读写四项基本技能训练的关系，和口语与书面语学习的关系。传统教学法，一派强调读写能力的培养，强调书面语的掌握；另一派则强调听说能力的培养，强调口语的教学。我们认为四项技能、口语与书面语互相促进、互相制约，都是语言交际中不可缺少的。因此我们主张全面要求、协调发展，但不同学习阶段侧重点又有所不同。初级阶段突出听说或者适当的听说领先，特别是强调听力理解，是符合语言学习规律的；但由于汉字认写这一特殊问题，汉语教学从一开始就不能放松读写，而要紧紧跟上。中级阶段听说读写并重。高级阶段侧重读写，但听说训练仍要紧抓不放。在语体上，初级阶段既不宜过于口语化（不利于掌握基本结构），也不宜过于书面语化（难于掌握，也缺少现实的交际价值），要注意学习口语和书面语都能用到的“中性”语体。从中级阶段后期开始，加强两种语体的区分和转换。高级阶段要特别加强书面语的教学。

针对不同对象、不同学习目的和不同学习期限，听说读写和口语、书面语的侧重也应有所区别。

8. 利用母语进行与汉语的对比分析，课堂教学严格控制使用母语或媒介语原则

这条原则涉及目的语的教学与母语或媒介语的关系。以联想主义心理学为基础的直接法，强调在第二语言教学中，目的语与客观事物直接联系，无论是言语的理解或表达，都应避免依赖母语的翻译过程，强调培养用目的语思维的习惯，这是正确的。但母语的存在是一个事实，母语对目的语的迁移作用也是无法回避的。问题是如何发挥母语的积极作用而消除其不利的影响。

利用母语或媒介语,主要指在教材编写和教师备课中进行语言对比分析,以确定教学重点;同时也是指在十分必要的情况下,教师在课堂上可以少量地用母语或媒介语进行难点讲解。但课堂上教师对母语或媒介语的使用必须很好地控制,能不用就不用。大量地用母语来讲解语法、通过母语来学习汉语或中国文化,决不是语言教学理想的做法,也难以培养运用汉语进行交际的能力。至于学生在课堂上则应严格体现"沉浸法"的精神,尽可能用目的语,除了必要的翻译练习外,不使用母语或媒介语。

9. 循序渐进,螺旋式提高,加强重现原则

本原则涉及教学内容的编排顺序问题。语言教学,不论是结构、功能还是文化,都应体现由易到难、由近及远、由具体到抽象、先简后繁、先一般后特殊、循序渐进的原则,便于学生学习。由于语言知识和技能的掌握不可能一次完成,在教材编写和课堂教学中都应采取循环往复、加强重现、以旧引新、逐步深化、螺旋式提高的原则。传统的对结构、功能做线式安排,不讲究重现率的做法,已被实践证明是不符合语言学习规律的。

10. 加强直观性,充分利用现代化教学技术手段原则

语言教学要充分利用直观手段,如教具、图画、照片、实物和动作等,帮助学习者理解学习内容并加深印象,也有利于调动学习者的学习兴趣。随着科学技术的进步,现代化的教学技术手段已成为第二语言教学的重要组成部分。目前,汉语教学的主要资源仍只局限于教科书,主要的教学手段是靠教师的讲和练。与主教材相配合的阅读、听力教材不多,至于录音、录像、电脑、多媒体辅助教材就更少,网上远距离教学还在研制中。这种状况不利于汉语教学水平的提高。现在亟须研究如何从汉语的特点出发,充分利用现代化教学技术手段。

以上十条原则,大体上提出了解决汉语教学中各种矛盾的办法,也从不同侧面勾画出我们对外汉语教学法体系的轮廓。

第三节　对外汉语教材的编写与选用

一、教材的重要性

教材是教师教学和学生学习所依据的材料，与教学计划和教学大纲构成学校教学内容的有机组成部分。在教学活动的四大环节中，教材占有很重要的地位。它是总体设计的具体体现，反映了培养目标、教学要求、教学内容、教学原则；同时教材又是课堂教学和测试的依据。因此，在第二语言教学中教材起着纽带的重要作用。教材体现了语言教学最根本的两个方面：教什么和如何教。教材水平的高低不仅能反映教学理论和教学法研究的深度，而且在很大程度上决定教与学的效果。有人把教材比作剧本，剧本是一剧之本，演员和导演凭借好的剧本才能演出有声有色的好戏来。教员也需要好的教材，才能上出好的课来。没有好的教材，就好比是无米之炊，高手也难以施展。

教材不仅在教学活动中占有重要地位，而且在学科发展中也发挥着特殊作用。教材来自教学第一线，又直接运用于教学第一线，接受课堂教学的检验。通过教材的使用，还能反馈教学效果，引起对教学大纲和教学理论的进一步思考。一种新教学法或教学理论的提出，往往需要通过代表性教材来加以体现和传播。如人们一提到功能法马上就会想到《跟我学》。教材可以看做是教学理论研究和第二语言教学学科发展的前沿阵地和突破口。

狭义的教材指教科书，广义的教材除了教科书外还包括教学参考书、讲义、讲授提纲、图表、各种教学音像资料等。有人认为随着音像教学、电脑教学的发展，特别是使用真实的教材如菜单、火车时刻表等，教材的作用就会大大降低，甚至根本不需要教材了。这种看法未必正确。音像、电脑教学也得有教材。即使全部用真实的语言材料，也得去编选，用到教学上就成了教材。教材的内容和形式可以变化,但只要有教学活动,教材的重要性总不会改变。

二、教材的依据

编写一部好教材,要求编者对本专业的教学内容有广泛的了解和深入的研究。要有较深的教学理论修养,还要有丰富的教学经验。对学习者有很好的了解,才能把握住本课程的教学要求和教学特点,并能以此为依据选取最合适的材料,做出合理的安排。好的教材是学术性和艺术性很好的结合,体现了编者在教学内容和教学方法方面的研究成果。强调这一点是因为教材编写工作还受到轻视,或者把它看做是轻而易举的事而采取轻率的态度。

教材的依据是什么?

(1) 语言学、心理学、教育学是理论基础。教材编者要具有理论语言学、心理语言学、社会语言学、心理学、教育学等方面的理论知识,并用以指导教材的编写。比如,确定作为教学内容的语音、词汇、语法,要受一定的语言学理论的指导;如何进行听说读写四项技能的训练,教材各个环节如何安排才有利于学习者的理解、记忆、掌握,都要受心理学、教育学理论的指导。

(2) 语言教学理论和学习理论是直接理论依据。编写教材一定要受某种教学法理论、特别是教学原则的指导;每种教材也总是体现一定的教学法或受到多种教学法的影响。在编写教材时还要充分考虑到学习理论,如中介语理论、可理解的输入、学习者的个体因素等。

(3) 目的语语言学和目的语文化是教材内容的源泉。确定教材的内容需要有目的语的语法大纲、词汇大纲、功能大纲、文化大纲等,以解决语法、词汇、功能、文化等方面的定量与分级问题。

(4) 教学计划与教学大纲是教材编写的直接依据。教材必须遵循作为总体设计成果的教学计划与教学大纲所做的规范。

三、教材编写和选用的原则

上一节所谈的十项教学原则,也是教材编写和选用的原则。结合教材的特点，还可以概括为“五性”：针对性、实用性、科学性、趣味性和系统性。

1. 针对性

教材要适合使用对象的特点。最基本的特点是，不同母语、母语文化背景与目的语、目的语文化对比所确定的教学重点不同。此外，还有不少其他特点。

（1）学习者的年龄、国别、文化程度特点。给儿童编的教材与给成人编的教材在内容和方法上不能相混；给美国学生编的教材无论就语言教学或文化因素教学重点，均不适用于日本学生；给研究生、学者编的教材，也不同于给受过初、中等教育的一般文化程度学习者编的教材。

（2）学习者学习目的的不同。为了专业目的正规的学习与为了某种实用目的临时性的学习有很大区别。为汉语言专业学生编写的教材，要强调知识的系统性，强调扎实的基本功；为旅游者或临时来华的工作人员编写的教材，则着重解决实用问题而无需系统知识的学习。前边还谈到为不同专业目的编写的教材，如文科汉语教材、理工科汉语教材，也是为了加强针对性。

（3）学习者学习的起点不同。根据学习者原有的目的语水平，可以分为初、中、高三级教材。

（4）学习时限的不同。指总的学习时限和周课时，教材所要达到的目标必须在时间许可范围之内。短期班不能用长期班教材，强化班也不宜用普通班教材。

过去由于教材的种类比较单一，存在着一套教材（特别是比较优秀的通用教材）用来应付各种局面的现象，甚至中学生与大学生用同一套教材。不针对学习者的特点，无的放矢，必然影响到学习效果。另一方面，学习者的情况千差万别，不可能根据每种情况都去编专用教材。针对性不是绝对的，只能针对上述大的类型，逐步分别编写教材。通用教材也不会就此消亡。为了更好地解决针对性问题，交际法采用单元学分制，除了共核部分外，其他部分有平行材料可供学习者根据需要选用。也有学者主张设计板块式教材,板块间的组合有一定的灵活性,也能为学习者留下更大的选择空间。

2. 实用性

第二语言教材不同于语言学教材,主要用于培养语言技能和能力;语言知识要通过教学转化为技能,是为培养能力服务的。因此,教材的实用性十分重要,也只有实用的教材才能激发学习者学习的积极性。实用性主要体现在:

(1) 教材内容要从学习者的需要出发,是学习者进行交际活动所必需的,是在生活中能马上应用的,也是学习者急于要掌握的。要避免无实际意义、无使用价值或者只是为了例解语法点的"教科书语言"和"教室语言"。

(2) 语言材料必须来源于生活、来源于现实,要有真实性。从初级阶段开始就应该根据学生的语言水平适当选用一些目的语真实材料。要提供尽可能接近生活的真实语言情景,主要是目的语环境的情景,也应适当提供母语环境的情景。

(3) 要有利于贯彻精讲多练的原则。既要提供必要的理论知识,更要提供大量的、充分的练习。练习是获得技能和能力的主要途径之一,是教材中的主要部分。练习要生动有趣,在形式和层次上要多样化。

(4) 要有利于开展交际活动,使教学过程交际化。

3. 科学性

针对性、实用性以及后面谈到的趣味性、系统性也都属于科学性的范围。这里要特别强调以下几点:

(1) 要教规范、通用的语言。我国规范、通用的汉语是普通话,规范、通用的标注音素读音的符号是《汉语拼音方案》,规范、通用的汉字是我国正式公布的简化字。对外汉语教材都是利用拼音方案,使用简化字,教普通话。为了特殊的需要,才会教某种方言(如广东话)。在高年级为了从实际出发培养听力,可能有意识地安排带方言味的普通话听力训练。考虑到海外华人社会的现实需要,一般教材都附有繁简字对照表。

（2）教材内容的组织要符合语言教学的规律。顺序的安排要循序渐进，做到由易到难，由简到繁，由浅入深。题材内容也应从日常生活交际开始，由近及远，逐步扩大到社会生活、政治经济、文化传统等。新词语和语法点要分布均匀、合理，难点分散。要特别注意词汇和句型的重现率，循环复习，加强记忆。

（3）对语言现象（语音、词汇、语法、语义、语用等）的解释要注意准确性，避免造成对学习者的误导。

（4）教材内容要反映出学科理论研究的新水平，及时更换陈旧内容。另一方面，语言研究的新成果进入教材，又要持慎重态度，这也是科学性的体现。

4. 趣味性

教材内容和形式生动有趣，能吸引学习者，使学习者产生学习兴趣和动力，让相对说来比较枯燥的语言学习过程变得轻松愉快。教材的趣味性是十分重要的原则，也是长期以来教材编者感到难度最大的原则之一。尤其在初级阶段，加强趣味性往往被认为只有增加教材的难度才能做到；或者与此相反，把儿童教材中有趣的东西简单地搬到成人教材中，使成人教材内容“稚化”（这不同于暗示法主张的学习者课堂活动方式的稚化）。趣味性也不能仅仅理解为说几句笑话、俏皮话，讲几个幽默故事。教材中适当穿插一些笑话、幽默是必要的。但同时要考虑到，由于文化差异，我们觉得可笑的东西，外国学习者未必都能理解和欣赏，正如对外国幽默我们也不一定都能心领神会。由于历史传统、民族习惯、宗教信仰等因素的影响，某种文化的幽默甚至会成为另一种文化的禁区。像我国传统笑话中常出现的醉鬼、近视眼、和尚尼姑、小老婆、打手心等内容就不宜用于西方学生特别是中学生的教材中。那么，如何体现教材的趣味性呢？这是一个需要加强研究的课题。

（1）教材的趣味性与教材的实用性、交际性紧密相关。尤其在初级阶段，要紧密结合学生的生活与交际，使教材的内容正是学习者所需要的。需要的东西自然愿意学,课上学的东西课后马上就能在交际中运用,就会觉得有兴趣。反之,学习者认为没有用、不需要的东西,就不可能产生兴趣。

(2) 教材内容要反映现实,是学习者所关注的话题。像恋爱、婚姻、家庭、妇女、教育、犯罪、环境保护、老龄化社会、最新科技等话题都是年轻人所关心的,学习者都有自己的看法想要表达。到了中高级阶段愿意在一起讨论,特别是用目的语表达,会有更大的兴趣。

(3) 教材内容要逐步加大文化内涵,多方面介绍目的语文化。汉语学习者一般对中国文化和社会现实感兴趣,这种兴趣甚至可能成为他们学习汉语的动力。特别是中高级语言教材如能有丰富的文化含量,本身就体现了浓厚的趣味性。前边已经谈到,文化内容的介绍要考虑到学习者的可接受性。一些千百年来对一代代中国人来说脍炙人口的历史故事,未必使今天的外国学习者产生共鸣。比如有的海外华文教材中曾出现"投笔从戎"、"刮骨疗毒"等篇目,就由于离现实太远,而使外国学习者感到无法理解,更引不起学习的兴趣。

(4) 多样化是形成趣味性的重要因素。在语言教学需要的前提下,特别是在中高年级,除了题材多样化外,应注意体裁和语言风格的多样化。还要提供丰富多彩的练习方式,如游戏、对话、扮演角色演剧等。

此外,教材版式设计活泼醒目,装帧美观大方,插图生动风趣等等,也是使学习者对教材产生兴趣的重要因素。

5. 系统性

教材系统性涉及到很多方面。首先是指教材内容在基本知识介绍和技能训练方面,也就是语音、词汇、语法、汉字等语言要素和听、说、读、写言语技能的安排方面,要平衡协调、有一定的章法。学生用书、教师手册、练习本、单元试题各部分要分工合理,相互呼应。纵的方面,初级、中级、高级不同阶段教材要衔接;横的方面,综合技能课与听、说、读、写专项技能课教材要配合。还要考虑图片、幻灯、声、像、电脑辅助教材的提供。从而形成系列的、立体的教材体系。

以上“五性”是编写和选用对外汉语教材要遵循的原则，也是评估对外汉语教材的标准。

四、教材设计的类型

对外汉语教材的类型，可以从教学类型、课程类型、水平等级、学习者特点、母语特点等不同角度来区分。本小节主要从教材编写的角度，即教材如何编排教学内容来分，主要谈教材编写体例和教材遵循的教学原则两个方面。

1. 按教材的体例分

（1）综合型和分科型。80 年代以前的教材大都是综合型教材，即主要用一套课本培养学习者的语言知识和言语技能。如《汉语教科书》、《基础汉语课本》、《实用汉语课本》等，在一本书中包括了语音、词汇、语法、汉字要素和听说读写技能。这种综合型教材的长处是语言要素、言语技能在一本书中能紧密配合、协调安排，利于综合性训练。这种教材常常由一位教师教授。教师可以根据学生学习和掌握语言的具体情况，机动灵活地调整讲练的项目和训练方法，随时按需要增减听说或读写操练；技能训练围绕同一材料进行，有利于相互配合，精讲多练。缺点是四项技能集中于一门课、一位教师，对教师的经验和水平的要求较高，弄不好常常顾此失彼，各专项技能也可能得不到专门的训练。而且，一本教材也必然限制了大量语言材料的输入。

80 年代以来，由于实施按专项技能训练开设课程，因而也就出现了一批按技能编写的分科型教材。最早如《初级汉语课本》、《现代汉语教程》、《科技汉语教程》等，这些教材都分为听说课本、读写课本、听力课本、说话课本、听力练习本、汉字练习本等，有的以一本教材、或读写或听说为主干，其他各本相配合；有的则为几本平行教材，其间有语法和词汇的“共核”，各平行教材在着重训练某项技能的同时，又能复习巩固这些共核，并在教学内容上有所增加和扩大，而且学习者能接触到更多的语言材料。所以，分科型教材既能使每项技能得到充分的训练,其共核又能从不同的角度得到重现与巩固。但分科型教材也要注意,专项技能分别训练容易使四种技能割裂开来,削弱之间的联系,而交际中是很少运用某一单项技能的。同时开设几门平行课,需要处理好它们之间的关系,有的教材就因为平行课的配合问题而在实践中产生很大困难。此外,只有当学习者获得一定的语言运用能力时,才谈得上分科训练;开始阶段很难、也不宜进行分科教学。针对这一情况,90 年代又强调了综合技能课与各门专项技能课组成的语言技能训练课程体系。

需要说明的是,早期的综合型教材,现在也没有完全过时。在国外,特别是汉语作为第二甚至第三外语的情况下,周课时也极少。一个班只有一名教师,不可能进行多种教材和课型的技能训练。使用一本综合型教材仍是比较适合的。

(2) 单课制和单元制。单课制的编排方式是一课一个单元,几课以后有一综合复习。单元制是由几课内容或几种技能训练组成一个单元,一本书分若干单元。划分单元的方法,按语言结构分,相关的语法点组成一个单元,既避免了单调地、不自然地重复某一语法规则,也有利于学过的语法点在单元内各课的循环复习。有的则按内容或话题来划分,几课相近的话题或内容组成一个单元,如日常生活单元、旅游单元、文艺单元、历史单元等,有利于学习和运用相关的词语,能对表达某一方面的内容集中训练。也有从技能的角度分单元,在同一单元中安排听说读写多项技能训练。

单课制和单元制各有其作用。一般说来,开始阶段以单课制为宜。这一阶段学习者需要尽快掌握一些基本结构,多接触一些不同话题的基本词语(主要是日常生活方面的)。单课制话题变换较快,而且脉络清楚,要求明确,适于初级阶段学习。在此基础上,初级阶段后期或中级阶段开始采用单元制,融会贯通,有利于培养综合运用语言的能力,也便于重点结构和词语的重现和巩固。

(3) 直线式和螺旋式。这是指教材的语法结构或话题内容排列的方式。直线式安排就是将语法点或句型按难易排列,从第一课开始一课教一个或几个语法点,直到最后一课。除了在课文中重现外,同一语法点除个别因用法较复杂而分作连续几课介绍外,作为讲练的重点一般不会出现两次。迄今为止,大多数对外汉语教材都采用这一方法。但这种方法的缺点十分明显。编者企图一次就把某一语法点介绍清楚,并设想学了这一次,学习者就能基本掌握该语法点。这种一个问题一个问题依次解决的方式不符合语言学习的规律。掌握语法结构的过程需要循环往复。直线式的另一个缺点是按难易程度安排语法点往往是主观的,而且与学生的实际需要脱节。学生急于要运用的形式可能安排得很后,而尚未学到的语法点必须避免在课文中、练习中和交际中出现。以"了"为例,如果安排在第 25 课,那么前 24 课中就不能出现"了",这样必然造成语言的不自然和交际的不真实。"把"字句因较难掌握,一般安排到最后,如果一学期能不用"把"字句(实际上是不可能的),只能给学习者这样的暗示:这种句型用处不大,使用机会不多,因而也为学习者的回避策略找到了依据。在国外周课时较少的情况下可能第二学年才能学到,这样,只选修一年汉语的学习者(极而言之)就可能永远没有机会学"把"字句。

交际法主张的螺旋式安排,也叫圆周式安排。即将话题和句型结构根据交际需要并适当照顾难易度分成几个圈,每圈都将主要话题和句型结构出现一遍,而圈与圈之间又逐步加深难度,呈螺旋式上升或是同心圆扩大之势。这样安排既能使学习者在较短的时间(一圈中)接触较多的话题和句型结构,便于及早地运用和交际,又能使同一话题和结构多次出现,反复巩固加深,符合认知规律和第二语言学习的特点。螺旋式安排应是今后教材编写的主要方法。

2. 按遵循的主要教学原则分

(1) 课文型。以课文作为语言教学内容的粘合剂,以讲授课文为主,通过课文学习语言结构和词语。课文常常是原文(或稍加改写的原文),语言地道。课文又分为叙述、说明、描写等不同体裁,体现不同的语言运用特点。其优点是,在一定语境、一定文化背景中学习语言,整体认知,有利于培养话语能力和综合运用语言的能力。其缺点是语言要素和言语技能的训练不易突出,不适宜初级教材。传统的教材常采用这种以课文为中心的方法,今天也有教学理论强调课文的作用。这一类型教材比较适合于中高级阶段。

(2) 结构型。以结构为纲,根据语法或句型结构的难易程度和词语的分布安排教学内容及其顺序。听说法教材比较充分地体现了结构型的特点。这类教材强调对句型反复操练,养成习惯。其缺点是对语言的交际运用重视不够。

(3) 功能型。以功能为纲,根据功能项目——用语言完成的交际任务——的常用程度安排教学内容及其顺序,不考虑或较少考虑结构的先后。交际法教材有一类是典型的功能型教材。这类教材强调培养语言交际能力,缺点也正是交际法所存在的问题:对功能的研究还很不成熟,功能与结构的结合尚未得到很好的解决,容易忽视对语法结构的系统掌握。

(4) 结构—功能型。结构与功能相结合,以结构安排为基础,同时考虑到结构所表达的功能,使结构应用于一定的功能。比较适合于初级阶段的第二语言学习。这是 80 年代以来我国对外汉语教材编写的主要路子。目的是为了弥补纯结构型和纯功能型教材的不足,并吸取两者的优点。但这类教材也未能很好地解决结构与功能的结合问题,容易让结构成为支配的因素,功能则成为附属,可有可无。

(5) 功能—结构型。在结构与功能相结合中,由功能占支配地位,在一定的功能项目下教结构。这一类型比较难照顾到结构的系统性,对已初步掌握语言结构的中级学习者比较适用,而不宜用于初级阶段的学习者。功能—结构型与结构—功能型各有特色,适合于不同的学习对象,两者可以并驾齐驱,而对前者尤其要加强研究并体现到教材编写中去。

(6) 话题型。话题是指会话的中心内容,如天气、家庭、职业、爱好等。话题型教材以话题为纲安排教学内容,在话题中常常突出一定的功能和结构,体现出综合性。由于话题大于功能,能包括几个功能,因此选题比较灵活,不受功能的限制。课文在话题型教材中起重要作用,因而能体现出一定的情景与文化,有利于培养综合运用语言的能力,培养交际能力。另一方面,以话题为纲,功能和结构的系统性均难照顾到。这一类型特别适合于初级阶段以上的口语教材,直至高级阶段的热门话题课。

(7) 文化型。以文化知识为纲、结合语言教学编写的教材。文化知识指跨文化交际中与母语文化对比所显露出的文化差异。这类文化差异常常造成交际障碍。但这类教材必须与语言教学很好地结合,否则就成了文化教材而不是第二语言教材。这种类型在其他第二语言教材中有不少试验。对外汉语教材中按这个路子编写的还不多。今后也应该加强这方面的研究。

五、我国对外汉语教材的发展

对外汉语教材建设是本学科建设中成绩较为显著的领域之一。50 年来正式出版了三百多部对外汉语教材,基本上满足了国内对外汉语教学的需要。有的教材为海外的汉语学习者所采用,成为世界上影响最广的汉语教材。教材建设所取得的成就不仅表现在数量上,还表现在我们在总结几十年来教材编写经验基础上,进行了教材编写研究,发表了大量论文和著作,正逐渐形成自己的对外汉语教材编写理论。

回顾半个世纪对外汉语教材发展的历史,我们已经走过了 50 年代到 70 年代的结构法教材时期,和 80 年代到 90 年代的结构与功能相结合教材时期,现在正跨入结构、功能、文化相结合时期。下面就前两个时期中影响较大的教材及其在教材发展中所起的作用,做一简述。

1. 结构法教材时期(50～70 年代)

结构法教材指以语言结构(语法)为纲的教材。对外汉语教学结构法教材强调理解和掌握语法规则,并在基本语法知识的指导下培养听说读写基本技能。

新中国的第一部对外汉语教材《汉语教科书》(邓懿等编写)在经过较长时间的试用后于1958年正式出版。这部教材比较典型地体现了我国结构法教材的特点:教学内容以语法为纲,以词汇、语法为中心,重视系统的语言知识的讲授(初期教学中曾用母语翻译),采用演绎法通过大量的练习掌握语法知识。与传统的语法翻译法不同的是,在重视语法知识系统性的同时又特别强调听说读写技能训练,这一点又明显受到听说法的影响。这说明我国对外汉语教学从一开始就注意创造性地、综合地吸取各种教学法的优点而且特别重视体现汉语作为第二语言教学的特点。这套教材的最大功绩在于把汉语作为第二语言的教学从汉语作为母语的教学中分离出来,从外国人学习汉语的实际出发,第一次提出了独具特色的对外汉语教学语法体系。这个语法体系在语法点的选择、切分与编排方面,在通过对比确定教学重点方面,都体现了与传统的、作为母语的汉语语法体系完全不同的对外汉语教学语法体系的特点。这一体系一直影响着后来编写的各套基础汉语教材。这部教材的缺点是语法知识过于繁琐(两册共介绍196个语法点),由于历史的局限性,课文内容也比较单调枯燥,当时也还不可能提到培养语言交际能力的问题。

1971-1972年出版的《基础汉语》(赵淑华、王还主持编写)和与之衔接的《汉语读本》(许德楠、张维主持编写),是在60年代初北京语言学院的试验教材基础上编写的(当时的教学改革试验由于文革而中止)。实际上反映了60年代前半期贯彻“实践性原则”和“相对直接法”(从一开始就不再用母语翻译)的教学特点,并用来取代文革中遭到批判的《汉语教科书》。《基础汉语》大大压缩了《汉语教科书》的语法点(只有105个),语法注释简明扼要。该书突出基本句式“范句”的教学,通过大量练习以掌握范句所体现的语法规则,从而减少语法知识的讲解,这就向句型教学前进了一步。由于该教材反映了中国当代的语言和文化、社会方面的新鲜内容,而且采用汉语拼音和简化字,这些特点使它在国外产生了一定的影响。一段时期内,不少国外院校把它选作教材,美国和加拿大还为它编写了视听课本和自动化教学程序。《基础汉语》仍是以语法为纲，未能克服汉语教科书重结构形式、轻语言运用的根本缺陷。大部分课文和例句内容仍是学校生活，局限在教室—食堂—宿舍的小圈子里，不能满足学习者用汉语进行更为广泛的交际活动的愿望。正如国外的书评所说，学了两册书以后，美国学生如在校园中遇到一位中国姑娘，除了"同志"一词外不知道如何称呼她。

在国内外语专业教学普遍试行句型教学法的影响下，北京语言学院复校后在编写的供校内使用的教材中，开始了句型教学的试验，这就是1974年开始编写、经过校内试用、于1977年修订出版的《汉语课本》（李德津主持编写）。这套教材的最大特点是用句型代替了范句。通过句型替换练习，学习者可以较熟练地掌握汉语的基本句式结构。比起死记硬背孤立的范句来能收到更好的效果，而且有利于加强听说训练。这套教材进一步淡化语法理论的讲解，语音语法知识都是以注释的形式出现。语音阶段采用了跟历来教材不同的做法，强调通过语流学语音，并且把传统的语音、语法、短文三个阶段打通，使语音、语法教学贯串一个学年的始终。每课课文提供了一定的情景，大都是对话体，有利于加强口语教学。课文内容开始突破学校生活的小圈子，在"开门办学"思想指导下把语言情景扩大到社会上去。但由于文革中极左思潮的影响，在尚未克服以前教材脱离生活实际倾向的情况下，又大量塞进了当时极左的政治内容和口号，使我们教材中早已存在的生硬政治说教的毛病又恶性发展。甚至在初学者还没有接触到"牛奶"、"面包"这些日常生活词汇之前，就先学"军宣队"、"工宣队"等词语，严重地违背了语言教学规律，也很难为外国学习者所接受。这也是该教材正式出版时，因"文化大革命"已经结束，也就无法使用下去的原因。尽管如此，《汉语课本》所进行的教学法方面的探索，还是很有意义的，为以后教材的编写提供了宝贵的经验教训。

1980年出版的《基础汉语课本》（李培元、任远、赵淑华等编著），正是以《汉语课本》为蓝本编写的。但它摈弃了后者的极左的政治内容,而继承其在语音教学、句型教学、练习以及编排体例方面的长处,而且在加强语音教学,加强语法教学的系统性、科学性,以及加大练习量方面,又有很大的发展。可以说《基础汉语课本》集中了以前各套对外汉语教材的优点,成为结构法教材时期的集大成者,代表了80年代以前我国对外汉语基础教材的最高水平,“它是到那时为止按照结构法的路子编写的一部最成熟的教材。特别是语法点的编排和解释把研究成果和教学经验融为一体,其科学性、针对性都是以前的教材所无法相比的。”①

对外汉语教材从50年代至70年代经过30年的探索,总共出版约10部。尽管数量不算多,但由于每部教材都是精心制作,每一部都在前一部的基础上有所发展,使我们在编写结构法教材方面积累了较为丰富的经验,并达到了相当的水平。像最早的《汉语教科书》和后来的《基础汉语》、《基础汉语课本》,不仅当时在国内被广泛采用,而且在国外也产生了很大的影响,成为我国第一批走向世界的对外汉语教材。但是由于纯结构法教材本身所带有的过分偏重语言结构形式、忽视语言交际功能这一根本弱点,使这些优秀教材也无法避免内容过于狭窄,离不开学校生活圈,语言不够自然、真实,交际性、实用性差等缺陷。尽管在编教的指导思想上强调了实践性原则,但实际上也只能做到训练一定的听说读写技能,难以达到真正培养交际能力的目标。因此70年代末、80年代初,一个新的探索、改革的热潮开始形成,教材编写进入了第二个时期。

2. 结构与功能相结合教材时期(80～90年代)

70年代中期功能法(交际法)从国外传入,大大拓宽了我们的思路,引起了我们对语言教学一个极其重要的方面——功能的重视,并开始对它进行研究,提出了把结构和功能结合起来的设想。在引进功能法理论的时候,并没有走向另一个极端、抛弃已探索了30年的纯结构法教材的长处。我们认为,就初级教材而言,强调功能的重要

① 吕必松(1996)《对外汉语教学概论》(讲义)。

性，“不应导致对语言知识的忽视，不应当否定语言规律的指导作用。”[①]我们所主张的结构与功能相结合的方法，是在基本上保留语法体系完整性的情况下结构与功能的结合，是以结构为基础的结构与功能的结合，应该说这是把功能法的长处与我们长期采用而且比较擅长的纯结构法路子相结合的产物。

1981～1982年，受教育部委托，专门为我国教师在国外进行汉语教学编写的基础汉语教材《实用汉语课本》第一、二册（北京语言学院刘珣、邓恩明、刘社会编著）由商务印书馆出版。“第一套贯彻结构、情景及功能相结合原则的教材是《实用汉语课本》”，“从选材到练习内容和练习方式都经过精心设计，在贯彻交际性原则和加强文化知识的教学等方面进行了不少有益的创造，使对外汉语教材的编写原则和编写方法向前迈进了一步。因此，这部教材不但代表了到那时为止的综合教材的最高水平，而且为探索新的教学路子做出了贡献。”[②]该教材出版后，很快就得到国外汉语教学界的重视，1983年9月德国现代汉语讨论会发表的公报中认为这是“中国到现在为止最先进的对外汉语教材”；1982年美国学者也评论这套教材是“优秀的教科书，有可能成为一种主要的汉语教科书。”[③]据1989年美国学者问卷调查统计的结果，该教材是美国使用最多的基础汉语教材之一。[④] 出版20年来，该教材除了国内不少学校使用外，还行销五大洲，成为世界上使用最广的基础汉语教材之一。1987年成为我国第一部获奖的对外汉语教材。

80～90年代是对外汉语教材大发展的时期。20年间出版了300

---

① 刘珣、邓恩明、刘社会（1982），“试谈基础汉语教科书的编写原则”，《语言教学与研究》等4期。

② 吕必松（1990）《对外汉语教学发展概要》，北京语言学院出版社。

③ Yao, T. C. (1982) Review: Practical Chinese Reader, *JCLTA*, No. 3.

④ Wang, George C. Y. (1989) Research on Teaching Chinese in Forty-Five Universities: Analysis of Survey Results, *JCLTA*, No. 3.

多套教材,教材种类之多也是前 30 年无法想像的。不但有通用教材,也有专用教材、分国别的教材;不但有综合教材,也有专项技能教材;不但有长期的、学历教育教材,也有非学历教育的短期教材、速成教材;不但有初级教材,也有中、高级教材。此外还有课外阅读教材以及大量的词典、工具书等。结构与功能相结合的原则,为愈来愈多的教师和教材编写者所认同。这些教材中很多都是按照这一原则或受这一原则影响编写的,其中有不少是具有特色并产生较大影响的。这里仅举一些例子:

1986 年出版的《今日汉语》(复旦大学胡裕树主编)。是比较典型的结构与功能相结合的教材。该书针对海外学习者的需要,采用繁体字。其最大特色是课文内容紧密结合中国传统文化,在初级阶段的教材中就用浅易的文字大量介绍了中国家喻户晓的历史故事、民间故事和神话传说。这是难能可贵的,为探索加强教材的人文性和趣味性迈出了较早的一步。

1986 年开始陆续出版的《初级汉语课本》(北京语言学院鲁健骥主持编写),是第一套对外汉语教学分技能系列教材,由进行综合训练的主干教材和与之配合使用的《阅读理解》、《听力练习》和《汉字读写练习》等教材组成。这是一项以改革传统的"精读课"、加强专项言语技能训练特别是听力和阅读教学为目标的、长达五年的教学试验的成果,为探索综合技能与专项技能训练相结合的教学法新路子积累了成功的经验。该教材内容涉及面较广,每课都有情景说明,语法注释简明扼要,在语法点的取舍详略、交际文化的注释和交际性练习的安排方面,都有很多创新之处。

1988 年出版的《现代汉语教程》(北京语言学院李德津、李更新主编)在系列教材的编写方面又做了新的探索。这是针对打算进入文科院系的外国学习者进行汉语预备教育而设计的。它是在围绕一定的语音、词汇、语法项目"共核"的基础上由"读写"、"听力"、"说话"三套平行课本组成并由读写课本打头的系列教材。三种课本分别以结构、情景和功能为纲,在安排语言材料方面各具特色。有的重在语言结构的训练,有的重在功能、情景的训练。这就为体现结构与功能相结合的原则提出了一条新的路子。

差不多同时出版的《科技汉语教程》(北京语言学院杜厚文主编),则是为打算进入理工科院系的外国学习者编写的汉语预备教育教材。它也是在一定共核的基础上分为听说、阅读和听力三门平行课本、但由听说课本打头的系列教材。其特点是每种课本都分四册,一二册内容为日常生活和学习生活内容(后改名为《普通汉语教程》),三四册内容则为科学常识和数理化基础知识,体现了专用教材的特点。

1987 年出版的《开明中级汉语》和同年出版的《开明初级汉语》(孙晖等),是南开大学和美国明尼苏达大学合作编写的以话题和功能为主线的口语教材。围绕中心话题和小话题编写的会话都从语言环境、句子结构和语言功能三方面考虑,而以功能为重点。该教材的另一特色是练习部分量很大,成了教材的主体部分,强调以交际活动或交际性练习的方式,让学习者掌握在特定环境中执行某一特定功能的新的语言结构。由于练习形式活泼多样且富于启发性,所以大部分练习都可以在课堂上分小组进行。这就打破了课堂教学的传统形式,有利于学生积极地参与。该书练习部分的设计,体现了今后教材编写的发展趋势。

除了反映这一阶段教材编写特点的结构与功能相结合的路子以外,其他编写路子也在同时进行探索。1989 年北京大学出版了《汉语初级教程》(邓懿等编)、《汉语中级教程》(杜荣等编)和《汉语高级教程》(姚殿芳等编)的系列教材。这套教材很好地继承了《汉语教科书》的优秀传统,并结合该校 80 年代教学的新经验,进一步发展了《汉语教科书》所体现的教学原则,并克服其局限性。新系列教材强调语言知识的系统性和循序渐进性,强调在语言知识的指导下进行技能训练。课文题材广泛,体裁多样,注意反映现实,介绍中国文化。这一系列教材成为对外汉语教材园地上颇具特色的新品种。

1990 年正式出版的《说什么和怎么说?》(南京大学邱质朴编)是我国第一部完全以功能为纲的中级口语教材,在对功能项目的分类、编排和研究方面反映了当时对外汉语教材的最高水平。该教材为表达功能而收集的内容十分广泛、语言自然流畅的大量语言材料,不仅为教学提供了方便,也为我们进一步研究功能项目、探讨功能与结构的结合提供了很好的资料。教材强调了“入乡问俗”,即交际的得体性,为语言教材如何体现交际文化内容做了有益的探索。

与初级阶段教材相比,中高级阶段的教材不仅数量少,而且探索之路也更为艰难。80 年代后期北京语言学院出版的《中级汉语教程》(上册陈田顺等编,下册刘镰力等编)和《高级汉语教程》(姜德梧主编),取代了长期以来一直使用的、基本上遵循中学语文教学路子的六册《文选》。这两部“教程”在突出语言教学的特点、加强言语技能训练方面做了很大努力,也确实比《文选》有很大改进。因而为不少院校所选用,在相当长的时间内承担着中高级阶段综合(精读)课主要教材的重任。但由于这两种教程基本上仍沿用了《文选》的文学作品的路子,而文学作品用作语言教材所带来的根本性矛盾,在这两部教材中也难以期望得到解决。因此如何改革中高级教材,一直是人们关注和努力的重点问题之一。

1990 年出版的《中级汉语听和说》(北京语言学院李明等编),是一次创新的尝试。该教材把听力和说话技能训练紧紧结合起来,每课以听力打头,包括精听和泛听,然后配以在内容和语言结构等方面与之相关的口语课文,从听的训练转到说的训练,以提高学习者的口语领会和表达能力。本书在内容编选上注意结合中国文化的特点,题材广泛,语言风格多样。全书百余篇小故事,大多生动有趣,富于吸引力。这部教材成为又一部获奖的对外汉语教材,绝非偶然。

1991 年出版的《中国家常》(北京大学杨贺松编)为中高级对外汉语教材的编写开创了一条新路。80 年代末开始以热门话题为内容、阅读和口头表达相结合而开设的中高级课程,深受外国学习者的欢迎。《中国家常》正是较早成书的这类教材。该书选取了外国学生最感兴趣的 20 个中国家常话题:从烦恼的大龄姑娘到被当作“小皇帝”的独生子女,从出租汽车司机到安徽小保姆,从大男子主义到职业妇女的甘苦等,学习者非常愿意参与这些话题的讨论并发表自己的看法。这不但有利于他们了解中国的社会和文化,更有利于培养用汉语进行高一级交际的能力。每课都有一篇由作者编写的一千多字的主课文,提供了话题的主要内容及有关词语,可供学生精读用;主课文后附有若干篇选自报刊杂志的原文,提供更多、更具体的信息以便课堂讨论之用,用来培养学习者的阅读能力和查阅资料的能力。这本教材探索了一条把精读和泛读、原文和编写的课文以及读写和听说结合起来的路子,这条路子体现了中高级教材培养综合交际能力的一种新趋向。同类教材还有 1991 年北京大学出版的《新编汉语教程》(刘瑞年、李晓琪编)和 1993 年出版的《高级汉语口语——话题交际》(北京语言学院章纪孝主编)和《当代中国话题》(北京语言学院李振杰主编)等。前一本教材程度低于《中国家常》,有利于较早地按这种路子进行汉语教学;后两种教材的话题突破了“家常”的范围,涉及到经济、文化、科技、环保、政治等多方面内容。

如何在中高级汉语教材中结合语言教学进一步加强文化教学,这是对外汉语教学界长期以来探索的问题之一。早在 80 年代中期出版的《话说中国》(中国杜荣、美国戴祝念主编),就尝试通过中级口语教材系统介绍中国地理、历史、政治、经济、社会、教育等方面的知识。这是第一部中外合编的汉语教材,由美国威士理学院和我国北京大学、北京语言学院、北京外国语学院等院校联合编写。该书当时也产生了一定的影响。90 年代初北京师范大学编写了《中国神话故事》(魏继东编)、《中国民间故事》(李秀兰编)和《中国历史故事》(董明编),北京语言学院编写了《中国文化面面观》(梅立崇编)等,这些是以文化知识为纲、结合语言教学编写的文化型教材。而《小小说选读》(北京师范大学丁芳云等编)、《一分钟小说选注》(中国人民大学李大忠编)等,又为中高级语言教材如何利用文学作品开拓了新路子。

短期汉语教学学习者人数最多,涉及的学校最多,短期汉语教材的需要量也最大。80 年代初就产生了一批颇有影响的教材。其中北京语言学院编写的属于零起点的《新汉语三百句》(张亚军、毛成栋编著)、《汉语速成》(刘英林等编著)和属于初级后期和中级水平的《初级口语》(卢晓逸等编著)和《中级口语》(原如刚、李杨编著)等在国内外广泛使用。发展到90年代初,有《汉语会话301句》(康玉华等编著)、《说汉语》和《口语中阶》(吴叔平编著)等。这些教材都采用了结构与功能相结合的方法,特别强调功能和话题,较明显地体现了"功能—结构"型教材的特点。教材内容紧密结合在中国的日常生活,反映面较广,有利于培养交际能力。

这一时期也出现了专用教材。除了上述《科技汉语教程》等系列教材外,还出版了一些经贸专用的汉语教材。如1982年出版的《外贸洽谈500句》(北京语言学院、北京外贸学院合编)、90年代初出版的《外贸口语30课》(北京语言学院张静贤编)、《商用汉语会话》(北京大学郭力编)、《经贸初级汉语口语》(对外经贸大学黄为之主编)等,以经贸为内容进行口语教学,适应了学习者专业性交际的需要。此外,为中学生编写的教材有1993年出版的《中学汉语》(华中师范大学邢福义主编);为儿童编写并在海外使用较广的有1987年出版的《儿童汉语》(北京语言学院刘珣、张亚军、丁永寿编)。

以上就对外汉语教材编写的前两个时期(1993年以前)出版的部分有影响、有特色的教材做了简单的介绍。限于篇幅,还有不少好教材没有提到。正是由于上述教材和其他一些优秀教材在不同方面所做的成功探索,为我国对外汉语教材建设做出了贡献,也为今后的教材编写积累了宝贵的经验,并在一定程度上预示了新时期教材的编写方向。同时我们也应看到,对外汉语教材在编写的理论和实践方面仍存在不少问题。

六、对外汉语教材建设中存在的主要问题

1. 教材的质量和品种都不能很好地满足教学的需要

就质量而言,教材雷同和粗制滥造的现象比较严重。在出版的数以百计的教材中,有创意的、为人们所选用的好教材只占一小部分,不少教材特别是零起点的教材在构思、体例、选用的语料方面都

是大同小异,看不出有什么新意,甚至看不出为什么要编这套教材。显然,这类教材在编写前的设计、论证中缺乏明确的编写目标,更没有在理论和实践上的新探索,甚至缺少对已有教材的认真研究。仅仅为了某种具体的目的就轻易动手,把教材编写这一复杂而细致的工程看得非常简单容易。这样产生的教材只能是低水平的重复,很难为人们所重视,有时甚至连编者自己都未必用,在书库堆积成山(值得注意的是这种现象在我国语文教学界和外语教学界似乎都没有出现过)。雷同的教材不仅造成了人力、物力的极大浪费,也影响了真正有创意的教材的出现。

就品种而言,对外汉语教材的品种仍十分单调,不能很好地满足多方面的学习汉语的需要。数以百计的教材大都是初级教材和口语教材,中高级教材十分缺乏;为成人特别是大学生编写的教材很多,而为中小学生编写的教材极少;为零起点学习者编写的教材很多,而为非真正零起点者(false beginners),也就是为有一定家庭汉语环境的海外华裔子女、甚至其第一语言就是汉语的新移民子女编写的教材则更少;通用教材多,针对不同母语并在科学的语言对比基础上编写的教材以及专用教材还刚刚开始出现。

2. 缺乏基础研究,影响到教材的科学性

相当长一段时期里,我们很多教材都是在没有词汇、语法、汉字大纲,没有功能意念大纲以及文化大纲的情况下编写的,这是历史的局限性造成的。今天这些大纲正在研制中,有的已经初步完成,但尚不够成熟。上述基础研究的不足,必然影响到教材的科学性。以我们最擅长的语法结构部分而论,现有的教材基本上沿袭了50年代开始形成的对外汉语教学语法体系。运用这套语法体系,我们培养了一代一代的汉语人材。这固然说明它基本上是成功的,但这套体系40年来基本上没有大的变动,国内外汉语语言学研究的新成果未能及时运用以解决这一教学语法体系中的弱点和问题,这又暴露了它墨守成规的一面。各套教材基本上都是在"句本位"的思想指导下,忽视话语能力的培养,语段教学不但在初级阶段甚至在中高级阶段也未能落实。汉字教学的研究长期以来一直未受重视。反映在教材中,除了一个汉字笔顺表外,我们没有想出更多的办法来解决大多数外国学习者最感困难的汉字认、写问题。现在客观形势已要求我们要加快对汉字学习规律的研究。对语言教学中功能系统和文化系统的研究更为时尚短,认识也还是初步的。

3. 教学法的大胆探索不够,教材缺乏多样化

每种教材都是以一定的教学法为依据,教材是教学法的具体体现。近20年来我们在教学法的改革探索方面下的功夫不够。教学模式非常单一,也就导致教材编写路子的单一化。比如我们认同了结构与功能相结合的编写原则,在两者如何结合的问题上又比较倾向于"结构为主"的路子,因而80~90年代编写的"两结合"初级汉语教材,除了个别情况外,几乎都是清一色的"结构—功能"型。由于我们对功能的研究不够,这一类型的教材在句型和语法点的选取安排方面,与结构法教材并无太大的区别;而功能项目的选择又随意性很大,可有可无,可多可少,往往成为结构的附属品。其实"结构—功能"型不应看做是教材编写的惟一路子,也应该试试"功能—结构"型、"功能"型以及"文化型"的路子,使教材多样化。需要大力提倡对教学原则和教学方法进行创造性的思考,并体现到教材中去。

4. 利用现代化教学技术手段不够

我们大部分教材仍是以一本书、一支粉笔为教学手段,甚至连学生用书和教师用书(教师手册)都未能配备齐全。在充分利用音、像特别是电脑、多媒体技术方面,更远远落在其他第二语言教学的后边。

从世纪之交开始,对外汉语教材进入一个新时期。这一时期的特点将体现为结构、功能、文化更好的结合。上述教材的不足之处,将在新一代对外汉语教材中得到克服。我们期待更多、更好的新一代教材的涌现。而要真正称得上是"新一代的教材",必须经过教学实践的检验。

阅读参考文献

教育部人事司 （1999）《高等教育学》，高等教育出版社。
胡学增 （1998）《现代课程论纲要》，陕西人民出版社。
李 杨 （1999）《对外汉语本科教育研究》，北京语言文化大学出版社。
周祖谟 （1953） 教非汉族学生学习汉语的一些问题，《中国语文》第7期。
钟 棱 （1979） 十五年汉语教学总结，《语言教学与研究》第4期。
吕必松 （1990）《对外汉语教学发展概要》，北京语言学院出版社。
赵贤洲 （1990）《对外汉语教材教法论》，上海外语教育出版社。
任 远 （1985） 基础汉语教材纵横谈，《语言教学与研究》第3期。
刘珣等 （1982） 试谈基础汉语教科书的编写原则，《语言教学与研究》第4期。

第九章　对外汉语教学理论与应用(下)

本章集中讨论对外汉语教学理论中的教学过程(课堂教学)与测试两个主要部分。教学过程部分对教学过程的基本因素和基本阶段、课堂教学的特点与主要环节、课堂教学的技巧、课堂教学的评估等几个方面做一概论性介绍,然后分别就对外汉语语音教学、词汇教学、语法教学和汉字教学做进一步讨论。讨论内容集中在各语言要素的教学任务、教学原则和主要教学方法。有关语言学或汉语语言学基本知识以及各种语言现象在教学中的具体处理办法,本章不做详细介绍。测试部分主要介绍有关语言测试的基本理论知识,包括语言测试的种类、评析指标、标准化语言测试的过程、语言测试的内容和主要题型。

第一节　对外汉语教学过程与课堂教学

对外汉语教学过程是根据教学计划和教学大纲的规定,教师和学生共同参与的对外汉语教学活动的过程,也是实施教学、全面完成教学任务的过程。在这一过程中,学习者在教师的指导和帮助下,逐步培养运用汉语进行交际的能力,对中国文化的了解得以加深,文化素养得到进一步提高,同时其智力也得到发展,从而实现教育的总目的。教学过程的实质是学习者对目的语和目的语文化的认识过程，是学习者感觉、知觉、记忆、想像、思维、情感等一系列心理活动的过程。在这一过程中，教师和学生是教学活动的两主体。

对外汉语教学过程主要通过课堂教学和课外活动来实现。课堂教学是对外汉语教学的基本组织形式，课外活动是辅助形式。

一、教学过程的重要因素：教师和学生

构成教学过程的基本因素是教师、学生和教材。教师和学生是教学过程中教学活动的主体；教材则起中介作用，它所反映的教学内容是客体。这三个基本因素之间又存在四种关系，即教师与学生、学生与学生、学生与教材和教师与教材的关系。在教学过程中必须处理好这四种关系。教材作为教学之本的作用，上一章已经谈到。学生与教材的关系是指教材的内容和进度是否适应学生的特点。教师与教材的关系是指教师对教材的熟悉、掌握程度。而实现教学过程、完成教学任务的关键，是正确地发挥教师和学生的作用，处理好师生关系和学生之间的关系。

1. 教师与学生的互动关系

教师与学生的关系就是教学原则中所提到的以学生为中心、教师为主导的关系，也就是在教师的指导下充分发挥学生的主动性和积极性。教师与学生之间的关系不是单向的，而是双向的、互动的。教师影响学生，学生也会影响教师。学生在教学过程中能得到进步，教师也同样得到收获。这就是常说的“教学相长”。

教师与学生的互动作用首先表现在课堂教学活动中。无论是语音、语法、词汇、汉字知识的讲练还是听、说、读、写言语技能和言语交际技能的操练，都不可能是教师或学生一方的活动，也不可能是教师对学生单向的活动。在教学活动中，既有教师讲解和提问给学生提供的刺激，也有学生以操练和回答做出的反应。教师就学习结果给学生提供反馈信息。在获得反馈的基础上，学生改进了的学习和教师调整后的教学又成为新的反应。师生之间如此不断地互动往复，把教与学

的活动推向前进。可以说教学过程的每一个环节,师生之间都需要有密切配合的交往活动。另一方面,教师对学生的态度,也常常在不知不觉中对学生的学习产生影响。如教师对某个学生的批评或表扬,会影响到其他学生的学习方法或学习态度的改变。教师对他所喜爱的学生隐含的期望会有意无意地流露出来,从而对这些学生产生鼓励作用;但也可能同时在别的学生中引起嫉妒和反感。教师对他所不喜欢的学生隐含的厌恶也会有意无意地流露出来,引起有关学生的敌视或反抗。反之,学生对教师态度的亲近或疏远,也会影响到教师对其教学效果正面或负面的反思。此外,教师本身的品德修养对学生健康人格的形成也起着耳濡目染、潜移默化的教育作用。

特别需要提起的是,在对外汉语教学中,师生的互动关系还必须考虑到文化差异所带来的影响。它给师生关系增加了复杂的因素。对外汉语教师更需要对学生不同的文化背景有深入了解,要强调对学生采取一视同仁的态度。

为了顺利完成教学任务,师生之间应建立健康关系,这种关系既不是我国传统的师道尊严的上下关系,也不应是师生毫无界限的“哥们儿”关系。如果教师处于主宰地位、学生处于从属地位,就无法发挥学生的主动性、积极性;教师如果毫无权威性,也就无法发挥在教学中的主导作用。我们主张建立一种尊师爱生、团结合作的关系。这种关系应当以师生相互间移情性的理解为基础,即互相设身处地的理解,而不是教师对学生由上而下评价性的理解或学生对教师由下而上敬畏性的理解。这种关系的实质是相互真诚对待,表现为学生对教师的学识、教学和为人都能采取亲近、尊敬和信任的态度,教师对学生的学习和人格成长采取关心、帮助和严格要求的态度。

2. 学生之间的互动关系

学生在语言学习和品德养成方面所受的教育并非只来自教师一方,在很大程度上还来自其他同学、有时来自自我教育。学生在学习过程中需要排除一切干扰,克服各种困难,需要安排好自己的学习并随时进行自我评估,不断总结经验教训、改进学习,发挥自我教育的作用。同学之间的互动则起更大的作用。语言学习需要进行大量的练习活动特别是交际性活动，不可能采取一个人关门读书的方式。可以几个同学组成小组，在复习、做作业、自习中互相切磋、互相纠正、共同解决难题。实际上，学生也起着教师的作用。

由于学生之间的互动在语言学习中发挥着重要作用，因此同学之间也需要建立健康的关系。学生之间存在着学习动力、个性、学习水平和学习方法的差异，健康的同学关系应当是既互相学习又互相竞争的关系。一方面，由于各有学习的优势和不足，互相学习可以取长补短，共同提高；另一方面，学习中的竞争是正常现象。正当的竞争有助于激发学习动力和拼搏精神。鼓励相互超越，能达到共同提高的目的。同学之间的差异也可能造成不良的同学关系，那就是在学习上相互封锁、相互拆台的消极关系。因怕别人超过自己就不愿帮助别人，自己不如别人就生嫉妒之心或故意贬低别人。这种消极关系一旦形成，对大家都会产生负面影响。在不同文化背景的学生中，这种差异可能更为突出。其表现为，相互之间缺少来往，难以形成和谐的互动局面。比如爱表现自我、以口语见长的某些西方学生与比较拘谨内向、喜好个人读写的某些东方学生，在课堂活动中的表现很不一样，有时甚至难以协调。教师需要鼓励不同特点的学生相互影响，取长补短；同时又要在学生中淡化国别意识，一视同仁，努力形成一个学习的整体。

无论是师生关系还是同学关系，都是教学过程中的人际关系。人本派教学法特别重视这一关系。因为只有健康的人际关系才能形成师生间的良性互动，才能更好地发挥教师和学生在教学过程中的主动性和创造性。

二、教学过程的基本阶段

不同的心理学流派从不同的角度对教学过程进行划分，提出了不同的模式。从第二语言教学特点出发，对外汉语教学过程分为四个基本阶段，即感知阶段、理解阶段、巩固阶段和运用阶段。

1. 感知阶段

感知阶段的特点是,感性的语言材料通过视、听、读等途径被学生感知,进入大脑形成表象。这一感知过程是通过展示语言材料和进行初级操练实现的,特别是机械性操练,如模仿、重复、替换等。在感知阶段已开始了识记,主要是机械识记,并形成初步的言语技能。虽然感知的主要是第二语言的外部特征,但它为进一步理解打下了基础。这一阶段,学生的注意力、观察力和记忆力得到了锻炼。感知阶段是认识过程的开始。感知阶段要注意激发学生的学习兴趣、使学生产生主动学习的意愿。

2. 理解阶段

理解阶段的特点是,从感知的表象中进一步认识事物的内部结构和内在联系。学生通过积极的思考,运用综合、分析、概括、推理的方法,并联系已有的知识,从感知的大量语言材料中进一步了解言语的含义、结构规则和用法。这一阶段是在教师的讲解、帮助下完成的,是从感性认识发展到理性认识的阶段,也是识记、特别是有意义的识记的完成和记忆保持的开始。这一阶段是发展学生思维能力的重要阶段。

3. 巩固阶段

理解了的知识必须通过实践才能得以巩固。巩固阶段是从理论到实践的阶段。这一阶段的特点是从识记、理解的大量语言材料中归纳出目的语的规则和用法,扩大、完善目的语的知识结构,并通过各种练习(主要是有意义的操练)和交际实践,内化这些规则并形成言语技能,使其长期储存在大脑中。这一阶段完成记忆的保持并开始记忆的再认。很好地组织复习对巩固新知识、避免遗忘十分必要。练习是保持对语言规则记忆的最有效途径。本阶段有利于培养记忆力。

4. 运用阶段

学习第二语言的目的在于运用。经过感知、理解和巩固的语言知识和言语技能,只有成功地运用于交际中才能达到教学的目的。这里所说的运用是指在真实的语言情境中进行的言语交际活动,当然也包括一部分课堂中模拟交际的练习。只有通过真实的交际活动,才能切实提高语言交际能力。这也是记忆的再认阶段,是以培养学生创造力和想像力为特点的阶段。

语言运用的效果本身就是对整个教学过程的评价。在教学过程的最后阶段,还需要对各阶段所形成的知识、技能和能力进行总的检验和评价,从而获得对教学的反馈。

以上教学过程的四个基本阶段是相互衔接、紧密联系的有机整体。后一阶段以前一阶段为基础,又是前一阶段的提高。这四个阶段基本上反映了课堂教学的主要环节。

三、对外汉语课堂教学的特点与环节

课堂教学是指教师根据教学大纲规定的目的、任务和教材,运用恰当的教学方法,在规定的时间内对固定班级的学生进行某门课程教学的形式。

1. 对外汉语课堂教学的地位与目标

在学校教育中,课堂是实施教学的主要场所。对外汉语课堂教学是对外汉语教学的基本组织形式,集中地体现了对外汉语教学过程。教学过程的感知、理解、巩固、运用阶段主要在课堂教学中完成。实施教学计划,贯彻教学原则,运用教学方法,完成课程教学并实现教学目标,主要都是靠课堂教学。总体设计和教材编写必须考虑到课堂教学的特点和需要,并接受课堂教学的检验;成绩测试要从课堂教学的实际出发,并给课堂教学以反馈。所以说,在教学活动的四大环节中,课堂教学是中心环节。要提高教学效果,就要提高课堂教学质量。教师的素质,他的教学能力,也主要反映在课堂教学中。

对外汉语课堂教学的目标,也就是教学计划和教学大纲规定的目标,是培养运用汉语进行交际的能力。这一最高目标是通过每一教学环节的具体目标来实现的。

2. 对外汉语课堂教学的特点

一般课堂教学要完成传授知识和培养能力两项任务。以培养语

言交际能力为目的的对外汉语教学乃至整个第二语言教学,其课堂教学除了体现一般课堂教学规律外,还有很多特点:

(1) 课堂教学原则。对外汉语教学虽然也教授语言知识,但与一般以理论知识传授为主的教学不同,更强调把知识转化为技能,以培养技能和能力为最终目的。而技能和能力更需要靠学习者的大量练习和实践才能获得。因而对外汉语课堂教学自然也就更多地要求以学生为主体,充分发挥学生的主动性、积极性和创造性。

(2) 课堂教学方式。与以教师讲授为主的一般教学不同,对外汉语课堂教学要以学习者的活动为主,主要不是靠逻辑推理、论证和分析,而是要进行高密度、快节奏、多形式的语言操练活动和交际活动。特别提倡教师与学生以及学生之间的交往活动,提倡更多地运用直观教具和现代化教学手段。

(3) 课堂教学气氛。技能训练的难度和技能训练过程的长期性、反复性,要求对外汉语教学课堂要营造一种轻松愉快的气氛,以激发学生的学习兴趣,减少畏难情绪,收到课堂教学的良好效果。

(4) 课堂教学环节。一般课堂教学环节是以一课书为单位或是以一节课为单位划分,环节非常清楚,前一步完成再进行下一步。而第二语言课堂教学环节是以每节课内的教学内容来划分的,每一种语言要素的讲解或言语技能的训练都要体现完整的环节。而每节课之间、每课书之间又要有循环往复的复习巩固。因此教学环节常有交叉,呈多层次性,需要教师灵活掌握。

(5) 课堂教学语言。一般课堂教学,师生所使用的教学语言是其母语,或者是双方都已掌握的某种媒介语,因而不存在语言的限制。第二语言教学要求课堂使用的教学语言是正在学习的目的语,要求通过运用目的语学习目的语。这就使教师的教学语言受到学生对目的语理解和表达能力的限制。因此,对外汉语教学的教学语言也就成了需要特别研究的问题。

上述特点,使第二语言课堂教学的环节、方法和技巧的研究显得非常必要。

3. 对外汉语课堂教学的主要环节

课堂教学的主要环节，以教学过程的感知、理解、巩固、运用四个阶段为基础。对外汉语教学的不同课型，其教学环节的安排也不完全相同。这里仅就一般语言课的教学提出五个主要环节，即组织教学、复习检查、讲练新内容，巩固新内容和布置课外作业。

（1）组织教学。组织教学的目的是稳定学生的情绪，集中学生的注意力，创造有利于学习的和谐气氛。这一环节体现了教学中的情感因素。具体做法是，开始上课，师生互致问候，或稍稍谈论一点师生共同感兴趣的话题以活跃气氛。然后由教师检查学生出席情况，对缺席学生表示关心。有时为了增加练口语的机会，每天请一名学生做一两分钟的口头报告。本环节的最后由教师宣布本节课的教学目的和教学内容，使学生有一个清楚的了解。这一环节所用的时间比较短，在100分钟的课时中只占3～5分钟。

（2）复习检查。复习检查的目的是了解学生对已学内容的掌握情况，获得反馈，发现并弥补教学中的缺陷，为下一个教学环节打好基础。具体做法是，由教师检查学生是否按要求完成上一堂课布置的作业，有时对作业进行集体订正，用口头或笔头形式复习前一课已学的内容。如侧重检查，一般采用复述、转述、演讲或两人会话等。如侧重复习，则抓住重点，并注意与新课的联系，以收到温故知新的效果。教师对复习检查中发现的问题进行弥补性教学的同时，更多的是检查新课的预习情况（常做的是听写生词），过渡到讲练新课的环节。按要求，前一堂课知识技能的巩固率应达到80%，才能进入新课的学习。复习检查环节在100分钟的课时中约占10～15分钟。

复习检查也是课堂教学中经常运用的环节。检查随时都可以进行，以及时了解学生的掌握情况，调整教学步骤。复习则针对上一课、上一单元、半学期甚至一学期的知识、技能进行有计划的循环复习。第二语言习得中新旧知识的联系十分紧密，复习旧知识是学习新知识必不可少的基础。复习中要依照遗忘规律注意顺序紧排，形式要多样化，既要复习知识更要复习技能。对学生要以鼓励为主，口头上的错误不要苛求,但作业错误不应放松。

(3) 讲练新内容。这是课堂教学中的重点环节,是学生接触和初步获得新知识、增强技能的环节,从某种意义上来说,其他环节是为这一环节服务的。这是教师展示和训练新内容的教学步骤,也是学生在教师指导下感知和理解新语言知识并进行初步技能操练的阶段。教学的新内容涉及到生词、语法(特别是句型)和课文等所有部分。这一环节的特点是教师适当的讲解(展示)与学生的练习相结合,讲一部分练一部分。不允许教师长篇大论,而只能精讲。能不讲就不讲,最好以练代讲。当然必要的讲解也不应刻意回避。学生的练在这一环节主要是进行模仿、重复等机械性操练,侧重于掌握语言的结构形式。教师在组织讲练中应注意突出教学内容中的重点和难点,注意以旧带新、由易到难,循序渐进。这一环节应占最多的时间,在 100 分钟中应占一半或一半以上(50～60 分钟)。

(4) 巩固新内容。本环节与上一环节是紧密相连的,实际上是一个大的环节。已经初步获得的知识和技能必须及时加以巩固,以形成语言习惯。巩固的方法主要仍是练习,但已由上一环节的机械操练为主转入有意义的练习,并进行初步的运用练习。本环节的运用练习在熟练和灵活方面还不宜要求太高,学生需要经过课后的复习进一步巩固,才能在第二天的复习检查环节中达到高一级的程度。

巩固阶段的另一项要求,是对新教学内容所涉及的语法知识进行归纳总结。这一步非常重要。因为一般情况下对语法知识的处理都采用归纳法,即先进行大量练习而最后进行总结。最后的总结对学生从感性认识上升到理性认识尤为关键。即使采用演绎法,即练习之前就已进行知识讲解,在经过大量练习后也需要再次进行总结,加深对规则的理解,使语言知识更为系统化。总结的方法,可以由教师进行言简意赅、画龙点睛式总结。有经验的教师常常利用黑板上现成的例句归纳成一个结构或公式,并用彩色粉笔突出学生易犯的错误之处,给学生留下深刻的印象。也可以让学生自己进行总结。或者用提问的方式帮助学生总结。在 100 分钟的课时中,巩固环节约占 15 ~ 20 分钟。

在教学内容较多、一次无法完成全部环节时，也可能把巩固环节作为专门的巩固课（旧称复练课），在第二天继续进行。这样学生就有了更多的时间进行巩固与运用的练习。巩固是对刚识记的东西进行保持或再认，复习是为了防止稍远的记忆消失，两者都是为了防止遗忘。因此，巩固环节跟复习一样，也需要在教学环节中不断运用、随时运用，有时与复习并称为复习巩固。

（5）布置课外作业。作为最后一个环节，布置课外作业非常重要。它用以巩固课堂所学内容、督促学生及时复习旧课和预习新课。在下课前应留下五分钟时间，从容完成最后一项任务。要明确作业的要求，如有新的练习形式，应先示范或做必要说明。作业量不宜过重，难度也不宜太大。要突出教学的重点，应包括口头和书面两个方面。作业的内容与要求要与讲练、巩固的内容相配合，也应与第二天检查复习相呼应，使各个环节成为有机的整体。

前边已经说过，第二语言课堂教学环节的灵活性很大，特别要根据教学内容的难易和学生的特点酌情掌握，有重点地安排，不能采取机械刻板的做法。

4. 汉语课外活动

课外活动是实现教育目的的重要教育形式。学校常举办侧重不同教育目的（如德育、智育、体育、美育）的各种课外活动。我们这里所谈的是结合语言教学、有计划有组织的课外汉语实践活动。

（1）汉语课外活动的重要性。以语言实践为目的的课外活动，被看做是语言教学不可缺少的辅助形式，是语言教学过程的有机组成部分。它提供实践机会，帮助学生巩固在课堂上获得的知识和能力。课外活动能收到课堂教学收不到的效果。首先，课外活动常常由学生根据自己的需要组织，根据兴趣自愿参加并由学生自己主持、自己活动。这比课堂教学更能体现以学生为中心、以学生为主体的原则，能充分发挥学习的主动性、积极性。第二，课外活动内容广泛，形式多样，方法灵活，寓教于乐，更能体现趣味性，不受传统教学程式的限制。课外活动比课堂教学更能发挥情感因素作用,排除心理障碍,发展学生的智力和创造力。也有利于照顾学生的个体差异、因材施教,发挥学生的专长。第三,课外活动能提供自然习得机会,接触真实的交际情景,比课堂教学更有利于培养交际能力。第四,课外活动常采用竞赛形式,鼓励学生积极竞争,激发进取心,并能获得成就感和自信。即使失败,也不像课堂考试失利那样产生心理压力。

课外活动是教学计划的组成部分,是课堂教学的延伸,是课堂外的教学,也有人称之为教学的第二课堂。对外汉语教学历来重视课外活动,60年代初曾把出外参观访问的语言实践活动定为"语言实践课",每周一个下午。

(2) 汉语课外活动的原则和形式。对外汉语教学的基本教学原则也适用于汉语课外活动。需要强调的是语言实践活动一定要体现运用汉语的原则和因材施教的原则。活动的形式可以多种多样,内容也可以十分广泛,但不能离开汉语教学的目的,在活动中必须提供充分运用汉语的机会。如果与汉语的运用无关,就不能把它列为语言实践活动,而是其他目的的课外活动。为了使课外活动达到辅助语言教学的目的,需要做周密的设计。事前进行一定的语言方面的准备;活动中最好有教师参加,就语言问题给以指导;活动后对语言的运用情况进行总结。因材施教的原则是指课外活动一定要坚持学生自愿参加,并选择自己最感兴趣的项目,充分展现其才能。

汉语课外活动的形式很多。如平时的小组活动有书法小组、话剧小组、朗诵小组、歌咏小组、京剧小组、曲艺小组、写作小组、影评书评小组等。大型集体活动有汉语节目表演、热门话题辩论、短剧汇演、歌咏比赛、演讲比赛、朗诵比赛、故事会、报告会、讲座、新年晚会、春节拜年、书法比赛等。社会实践活动有参观工厂农村和名胜古迹,访问学者、名人、作家、艺术家。个人活动有与中国学生结对子练口语等。

四、对外汉语课堂教学的技巧

要上好一堂课,实现课堂教学的目标,需要教师和学生双方的努力和合作。学生要发挥积极性、主动性,要与教师密切配合;教师则要很好地发挥组织、激励、示范和指导的主导作用,要很好地贯彻教学大纲规定的教学目的和教学原则,还要采用正确的教学方法和教学技巧。教学方法将在下两节做详细介绍。这里特别讨论一下教学技巧问题。教学原则和教学方法是通过教学技巧来实现的。教学既是一门科学,也是一门艺术。如果说教学原则和教学方法体现了教学的科学性,教学技巧则体现了教学的艺术性。它反映了教师的素质和才能。同样的教学内容,运用同样的教学原则和教学方法,教学效果可能差别很大。教学技巧对提高课堂教学质量有很大作用。

1. 备课与写教案

高超的教学技巧决不能靠即兴式的临场发挥,而是要靠不断探索、长期积累和充分准备。充分准备要从备课开始。备课是课堂教学的基础。

教师在接受一门课程的教学任务时,首先要钻研教学大纲,明确课程的目的要求;同时要通读教材,了解整个教材的体系特点及所依据的教学原则和教学方法。在此基础上制定学期授课计划,包括阶段(单元)的划分、重点的确定以及学时的分配。然后进行为某一课或某一课时的具体备课并写出教学方案(教案)。具体备课工作有三个方面:

(1) 分析教材。教师对教材要分析透,达到熟练掌握的程度。首先要明确本课所要达到的教学目的,要分析这部分内容与前后部分的联系,即已学的知识和以后要学的知识与本课的关系;要研究与本课同时教授的平行教材、平行课本与本教材的关系;更要研究本课教学内容的内部关系。通常通过对比分析和偏误分析初步确定教材的重点、难点,并按难易程度对教材内容进行编排,体现循序渐进的教学原则,使学生易于接受。分析教材时还应当注意本课内容在全书中的地位和它应当承担的复习巩固已学知识的任务。最后还要注意发现教材中的不足之处,翻阅上一轮教学笔记所总结的问题,以便在教学中改进。

(2) 分析教学对象。备课仅仅备教材还不够。体现以学生为中心的原则,必须分析使用这一教材的学生。首先要了解总的情况,即本班学生的现有水平、学习态度、课堂表现和风气、程度的分布(特别是困难生和尖子生的状况);同时又要尽可能掌握每个学生的姓名及有关背景情况,特别是情感认知方面的个体因素,如动机、态度、性格、学习策略、交际策略、认知方式等。当然,这方面的了解需要一个逐步积累的过程,不可能在一课中完成。每课备课中分析学生的情况时,要特别考虑本班学生在学习本教材时可能遇到的问题,应该让学生参与教师的备课过程。可以采取向学生了解情况征询意见的做法,必要时可以进行问卷调查。只有对学生接受教材的情况做到心中有数,课堂教学的技巧才能得到发挥。

(3) 确定教学方法。在掌握了教材与学生情况的基础上,才能选用具体的教学方法。如何展示和讲练,是从课文开始还是从句型开始,是用演绎法还是用归纳法;如何进行练习,是先综合练习还是先分项练习;如何拟定情景进行交际性练习;如何向不同程度的学生提问;如何利用教具或电化设备等等。

上述备课内容应落实到教案中。在对教材、学生和教学方法分析清楚的情况下,教案就可以水到渠成。教案的详略要根据教师的教学经验和每课的特点而定。有的教师倾向于写详细的教案,连不同难度的问题提问哪一名学生都写得清清楚楚,以免临场考虑不周。对新教师来说,教案应尽可能详细。教案的内容一般包括:课题、教学内容、目的要求、教学重点、教学时数、教具准备、教学环节、板书设计和教学后记。其中,教学环节尤其需要认真考虑。各个环节的重点要清楚,环节之间的衔接要自然。教案写好后,在上课前还需要进一步熟悉,最好能成竹在胸。

2. 课堂组织管理

课堂教学成功与否关键在于如何处理好以学生为中心和以教师为主导的辩证关系。我们既反对教师主宰一切、学生被动接受灌输的教学模式;也不主张反其道而行之,由学生决定一切、教师盲目跟随学生的极端做法。只有在教师很好地起到组织管理的主导作用的情况下，才能更有利于发挥学生的主动性和积极性，使课堂既生动活泼又井然有序。

（1）排除心理障碍，创造生动活泼的课堂气氛。语言教学中可能出现的畏难情绪、厌烦情绪或是抑制、焦虑、自信心不足等情感屏障，都是影响学习的心理障碍。要克服消极心理、激发学习者的学习动力，轻松活泼、愉快热烈的课堂气氛是必不可少的。每节课中虽然不应刻意追求，但有几次笑声以活跃课堂气氛还是很必要的。良好的课堂气氛的形成，除了教学内容和步骤的精心安排给学习者以安全感、趣味感和成就感外，教师亲切、热情、幽默风趣的教态，也起很大作用。在强调课堂气氛轻松愉快的同时，教师也应把握好尺度。要愉快但不能嘻嘻哈哈，要轻松但不能松松垮垮。愉快轻松只是手段而非目的。如果一两个小时过得倒是轻松愉快，但并未掌握教学内容，就失去了课堂教学的意义。为了掌握知识和技能，课堂上也需要保持一定的严肃、紧张。轻松与紧张是课堂中要处理好的辩证关系。

（2）集中学生的注意力，自始至终驾驭课堂。在一两节课长达50～100分钟的时间里，如何集中学生的注意力，按教案的设计顺利完成各个环节，这是课堂教学的又一个重要问题。集中学生注意力的实质，是主导课堂教学的教师能自始至终掌握全场，成为学生注意的中心。这并不意味着教师从头至尾站在讲台正中滔滔不绝地讲授，而是指即使在以学生活动为主或几个小组同时展开活动的环节，教师仍应成为全课堂注意的中心。教师可以参加某一个角落的小组活动甚至单独与某个学生练习，但同时要关注并影响到全场各个小组。教师在教室的位置可以而且应该常常变化（自始至终呆在一个地方对距离远的学生是不公平的），但就像话剧演员在舞台上有追光一样，不论在哪个位置他都应成为全场注意的中心。一般新教师难于做到这点，目光离不开课本、教案，或是只面对眼前的一两个学生、一个练习小组，而置整个教室于不顾，这样就会失去对课堂的控制。

要集中学生的注意力,除了教学内容实用、生动、有趣、程度适宜外,还要注意教学环节安排的张弛起伏、引人入胜。教师自己要全神贯注而不能漫不经心,为此应离开教案甚至能背诵(不太长的)课文内容,这样就能抛开剧本,投入角色。教师的语言和表情动作要有感染力。与学生交流要普遍而不能表现出好恶,更不能留有"死角"。有的学者提出"表演教学法,"即教师和学生都充当一定的角色,他们之间形成演员与演员的关系。学生不是旁观者而是与教师同排一台戏,学生全身心投入,取得摇滚乐效应。"全身反应法"以及所谓"疯狂英语"教学法都可以给我们一定的启示。这里所强调的教师时时成为学生注意的中心,是指一般课型而言。如果是自由讨论课、语言实践课或其他以学生活动为主的课型或环节,自然应当以活动的学生为注意的中心,教师则退居二线或成为平等的一员参与活动。

(3) 稳定课堂秩序。就一般情况而言,对外汉语教学课堂上出现学生破坏纪律的现象较少,但交头接耳、思想开小差、做其他事情、学生之间发生争执或者疲倦打瞌睡等现象倒时有发生。在这种情况下,教师应负起稳定课堂秩序的责任,除了比较严重的秩序混乱不得不正面指出外,为了维护课堂的和谐气氛,应更多地采取突然提问的办法。最经常发生又难于解决的问题还是迟到和缺课。这种现象比较普遍,特别是新生更为严重。教师应很好地分析出现迟到和缺席现象的原因。有的是因为文化差异,各国对大学生管理办法的不同。属于这一情况,就应该从入学教育开始宣传介绍我国对学生管理的办法和对课堂纪律的要求;有的可能是由于刚来到中国,生活、语言不适应,或者因为想家、处于文化休克期。对这类学生,学校和教师要热情关心、做好工作。粗暴的批评甚至纪律处理只能收到适得其反的结果;有的则属于对学校生活管理或对教学不满,产生消极或对抗情绪。对这类学生应具体分析,了解真正的原因。即使是只涉及到该生个人的问题,也应从学习者个体因素的特点出发注意改进教学。很多教师的经验是,用提高课堂教学质量的办法吸引学生,与学生建立融洽和谐的关系是杜绝这类违反纪律现象的最好办法。一般说来，迟到缺席的现象会随着学习的进展而逐步解决；但对个别完全由于主观不努力、教育无效的学生，则应当按学生管理办法严肃处理。

3. 教师的语言

这里的“教师的语言”(teacher talk)是一个特定的概念，是指第二语言教师为了达到交际的目的，对该语言的非母语学习者在课堂教学和课外交往中有意识使用的目的语系统的变体。正因为它是教师主要在课堂中使用的语言，因此关系到能否成功地执行教学计划，同时也成为学生(特别是在非目的语环境中学习)所能获得的可理解输入的主要来源，直接影响到他们的目的语习得。对教师语言的研究，也是对学习者语言输入研究和第二语言习得过程研究的重要内容，同时正如对“保姆式语言”(caretaker speech)、“对外国人讲话的语言”(foreigner talk)一样，已成为跨文化语言交际的专门研究课题。

通过对“教师的语言”的研究，一般认为作为目的语自然语言的变体，它在语音词汇语法方面都有特点。比如发音较夸张，语速较慢，停顿多且时间长；一般只使用基本词汇和替代词汇，少变化；多用结构完整的单句，较少用复合句或从句，陈述句多于疑问句；话语的重复和解释多，进行语言转换时会夹杂母语或媒介语，同时附带大量手势、动作和表情等。总的说来有三大特点：一是慢，放慢语速，增加停顿；二是简化，使用简单的词汇、句子；三是详细化，输入更多信息包括多余信息，采用重复、释义、迂回的办法，目的是为了便于学习者理解，成为可理解的输入。

对对外汉语教学的“教师的语言”的研究目前还很少。我们认为，语言是为了交际，教师课堂语言是为了帮助学习者学习目的语。在学习者目的语水平很低的情况下，教师的语言需要适当地通过简化、详细化和放慢语速、降低难度以让学生听懂，否则师生就难以交流。另一方面，教师的语言对学习者有示范和引导作用，推动其中介语向目的语靠拢，因此必须是规范的。还要体现“i + 1”可理解输入的原则，不断增加其难度，逐渐达到说母语者之间对话的水平。为

此,对外汉语教师的语言应当注意:

(1) 不论语音、词汇、语法或汉字,都应准确、规范,不允许有错误存在(这是教师的语言与学习者的中介语根本不同之处)。

(2) 教师的语言有朗读、讲解、对话、指令和提问。教师的语言应简练,避免长篇大论的讲解,增加师生间的对话、问答,以加强交流、互动,把尽可能多的时间留给学习者。有的教师在课堂上为了节省时间、操作方便,常常用一套简明的口语和手势与学生达成默契,代替指令性用语,以加快教学节奏。

(3) 除了语音操练或新词语教学以外,无论课堂或课外交际,语速都应正常或接近正常,避免夸张。

(4) 选词用句浅显易懂,随着学生程度的提高应逐渐增加语法的难度和词汇的多样化。

(5) 课堂中使用的语言要有意识地重现已学过的句型和词汇,以利于学习者的复习巩固。

(6) 尽量运用目的语与学习者沟通,避免语言转换或夹杂学生的母语或媒介语。

(7) 克服口头禅或过多重复、啰嗦等其他不良语言习惯。

4. 教师的提问

课堂上教师要经常提问,问答是语言交际中最常用的会话形式,有利于培养语言交际能力;同时问答方式又是启发式教学的重要手段。教师的提问能启发学生的思考,引导学生积极参与、发挥学习的主动性。问答方式既可以用于新语言材料的展示、新知识的讲解,也可用于言语技能的训练,教学内容的巩固复习和检查,可以贯串教学的全过程。因此如何提问是教师课堂教学技巧的一个重要方面。

(1) 提问的类型。根据提问的目的,分为理解新知识的问题、训练技能的问题、灵活运用的问题和检查复习的问题,分别在不同的教学环节中使用。按提问的性质分,有机械重复型的问题(重复、替换),有已知答案的明知故问型的问题(如教师手举着书问:“这是什么”?)有封闭型的问题(只需简单的肯定或否定的答案,或只有惟一答案)，还有开放型的问题(要求提供未知的新信息，表达真实的想法甚至引起争论)。前三种是初接触新语言材料时，特别是进行语言结构形式的操练时常用的，但只进行这类问答会束缚学生的思想，不利于语言的运用。最后一类问题有利于培养语言交际能力，特别是成段表达能力。为了培养学习者提问的能力，有的教师采用先给出答案、然后让学生根据答案提问题的方法。这是教师的一种特殊的提问。

(2) 提问的方式。教师应面向全班提问题，所有学生都有回答的机会，而不是集中于几个成绩好的、教师喜爱的，或是与教师积极配合、总是表现得愿意回答的外向型学生。那些不愿举手的学生实际上也在积极思考，他们也许是更需要得到说话机会的学生。统计表明，大部分教师课堂上提问未能做到学生回答的机会均等。此外，先提问题，后指定答问的学生，能集中全班的注意力，促进大家思考。等待学生回答的时间也是值得注意的问题。有的教师提出问题后马上让学生回答，学生不能立即答出就换人，再答不出就自己把答案说出来，这样不能发挥提问的作用。应当适当增加等待回答的时间，给学生以思考的余地。实验表明，如果等待的时间从一秒增加到三秒或五秒，就会有更多的学生参与回答，答案的长度也大大增加。(一些快速反应的练习不在此列。)

(3) 提问的难度。对不同程度的学生要提不同难度的问题。思考性的、成段表达的问题，可让程度高的学生回答，体现因材施教，让他们有发挥长处的机会。属于基本知识的问题，可以多鼓励差生回答，使其获得成就感，增强自信心。

(4) 对答案的反馈。这是发挥教师指导作用的一个重要方面。研究表明，肯定的反馈比否定的反馈对改变学生的习惯更有作用。肯定的反馈不应只是“好”、“对”等简单的肯定，应有较为具体的评论，以增强其学习的积极性；否定的反馈不宜重复学生的错误，而应说出正确的答案，更好的办法是让学生自己评改。教师的提问、学生的回答和教师的反馈，就构成了典型的师生会话“三话步”(three-

move)回合的结构。

与教师提问相关的是,教师在课堂上应给学生留有提问并进行答疑的时间。教师应恰到好处地处理学生的提问。能解答的问题,尽量当场解答;复杂的问题、自己一时难以回答的或预计以后要专门学到的问题,可课后处理。

5. 板书

板书是课堂教学的重要教学手段。除了帮助学生理解并记笔记外,还可以使课堂教学纲目清楚,更具条理性,也可以突出重点引起学生的注意。对外汉语教学的板书,还有将听说技能训练与读写技能训练相联系、给学生提供更多的认读汉字和学习汉字机会的作用。如果一节课教师难得在黑板上写几个字,放弃了这一教学手段,对学生的学习不利。工整、清楚、经过精心设计的板书能反映教师认真的教学态度和严谨的作风。反之,字迹潦草、随想随写、杂乱无章甚至出现错别字,则反映教师缺乏认真的教学态度。板书的好坏不仅影响到这一节课的教学,也会给学生以长期的、无形的影响。所以板书应当注意:

(1) 汉字一定要正确、规范。笔顺应与教材一致,字形要美观,至少要端正,给学生以示范的作用。

(2) 板书要很好地设计。黑板当中五分之三用于书写新课内容。两边的各五分之一,一边用于教学中临时性的板书,另一边专门用于记录学生的病错句(地方固定,不致产生误导)。当中部分在备课时应精心设计,要考虑前后环节的联系,一次板书多次使用,免得写写擦擦浪费时间。好的板书设计,用照相机拍摄下来就是很清楚的课堂笔记。

(3) 板书要鲜明、醒目,适当运用彩色粉笔突出重点。

课堂教学技巧,除了上述几个方面外,还有如教师的着装应整洁大方、适度美观;浓妆艳服或衣衫不整都会分散学生的注意力,不宜提倡。教师的仪态应亲切和蔼但不要太随便,应幽默风趣而不庸俗,面带微笑、运用一定的表情体势但不要流于表演作秀。教师在任何情况下都应精神饱满、胸有成竹，表现出极大的耐心，善于因势利导处理偶发事件。这些方面都会对课堂教学产生影响。

20世纪60年代，西方国家首先是美国开始了“微格教学”(Micro-teaching)的研究。这是把复杂的教学活动分解为各种可操作、可控制的教学技能，并对接受培训的教师进行这些技能(如讲解、演示、提问、导入、结束、强化、变化、板书等方面)的训练。对外汉语教师培训需要很好地吸取国外有关微格教学的理论，加强这方面的研究。

五、课堂教学的评估

课堂教学的评估，对教师和学生、对同行和教学管理者都十分重要。教师通过教学评估总结经验教训，特别是获得学生的反馈改进教学。学生通过评估反映自己的意见和要求，与教师进一步沟通。同行和教学管理者通过教学观摩，对课堂教学展开研讨，实现教学最优化。

课堂教学评估应当从学生的实际情况出发，按教学大纲所规定的目的任务，以基本教学原则为依据，分析教师和学生在课堂教学过程中的全部活动，特别是教师所使用的教学方法和技巧，并结合学生的习得效果做出全面的评价。其中应着重评估以下几个方面：

(1) 课堂教学的目的要求是否明确具体，是否适合学生的水平。

(2) 教学内容是否做到重点突出、难点分散。

(3) 教学环节是否安排得合理、清晰、紧凑、自然，能否处理好新课知识的感知、理解、巩固、运用和旧课知识的重现、复习之间的关系。

(4) 教学时间的安排是否得当，是否体现了精讲多练的原则。

(5) 是否体现了启发式教学的原则，教学方法是否灵活多样而且有效。

(6) 是否体现了成熟的教学技巧，包括教师驾驭课堂的能力、教师的提问和语言、板书技巧、教学辅助手段的利用、教师的教态和课堂气氛等。

(7) 教学任务是否完成,教学效果如何——学生在语言交际能力方面是否有所提高。

第二节　对外汉语语音、词汇、语法、汉字教学

对外汉语语音、词汇、语法、汉字的教学即语言要素教学,是教授汉语的基础知识。语言知识是语言交际能力的重要组成部分,也是对外汉语教学的主要内容。语言知识的教学又是培养语言交际能力的重要手段。必须对汉语的语音、词汇、语法和汉字的规律进行总结,并用来指导技能训练。语言知识的教学要紧密结合言语技能和言语交际技能的训练,并在训练中将知识转化为技能,这是语音、词汇、语法、汉字教学的总原则。第八章所介绍的对外汉语教学的基本原则对语言要素教学也是适用的,是指导性原则。根据各语言要素教学的不同特点,本小节将分别提出一些具体的原则和方法。

一、语音教学

1. 语音教学的任务和意义

对外汉语语音教学的任务是让学习者掌握汉语语音的基本知识和汉语普通话正确、流利的发音,为用口语进行交际打下基础。

语音是语言的物质外壳。语音的重要性决定了语音教学是第二语言教学的基础,是掌握听说读写技能和交际能力的前提。不学好语音,会影响口语的表达,也影响到听力;反之,如果语音很标准,往往一开口就能给交际对方以好感,形成融洽的交际气氛。这一点是每个学习第二语言的人都深有体会的。不少教师和学者认为,这些年来从对外汉语教学的效果看,在口语表达的流利程度有所提高的同时,语音的标准性则有所下降。这是很值得注意的现象。在对外国学习者的汉语语音教学要不要严格要求的问题上,还存在不同的

看法。有人认为,既然大多数中国人讲的都还不能算是标准的普通话,对外国学习者又何必苛求呢?其实不然,有些中国人所讲的所谓“地方普通话”,在语音或声调方面与普通话有对应关系,有规律可循,一般不会太影响到交际。外国学习者说汉语时的语音偏误虽然也是有规律的,但这种中介语的语音规律,除了教师以外一般人并不熟悉,也就较难听懂。如果语法有点错,或词用得不当,都还可以猜猜,惟独语音听不懂则无法交际。也有人认为只要不是培养口语翻译或汉语教师,语音要求降低一些也无大妨碍。这种看法也是不全面的。汉语的声调和某些音素本来就不易掌握,取法乎上仅得乎中,如果一开始对语音的要求就低,其结果可想而知。语音基础没有打好,一旦形成了习惯,错误的语音最容易“化石化”,以后就很难纠正。所以第二语言教学,不论学习者带有何种学习目的,都应严格要求学好语音。

2. 语音教学原则

(1) 短期集中教学与长期严格要求相结合。历来对外汉语语音教学特别是长期班都有一个相对集中的阶段,往往在汉语教学刚开始时,称“语音阶段”。这一阶段大约10天到两周,一般按照语音系统并根据语音、声调的难易,循序渐进安排教学,使学习者有一段专门训练语音的时期,以便基本掌握汉语的语音、声调,并熟悉拼音方案。这样做的好处是能较系统地学习语音,集中力量打好语音基础。缺点是在一段时间里让学习者反复、单调地进行语音操练,容易产生厌烦情绪,也会产生“语音阶段能解决全部语音问题”的错觉,认为以后无需再抓,结果语音还会“回生”。另一种方法是不设相对集中的语音阶段,而只在开始用很短的时间(两三天)快速介绍拼音方案,将所有声母、韵母和声调先过一遍,然后把语音教学与词汇、语法和课文教学结合起来,“细水长流”进行教学。这种做法是基于这样一种观点:语音不可能在短短的一个阶段学会,只能先让学习者有一个初步的全面了解。由于拼音采用拉丁字母,对大部分学习者来说并不陌生,初步弄清拼音方案不难。而要真正掌握汉语的声韵调则需要长期的练习。语音教学应贯串教学的始终。

两种方法各有优缺点。比较理想的做法是短期集中教学与长期严格要求相结合。短期集中训练是非常必要的,可以防止语音一开始就似是而非。更重要的是对语音的要求要贯串教学的始终,到高年级也不能放松。这一原则也可用于对个别学生一时发不准的难音处理上。如经过多次操练仍不得要领,不宜抓住不放。可以适可而止,肯定其有所进步并指出其不足,容他慢慢练习体会。

(2) 音素教学与语流教学相结合。在语音阶段有两种教学方法:一种是音素教学,强调打好语音基本功。即从音素入手,教好一个个音素的发音后再教词、句子;一种是语流教学,强调从会话入手,一开始就教句子,音素在会话中得到纠正。音素的单独发音和在语流中的发音有很大不同。单独发音准确不一定在语流中也能正确发音。但发音准确的句子又是以音素的正确发音为基础的。因此只强调单音素教学或只强调语流教学都各有利弊。现在人们主张把两种做法结合起来。既要采用分析型的单音素教学,特别是难音难调的训练,狠抓基本功;同时又要采用综合性的语流教学,考虑到语音在语流中的使用规律,把语音教学与会话结合起来。具体做法是:语流——单音素——语流。即以交际为出发点,在有意义的交际语流中教语音和声调,让学习者体会到语音和声调在语流中的变化,注意重音、停顿、节奏和语调;同时又通过分解练习抽出句子、词中的音素进行操练,做到每个音素、声调都掌握准确。音素训练要尽可能照顾到语音本身的系统性(如难音成组出、声调的连读等)。经过音素训练后再回到词、句子和语流中进行练习,使语流更自然、流利,音素也能得到巩固。

(3) 通过语音对比突出重点和难点。通过汉语与学习者的母语或媒介语语音的对比分析,可以确定语音教学的重点和难点。母语中没有的、或是虽有但又与目的语有差异的语音,常常都是难点。比如对英语为母语的学习者,汉语声母较难;而对阿拉伯语为母语的学习者,则汉语韵母较难。一般说来,汉语语音的难点集中于汉语的声调和变调、送气音和不送气音、清浊辅音以及几组难音，对大多数国家的学习者都是教学的重点。此外不同母语背景的学习者还有一些特殊的难点。语音教学不宜平均使用力气，要突出这些难点和重点。

(4) 声韵调结合教学，循序渐进。声、韵、调是构成汉语音节的三要素，也是语音教学的基础。一般从语流教学出发，按交际功能的需要选择句子、词语，从而确定音素，声韵调结合教学。在考虑交际功能时，要兼顾音素由易到难，避免从最难的音素开始。比如在教"问候"这一功能时，问候语"你好"是交际中最常用的，相对说来 n、i、h、ao、等音素也比较容易。声韵调结合教学要注意分散难点，新学的声母难，与之拼读的韵母就应避开难点；在练习难调时，音素就适当容易些。另一方面，根据发音规律成组的音素，又应尽可能同时出，特别是几组难音不宜分开，表面上看似难点集中，实际中更易于掌握。同为难音，先出后出也有规律可寻，如 j、q、x 一组音必须在 ü 组的韵母之后出。

(5) 听说结合，先听后说。语音听觉的训练即对语音特征的感知，是辨别词义、语义的前提，也是学习发音的前提。在教学习者发出某个音素或声调以前，首先要听清楚这个音或声调，要熟悉它，然后才能发准。人们学习唱歌也有这样的体验：一首歌听多了，听熟了，即使不专门去学也能哼出来。克拉申强调听力理解是正确的，在语音阶段不要急于让学生模仿发音，而是要先训练听力，在整个语音教学过程中都要强调听力练习。但发音技能也还是要经过反复练习的，所以我们主张先听后说，听、说训练相结合。

(6) 以模仿和练习为主、语音知识讲解为辅。语音是靠练学会的，要反复模仿、反复练习。教师本身要掌握标准的普通话语音，做出示范供学生模仿。但只靠盲目的模仿、练习也不行。方法不对，不得要领，可能愈练愈把错误的习惯巩固下来。这就要求教师能针对学生错误的原因，从发音部位、发音方法方面给予一定的理论指导。比方西方学生常把汉语的清辅音发成浊辅音，只要说明一下汉语只有四个浊辅音，学生就会注意这个问题，可以帮助他们克服这个毛病。

(7) 机械性练习与有意义练习相结合。要掌握汉语的声调和难音,只有反复地、刻苦地练习,别无它法。正如要掌握一种声乐技巧必须勤学苦练一样。要让学习者懂得技能训练中耐心、恒心的重要性。语音训练中机械练习也是不可缺少的,甚至是大量的。以语音阶段的“巴、拔、把、爸”四声练习为例,犹如练声乐的“多、来、米、发”一样,应成为每天操练的常规。实践证明,一些机械的方法如声调组合练习——一声加一声、一声加二声、一声加三声……等,对练习双音节词的声调还是很有效果的。当然,机械练习应注意与有意义的练习相结合,以引起学习者的兴趣,减少枯燥疲劳的感觉。

3. 语音教学的方法

长期以来,对外汉语教师在教学实践中积累了很多行之有效的语音教学的具体方法,如:

(1) 教具演示。如运用发音部位图、以吹动纸片来演示送气音等。

(2) 夸张发音。有时为了突破难点,适当加以夸张。如轻声前的音节故意拖长、加重,然后发出低而短促的后一个轻声音节。为了让学习者注意发音部位,有时唇形、口形也可适当夸张。

(3) 手势摹拟。用手势摹拟舌位的变化:手心向上、四指并拢翘起表示翘舌;手心向下、手背隆起表示舌根隆起。四个声调可用手指在空中画调号等。

(4) 对比听辨。学生母语的发音与汉语的发音对比,汉语本身如送气音与不送气音的对比,学生的错误发音与教师的正确发音对比(一般情况下不宜重复学生的错误发音,只有在进行对比时才允许这样做)。

(5) 以旧带新。用已掌握的知识引导出新的知识。如 ü 的发音可由 i 引出,从 z、c、s 可以带出 zh、ch、sh。

(6) 声调组合。用一定的有意义的词语练习声调的组合。如练习四声加二声可用“复习”、“日元”、“姓名”、“去年”等常用词,练习二声加二声可用“邮局”、“银行”、“食堂”、“学习”等常用词。练习四声可用"非常感谢"、"加强友谊"、"欢迎访问"等。

二、词汇教学

1. 词汇教学的任务和意义

对外汉语词汇教学的任务是根据教学大纲的要求,在有关汉语词汇知识的指导下,掌握一定数量的汉语词汇的音、义、形和基本用法,培养在语言交际中对词汇的正确理解和表达能力。

词汇是语言的建筑材料,是句子的基本结构单位。没有词汇就无法传递信息,也就无从交际。儿童习得第一语言也是从单词开始母语的词汇学习,并贯串一生;而语音、语法在成年以后的进展则很小。词汇教学在第二语言教学中占有相当重要的地位。我国语言学家张志公先生、胡明扬先生都十分重视并一直强调词汇教学。但由于每个词都有自己的用法,个性大于共性,只能一个一个地掌握,不便于进行系统的教学,因此长期以来,国内外的第二语言教学都是把主要精力放在语言结构上。直到 70 年代展开对功能意念大纲的研究,才把词汇放到较重要的地位。词汇能力的培养决不只是记忆生词的问题,应包括掌握词汇的语义、句法功能和搭配关系,还要掌握词汇的文化内涵和词汇在不同情景和功能中附加色彩的变化从而具有在不同情景和功能中对词汇的限制和选择的能力,区别词汇之间语义差别的能力,猜测新词语词义的能力,掌握词语的聚合、组合规则的能力,特别是在语言交际中理解别人和表达自己的词汇能力。

2. 词汇量的控制和词汇的选择

一种语言的词汇数量是很大的。现代英语有 60 万个单词(也有说 100 万的),汉语词汇根据某些词典所收的条目来看至少也有四五十万。这样大的词汇量,即使是说母语者也不可能而且不需要全部掌握。按印欧系语言的要求,第二语言学习者对目的语的语音掌握应接近 100%,语法则要求掌握 80% ~90%(即掌握基本语法规则),而词汇只要求掌握 5%。这说明第二语言要求学习的词汇量只占该语言词汇的极小部分。那么具体的词汇量如何确定,应学的词汇如何选择,就成了词汇教学首先要解决的问题。

在汉语常用词的统计方面,我国已有了不少研究成果。北京语言学院语言教学研究所80年代初进行的现代汉语频率统计与分析,对政论、科普、生活口语及文艺作品等类的180万字语料进行了统计,得出词汇31159个。其中8000词的累计出现频率占全部语料的95%强,其余23159个词的出现频率仅为5%。可见在日常交际范围内需要掌握的汉语词汇数量还是有一定限度的。北京语言学院根据长期的教学经验,认为要达到基本生活会话的初等水平大约需2500词。这是一学年约800多学时能掌握的词汇量;要达到看懂报刊一般新闻和听懂一般性电台广播的中等水平,约需要掌握5000词;达到能看懂报刊上非专业性文章和听懂非专业性广播的高级水平,约需掌握8000词。1988年出版的、由中国对外汉语教学学会汉语水平等级标准研究小组研制的《汉语水平等级标准和等级大纲》(试行),规定了甲乙丙丁四级词汇量。其中甲级词1011个,乙级词2017个,丙级词2140个,三级共5168个词。1992年出版的由国家汉办汉语水平考试部研制的《汉语水平词汇与汉字等级大纲》中规定了甲级词1033个,乙级词2018个,丙级词2202个,丁级词3569个,四级共收词8822个。以上是就达到一定的等级水平所需要掌握的词汇量所做的规定。至于具体的课程或教学班应掌握多少词汇量,要考虑学习者的学习目的和学习时间。如初级阶段汉语课每课的生词量,从三五个词开始逐步增加,一般不宜超过30个。

确定词汇量以后还有词汇的选择问题,也就是词的范围。现有的词汇大纲可以作为主要参考。这些大纲中的词汇是在一定的范围、语体和情景中,以使用频率为标准筛选出来的,又经过专家从对外汉语教学的特点出发进行了必要的干与(取舍与增补)而最后确定的,体现了一定的科学性。具体教材或教学中词汇的选择,应从词汇的实用性、常用性和学生的需要出发,从生活词汇开始逐步扩大到社会、经济、政治、专业词汇领域;尽可能照顾到具体词先于抽象词、实词先于虚词(必要的虚词要及时出);开始出口语和书面语兼用的中性语体的词,再扩大到不同语体的词;适当出一些熟语。

3. 词汇教学原则

(1) 要认真掌握每一个词语的具体意义和用法。胡明扬先生一再指出词汇教学中长期存在一种有害点:把目的语和母语词汇之间的关系看成是简单的对译关系,认为只要记住生词表就可以解决词汇问题。事实上不同语言之间除了专有名词和单义的术语之外基本上不存在简单的对应关系,即使在可以对译的情况下,也可能在附加色彩的文化内涵上有不同程度的差异。因此,词汇教学应把重点放在掌握每一个词语的具体意义和用法上。

(2) 词的教学应与句子教学相结合,在一定的语境中掌握词汇。单词只有在句子中才能明确其含义,了解其用法。要提倡"词不离句",避免孤立地死记硬背单词,要在一定的语境中通过运用掌握词语。如动词"打"有十多种用法,只有在句中才能理解和掌握"打人"、"打球"、"打电话"、"打酒"中的"打"的不同意义和用法。对词义和词的使用特点的讲解和操练要充分考虑到语言的交际功能,培养学习者利用上下文猜测词义的能力。

(3) 利用词的聚合和组合关系在系统中学习词。词汇系统是语言的子系统,词与词之间有密切的关系。在聚合关系方面可利用词的同义关系、反义关系、上下关系、同音关系等帮助掌握词的意义关系;在组合关系中可通过词义搭配和句法搭配来掌握词义的组合规律,收到事半功倍的效果。

(4) 掌握汉语构词法,重视语素教学,词与字(语素)教学相结合。汉语词汇以复合词为主,合成法是汉语最基本、最发达的构词法。合成词的意义与构词的几个语素义有紧密的联系。充分利用汉语构词法知识,把构词规律(如偏正、并列、述宾、述补、主谓等)教给学习者,并通过语素义解释词义。这样能举一反三、触类旁通,扩大词汇,也有利于区分词义,订正错误。如"运动员"、"教员"、"售票员"、"售货员"、"服务员"等都是偏正式,其中"员"都表示"人"的意思,前边不同的修饰语表示不同类型(职业)的人。

(5) 不同的言语技能对词的掌握有不同的要求。词汇可分为积极掌握词汇和消极掌握词汇。这种区分是就一定学习阶段对学习者掌握词汇的要求而言,并非词汇本身有积极、消极之分。积极掌握词汇是指要让学习者既能理解又能运用的词,也称表达性词汇;消极掌握词汇是指能识别、理解的词汇,要求学习者能听懂、读懂就行,也称接受性词汇。不同言语技能所要求的词汇量也不相同。"说"要求的词汇量最小,头1000词是口语词汇的核心,是要求四会熟练掌握的表达性词汇;阅读词汇量最大,一般在7000以上。这是接受性词汇,只要求认读,虽大部分平时不能脱口而出,但在阅读时要能记起;听力理解的词汇也是接受性的,范围比阅读理解要小,一般在4500左右;写作要求的是表达性词汇,数量较小,而且因人而异。对掌握母语词汇的要求也是如此。第二语言学习当然也不可能要求每个词都能四会。前边已经说过,在一定学习阶段要求学习者掌握的词汇量有一定限制,这一限制常常与学习者迫切的交际需要产生矛盾。如果所有的生词都要求四会,并由此而严格限定词汇量,必然会影响到交际;只考虑交际需要而无限制地增加词汇量,又会使学习者的负担过重。区分四会要求的表达性词汇与两会要求的接受性词汇,正是为了在保证掌握基本词汇的同时,适当扩大词汇量,让一部分学习者在力所能及的情况下多掌握一些词汇。要求积极掌握的词汇常常是最基本的词汇,数量较大。消极掌握的词汇在一定阶段会转为积极掌握的词汇。

(6) 加强词汇的重现与复习,减少遗忘。语音、语法都需要重现才能不断巩固。词汇由于数量太大,更需要加强重视。一般说来,新词至少需要6~8次重现,才能初步掌握。结构主义教材和读物,新词要平均出现30~40次。根据心理学对遗忘的研究(第四章),在词汇教学中应注意每个生词的首次感知。从展示单词开始就用直观、形象的教学方法集中学习者的注意力,给学生留下深刻的印象。考虑到遗忘先快后慢的规律,应及时复习并有计划、有目的地定期复习。无论是学习或复习都同时运用口、耳、眼、手多种感官加强记忆。

讲授新词时还应注意以旧带新。这样采用多种多样的复习方式。

4. 词汇教学的方法

(1) 直接法。表示具体意义的词语(指事物或动作),常用直观法,便于声音与概念直接联系。无法直接用实物展示的,也应尽量用目的语直接进行描述或解释。如用已学过的"互相"、"帮助"来解释"互助"。

(2) 翻译法。在用目的语难以解释的情况下,若母语与目的语的词对应明显,可以通过母语翻译,一点就通,免得绕圈子。但要注意两种语言词汇的义项很少是一对一的,完全的"等价词"是不多的,词义范围大小常常不同,最好的翻译也只是近似的。要避免误导还需要联系大量的例句。

(3) 情景法。把新词放在语境中,也就是联系句子、话语和一定的社会文化背景来理解。如要区别"家"的两个含义,可以用问答来解释清楚:"你家有几口人?"(指家庭),"你今天回家吗?"(指家庭住处)。

(4) 语素义法。前边已经提到,利用汉语构词法的特点,用语素义解释词义,把学习者的注意力从词引到语素上来。

(5) 搭配法。通过词与词的搭配来理解词义并学会正确使用。有的词用法很难记,也说不出太多的道理,如量词与名词的关系、某些动词与宾语的关系,直接采用名量搭配、动宾搭配较易于掌握。

(6) 话语联结法。指在话语中学习词汇,特别是关联词语的用法,宜于在话语中掌握。

(7) 比较法。对近义词、反义词进行比较,在比较中发现不同点。中高级阶段需特别注意近义词的问题。

(8) 类聚法。利用词语之间的聚合关系,依据一个固定的语义群或话题,将相关的词语同时讲解或复习,使新旧词语互相对照。可以是同义词群、反义词群或类属词群(如称谓、器官、食品等)。

(9) 联想法。人脑平时储存多种语言信息,在一定的新信息的刺激下,人脑机制就会调动起与这一信息相关的储存信息。这是一种联想反应,如学习“下雨”一词,让学生的联想可辐射到与之有关的“刮风”、“水灾”、“干旱”、“担心”、“春游”、“凉快”等多方面的词语。

三、语法教学

1. 语法教学的任务和意义

语法教学是对目的语的词组、句子以及话语的组织规律的教学,用以指导言语技能训练并培养正确运用目的语进行交际的能力。不掌握目的语遣词造句的规则,就难以正确理解和表达。语法教学一直处于第二语言教学的中心地位。从最早的语法翻译法到听说法、认知法,都十分重视语法规则的教学。但具体做法不同。语法翻译法以语法教学为中心,语法是语言教学的主要内容,强调记忆语法规则;听说法用句型操练代替语法教学,强调用机械的刺激—反应—强化养成习惯;认知法则重视对语法规则的理解和运用。其共同的缺点是过多地依赖语言的结构形式,脱离了所表达的社会文化内容(语义)和社会交际原则(语用),局限于句本位而忽视了话语的教学。其结果不仅不利于对语言的运用,而且对语法规则的描述也是不完整的。另一方面,随着功能意念研究的开展、交际教学法的兴起,在强调应用的同时又放松了对语言结构准确性的要求,一度忽视了语法规则,把语法教学和交际应用对立起来。以克拉申的学习与习得理论为基础的自然法,几乎完全否定了语法教学的必要性。经过多年反复探索与争论,目前大多数教师和学者还是认为语法能力是语言交际能力的重要组成部分。不论语法教学在教材中是明线或是暗线处理,掌握语法规则仍是第二语言教学的基础。掌握语法规则有利于对语言的理解和运用。现在,交际法的创始者也认为不学习语法不可能真正学会一种语言。当然,在如何教语法、语法在语言教学中占多大比重等问题上,仍有不同看法。

2. 建立对外汉语教学语法体系

教学语法不同于专家语法,要体现一定的规范性(规定哪种说法是对的,哪种是错的),稳定性(为多数人所接受而不是一家之言),实践性(要能指导语言的实际运用)。对外汉语教学语法,又有别于汉语作为母语的教学语法。母语教学语法是对已掌握该语言的人进行从言语到语言的规律概括,在进一步提高其言语技能的同时,更重要的是进行理论知识的传授,重在句子分析能力的培养,解决“知其所以然”的问题。所以母语教学语法的体系是按词类、句法结构、句子分类、句子成分,单句、复句的体例给学习者以系统的语法知识。对外汉语语法教学则是以外国人为对象,进行从语言到言语的教学与训练,通过讲授用词造句的规则和大量言语技能的操练,使外国人能够听说读写汉语,首先要解决“知其然”的问题。所以对外汉语教学语法要按照学习者的语言习得规律提供一套汉语词组、句子和话语的组装规则系统。50 年来我们已初步形成了一套对外汉语教学语法体系,这套体系还需要随着对汉语作为第二语言的教学规律和习得规律的深入研究,进一步加以完善。

3. 语法教学的原则

(1) 通过语言对比突出语法的重点和难点。对外汉语语法教学的一大特点是学习者会受到其第一语言迁移作用的影响。作为第二语言的汉语对所有学习者都有共同的难点,对不同母语背景的学习者又有特殊的难点。因此语法教学要有针对性。如以英语为母语的学习者的语法难点有:形容词谓语句、无标记被动句、带各种补语的句子、“把”字句、“是……的”句、比较句以及“了、着、过”的用法、量词用法、方位词用法、长定语、大数目称数法以及话语连接等。其中的大部分,对任何母语背景的学习者来说也都是难点。另一方面,对于虽非难点但却是汉语最常用的基本句式,也应进行一定的练习,不能完全忽略。

(2) 从句型入手,句型操练与语法知识的归纳相结合。句型是从大量句子中总结出来的典型句式。句型教学是用操练句子结构模式的办法来使学生学会造句的方法。这是“结构主义——行为主义”的教学方法。多年的教学实践证明,这是掌握第二语言句子结构及其用法并养成语言习惯的有效办法。句型教学有利于培养语言交际能力。所以语法教学应从句型入手，以句型操练为重点，适当地进行语法知识的归纳总结。句型教学要注意不但要进行形式的操练，还应当让学习者掌握句型的意思及其功能。句型操练的形式也要多样化，如重复、替换、转换（如肯定句变否定句等）、扩展（逐步增加简单句的句子成分，使之复杂化）、问答甚至翻译。

（3）由句子扩大到话语。句子是基础，集中体现了基本的语法规则。但从交际的目的出发，仅仅掌握句子结构远远不够，还需要进行话语教学，特别是要掌握话语的连贯与衔接。

（4）语法结构的教学与语义、语用和功能的教学相结合。语法教学不能局限于结构形式，要与语义、语用和功能的教学结合起来。这是本书多次强调的原则。如以一定的话题或功能为中心，组织相关的语法点和词汇构成一个单元或系列。这些孤立的、纯结构形式的语法点就可为完成一定的交际任务服务。

（5）精讲多练，以练习为主。语法教学不是要解决能不能懂的问题，而是要解决会不会用的问题。语法规则不是讲会的，而是练会的。对语法知识要进行必要的解释、总结，让学生了解语法规则。但语法知识的讲解要少而精，避免使用大量的名词术语。更重要的是通过练习掌握这些规则。语法课上要体现以练习为主的原则。练习（包括口头和笔头，即听说和读写）应贯串于感知、理解、巩固和运用的全过程，贯串于课堂教学的每个环节。

练习的类型有三种。一是机械性练习。如跟读（模仿）、重复、替换、变换、扩展等。这种机械性的单个句型操练对于熟练掌握语言的结构形式是不可缺少的，特别是在讲练新内容的环节中适当运用机械性练习是十分必要的。二是有意义的练习。如回答问题、完成句子、对课文内容的解释、复述（包括缩简复述、扩展复述、分角色复述）、讨论等。这是在机械性练习掌握语言结构形式的基础上进行的需要对答案进行思考、选择的练习。但练习的内容仍以教材（课文）为基础，答案仍然是有控制的。三是交际性练习。如自由会话、课堂讨论、辩论、演讲、扮演角色、写应用文等。这是真实交际或接近于真实交际的练习。除了到社会上的语言实践外,一般是模拟真实的交际情景进行练习。不仅有听说读写的言语技能训练,还要进行包括语用规则、话语规则和交际策略等言语交际技能的训练。所表达的内容不受控制。

(6) 先易后难、循序渐进地安排语法项目。各课语法点的安排要尽量均匀。不要一下子都集中到某几课上,而有的课又几乎没有新语法点。要体现先易后难、逐步加深的原则。有的语法点之间本来就存在先后顺序关系,如必须先学复合趋向补语然后再学可能补语、必须先学各种补语句然后再学“把”字句。应做螺旋式安排,把语法点分成几圈出现,逐圈加深,便于复习巩固。可以采用“打埋伏”的办法。即让某些语法点先在句中出现但不做讲解操练,让学习者先获得感性认识。但“打埋伏”的语法点不能多。将相关的语法点组成单元,以利于综合运用语法规则进行成段表达。

(7) 重视纠正学习者的语法错误,并把病错句的分析作为课堂教学内容的一个部分。学习者对语法规则的掌握总是在试误过程中实现的。中介语的性质决定了偏误的存在是正常的。充分利用学习者的错误并加以指导,可以从反面加深对语法规则的理解,更好地发挥语法学习过程中的认知作用。不少教师长期开设病错句分析课,受到学习者的欢迎,也取得较好的效果。当然这类课也应体现精讲多练的原则。

4. 语法教学的方法

(1) 归纳法。让学习者先接触具体的语言材料、进行大量的练习,然后在教师的启发下总结出语法规则,再运用这些规则进一步练习。这是一种由具体到抽象、由实践到理论然后再回到实践的方法。这种方法符合人的认识规律,突出了大量的练习实践,调动了学习者的主动性,有利于培养学习者的分析、观察能力。直接法、听说法以及交际法都提倡用归纳法。对不太难的语法点,这种方法有很大优越性。但如运用不当也会浪费时间或出现盲目练习的现象。

(2) 演绎法。先讲清语法规则,使学习者对语法结构有清楚的了解,然后在语法规则的指导下进行练习,通过实践学会运用语法规则。由抽象到具体、由理论到实践。这种方法适合成年人学习第二语言,是认知教学法流派一直提倡的方法,对一些较难语法点的学习效果尤好。缺点是容易流于注入式教学,不利于发挥学习者的积极性。

(3) 演绎与归纳相结合。先采用演绎法,简要揭示语法规则,然后通过大量的练习在初步掌握语法规则的情况下,再做进一步的归纳总结,加深对规则的理解。

在语法教学中应当注意充分利用生动形象的直观手段,如实物、图片、动作、表演以及幻灯、录像、电影等创造情景,以利于学习者对语法规则的感知和理解。在介绍新语法规则时,尽量用熟悉的词和短句,生词和长句会增加掌握新语法规则的难度。

四、汉字教学

1. 汉字教学的任务和意义

汉字是用来记录汉语的书写符号系统。这种以表意为主兼表音的意音文字由于完全适应汉语的特点,能跨越历史和方言,具有强大的生命力,使我国数千年的文化得以保留下来。

汉字教学的任务是,以汉字形、音、义的构成特点和规律为教学内容,帮助学习者获得认读和书写汉字的技能。汉字教学是汉语教学的重要组成部分,不掌握汉字就学不好汉语。汉字教学是汉语作为第二语言教学最显著的特点。

汉字又被认为是汉语学习最大的难点。这是由于由笔画组成的方块汉字是记录语素的语素文字,是与世界上大多数民族使用的、以记录音素的字母拼写的拼音文字根本不同的文字系统。汉字具有形体表意的特征,是表意为主的文字;而拼音文字则是直接记音的表音文字。这两种不同性质的文字,在音、形、义的认知方法上也有很大的不同。拼音文字的"形"是用来记音的,因而音、形基本上是合一的,认知拼音文字只要音与义结合就行了;汉字虽然形声字的声旁有一定表音功能，但由于几千年来语音的变化，现在能准确表音的只是一小部分，因而汉字的表音功能较弱。汉字的认知过程包括音与形、形与义以及音与义的结合，比拼音文字的认知过程要复杂得多。就字形而言，尽管汉字有较强的表意功能（形声字能表示一定的意义类别），但由于几千年的形体变化，大都很难直接以象形表意来识记，已经只是一种记号。汉字笔画之间、组成的部件之间的搭配与位置关系的细微差别很难辨认。为了表意和记音，汉字结构比较复杂，笔画也较多，即使对汉语作为母语的学习者来说也是一个很大的负担。习惯于在仅仅数十个字母范围内单一线性排列的拼音文字的使用者，面对组成数以千计、万计庞大字符集的多维结构的方块汉字，必然会感到难认、难记、难写。就字音而言，汉字无法通过拼读直接获得准确读音，也没有专用的记音符号。不同的音符可以记同一音节，因而也就减弱了表音的作用；再加上形声字逐渐失去对现代汉字的表音功能，汉字读音就主要靠记忆。就字义而言，汉字虽有一套约定俗成的意符系统但不严密，有些意符的形义关系今天已模糊，而且一字多义的现象十分普遍。这些都是造成汉字学习困难的因素。应当实事求是地承认，对汉字文化圈以外的汉语学习者来说，汉字确实是学习的重点和难点。汉字教学问题如不能很好地解决，会成为汉语学习的瓶颈，甚至成为整个对外汉语教学事业发展的瓶颈。

长期以来，本学科对汉字教学重视不够，汉字教学法的研究相对说来也比较薄弱，处于滞后状态，几十年来进展不大。这一方面是由于汉语是我们的母语，我们学习汉字是从自然接触开始，耳濡目染，长期积累，自觉或不自觉地掌握了识记汉字的规律，而对从未接触过汉字、毫无“字感”的外国学习者学习汉字的心理和学习中的困难缺乏体会。另一方面，60 年代北京语言学院来华部在汉字教学问题上，经过试验，曾两次否定了“先语后文”的办法，而把“语文并进”作为一项教学原则确定下来。所谓“先语后文”是指先进行口语和听说的教学，后进行汉字和书面语读写的教学，把口语和汉字的教学分开。所谓“语文并进”是指口语听说教学与识字读写教学同步。从此,除了少数教师和学者进行过一些改革汉字教学的试验和研究外,“语文一体”、随文识字就成了汉字教学的惟一模式。在这一模式中,没有充分地考虑汉字自身的特点和规律,汉字的出现完全决定于教材内容。汉字教学也只限于每课后边所提供的汉字笔顺表和对已学汉字的有限总结。基本上以词汇教学取代了汉字教学,语音、词汇、语法是教学体系中考虑的中心问题,而汉字只是处于附属的地位。很多学校汉字尚未单独设课,已设课的也处于无序状态。其结果,外国学习者为学汉字花了大量的时间,但效率极低,汉字读写能力很差,严重影响了汉语水平的提高。在国外,一些能用汉语口语比较流利地进行交际的学者,在阅读、书写汉字方面困难都很大,特别是在写的方面甚至有的还停留在文盲、半文盲的状态。汉语硕士、博士的学位论文也很少是用中文写的。听说能力和读写能力相差如此之大,在其他第二语言学习中极为少见。西方学者们因为切身感受到汉字学习的困难,一直强调重视汉字教学。很多人主张语、文分开,按汉字自身规律专门设课教学。在这方面,已进行了多年的改革试验并出版了教材。他们也期望我国学者们在汉字的故乡能加强这方面的研究。我国对外汉语教学界于1997年在宜昌召开了第一次“汉字与汉字教学研讨会”,1998年法国巴黎又召开了“国际汉字与汉字教学研讨会”。现在对汉字教学的研究已引起普遍重视,并出现了一批新的研究成果。

2. 高频率常用字的选择

汉字确切的数目现在还很难说。当代最大的字典《汉语大字典》共收字约五万六千个。一般的学习者需要掌握的常用汉字远没有这么多,实际上只要掌握两三千最常用汉字便具备了初步的读写能力。1988年国家语言文字工作委员会和国家教育委员会联合公布的《现代汉语常用字表》共收常用字3500个,在200多万字的语料中覆盖率达到99.48%。其中一级常用字2500个,覆盖率达97.97%;二级常用字1000个,覆盖率为1.51%。同年国家语言文字工作委员会和新闻出版署联合公布的《现代汉语通用字表》收字7000个。北京语言学院语言教学研究所编制的《汉字频率表》，按频率高低分，前2500字可覆盖（180万字的）语料的99.12%，前4000字则覆盖99.96%。可见掌握2500～4000高频汉字，就能具有阅读一般书籍的能力。在此基础上，1992年出版的《汉语水平词汇与汉字等级大纲》规定了甲级字800个，乙级字804个，丙级字590个，丙级字附录（表姓氏和地名）11个，丁级字670个，丁级字附录30个，四级共收字2905个。这是目前对外汉语教学中汉字教学的标准。把这一有限的目标告诉学习者，可以克服对汉字学习的畏难情绪，增强学习的信心。

3. 汉字教学的原则

近年来对外汉语教学界就汉字教学的原则问题展开了热烈的讨论。讨论的焦点集中在三个问题上：是语、文同步还是分开？是词本位还是字本位？坚持以传统的字源学还是允许以所谓"俗文字学"帮助学习者记忆现代汉字？在这些问题上的争论以及各种方案的试验，对进一步探讨汉字教学的规律有很大意义。以下是有可能成为共识的几个问题。

（1）语和文先分后合，初期汉字应按自身规律独立教学。长期以来进行的是语文并进、实际上也就是随文识字的教学。其优点是汉字在一定的语境（课文、句子和词）中学习，有利于掌握汉字的意义和用法；每学一个新字总是形音义紧密结合，避免学习者忽视或记不住汉字。缺点是汉字的出现由课文内容决定，随意性很大，无法按汉字本身规律和由易到难循序渐进的原则进行教学。这对初期的汉字学习尤为不利。不少人主张至少在以学习语音和日常会话为主的初级阶段，设立平行的口语听说课和汉字读写课。听说课采用拼音教学，讲练词汇、语法、课文并进行句型操练。读写课介绍汉字的基本知识并按汉字的特点和形体结构规律进行基本汉字的教学：首先教常用独体字，教笔画、笔顺并注意汉字部件的教学。口语课在前，汉字课在后，两条线分开，语（语音和口语）和文（汉字）都能按自身的系统科学地进行教学，并且在不破坏各自系统的前提下，适当注意互相照顾、互相配合。这样就为以后的学习打下较好的语音和汉字基础。

另一方面也要看到,语和文两条线长期分家实际上也就意味着口语听说课部分的汉字音和形的长期分家。这对汉字学习有不利影响,对整个汉语学习也是不利的。所以在学习者基本掌握汉字结构规律的基础上,还应尽快使语、文同步,即每学一个新词(字)就要同时掌握其音形义。

(2) 强化汉字教学,字与词教学相结合。语言学界很多学者都认为,真正体现汉语结构特点的单位是"字",而"词"的概念是从西方语言学中引进的,汉语中本来没有这样一种与之对应的东西。因此,只有把"字"作为汉语词语和语法教学的基本单位,才能体现汉语的特点,找到掌握汉语的关键。对汉字的重要性及其在汉语教学中的作用,应从这一高度来认识。对外汉语教学中要特别强化作为形音义结合体的"字"的教学,不能把汉字仅仅看做是书写单位,是词语教学的附属品。但另一方面也要看到,汉语在其发展过程中,表达概念和意义的单位,绝大部分已由单音节的字发展为双音节或多音节的词(或称"字组"),很多字已不能独立成词,只是语素(如"民"、"安"等)甚至只是语素中的一个音节(如"葡"、"玛"等)。据估计,在北京话的七万个词中,单个汉字构成的单音词只占6%。因此在交际(造句)中使用的主要单位还是词(或字组),而不是字。很多学者也认为现代汉语的语汇显然不能再以字为单位。字的意义在词中能更好地理解,离开词、句孤立地学习单个汉字不仅不易掌握,也很难激发和保持学习者的兴趣。因此,我们称之为"词"的这一级单位从培养语言交际能力考虑,仍是十分重要的。在强调汉字教学的同时,词汇教学的重要性仍不能动摇(至少在以字为基本结构单位的汉语语法体系完全建立起来以前是如此)。字与词的教学应紧密结合,充分利用汉字极强的组词能力(据研究,《现代汉语常用词表》中3500常用字能组成现代汉语7万个词,每个汉字平均能组合成词20个),采取"以字解词"、"由词析字"的办法,培养学习者望字猜义的能力,了解字组成词的规律。有的西方学者认为"口语教学以词为基本语言教学单位，书（面）语以字为基本语言教学单位，”[①]是颇有见地的。我们认为字不但要与词结合、做到字不离词，而且还应当词不离句，句不离文。

（3）把握汉字的构成规律和基本理论，利用汉字的表意和表音功能识记汉字。在汉字教学中，教授汉字知识十分重要。有拼音文字思维定势的学习者，对以表意为主的汉字比较难于理解和接受。初次接触汉字，有的把它看成是一幅幅图画，有的则看成是复杂而又凌乱的线条符号，不知从何下手。教师教授一定的汉字演变和结构规律知识，帮助学习者先从整体上把握汉字，对他们尽快找到对汉字的感觉，确定认识汉字的逻辑起点，建立新文字观念是不可缺少的。在识记汉字的过程中，不能要求外国学习者完全凭死记，要尽可能利用汉字的表意和表音功能，加深对汉字的理解和记忆。汉字以表意为主，分析汉字一定要着重其形；另一方面要利用汉字的表音功能识记汉字，这是以拼音文字为母语的学习者的长处。据统计，在《现代汉语通用字表》7000 字中形声结构有 5631 个字。其中音符（声旁）1325 个（字音与音符的读音声韵调完全相同的占 37.51%，声韵同仅调不同的占 18.17%，二者合计达到 55.68%），意符（形旁）246 个（完全表意的占 0.83%，基本表意的占 85.92%）。可见无论是音符或意符在识记汉字方面都有潜力可挖。需要注意的是，除了较少能完全表意、表音的情况外，对接近表音或基本表意的现象需要进行一定的解释说明，以免产生误导。

无论是介绍汉字特点、汉字演变、汉字结构规律，或是对音符、意符进行解释，作为正式教学，都应当以传统的字源学特别是“六书”理论为依据，以保证汉字教学的科学性。但由于几千年来汉字字形字音的演变，“六书”理论已不能完全适应现代汉字的分析；要求现代汉字字字溯源不仅难以做到，而且对不了解中国文化的外国学习者来

① 白乐桑（1999）法国第二届国际汉语教学学术研讨会（汉字教学讨论会）开幕词和闭幕词，《汉字与汉字教学研究论文选》，北京大学出版社。

说只会使问题更加复杂化,何况过多地讲解文化内容也不是作为技能课的汉字课的任务。为了帮助学习者识记汉字,可以适当根据现代汉字字形进行“新说”。但这种被称为“俗文字学”的“新说”,应仅限于传统字源学理论不好解释的或者过于复杂、学习者难以理解的汉字。“新说”仍应以汉字的基本理论和结构规则为指导,至少不能与之相违背。最好组织专家研究,形成比较规范的解释,避免望文生义、牵强附会甚至每个教师都有自己的版本。当然,教师在课堂教学中为了活跃气氛,偶尔编一些汉字小故事,或用一些字谜、游戏,甚至让学习者发挥想像力来解说汉字,也是允许的。

(4)按笔画、部件、整字三个层次,从笔画、笔顺、部件、间架结构四个方面进行汉字教学。对外国学习者看来是杂乱线条符号的汉字,进行分类梳理。首先需要对汉字字形进行解析,将汉字分为笔画、部件、整字三个层次。笔画是现代汉字构形的最小单位,犹如拼音文字的字母。汉字有基本笔画(横、竖、撇、点、捺、提)6 种,派生笔画 25 种。汉语教学应从掌握汉字的这 30 多个笔画开始。汉字笔画的走向和书写的顺序叫笔顺。汉字有六条基本笔顺规则(先横后竖、先撇后捺、从上到下、从左到右、从外到里、先外后里再封口)。有的外国学习者不了解笔顺的重要性。正确的笔顺不仅是书写汉字的基本修养,而且按固定的笔顺书写汉字更有利于记忆汉字。部件(也称字素)是汉字形体中具有组字能力的结构单位。掌握部件是认读和书写汉字的关键,也是对外汉字教学的重点。据统计,一万多现代汉字中约有六七百个部件。在《汉语水平词汇与汉字等级大纲》规定的 2900 多个四级汉字中有 430 多个部件。采用部件为主的识字法,可以减少汉字学习的难度。至于如何建立适合对外汉语教学的汉字部件系统并为部件拟定名称,还是目前正在探索中的问题。

在学习汉字部件的基础上,还需要进一步掌握部件的组合规律,即汉字的结构方式(独体结构、左右结构、上下结构、包围结构、特殊结构等)。从笔画、笔顺、部件和结构方式四方面进行教学,使汉字教学有规律可循。对掌握笔画、笔顺、部件、结构方式的训练,从一开始就应严格要求，打下牢固的认读和书写的基础。

（5）重视对比，加强复习，通过书写识记汉字。对形近字和同音字需要进行结构和字义的比较。形近字，像"土"与"士"，"没"与"设"，"人"与"八"，"找"与"我"等。有的是多一笔少一笔，有的笔画长一点短一点，或者其中某一部件稍有差别，特别是笔画之间存在相离、相连、相交等不同的位置关系，这些常常为学习者所忽视，写成错字。同音字则需要通过形义的对比，避免写出别字。汉字文化圈的学习者虽对汉字学习不觉得特别困难，但其母语的汉字往往与我国的汉字不同，也需要进行对比。除了对比以外，汉字的复习巩固非常重要。不经常复习，汉字非常容易遗忘。无论是来自学习者或教师的经验，都说明通过反复书写练习，有利于记忆汉字。书写练习的方法很多，如我国传统的描红、临写以及抄写、听写等。

第三节　语言测试

测试是教育评估的主要手段，也是教学活动的主要环节之一。

我国是最早建立考试制度的国家。早在奴隶制社会的西周，就有贡士制度选拔"俊秀"入学。从《礼记》的《学记》中可以看到当时有定期考查学生学业的制度。公元前 165 年汉文帝时，用正式考试即"策问"的方法选拔官员，到隋朝建立了全国统一的逐级以考试方法选拔人材的科举制度，这在世界上是首创。到 1905 年废除以前，我国实行科举制度有 1300 多年的历史，而西方到 19 世纪才建立完备的国家考试制度。

现代考试的建立与考试研究还只有 100 多年的历史。发展最为迅速的是语言测试。本世纪 50 年代定型，60 年代发展，在语言教学、语言学、认知心理学、心理测量学、教育统计学等理论的指导下，逐步走向科学化、标准化，已成为一门新兴的学科。我国的语言测试,也在继承传统测试的优点并汲取国外新的研究成果的基础上,不断取得进展。英语教学界最早于70年代率先引进了多项选择题型和完形测试题型,于1981年研制了我国第一个标准化语言考试——英语水平考试(EPT)。对外汉语教学界则于1984年开始研制汉语水平考试(HSK),于1985年完成第一套试题。经过十多年的努力,HSK已发展为世界上影响最大的汉语水平考试。

语言测试与语言教学紧密相关。作为语言教师,都有可能从事试卷(特别是成绩考试和诊断性考试)的设计和命题工作。有关语言测试的基本理论知识,是每一个语言教师都应该掌握的。

一、语言测试的作用

1. 什么是语言测试

语言测试是根据一定的评估目的,以抽样方式通过有限试题来诱导出受试者的言语行为,然后借助于定量描述来推断受试者掌握的该语言的知识和能力。

从心理学的角度来看,上述定义表明,测试的任务在于如何诱导出体现受试者语言知识和能力的言语行为,并对这种行为进行量化和说明解释。对人的言语行为所表现出的知识和能力进行测量,是一个非常复杂的问题,它受到很多因素的影响。

(1) 间接性。人们所具有的语言知识和语言能力是无法直接测量的,只能通过诱导出的言语行为来间接测量。测试提供一种条件(或刺激),使掌握了某种语言规则或语言结构的受试者能立即按规则把结构使用出来,而那些没有掌握这种规则或结构的人则使用不出来。制造这样的条件——命题,是进行测试的最大难点。语言的某些方面特别是语法结构最难诱导,而且诱导出的言语行为也不一定能真实地反映其语言知识和能力,尤其是这种言语行为不是在真实的交际中自然产生的。这就决定了语言测试总是一种非自然的、间接的测量手段。

(2) 片面性。语言测试的目的是要全面了解受试者的语言知识和能力，但实际上不可能把他所掌握的语音、词汇、语法、汉字等全部考一遍，只能采取抽样的方式、通过编制有限的试题来加以测量。科学的抽样是可以反映总体面貌的，人们也可以从题型、题量、覆盖面等方面尽量做到科学化。但在实际操作中，由于一些因素的制约，难免会出现以偏概全的情况。因此测试总有一定的片面性。

(3) 主观性。作为一种测量和评估的手段，语言测试应该是完全客观的、公平的。但实际上，要做到完全客观是非常困难的。测试的全过程都是由有关人员操作的，特别是评分很容易受到评卷人的不同认识和主观好恶的影响。因此语言测试很难完全避免主观性。

(4) 偶然性。测试的命题、受试者的临场发挥以及评卷等过程中总有一些偶然性的因素。特别是学校的一般性考试，常出现命题不合理、受试者猜中考题，或受试者心情紧张、情绪不好、身体欠佳等原因，临场未能正常发挥，使具有相同语言能力的人言语表现出现了差异，不能得到准确的评估。

从以上分析可以看出，语言测试的研制既涉及到许多理论问题，也有实际操作问题。目前还很难做到十分客观、准确、真实地反映受试者的语言知识和能力。对语言测试的研究，正是为了从理论和实践上提高测试的设计、命题、施测、评分、分析各个环节的科学化的程度，并通过评析指标的控制尽量减少间接性、片面性、主观性和偶然性，使语言测试发挥客观、有效、可靠的测量作用。近几十年来，语言测试已发展成为一项专门的研究领域，成为一个专门的学科——语言测试学。

2. 语言测试的作用

(1) 评估教学，提供反馈信息。测试是第二语言教学四大环节的重要组成部分。通过测试，学生可以了解自己掌握目的语知识和能力的情况，发现学习中存在的问题；教师可以检查自己的教学效果，发现教学中的薄弱环节及时加以弥补和改进；教学管理者可以把测试结果作为检验教学大纲、教材和教学方法的重要参考。

(2) 评估人材，提供用人的重要依据。语言测试，尤其是水平测试能评定出受试者运用语言的能力,可以作为社会或用人单位选拔人材(如公务员)的比较可靠的参考。学校招生考试,也可看做是选拔人材的一个方面。

(3) 是语言教学研究和语言研究的重要手段。进行语言教学或语言方面的实验研究,需要对实验结果特别是被试语言水平及其变化进行测量。语言测试是衡量科学实验结果的重要工具。

(4) 推广母语教学,扩大母语影响。随着国际交往的日益增多,各国(尤其是大国)都不遗余力地在全世界推广自己的语言,促进更多的外国人学习自己的语言。而大规模标准化考试,如美国的"托福"、英国的"剑桥英语水平证书考试"以及我国的"汉语水平考试"等都起到了推动本国语言的教学、扩大本国语言在世界的影响的作用。

二、语言测试的种类

第二语言测试,可以从测试的用途、评分方法、命题方法、成绩反映方法以及测试的制作要求等不同角度进行分类。

1. 按用途分:

(1) 学能测试(aptitude tests)。学能测试又称潜能测试或性向测试。目的在于了解受试者学习第二语言的潜在能力和素质。学习语言的潜能包括:语音的编码、解码能力,语法敏感性,语言的记忆能力,综合归纳能力等。学习主要靠后天的努力,但人与人的天赋是不相同的,有的人特别适合于学习语言,有的人则适合于学习其他学科。在决定学习一种语言之前,了解学习者先天条件和素质,对学习者本人和学校都是有价值的。学能测试是一种预示性的测试,在第六章已做了介绍。

(2) 成绩测试(achievement tests)。成绩测试又称课程测试,是一门课程或课型的测试。目的是检查学习者在某一教学阶段是否掌握了教学大纲和教材所规定的教学内容,在学习上取得什么成果。测试的内容以课程的教学大纲和教材为依据,教什么考什么。这是一种回顾性的测试,目的在于了解学习者目前所达到的程度,是与一个较长期的目标相联系的。受试者获得的成绩是绝对的。按照预先制订的标准,学习者如完成了规定的学习任务,就能取得好的成绩。成绩测试是教学中用得最多的测试,学校的期中期末考试、毕业考试等都属于这一类。

(3) 水平测试(proficiency tests)。水平测试又称能力测试。目的在于测量受试者现有的整体的语言实际运用能力,以评定是否达到胜任某项任务的要求。水平测试不考虑受试者的学历,也不以任何大纲、课程或教材为依据,而是根据语言交际能力的标准,或是某一特定任务的要求来命题。这是一种回顾兼预示的测试。它具有较高的区分性,受试者的分数反映了他在全体受试者中的位置。水平测试常常是大规模标准化测试,如我国的汉语水平考试(HSK)、英语水平考试(EPT),美国的托福考试,英国的剑桥英语水平考试等。

(4) 诊断测试(diagnostic tests)。诊断测试是为了了解受试者在学习某一具体内容或在较短的一段学习时间里所存在的问题而进行的测试。目的是迅速直接地获得反馈信息,及时改进教学。这也是一种回顾兼预示性的测试,常常是与一具体的短期目标相联系。学校中的小考、小测验都属于这一类。诊断测试是非正式的测试,命题、评分都比较灵活,一般也不用作衡量学生水平的主要依据。

从上述四种测试可以看出,不同的测试有不同的用途。水平测试很重要,但不能将学校的各种测试都向水平测试靠拢,更不能让水平测试指挥教学。对学校教学来说,成绩测试和诊断测试更具有直接意义。

2. 按评分的客观化程度分

(1) 客观性测试(objective tests)。客观性测试的试题答案是固定的;评分是客观的,不受评卷人主观认识和个人兴趣的影响,不论是谁评分结果都一样,甚至可以用机器评分。多项选择题、正误判断题等都是客观性试题。客观性测试测量的结果比较客观,分数可靠;试题覆盖面大,针对性较强,能进行多方面的考查;阅卷方便,适用于大规模考试。缺点是命题较难,而且只能测量理解、识别技能,难以测出表达技能。

(2) 主观性测试(subjective tests)。主观性测试每个试题允许不止一个答案,评分在很大程度上取决于评卷者的主观判断,不同的评卷者由于认识的不同会得出不同的结论。问答、翻译、作文、口试等都属主观性试题。主观性测试更有深度,能测出受试者的表达技能、综合语言能力和运用语言进行交际的能力。主观性测试命题比较容易,可以防止靠猜测得分和作弊。缺点是阅卷费时且评分不易遵循一个客观、统一的标准,且试题量小,测试的范围也较窄。

3. 按命题方法分

(1) 分立式测试(discrete-point tests)。分立式测试是对语言要素(语音、词汇、语法等)和言语技能(听、说、读、写)分别进行单项测试,如填空、完成句子、多项选择。其理论基础是结构主义语言学。认为语言是由各种成分组成的,掌握一种语言就是掌握这些成分和技能。而这些成分和技能都可以分别进行单项测试,以确定受试者的总体语言能力。分立式试题的长处在于想考什么就能考什么,受试者无法回避,而且大多采用客观试题。缺点是只能测量各个孤立项目的知识和技能。而各个单项知识、技能之和不一定等于其总体语言能力。

(2) 综合性测试(integrative tests)。综合性测试是对语言知识和言语技能进行整体的综合性的测试,以测量受试者综合运用语言知识和言语技能的能力。综合性测试认为语言是个整体,人们在实际使用中不可能只运用某一方面的知识或一种技能,而是各种语言要素和言语技能综合运用。完形填充、阅读理解、听写等都是综合性试题。

(3) 交际性测试(communicative tests)。交际性测试是测定受试者在实际生活中运用语言进行交际的能力。其理论基础是语言功能和语言交际理论,强调语言教学的目的是培养语言交际能力。交际性测试不仅具有更强的综合性,而且要全面考查在一定的社会情景中正确、得体地运用语言进行交际的能力。面谈、应用性写作都属于交际性测试。目前这一类型的测试还处于探索中。

4. 按分数解释的方法分

（1）标准参照测试(criterion-referenced tests)。标准参照测试是测定受试者是否达到教学大纲所规定的标准的一种测试。这种测试用来评定受试者完成学习任务的情况。只用他的成绩与应达到的标准相比较,而不与别人的成绩做比较。成绩测试属于这类测试。

（2）常模参照测试(norm-referenced tests)。常模参照测试是将受试者的个人成绩与集体考试成绩相比较,以决定受试者的成绩在集体中的位置的一种测试。所谓"常模",是指同一批受试者掌握该目的语的平均水平。这种测试的目的在于显示受试者语言知识和能力的差异,因此必须使受试者的分数拉开。常模参照测试的分数分布应以平均分为中心,形成近似正态分布。水平测试、学能测试都属于常模参照测试。

5. 按测试的制作要求分

（1）标准化测试(standardized tests)。标准化测试是以现代教育测量学的理论为依据,按照系统的科学程序对考试的全过程(设计、命题、施测、评分、分析等)实行标准化处理,对误差进行严格控制,有较高效度、信度,能测出受试者真实水平的测试。这种测试由权威机构和专业队伍研制。为了保证严密的科学性,标准化测试通常是以客观性试题为主的常模参照测试。

（2）非标准化测试(non-standardized tests)。非标准化测试是指由任课教师根据教学需要自行设计、命题、施测和评分的测试。规模一般较小,没有统一的标准。成绩测试、诊断测试都属于这一类。

三、语言测试的评析标准

语言测试质量评析,可以从效度(有效性)、信度(可靠性)、区分性、可行性及反馈作用几个方面进行。好的语言测试特别是大规模标准化测试在上述五个方面应达到较高的水准。

1. 效度(validity)

效度又称有效性,指测试的有效程度,即测试的内容和方法是否能测出预定要测量的东西。比如说,本想要测量听力理解能力,但采用的却是笔头回答问题的方法。其结果,所测量的是受试者的笔头表达能力,而不能反映其听力理解能力。这就好像用秤来量高度,其结果只能测出重量,不能达到测量的目的。效度又分为表面效度、内容效度、结构效度和经验效度。

(1) 表面效度(face validity)。表面效度指某个测验或考试从表面看来是否测了它旨在测量的东西,有没有缺漏的部分,有没有偏题怪题。这是观察者靠主观评价得来的效度。比如在初级汉语考试中出现了方言土语,一眼看上去就会觉得试题不合适。这种对效度的主观评价能在一定程度上反映测试的质量。

(2) 内容效度(content validity)。内容效度指测试的内容是否是应该考查的,是否反映了这项测试的要求,或者说试题所包含的内容代表性、准确度和覆盖面如何。如果测试的这一样本有较好的代表性,就可以认为具有较高的内容效度。在成绩测试中更需要注意是否包括了教学的主要内容。比如语法测试不能包括典型的句型结构,则这一考试的内容效度不高。评价内容效度主要也是采用逻辑方法进行定性分析,通常由专家审定。

(3) 结构效度(construct validity)。结构效度又称理论效度,指考试的结果在多大程度上符合我们根据某种理论做出的预测,而用这种理论来解释测试的成绩。如分立式测试以结构主义语言学和行为主义心理学为理论依据,交际性测试则以语言功能理论和语言交际理论为依据。在交际性测试中大量运用分立式试题,就不符合交际性测试所依据的理论。通过测试也可以证明一种理论的正确性。如以语言习得自然顺序理论为依据的测试,可以证明是否存在自然顺序。结构效度是最重要的效度,是效度的核心问题。

(4) 效标关联效度(criterion-related validity)。效标关联效度是指确定一种能反映测试效度的参照标准,然后考察某一考试与该标准之间的相关程度。这种效度标准通常是其他效度高的考试,尤其是大规模标准化考试;也可能是受试者的平时成绩或能力表现,甚至是教师所做的等级评定等。重要的是这些标准本身要有效。标准效度又分为共时效度和预测效度。共时效度(concurrent validity)指这次考试与时隔不久的作为标准的另一次考试相比较,看两者的相关程度。预示效度(predictive validity)指这次考试与未来的考试相关的程度。比如某校的考试与汉语水平考试的相关系数很高,如果在学校考试成绩高,就可以预计汉语水平考试的成绩也会很高。再如某一水平考试是评定学生的目的语能力能否入学学习专业,那么学生入学后在学习中所表现的实际语言能力(能否完成课业),就是对这一水平考试预测效度的判定。

一项考试不太可能同时具有上述四种效度。成绩测试和诊断测试要求有较高的内容效度,水平测试要求有较高的共时效度和预示效度,学能测试则应有较高的理论效度和预示效度。

影响效度的因素有:

(1) 测试的目的不明确,需要考什么不清楚。如测试口语能力——复述,就不能让复述的故事情节过于复杂,以致成了测量学生的记忆力。

(2) 命题方面的技术性问题会影响效度。试题要清楚明了,语言要通俗易懂,不能用过多的生词、太复杂的句子。试题不能太多或太少,太多做不完,太少不足以反映受试者的全面情况;也不能太难或太容易,太难太易都不能测出受试者的真实水平。试题要避免歧义或试题之间相互暗示。试题编排顺序要由易到难,要防止排列有规律而可能对答案产生暗示。

(3) 组织管理方面的问题也会影响效度。指导语不清楚或太难,受试者不能正确理解题目的要求。场地、设备条件差,影响到考试。考场组织、纪律问题,如监考者不按规定时间发卷、收卷或给受试者以提示。

2. 信度(reliability)

信度又称可靠性,指测试结果的可靠程度或稳定性,也就是考试成绩是否反映了受试者的实际水平。测量的工具要固定。松紧带不能用来作测量的尺子。语言测试是测量语言的工具,这把尺子也要固定。如果同一试卷测量同一受试者的语言知识和能力,在他的知识和能力没有变化的情况下,若每次测量的结果都不一样,说明这一测量工具不可靠。任何一种考试都无法完全避免误差,如果误差很小,那么测量就是准确的,考试分数也就非常接近受试者的真实水平,考试的信度也就大。

一般从三个方面衡量测试的信度:

(1) 测试的稳定性(stability)。测试的稳定性也称再测信度。即用同一套试题在较短的间隔和尽可能相似的环境中对同一批受试者测试两次,然后计算两次测试分数的相关系数。相关系数在1.00与0.00之间。相关系数愈大信度愈高。标准化测试的相关系数(信度值)不应低于0.90。一般课堂测试只要在0.70~0.80之间就可以了。再测信度是最基本的信度。但两次考试的时间间隔对考试误差有影响。间隔太短,受试者对上次考试仍有记忆;间隔时间太长,受试者的语言水平已有变化。

(2) 测试的等值性(equivalence)。测试的等值性也称为复本信度。即用同一考试的两份具体题目不同但题型、内容等值的试卷,对同一批受试者在没有太多时间间隔的情况下进行测试,然后算出两次测试成绩的相关系数,从而评定其信度。问题在于,要做到两份试卷完全等值是不大可能的。

(3) 测试的内部一致性(internal consistency)。内部一致性也称为内部一致性信度。常用分半法,即用一份试卷施测,然后将该试卷按奇数偶数分成题数相等的两份,求这两份的相关系数。最准确的检验某测验的内部一致性信度是计算它的α系数。

影响信度的因素有:

(1) 测试的题量。题量大,代表性好,分布均匀,测试的信度就高;题量少,偶然性大,信度也就低。题量是影响信度的主要因素。

(2) 试题的同质性。指同一考试的不同试卷试题的相似程度和一致程度(题型、题量、覆盖面、指导语及试卷的编排)都要一样。

(3) 试题的区分性。试题要能区分学生水平的差异。区分性与试题的难易度有关。

(4) 受试者水平的多样性。受试者水平愈接近,差异愈难测量,可靠性愈低;受试者水平悬殊,测试容易准确可靠。

(5) 评分的客观性。这是影响信度的另一重要因素。要改进评分方法,特别是主观性试题的评分要尽可能客观化。

测试的可靠性与有效性是测试的两大评析标准。两者都很重要。两者关系密切且十分复杂。

(1) 信度是效度的前提。如果测试的结果不可靠,不能反映受试者的实际水平,就谈不上有效性。

(2) 信度高并不意味着效度一定高。可靠的语法项目考试不一定能测出受试者的理解能力。

(3) 效度不高,信度高也没有意义。效度不高,考试内容偏离了考试目的,再可靠也没有意义。如只测试词汇的多项选择,尽管相当可靠也不能说明受试者的语言交际能力。

3. 区分性(discrimination)

区分性指测试区分受试者知识和能力差别的性能,是试题的质量标准。如果受试者的水平高低不同而测试的成绩却很接近,不能把水平高和水平低的受试者区分开来,说明该考试的区分性差。录用人材的选拔性考试要求试卷有较高的区分性。测试的区分性从试题的难易度和试题的区分度两方面考虑。

(1) 试题的难易度指试卷中应包括适当比例的难易程度不同的试题。一般认为,30%到70%的受试者都能做对的题目(即难易度为0.3~0.7)比较适中。指数愈大愈容易,指数愈小愈难。试题应难易度适当。太难,无人答对;太容易,人人都能答对,均没有意义。为了把受试者拉开距离,试题的难易要有一定的跨度和比例。有的试卷把试题按难易度分成五等:中等难度试题占50%(或45%),较难和较易的各占20%(或较易者15%,较难者20%),更难和更易的各占5%(或10%)。

(2) 试题的区分度指试题能区分受试者水平差异的程度,它与难易度相关,是更重要的指标。一般按考生分数排列,将27%最高分的和27%最低分的分别作为高分组和低分组。一道试题如果高分组答对了、低分组答错了,那么这道题有较好的区分度;反之,则没有区分度。区分度的计算方法是计算每个题目的双列相关系数(应大于0.3)或点双列相关系数(应大于0.25)。

4. 可行性(practicality)

可行性指测试是否简便、经济、易于操作、便于管理。特别是评分是否容易。如果不方便、不经济,即使是好的测试也难以推广。

5. 后效作用(backwash)

测试是用来检查教学效果的,但同时又不可避免地给教学以影响,这就是测试的后效作用。特别是一些大型的、重要的考试,如升学考试,常常对教学起指挥棒的作用。为了使学习者能通过这类考试获得好的成绩,教学反而向测试看齐,甚至出现教学为考试服务的本末倒置现象。好的测试符合教学规律,能给教学以正确的引导,对学生的学习起检查和督促的作用,产生积极的后效。如果考试背离了教学规律和学习规律,就会对教学产生有害的影响。

四、标准化语言测试的过程

标准化语言测试,对测试全过程实行科学化、标准化处理。尽管日常教学中使用的成绩测试和诊断测试难以达到这样的要求,但标准化测试的过程对制订各种类型测试仍有参考价值。标准化语言测试的过程大体上有四个步骤,即设计命题、考试实施、阅卷评分和统计分析。

1. 设计命题

(1) 考试设计。明确考试目的,制定考试大纲,确定考试的类型、范围、内容、重点、方式、题型、题量、分值、难度、评分和计分方法、考试时间等。在考试范围、内容部分常规定具体的量化标准(如词汇量、语法点等)。

(2) 拟定编题计划,制订考试蓝图或试卷各部分细目表。

(3) 命题:广泛征题、由命题员编题并进行筛选。

(4) 预测。

(5) 项目分析。根据预测结果,进行项目分析,确定哪些试题符合考试要求。

(6) 按大纲进一步审查试题并编制成正式试卷。

(7) 为保证试题及每份试卷的质量,应建立题库,把经过试测和项目分析,符合效度、信度、难易度、区分度要求的试题存入题库。

2. 考试实施

通过宣布考场规则、发布主考指令严格控制考场秩序,特别是统一考试的时间、答题的方法步骤。

3. 阅卷评分

对客观性试题实行机器阅卷,尽可能消除人的主观因素带来的误差。

4. 统计分析

将阅卷评出的原始分数转换为导出分数,使分数具有明确的意义并有可比性。将同一考试的不同考卷进行等值处理,然后就此次考试的结果进行分析和解释,并做出报告。同时为教学提供反馈信息,以改进教学。对这次考试本身也要进行总结。

五、语言测试的内容与主要题型

1. 语言测试的内容

包括对外汉语教学在内的第二语言教学的根本目的是培养运用语言进行交际的能力。对教学能起积极的后效作用的语言测试,尤其是成绩测试和诊断测试应当与这一教学目的相一致。因此作为教学内容的语音、词汇、语法、汉字等语言要素,听说读写言语技能和反映语用规则、话语规则、交际策略的言语交际技能以及语言文化因素、基本国情和文化背景知识等,也就是语言测试的内容。如前所述,其中成绩测试和诊断测试应紧密配合教学计划和大纲,按所教的内容确定测试内容。水平测试以考查受试者的整体语言运用能力为目的,目前主要仍是通过对语言要素知识、言语技能和言语交际技能以及相关文化知识的分项目测试来完成的。应考虑更全面、综合地测量上述各项内容。水平测试愈来愈对教学产生重大影响,其后效作用尤其值得注意。

2. 语言测试的题型

题型是指试题的类型。一份试卷所采用的题型及各种题型的比例,一定程度上反映了考试的目的和对语言水平的看法。比如,是重阅读还是重听力,是重语法还是重词汇。

编制各种题型的试题都应当注意:

(1) 试题编制者对每道题要达到的目的应当十分清楚,要排除与测试目的无关的因素。

(2) 试题固然要针对学习者的难点(常常是通过与其母语的对比或学习者常出现的偏误中得出),但也要照顾目的语常用的句型和词汇。不应专挑难点和特殊点,甚至走向出偏题的歧路。

(3) 试题应在教学大纲或考试大纲范围之内,一般不应超纲。

(4) 除了考记忆能力外,还应当考思考能力和猜测能力。

(5) 成绩测试应当是客观测试和主观测试相结合。大规模标准化考试也应加入一定数量的主观性试题(如 30 ~ 40%),以提高效度。

(6) 题序安排要体现由易到难,以排除受试者的心理障碍。还要注意试卷的校对等技术性问题。

语言测试的题型有数十种,这里我们重点讨论多项选择题、综合填充题、作文和口试。

3. 多项选择题

多项选择题一般是先提出情景(称为题干),并提出四个答案的备选项,让受试者选择其中的一个(其余三个叫干扰),所以也称四项选择题。这是考查阅读理解和听力理解等语言技能的常用题型,可以考词汇也可考语法。多项选择题最大的优点是评分客观,因而信度大。可以直接考出编制者想考的问题,使受试者无法回避,因而效度也大。由于答题迅速(只要在正确答案上划勾),因此题量可大。缺点是不能测表达能力,有 25% 猜对的概率,命题费时费力。要编制好多项选择题应当注意:

(1) 试题本身要明白易懂。不要出生僻的词语、句式,避免因看不懂试题而答不出。主干提供的语境要清楚,要充分,尽可能包含试题应交代的内容,以便受试者判断。

(2) 一个项目(问题)只测试一种语言现象。考语法就不要再考词,不要同时考几个语言点。

(3) 答案必须是惟一的。要从多角度检验其惟一性,决不能有第二个合适的答案。

(4) 主干与四个备选项之间、各道题之间不能给正确答案以任何暗示。备选项填入主干后,ABCD 四项中正确答案要分布均匀,不能固定(都是 A 项正确,或者四项按序轮流),以免形成规律。

(5) 设计干扰项是多项选择题编制的最大难点。干扰项一定要起到似是而非的干扰作用,不能牵强附会随便拼凑。如果有一项无人选,就说明它不起干扰作用,必须换掉。四个备选项尽可能涉及同一类事物或活动,要保持相关性,词性要一致,难度大体相当,甚至长度也要大体相仿,要避免出现主干中已有的词语。

由于多项选择题存在不能直接考查表达能力的缺陷,因此过分依赖这种题型,甚至把它作为平时常用的练习形式,就会导致书写表达能力下降,也会影响到口语表达能力和阅读能力,使学习者总的语言运用能力和文化素养下降。就智力训练而言,多项选择是对所提供的情景运用推理判断能力,不利于主动思维、创意思维能力的发展。有些国家的学者就担心从幼儿园开始,多项选择题一直做到大学会产生灾难性的后果:连生词的拼写都不会了。对我国的汉字,如果只靠划勾来辨认,恐怕是难以掌握的。所以在一般的课堂测验或练习中,应防止这一题型的滥用。

4. 综合填充题

综合填充是完形测试(cloze tests)的基本形式。即在一篇短文中隔一定的字数删去一个词,让受试者补上。有人巧妙地把这一题型译成“漏字”。它是以格式塔的完形心理学派理论为基础,认为心理学的基本特征是在意识经验中所体现的结构性或整体性。如果一个结构整体缺了某一组成部分,人们就倾向于把缺口补上使其完善起来。“完形倾向”使人具有填补空缺的心理,而填补空缺的过程中必须对整体及其组成部分有充分的认识。人们常通过语言中的多余信息,补充空缺信息。语言水平愈高,能容忍的空缺信息愈多。完形测试在发展过程中有很大变化。最早,是选用三四百字短文,除了第一句和最后一句外,每隔 5 或 7、9、11 个字就留出一个空格(少于 5 个字太难,多于 11 个字太易),每道试题约 25 ~ 50 个空格。后来,发现定距离留空过于机械,所留的空不一定是想测的地方,就改为从出题的需要出发不定距离留空。另一个变化是最早要求补上原文中同样的字作为惟一答案,但很多人认为这样的要求太机械也不合理,不能要求受试者与原作者(可能是名家)同一思路,只要在语义和语法上与整个材料相一致就应算答对。但判断所填的词是否合适又带来了主观性的问题,所以又采用综合填充与多项选择相结合的办法,在空缺中提供几个备选项以供受试者选择。这种题型既要求读懂全文、理解全文,能达到原作者的表达水平,考出综合运用语言的能力,又能保持客观性测试的优点,所以现在把它作为综合性测试的好题型普遍运用。

编制综合填充题需要注意:

(1) 汉语综合填空一般应考虑以词为单位。虽是不定距离留空,但间隔也要调整平衡,不能连续留两个空。

(2) 应选用原文。长度以 300 字左右为宜,水平低的也可从 200

字开始。要提供清楚的语境。

（3）留空所测之处，应当是宏观与微观相结合。但要着重要求从宏观上把握全篇文章，甚至读到后边才能填出前边的空，这样才能测出受试者的综合语言能力，也才能发挥这一题型的长处。有些语法点或词在它所出现的句中就能解决，属微观题目，不宜太多。

（4）文章的第一句和最后一句，涉及到提供完整的语境，不应留空。

（5）注意题内上下文之间的关系，避免给答题留暗示。

5. 作文

多项选择题无法测量语言表达能力，综合填充虽然与语言表达能力非常相关，但毕竟不是直接表达。因此，传统的作文仍是不可替代的题型。作文能全面反映受试者的语言水平，反映其语法、词汇、标点符号运用水平和汉字书写水平以及成段表达能力（话语能力）。作文的致命弱点是阅卷费时、评分难免主观性，因此很多大规模标准化测试都不敢采用这一题型。另一方面人们为解决这一问题已经有不少研究，尽可能使这种主观性题型的评分客观化。一般采用的方法有：

（1）将作文评阅标准细化、量化。从文章论点、结构直到错别字、标点符号具体列出得分（扣分）标准。标准愈细愈客观。不同的阅卷者都要照章评分。

（2）多人集体评分。同一篇文章由几个人阅卷，并经讨论或用平均分定分。

（3）流水评分。每个阅卷人负责作文评阅的某一项，以保证该项掌握的标准一致，然后把多人评的各项分数相加就是总分。

（4）比较评分。不规定具体标准，而是单凭印象将文章进行比较。先分为三大等，然后每大等再细分为若干等。这期间还可以反复调整文章的等级。名次排定以后，以某一等为准，定为及格，其他各等依次评分。如经多个阅卷者讨论确定得分，则更为客观。

（5）提出对作文的具体要求。如提出对内容或分段、字数的具体要求,要求将一篇长文改为考两篇短文等。

6. 口试

目前大多数水平测试都只是测量听、读的能力,较少测量写的能力。而测量说的能力,由于技术方面的原因,难于大规模进行。这是因为如采用面对面的人工考试方法过于费时费力,成千上万人的考试难以操作。用录音方式又很不自然,对受试者的心理有影响。因此测量说的能力一直被排除在很多标准化考试之外。但口语表达能力是最直接、最重要的语言交际能力。不包括口语的水平测试,很难算是完整的测试。小规模的口试,特别是课堂口试,常采用师生面对面谈话的方式。并参照作文评分的方法,将标准量化、细化,并由多人集体评分使之尽量客观化。80 年代美国研制了一套口语测试的办法,把 15 分钟至半小时的考试分为四个阶段:

(1) 准备(warm-up)。通过轻松的寒暄,营造愉快的气氛,使受试者情绪放松。

(2) 级别测定(level-check)。用分等级的问题卡片提问,找出受试者的最高水平,并了解这一最高水平有无延伸或持续的能力。这一阶段通过广泛的提问,了解受试者的发音、词汇面、语法准确性、流利程度、表达是否地道、得体。提问起点太高会挫伤受试者的积极性,太低又浪费时间。有经验的主考人能较快地找到代表受试者水平的切入点。

(3) 进一步试探(probes)。为了确定第二阶段所测的级别是否准确,把试题难度提高,以便找到受试者语言水平的顶点。如果说上一阶段是测试受试者"能说什么",那么本阶段就是要发现他"不能说什么",以免把他的语言水平估计过低。当受试者流利程度突然降低,语法错误突然增加,甚至表示能听懂但不知怎么用汉语回答,这说明已到了他口语能力的极限。

(4) 结束(wind-down)。找到以后又回到受试人的最高点上。让他恢复自信,有成就感,不至在无法应对时结束谈话。

这种口试虽有一定的试题,但只是提示性的,主要靠主考人的现场运作。主考人的考试经验、特别是提问技巧起很大作用。在口试过程中,要求主考人态度友好、客观,不给暗示,不打断受试者的讲话,也不替他回答,对正确与错误不表态。考试气氛要轻松,既不要一句一句"审问",但也要注意提问的目的性,不能变成谈家常。不要突然转变话题,或跳来跳去。要避免考记忆、考常识、考专门性的知识。评分时要只考虑答案内容是否与问题相关,而不评价其观点如何。口试的主考人必须经过严格的培训,并在对数十人的考试评分得到鉴定后,才能获得主考人的资格。

阅读参考文献

陈贤纯 1999 对外汉语中级阶段教学改革构想——词语的集中强化教学,《世界汉语教学》第4期。

周明朗、符平 1998 教师在语言课堂中的作用,《世界汉语教学》第1期。

崔永华、杨寄洲 1997 《对外汉语课堂教学技巧》,北京语言文化大学出版社。

程美珍、赵金铭 1986 基础汉语语音教学的若干问题,《第一届国际汉语教学讨论会论文选》,北京语言学院出版社。

胡明扬 1997 语汇教学的若干问题,《第五届国际汉语教学讨论会论文选》,北京大学出版社。

赵金铭 1994 教外国人汉语语法的一些原则问题,《语言教学与研究》第2期。

吕文华 1994 《对外汉语教学语法探索》,语文出版社。

李培元、任远 1986 汉字教学简述,《第一届国际汉语教学讨论会论文选》,北京语言学院出版社。

张静贤 1992 《现代汉字教程》,现代出版社。

张朋朋 1992 词本位教学和字本位教学法的比较,《世界汉语教学》第3期。

柯彼德 1995 关于汉字教学的一些新设想,《第四届国际汉语教学讨论会论文选》,北京语言学院出版社。

费锦昌 1999 对外汉字教学的特点难点及对策《汉字与汉字教学研究论文选》,北京大学出版社。

石定果、万业馨 1999 有关汉字教学的调查报告(第一号)《汉字与汉字教学研究论文选》,北京大学出版社。

刘镰力(主编) 1997 《汉语水平测试研究》,北京语言文化大学出版社。

Bachman, Lyle F. (1990) *Fundamental Considerations in Language Testing*, Oxford University Press.

第十章　对外汉语教学的学科建设

世纪之交,汉语作为第二语言教学在世界范围显现出种种大发展的迹象,前景令人鼓舞。这也意味着对外汉语教学工作者将面临更高的要求,承担更重的学科建设任务。我国对外汉语教学界是否已经做好了充分准备迎接这一挑战?我们的学科如何进一步发展?本章将就新世纪对外汉语教学所面临的任务和对外汉语教学研究方法问题做一简述,作为本书的结语。

第一节　对外汉语教学研究方法

科学研究是一门学科赖以建立和发展的基础和动力。对外汉语教学作为一门新兴学科,其理论体系还有待进一步完善。作为一门应用学科,更面临着教学实践中大量亟待解决的问题。加强理论研究、推动学科建设是一项十分紧迫的任务。

一、学科研究的内容

对外汉语教学学科研究的范围很广,学科体系中的组成部分都是该学科研究的内容。为了应用心理学、教育学、语言学、文化学、社会学和哲学等基础理论学科所阐述的原理与规律,就需要参与对这些学科有关方面的研究。当然学科研究的重点还是该学科的基础理论和应用研究,就是汉语语言学、汉语习得理论、汉语教学理论和研究方法学等基础理论和总体设计、教材编写、课堂教学、测试评估、教学管理和教师培养等应用研究。单课堂教学又分为语音、词汇、语法和汉字教学和听、说、读、写技能训练。可见这是一个从宏观研究到微观研究的十分广阔的天地。

从世界第二语言教学研究的情况来看,近几十年来研究范围有很大拓展。70年代以前集中于教学法,70年代以后转向第二语言习得研究,大大拓宽了研究范围。这期间学科研究呈现一些新的趋势。首先是研究重点从作为语言教育学科客体的语言,扩展到作为学科主体的学习者,特别是学习者第二语言习得的心理过程和学习者的个体因素。第二,与这一变化有关,学科的研究从仅仅依赖于语言学理论的指导,扩大为从心理学、教育学、心理语言学、社会语言学、文化语言学、跨文化交际学等多学科得到支持。第三,对教学内容的研究,从仅局限于语言结构形式发展到对其意义和功能的研究,加强了对语用、话语以及相关文化知识的研究。第四,科研方法从定性研究转向定量研究,并提倡定性与定量相结合的研究。

近十年来,国外第二语言教学研究的热点是:语言学习环境,包括语言学习与社会、团体、家庭和学校等环境因素的关系;语言学习的动态性质,如对儿童与成人失语现象的研究,对语言学习中遗忘过程的研究等;语言学习过程中的社会文化因素,特别表现在跨文化语用研究和中介语语用研究方面;学习者个体因素,比较集中于学习策略的研究和学习者心理因素的研究;语言测试、语言水平的界定与测量以及教学评估,其中对写作能力的评估问题已引起了更多的关注;计算机辅助语言学习;语言学习、语言应用和语言教学中的话语分析。

二、学科研究的方法论原则

从事科学研究不能不讲求方法。我们所说的科学研究方法,不仅仅指具体的方法、手段、技巧,更主要的是指正确进行科学研究的理论、原则、方法和手段，它本身就是一个多层次的理论系统。从应用范围来看，这个系统包括总体上、世界观意义上的根本方法、应用于各个领域的一般方法和应用于某个领域或某门科学的具体方法；从其理论的层次性来看，这个系统包括方法论学说、方法论原则和具体的方法。

方法论是在哲学层次上探讨科学方法的一般理论，是对科学方法的高度抽象与概括，研究如何把世界观的基本观点变为认识世界和改造世界的根本方法理论。方法论一般就是指哲学方法论。最普遍、最根本、最具有通用性的方法是哲学方法，它适用于自然科学、社会科学和思维科学，成为所有方法的基础，对其他各种方法起指导作用。提到哲学对科学研究的作用，也许有人会觉得太空泛、太抽象。其实作为世界观的哲学总是对科学研究起着指导作用。我们应当自觉地运用马克思主义的哲学方法——辩证唯物主义和历史唯物主义。除了作为根本方法的哲学方法外，数学等横断科学作为运用于各个领域的一般方法，也起着方法论的作用，对各学科都有方法论的指导意义。对外汉语教学的学科研究，不能封闭在自己的小圈子里，应当把握当代科学发展的趋势，汲取新的科学成果，在研究方法上以这些方法论学说为指导。

针对对外汉语教学的现状，我们应当汲取哪些方法论原则呢？

1. 从实践出发，理论联系实践

从实践出发，为实践服务，这是学科研究的根本目的和根本方向。实践的观点是马克思主义认识论和方法论最根本的观点。对外汉语教学作为一门应用学科需要回答教学实践中出现的大量问题。因此，我们的研究课题应该来自实践，我们的研究过程也应紧紧结合教学实践，通过调查研究来进行。应用性的研究，如总体设计、教材、教法和测试等，本身就是理论与应用紧密结合在一起的，其成果又要应用到教学实践中去。即使是基础理论性的研究，如对习得过程的研究或是对汉语语言学的研究，也必须面向教学实践。强调实践观点的另一层含义是：研究成果必须在教学实践中得到检验，因为实践是检验真理的惟一标准。比如要提出一种新的教学理论或教学方法，首先必须让它在教材或课堂教学中得到体现，然后通过教学实践并对教材和课堂教学效果进行评估，来检验这一教学理论或教学方法的正确性。在我们的研究活动中也确实存在着脱离实践的现象。不时可以看到一些随感式的文章，常常是闭门造车之作，只是借助于“×××与对外汉语教学”的标题，表示与对外汉语教学有关，实际上从文章内容看不出作者如何了解对外汉语教学的实际。这类文章对教学实践当然也就没有太大的意义。

强调实践的观点并不意味着忽视理论的深度。科学研究不能只是现象和过程的描述或说明，而是要在研究事实的基础上，找出规律性的东西，通过揭示较深层次的规律来解决实践中的问题。在教学研究活动中我们也常常碰到一些“就事论事”的工作总结式的文章，这些文章只是罗列材料、堆砌事实，缺少分析概括，没有总结出规律来。有的虽然引用了国外或国内的一些时新的理论，但也只是生搬硬套、贴个标签儿而已。这样的文章很难称之为科学研究。我们并不否认总结经验是科学研究的一种最基础的方法，由经验型向科学型过渡也是一般学科发展的必由之路。但经验总结作为一种科学方法必须在对经验进行总结的基础上，反映其本质，揭示出规律并上升到一定的理论高度。我们的学科已经发展到今天，研究工作在各个领域已全面展开而且取得了一定的成果，经验总结也必须与学科总的科研水平相适应。

理论联系实践是一条方法论原则，用以指导我们的科研。在具体的研究项目中，有的可能偏重于理论探讨，有的偏重于应用研究。

2. 提倡实验方法，实证与思辨相结合

近代的自然科学由于采用实验方法，以实验结果为依据并由实验结果加以检验，从而脱离了以形而上学的思辨为特征的自然哲学，成为现代意义上的真正的科学。从19世纪后半期开始，实验方法又从自然科学领域扩展到心理学、教育学等社会科学领域，于是科学的实证方法与哲学的思辨方法这两种性质不同的方法之间的关系，就成了科学方法论要解决的一个问题。在一段时期里,曾经有过把这两种方法完全对立起来的观点。但科学的发展使人们认识到,这两种科学方法并非水火不相容,而是相辅相成的,在科学研究中起着互补的作用。实验方法是科学发展的土壤和理论产生的源泉,实验及其结果有助于启发人们的新思想并使理论得到检验;而理性的思辨又是进行实验活动、从事科学研究不可缺少的要素。不论是对新产生的理论还是对造成实验或研究失败的理论,都需要用思辨的方法做出解释。思辨与实证在科学研究的不同阶段发挥着各自的作用,二者不能互相替代,是缺一不可的。

对外汉语教学的科学研究,同样需要这两种方法的结合。从目前研究的现状来看,首先需要大力提倡教学实验。这是因为迄今为止本学科的理论建设主要是依靠教学经验的总结和一些个人的思考,而科学实验方法则远未广泛应用到科学研究中来。我国的对外汉语教学已经积累了50年的经验,这是我们理论研究的宝贵资源。但经验一般是指在自然的状态下获得的经历与体验,这种自然发展的经验由于对各种干扰因素未加控制,因而不可能得到精确的科学数据。因此,理论研究完全依赖经验总结必然有一定的局限性。而科学实验方法则不同,它总是先有一定的假说或推论作为其思想基础或实验目标,通过精确的实验设计对非研究变量进行适当的控制,并综合运用各种方法对所得到的资料和数据进行尽可能精确的分析,从而产生比较客观的结果。而且,这一实验结果又可以为同样的实验所重复和验证。因此实验方法是科学研究最重要、最基本的方法。

3. 重视数学方法,定性研究与定量研究相结合

任何事物都存在质的方面和量的方面,是质和量的统一体。对事物的认识必须是质的定性和量的定量分析相结合。定性分析主要通过较广泛的自然观察途径,在不对变量进行控制的情况下获得主观经验,强调从部分到整体,着重了解事物的过程,并以描写为研究目的,运用综合归纳发现规律,提出假说。定量分析则主要通过焦点集中、控制变量的实验方式,获得客观的数据,强调从整体到部分,着重了解结果,进行推断,运用演绎的方法验证原有的假说。只有对事物的量的规定性进行分析,才能精确地认识事物及其规律。因此一门科学从定性分析发展到定量分析,标志着这门科学已达到比较成熟的阶段;而定量分析主要用的是数学方法,进行统计和实验。一门科学只有发展到一定阶段才具备运用数学方法的条件。随着对外汉语教学学科的发展,定量分析在研究工作中日益显得重要。不论是教学目标、教学内容、教学管理或是评估标准,都需要加以量化;一些基础性研究如汉语习得过程的研究,更离不开定量分析。但长期以来,我们在研究工作中忽视定量分析,不注意数据的搜集和统计分析,很多文章甚至根本不涉及"量",因而显得论据不足,缺乏科学性,说服力不强。究其原因,一方面由于我国数千年的语文教育研究缺乏定量分析的传统;另一方面是由于长期以来我国高等教育文、理分家,从事人文科学研究的人往往不具备必要的数学知识,甚至缺乏对掌握数量统计方法的兴趣。今天我们应特别提倡定量分析。但定量分析也不是万能的。在对人类活动进行实验时,变量很难控制,所得数据的真实性也会受到一定限制。而定性分析已得到了改进,减少主观因素,讲究数据的收集和分析,也运用了一定的定量方法,因而仍为人们所广泛采用。在实际操作中人们倾向于定性分析与定量分析相结合,并把介于定性分析和定量分析之间的研究方法称为描述性研究。

4. 强调系统观点,综合与分析相结合

系统论、信息论和控制论丰富了马克思主义关于客观物质世界普遍联系的观点,强调研究对象是一个有机联系的整体,是一个系统。系统的结构是有序的,有一定的层次性,是按严格的等级组织起来的,同时各层次和等级之间存在着相互作用与相互转化。由于组成整体的各部分之间、整体与部分之间以及整体与环境之间相互联系、相互作用,整体(系统)就不只是各组成部分的简单相加,而是大于各孤立部分之和。系统功能也就不是组成系统的各要素功能的简单相加,而是大于各要素功能之和。因此,科学研究需要从系统的整体出发,从整体中把握部分。系统的有序和稳定是相对的,其动态开放性则是绝对的。系统内部及系统与环境之间一直进行物质、能量与信息的交换,以维持其正常的运动状态和发展的势头。人们可以按照预定的目标,通过信息反馈对系统进行适当的控制与调节,以实现系统目标和功能的最优化。

上述系统观点强调了综合研究、发挥系统的整体功能,反对孤立分割、静止片面的观点和方法,这反映了科学思维方式的演变。早期科学偏重于综合,近代的科学着重于分析,现代科学的发展又转向以综合为主的系统思维方式。事实上综合与分析这两种思维方式各有其长处和不足。脱离整体,精细地分析局部、细节,往往不能认识整体(因为整体不等于各部分之和),也不能认识部分,只会流于片面;反之,一味综合,不做分析,对研究对象的认识就会失之空泛。正确的思维方式应当是两者结合:综合以分析为基础和前提,分析以综合为指导和目的。这就需要从整体、从与系统的联系中分析部分,对部分的严谨分析又用来对整体、对系统进行调节和优化,从而形成"综合——分析——综合"亦即"整体——部分——整体"的公式。

这一原则运用到本学科的研究中来,首先必须把对外汉语教学学科体系看做是一个有机的整体,对其任何一个组成部分的研究都不应孤立进行,而是要在整个系统中加以观察和研究。以学科的基础理论汉语语言学的研究为例,我们不能把它仅仅看成是一种语言"本体"的研究,而是要紧密联系它在对外汉语教学学科大系统中所扮演的"客体"的角色进行研究,而且还不能脱离对"主体"即教学规律和学习者的习得规律的研究。这样的研究所产生的效果,就会远远大于对汉语进行孤立研究的效果。在汉语语言学这一子系统中,又有语音学、词汇学、语法学和文字学等要素,同样地,对这些要素的教学体系的研究也不宜孤立地进行。对外汉语教学作为一门学科的系统也体现了动态开放性,它与很多基础学科有着交叉的联系,尤其是课堂教学更不应是封闭的,而是要与社会环境相联系。课堂教学本身又应处理好“以学生为中心”和“以教师为主导”两者之间的关系。

三、学科研究的具体方法

对外汉语教学研究首先是教育研究,教育学和行为科学的研究方法都可以运用。与一般教育研究不同的是其具体教学内容是语言,因而语言科学研究的一些方法也适用。这就形成了本学科研究方法的特点:常采用语言研究与教育行为科学研究相结合的方法。一般的研究方法如观察法、调查法、经验总结法、文献研究法、实验法、个案研究法、相关分析法等,也是本学科通用的研究方法。而对比分析法、偏误分析法、话语分析法则更带有语言教学研究的特色。下面对十种方法做一简要说明。

1. 观察法

观察法是科学研究也是教育研究中最基本、最普遍的方法。它是在自然的条件下,有目的有计划地通过观察而感知研究对象以获得实例的方法。可以作为参与者观察,也可以作为旁观者观察。观察的范围通常是从开放式到逐步缩小、聚焦。从事语言教学的研究者和教师正是通过课上、课下和社会实践活动,对学生或别的教师进行观察和记录。这样所获得的第一手资料,常常成为用其他方法特别是经验总结法进行研究的基础。

2. 经验总结法

经验总结法可以说是本学科用得最多的方法。从现存的早期论文《教非汉族学生学习汉语的一些问题》(周祖谟,1953),到文革前对外汉语教学的全面总结《15 年汉语教学经验总结》(钟梫,1965),以及近十多年来各种学术会议和期刊论文的绝大部分,都是运用经验总结的方法写成的。这在学科发展的一定阶段是一种正常的现象。

3. 调查法

调查法是根据一定的目的,有计划地从一定量的样本中搜集有关研究对象的资料,从而对研究对象的整体进行推断的方法。与观察法相同之处是两者都是在自然状态中获得实例。不同之处在于调查法是一种间接的观察法,因而不受时空的限制,既可以调查现状,也可以调查历史资料,可以调查国内国外的情况,有观察法和其他方法难以达到的广度。调查的具体方法有访谈法、问卷法和测试法等。本学科已成功地进行过一些大型的调查项目,如《北京口语调查》(常宝儒等,1992),《汉语中介语语料库系统》(储诚志等,1995),《外国人学习与使用汉语情况调查研究报告》(高彦德等,1993)。

4. 文献研究法

文献研究法是通过对文献资料的阅读、分析、研究以获取信息并得出一定结论的方法。常用于介绍或评述某一学术问题,如《第二语言习得研究的回顾与展望》(袁博平,1995),《国外外语教学学科发展的过去和现状》(孙德坤,1994)等。

5. 实验法

实验法是有意识地使一个变量(自变量)发生变化,并观察对另一个变量(因变量)所产生的影响的研究方法。实验法是国外第二语言习得和教学研究的主要方法,也一直为我国心理学和教育学研究者所使用。近年来实验法也开始为愈来愈多的对外汉语教学研究者和教师们所重视。很多教师结合自己的课堂教学进行小型实验,如"外国留学生在短时记忆中理解汉语句子的实验报告"(刘威,1995)等。这种实验把科研与教学紧密结合起来,任课教师自己就可施行,简便易行,积少成多,如能蔚然成风,将会使对外汉语教学研究出现一种新的局面。当然,除了这类小型实验外,组织适当人力进行一些重点的中型或大型实验,也是十分必要的。上文已经提到,实验法的关键在于:首先必须有作为实验目的的假说,并根据这一假说进行精确的实验设计;第二,在实验过程中对被试要进行随机抽样,要控制自变量,同时对非研究变量要进行控制;第三,对实验获得的数据和资料进行分析,对一些理论问题进行讨论并对假说进行检验。

6. 个案研究法

个案研究是指对某个人或某件事等限定系统进行集中、深入、全面的研究，常用于定性研究，也用于描述性研究。就语言教学研究来说，常常是对一个学生或教师、一个学校或团体、一门课或一个事件进行纵向的跟踪研究。根据马克思主义哲学有关个性与共性、个别与一般的论述，典型的个案研究有助于认识同类事物的全貌。个案研究最早用于儿童语言习得和语言人类学。有名的范例如赵元任先生50年代初发表的、对他的孙女学话过程的跟踪观察与研究，国内这方面的专著有《儿童语言的发展》（李宇明，1995）等。可喜的是对外国留学生汉语习得过程的个案研究也已经开始，如《外国学生现代汉语"了 le"的习得过程初步分析》（孙德坤，1993）等。个案研究也是一种适合于语言教师使用的研究方法。西方学者认为随着不断增长的对语言习得和教育过程的社会因素、文化因素研究的需要，个案研究法将更为重要。这一方法的弱点除了费时费力以外，是它所得出的结论不一定具有普遍意义，因此需要与横向规模研究（即对一定规模的群体在某一相同时刻的情况的研究）相参照。

7. 相关分析法

相关分析法是对研究对象群体特征的定量分析，以研究各特征之间或多元因素之间的相互关系。比如某变量的变化与另一变量的变化之间存在的一定的规律性。相关分析通常研究两个或多个变量之间是否相关：是正相关还是负相关？相关程度如何？相关程度常用 -1.0 到 +1.0 的相关系数表示。多个变量之间的关系分析也称"多元回归分析"。这种研究方法广泛应用于语言测试、语言学能、语言习得策略、语言使用心理、语言变体等课题中，以研究诸如学习态度、情感变量、语言水平、文化背景以及教师行为等因素之间的关系。如《外国留学生22类现代汉语句式的习得顺序研究》（施家炜，1998）。

8. 对比分析法

对比分析法是语言研究和语言教学研究最常用的方法，用来对两种或多种语言的相同和相异之点、两种或多种语言的习得或教学规律的相同和相异之点进行对比研究，以加深对所比较的事物的认识,从而发现新的特征和新的规律。在汉语和其他语言的对比分析方面,已经有不少研究成果,但对不同语言或不同语言的学习者在语言习得或教学方面的过程或规律进行比较,像"中美儿童语文学习的比较研究"(佟乐泉等,1992)那样的研究成果,目前还太少。对比分析法有着广阔的天地,可以进行不同事物之间的共时横向比较,也可以进行同一事物的历时纵向比较;可以进行定量比较,也可以进行定性比较;可以进行专项比较,也可以进行综合比较。具体地说,第一语言习得和第二语言学习的比较,第二语言学习(有目的语的语言环境)和外语学习(没有目的语的语言环境)的比较,不同母语的学习者学习同一目的语的比较,同一语言学习者学习不同目的语的比较,不同学习策略或不同的教学方法流派的比较等等,都是很好的研究课题。

9. 偏误分析法

偏误分析已成为第二语言习得过程研究和中介语研究的最重要的方法之一。不少对外汉语教师正在从事这方面的研究工作,成果相对说来也比较多。现在应当对这一研究方法进行总结。要避免重复研究或是同一水平上的研究,就需要与其他的研究方法如实验法、话语分析法等相结合,开创研究的新局面。

10. 话语分析法

话语分析法,即对超出句子层面的语言和语言教学的研究方法。这在语言学界和语言教学界都还是一种新的事物。它是随着对语言的语用研究、对语言习得的社会文化因素的研究以及语言教学交际性原则的研究的发展,而成为最重要的研究方法。这也反映了对语言和语言学习的更为广阔的新视野。话语分析法几乎能用于语言习得与教学的所有课题,并能带来"柳暗花明又一村"的境界。在对外汉语教学界,这一方法的运用几乎还未开始,特别需要做一些勇敢的探索。

对外汉语教学的研究方法远不止这十种,但这十种方法都适合本学科的研究。在方法论原则的指导下,综合运用这些方法,必将进一步提高学科的研究水平。

第二节 对外汉语教学学科建设的任务

吕必松早在1987年就提出了本学科建设的三项任务:改革和完善教学法体系、加强理论研究和加强教师队伍的建设。十多年来,我们在这三方面已取得了很大成绩,但显然这三项任务仍是我们今天和今后一段时期中的任务。

一、改革和完善教学法体系

中外汉语教学工作者普遍对目前汉语教学效果不满意。达到同样的程度,学习汉语所花的时间和精力往往超过学习其他第二语言。我们不能把教学效率不高完全归咎于汉语本身的特点和难点,以及汉语学习者汉语水平起点低等客观原因。根本原因可能还在于我们没有完全找到针对汉语特点的学习规律与教学规律,汉语作为第二语言的教学法体系还不完善,教学方法还需进一步改革。正如一些学者所指出,目前我国流行的对外汉语教学模式是在80年代中期定型的,它反映的是60~70年代国际语言教学的认识水平,而近30年来的国内外语言学、第二语言教学、语言心理学、语言习得研究、语言认知研究等方面的成果,未能吸收到目前的教学模式中来。我们的教学模式也非常单一,整个对外汉语教学界,除了极少数教师在进行一些教学试验外,大体上是按照相同的模式进行教学,几乎很少有突破,相当长时间以来在教学法的研究和探索方面显得非常沉闷。完善教学法体系,首先必须进行教学法改革。

1. 改革教学方法,首先应当研究并借鉴其他第二语言教学行之有效的原则和方法。当前第二语言教学界强调培养跨文化的语言交际能力,反映了语言作为交际工具的本质和社会对语言教学的要求。

我们汉语教学尤须如此。面对“汉语难”的传统观念和当前学生汉语起点低的实际，在短短四年的大学本科教育、特别是前两三年的教育中，既要学好汉语，又要进行系统的中国文学、中国历史或语言学理论的学习，是难以做到的。其结果，只能是偏重于文化知识的掌握而牺牲了语言交际能力的培养。实际上只有具备了一定的汉语交际能力，才谈得上直接用汉语来进行中国文化的学习和研究。而且，要改变汉语的“非普遍教授语言”的地位，也是特别需要强化汉语教学，特别需要培养出大批具有一定听说读写能力、能熟练地运用汉语进行交际的人才，消除人们对汉语学习的神秘感和畏难情绪。

2. 改革教学方法，需要很好地处理教学中的一系列关系问题。比如“以学生为中心”和“以教师为主导”的关系，语言知识教学和语言技能训练的关系，语言结构教学和语言功能教学的关系，听说技能教学与读写技能教学的关系，口语教学与书面语教学的关系，语言要素的教学和相关文化知识教学的关系，目的语和母语或媒介语的关系，语言和文学的关系等等。这些在前面所谈的教学法基本原则中都已提到，在处理这些关系时，需要客观地分析，全面地考虑，避免走极端。在不同的学习阶段，可能要突出某一方面，但仍需要兼顾另一方面，这就是我们总喜欢用“什么和什么相结合”的提法的原因。以学生和教师的关系而论，教师主宰一切，不考虑学生作为学习主体的作用是不对的。但如果只强调以学生为中心，在学校教育中不提教师的主导作用，让学生牵着教师的鼻子走恐怕也是不全面的，所以我们认为应当“以学生为中心”和“以教师为主导”相结合。更以结构与功能的关系而论，这是长期争论的问题，传统的教学方法只教语言结构，不考虑语言功能是不对的，但如果只教功能而忽视打好语言结构这一重要的基础，也无法培养语言交际能力，所以我们提“结构与功能相结合”。现在整个第二语言教学界也强调各种教学方法的融合，和各种教学原则的综合，这是教学法发展的新趋向。

3. 改革教学方法，特别需要针对汉语的特点，加强对汉语特殊规律的研究。如对汉语声调教学的研究，对汉语特殊句式教学的研究,特别是对汉字教学的研究,将成为近期的热点。国外的汉语教师本身就有把汉语作为第二语言学习的体会,对汉语教学的特点可能比中国教师和学者更为敏感。有的外国学者认为汉语教学的根本问题在于探索不同于表音文字语言(如印欧系语言)的教学法体系,这是非常有见地的看法,切中汉语教学的要害。

4. 改革教学法需要教学手段现代化。进行计算机辅助教学,运用多媒体技术,特别是大力开展网上的远程教学。我们要看到日新月异的信息传输技术的发展和教学手段、方式的现代化趋势。随着网上远程教学的开展,语言教学有可能冲破传统的教学模式,打破时间、空间的限制,成为面向全球的开放式、交互式的新型教学体系。技术手段的改革有可能引起一场新的教育革命,影响到教学内容、课程设置甚至教学原则。对此我们不但要有思想准备,而且要进行前瞻性研究。

二、加强理论研究

教学体系的建立,教学效率的提高,有赖于理论的指导。加强理论研究,首先是加强汉语教学理论的研究。汉语作为第二语言教学与英、法、德语等作为第二语言教学相比,起步较晚,在教学理论研究的广度、深度方面还有一定的差距。另一方面,汉语具有很多与印欧系语言不同的特点,对汉语教学的研究不但可以印证、而且可以大大地丰富人们对语言教学规律的认识,因此汉语教学理论的研究对整个第二语言教学理论的发展具有特殊的意义。

除了教学理论的研究外,语言习得的研究也将是21世纪本学科理论研究的重点。研究语言习得,是为了揭示学习规律,也是为了使我们学科更好地与心理学相结合,更好地体现跨学科的特点和学科的发展方向。

理论研究的第三个重要方面是对作为第二语言学习和教学内容的汉语的研究。前面已经谈到,汉语作为第二语言的研究是汉语研究的一部分,但它有很多区别于汉语作为母语研究的特点。在语言学家和汉语教学界专家的共同努力下，这方面的研究已取得很多成果，反映在汉语作为第二语言的语音教学体系、词汇教学体系和语法教学体系中。这些体系还存在不少问题，教学实践又不断地提出新的问题。加强对汉语作为第二语言教学体系的研究，继续完善这一体系，将是下一个世纪本学科理论研究的重要任务之一。作为教学内容的组成部分，除了对汉语语言结构的研究外，还包括对功能的研究和对文化因素的研究。

三、加强教师队伍建设

无论是教学工作还是理论研究工作，都需要人来做。有一支能胜任教学工作、科研工作和教学科研管理工作的高素质的教师队伍，是汉语教学事业发展的最根本的条件。目前我们的教师队伍的状况远不能适应新世纪汉语教学发展的需要。中国存在这个问题，海外汉语教学在很多国家也都面临着培养和提高本国汉语教师的任务。有的国家刚刚恢复了中断多年的汉语教学，因而出现汉语教师奇缺的困难，现有师资的素质也不能适应汉语教学的需要。加强教师队伍建设是整个汉语作为第二语言教学领域的当务之急。除了通过本科和研究生的学历教育培养本专业新一代的教师外，更为重要的、切实可行的措施是在职教师的培训。当前需要大力加强对在职教师的培训。

四、在世界范围内确立学科地位

正如英、法、德语等作为第二语言教学是一门专门的学科一样，世界范围的汉语作为第二语言的教学也是一门专门的学科。目前在中国，这门学科虽已确立，但仍处于创立阶段，学科建设还刚刚开始。在海外，汉语教学是否应取得独立发展的学科资格，可能尚未形成共识。我们认为，各国汉语教学工作者和研究工作者需要进一步协调教学和科研工作，加强合作与交流，共同努力把这门学科树立起来，并把它建设好。建设一门学科需要长期不懈的努力，但提不提学科问题,有没有学科意识,对这项事业发展的影响还是大不一样的。我们希望在21世纪的第一个十年内能看到像其他第二语言教育学科一样蓬勃发展的汉语作为第二语言的教育学科。

阅读参考文献

崔永华　1999　基础汉语教学模式的改革,《世界汉语教学》第1期。

吕必松　1993　关于对外汉语教学学科建设的一些问题,《对外汉语教学研究》,北京语言学院出版社。

刘　珣　1996　关于汉语教师培训的几个问题,《世界汉语教学》第2期。

刘润清　1999　《外语教学中的科研方法》,外语教学与研究出版社。

吴元樑　1991　《科学方法论基础》,中国社会科学出版社。

董菊初　1995　《语文教育研究方法学》,语文出版社。

参 考 文 献

吕必松　1987　《对外汉语教学探索》,华语教学出版社。

吕必松　1990　《对外汉语教学发展概要》,北京语言学院出版社。

吕必松　1996　《对外汉语教学概论(讲义)》,内部资料。

吕必松　1992　《华语教学讲习》,北京语言学院出版社。

盛　炎　1990　《语言教学原理》,重庆出版社。

张亚军　1990　《对外汉语教法学》,现代出版社。

赵贤洲等　1996　《对外汉语教学通论》,上海外语教育出版社。

周小兵　1996　《第二语言教学论》,河北教育出版社。

赵贤洲等　1990　《对外汉语教材教法论》,上海外语教育出版社。

刘　珣(主编)　1997　《对外汉语教学概论》,北京语言文化大学出版社。

施光亨(主编)　1994　《对外汉语教学是一门新型的学科》,北京语言学院出版社。

北京语言学院　1991　《世界汉语教学概况》,国际文化出版公司。

国家汉办　1990　《各国推广本族语情况汇编》,北京语言学院出版社。

会议组委会　1986　《第一届国际汉语教学讨论会论文选》,北京语言学院出版社。

会议组委会　1988　《第二届国际汉语教学讨论会论文选》,北京语言学院出版社。

会议工委会　1991　《第三届国际汉语教学讨论会论文选》,北京语言学院出版社。

文选编委会　1995　《第四届国际汉语教学讨论会论文选》,北京语言学院出版社。

文选编委会　1997　《第五届国际汉语教学讨论会论文选》,北京大学出版社。

中国教育学会对外汉语教学研究会　1983　《对外汉语教学论文选》。
中国高等教育学会对外汉语教学研究会　1987　《对外汉语教学研究会第二次学术讨论会论文选》,北京语言学院出版社。
中国对外汉语教学学会　1990　《中国对外汉语教学学会第三次学术讨论会论文选》,北京语言学院出版社。
中国对外汉语教学学会　1993　《中国对外汉语教学学会第四次学术讨论会论文选》,北京语言学院出版社。
中国对外汉语教学学会　1996　《中国对外汉语教学学会第五次学术讨论会论文选》,北京语言学院出版社。
中国对外汉语教学学会　1999　《中国对外汉语教学学会第六次学术讨论会论文选》,华语教学出版社。
中国对外汉语教学学会秘书处　1996　《中国对外汉语教学学会成立十周年纪念论文选》,北京语言学院出版社。
《语言教学与研究》编辑部　1985　《对外汉语教学论集(1979～1984)》,北京语言学院出版社。
北京语言学院　1993　《对外汉语教学论集》,北京语言学院出版社。
盛炎(主编)　1993　《对外汉语教学论文选评》第一集,北京语言学院出版社。
国家汉办编　1991　《中高级对外汉语教学论文选》,北京语言学院出版社。
吕必松(主编)　1999　《语言教育问题研究论文集》,华语教学出版社。
柳英绿(主编)　1997　《对外汉语教学的理论与实践》,延边大学出版社。
华东地区协作组(主编)　1992　《面向世界的汉语教学》,复旦大学出版社。
赵金铭等(编)　1998　《对外汉语教学探讨集》,北京大学出版社。

叶蜚声等　1997　《语言学纲要》,北京大学出版社。

何自然　1998　《语用学概论》,湖南教育出版社。
黄国文　1988　《语篇分析概要》,湖南教育出版社。
徐烈炯　1990　《语义学》,语文出版社。
张国扬等　1996　《外语教育语言学》,广西教育出版社。
刘润清　1995　《西方语言学流派》,外语教学与研究出版社。
王得杏　1998　《英语话语分析与跨文化交际》,北京语言文化大学出版社。
罗常培　1989　《语言与文化》,语文出版社。
陈　原　1983　《社会语言学》,学林出版社。
祝畹瑾　1992　《社会语言学概论》,湖南教育出版社。
祝畹瑾　1985　《社会语言学译文集》,北京大学出版社。
徐大明等　1997　《当代社会语言学》,中国社会科学出版社。
阴法鲁等　1989　《中国古代文化史》,北京大学出版社。
周一良(主编)　1987　《中外文化交流史》,河南人民出版社。
程裕祯　1998　《中国文化要略》,外语教学与研究出版社。
郑春苗　1994　《中西文化比较研究》,北京语言学院出版社。
蔡振声(主编)　1994　《中日文化比较》,北京语言学院出版社。
张德鑫　1996　《中外语言文化漫议》,华语教学出版社。
邢福义(主编)　1990　《文化语言学》,湖北教育出版社。
游汝杰　1993　《中国文化语言学引论》,高等教育出版社。
胡文仲等　1997　《外语教学与文化》,湖南教育出版社。
胡文仲(主编)　1994　《文化与交际》,外语教学与研究出版社。
王福祥(主编)　1994　《文化与语言》,外语教学与研究出版社。
关世杰　1995　《跨文化交流学》,北京大学出版社。
贾玉新　1997　《跨文化交际学》,上海外语教育出版社。
耿二岭　1988　《体态语概说》,北京语言学院出版社。
毕继万　1999　《跨文化非语言交际》,外语教学与研究出版社。
周思源(主编)　1997　《对外汉语教学与文化》,北京语言文化大学出版社。
桂诗春　1988　《应用语言学》,湖南教育出版社。

于根元(主编)　1999　《应用语言学理论纲要》,华语教学出版社。
章兼中　1993　《外语教育学》,浙江教育出版社。
张正东　1999　《外语教育学》,科学出版社。
束定芳等　1996　《现代外语教学》,上海外语教育出版社。
胡春洞　1990　《英语教学法》,高等教育出版社。
王才仁　1996　《英语教学交际论》,广西教育出版社。
(英)亚历山大　1982　《语言教学法十讲》,北京语言学院。
(加)W. F. 麦基　1990　《语言教学分析》,北京语言学院出版社。
(英)科德　1983　《应用语言学导论》,上海外语教育出版社。
(美)黎天睦　1987　《现代外语教学法——理论与实践》,北京语言学院出版社。
(美)马丁·韦德尔等　1995　《外语教学与学习—理论与实践》,高等教育出版社。

孟昭兰　1994　《普通心理学》,北京大学出版社。
王甦等　1992　《认知心理学》,北京大学出版社。
高觉敷(主编)　1987　《西方心理学的新发展》,人民教育出版社。
唐　钺　1994　《西方心理学史大纲》,北京大学出版社。
彭聃龄(主编)　1991　《语言心理学》,北京师范大学出版社。
朱曼殊(主编)　1990　《心理语言学》,华东师范大学出版社。
常宝儒　1990　《汉语语言心理学》,知识出版社。
章兼中　1986　《外语教学心理学》,安徽教育出版社。
朱　纯　1994　《外语教学心理学》,上海外语教育出版社。
章兼中等　1998　《英语教学心理学》,警官教育出版社。
贾冠杰　1996　《外语教育心理学》,广西教育出版社。

潘懋元　1996　《新编高等教育学》,北京师范大学出版社。
教育部人事司　1999　《高等教育学》,高等教育出版社。
金晓达　1998　《外国留学生教育学概论》,华语教学出版社。
李伯黍等(主编)　1993　《教育心理学》,华东师范大学出版社。

王策三　1985　《教学论稿》,人民教育出版社。
廖哲勋　1991　《课程学》,华中师范大学出版社。
钟启泉　1989　《现代课程论》,上海教育出版社。
孙立仁(主编)　1997《微格教学理论与实践研究》,科学出版社。
李杨(主编)　1997　《对外汉语教学课程研究》,北京语言文化大学出版社。
李　杨　1999　《对外汉语本科教育研究》,北京语言文化大学出版社。
王孝玲　1993　《教育统计学》,华东师范大学出版社。
施良方　1994　《学习论—学习心理学的理论与原理》,人民教育出版社。
靳洪刚　1997　《语言获得理论研究》,中国社会科学出版社。
李宇明　1995　《儿童语言的发展》,华中师范大学出版社。
三刊编辑部　1994　《语言学习理论研究》,北京语言学院出版社。
王建勤(主编)　1997　《汉语作为第二语言习得研究》,北京语言文化大学出版社。
鲁健骥　1999　《对外汉语教学思考集》,北京语言文化大学出版社。
王魁京　1998　《第二语言学习理论研究》,北京师范大学出版社。
高彦德等　1993　《外国人学习与使用汉语情况调查研究报告》,北京语言学院出版社。

章兼中　1983　《国外外语教学法主要流派》,华东师范大学出版社。
(美)布莱尔　1987　《外语教学新方法》,北京语言学院出版社。
中国对外汉语教学学会等级标准研究小组　1988　《汉语水平等级标准和等级大纲(试行)》,北京语言学院出版社。
国家对外汉语教学领导小组办公室汉语水平考试部　1992　《汉语水平词汇与汉字等级大纲》,北京语言学院出版社。
汉语水平考试中心　1996　《汉语水平等级标准与语法等级大纲》,高等教育出版社。
孙瑞珍(主编)　1995　《中高级对外汉语教学等级大纲(词汇·语

法)》,北京大学出版社。
杨寄洲(主编) 1999 《对外汉语教学初级阶段教学大纲》,北京语言文化大学出版社。
赵建华(主编) 1999 《对外汉语教学中高级阶段功能大纲》,北京语言文化大学出版社。
王钟华(主编) 1999 《对外汉语教学初级阶段课程规范》,北京语言文化大学出版社。
陈田顺(主编) 1999 《对外汉语教学中高级阶段课程规范》,北京语言文化大学出版社。
崔永华等 1997 《对外汉语课堂教学技巧》,北京语言文化大学出版社。
杨惠元 1988 《听力训练八十一法》,现代出版社。
杨惠元 1996 《汉语听力说话教学法》,北京语言文化大学出版社。
陈贤纯 1998 《外语阅读教学与心理学》,北京语言文化大学出版社。
李 杨 1993 《中高级对外汉语教学论》,北京大学出版社。
赵金铭(主编) 1997 《语音研究与对外汉语教学》,北京语言文化大学出版社。
吴宗济 1992 《现代汉语语音概要》,华语教学出版社。
李明等 1986 《汉语普通话语音辨正》,北京语言学院出版社。
刘广徽等 1988 《汉语实践语音》,经济管理出版社。
崔永华(主编) 1997 《词汇文字研究与对外汉语教学》,北京语言文化大学出版社。
许德楠 1990 《实用词汇学》,北京燕山出版社。
陈光磊 1994 《汉语词法论》,学林出版社。
胡明扬(主编) 1996 《词类问题考察》,北京语言学院出版社。
刘月华等 1983 《实用现代汉语语法》,外语教学与研究出版社。
李德津等 1988 《外国人实用汉语语法》,华语教学出版社。
郑懿德等 1992 《汉语语法难点释疑》,华语教学出版社。
(美)李英哲等 1990 《实用汉语参考语法》,北京语言学院出版社。

赵永新　1992　《汉语语法概要》,北京语言学院出版社。
卢福波　1996　《对外汉语教学实用语法》,北京语言学院出版社。
王还(主编)　1995　《对外汉语教学语法大纲》,北京语言学院出版社。
刘月华　1989　《汉语语法论集》,现代出版社。
吕文华　1994　《对外汉语教学语法探索》,语文出版社。
吕文华　1999　《对外汉语教学语法体系研究》,北京语言文化大学出版社。
张旺熹　1999　《汉语特殊句法的语义研究》,北京语言文化大学出版社。
赵金铭(主编)　1997　《新视角汉语语法研究》,北京语言文化大学出版社。
佟慧君　1986　《外国人学汉语病句分析》,北京语言学院出版社。
程美珍等　1997　《汉语病句辨析九百例》,华语教学出版社。

张静贤　1992　《现代汉字教程》,现代出版社。
李大遂　1993　《简明实用汉字学》,北京大学出版社。
郝恩美　1995　《汉字教学的规律和方法》,浙江教育出版社。
吕必松(主编)　1999　《汉字与汉字教学研究论文选》,北京大学出版社。
王　还　1995　《汉英对比论文集》,华语教学出版社。
赵永新　1996　《语言对比研究与对外汉语教学》,北京语言文化大学出版社。
熊文华　1997　《汉英应用对比概论》,北京语言文化大学出版社。
赵永新(主编)　1997　《汉外语言文化对比与对外汉语教学》,北京语言文化大学出版社。
王　还　1987　《门外偶得集》,北京语言学院出版社。
陈亚川等　1993　《汉语集稿》(一),北京语言学院出版社。
陈亚川等　1997　《汉语集稿》(二),北京语言文化大学出版社。
李芳杰　1993　《汉语语法和规范问题研究》,武汉大学出版社。

梅立崇　1995　《汉语和汉语教学探究》,华语教学出版社。
常敬宇　1996　《语用、语义、语法》,杭州大学出版社。
赵金铭　1997　《汉语研究与对外汉语教学》,语文出版社。
郭志良　1999　《现代汉语转折词语研究》,北京语言文化大学出版社。
刘润清　1991　《语言测试和它的方法》,外语教学与研究出版社。
高兰生等　1996　《英语测试论》,广西教育出版社。
刘英林(主编)　1989　《汉语水平考试研究》,现代出版社。
刘英林(主编)　1994　《汉语水平考试研究》(续集),现代出版社。
刘英林(主编)　1995　《首届汉语考试国际学术讨论会论文选》,北京语言学院出版社。
刘镰力(主编)　1997　《汉语水平测试研究》,北京语言文化大学出版社。

桂诗春等　1997　《语言学方法论》,外语教学与研究出版社。
刘润清　1999　《外语教学中的科研方法》,外语教学与研究出版社。
董菊初　1995　《语文教育研究方法学》,语文出版社。
吴元樑　1991　《科学方法论基础》,中国社会科学出版社。

Chao, Der-lin (1998) Attitudes toward Speaking Chinese in an Immersion Program: The Effects on Language Learning, *JCLTA*, No. 1.

Chi, T. R. (1989) Observations on the Past, Present, and Future of Teaching Mandarin Chinese as a Foreign Language, *JCLTA*, No. 2.

Chu, Madeline (1990) Teaching Chinese as a Functional Language, *JCLTA*, No. 1.

Cui, Songren (1994) Taking ACTFL Guidelines as Curriculum Objectives: Some Considerations, *JCLTA*, No. 2.

Dew, J. E. (1994) Back to Basics: Let's Not Lose Sight of What's Really Important, *JCLTA*, No. 2.

Light, T. (1988) Chinese Language Training for New Sinologists, The Wilson Center Conference.

McGinnis, S. (1996) *Chinese Pedagogy: An Emerging Field*, Foreign Language Publications.

Moore, S. J. (1991) Articulation among High School Students Taking Chinese, *Secondary School Chinese Language Center Newsletter*, Vol. II, No. 2.

Swaffar, J. K. (1989) Rethinking Roles: Western and Eastern Languages in the Foreign Language Academy, *JCLTA*, No. 2.

Walker, G. (1989) Intensive Chinese Curriculum: The EASLI Model, *JCLTA*, No. 2.

Walker, G. (1989) The Less Commonly Taught Languages in the Context of American Pedagogy, in Helen Lepke (ed.), *Shaping the Future: Challenges and Opportunities*, Northeast Conference.

Walton, A. R. (1989) Chinese Language Instruction in the United States: Some Reflections on the State of the Art, *JCLTA*, No. 2.

Walton, A. R. (1992) *Expanding the Vision of Foreign Language Education: Enter the Less Commonly Taught Languages*, National Foreign Language Center.

Wang, T. C. (1990) On a 'Core of Agreement' in Chinese Language Instruction, *JCLTA*, No. 1.

Wang, T. C. (1994) The Government Language Paradigm in the Academy: Some Observations, *JCLTA*, No. 2.

Yao, T. and McGinnis, S. (1989) *Let's Play Games in Chinese*, National Textbook Company.

Zhang, Z. (1998) CALL for Chinese-Issues and Practice, *JCLTA*, No. 1.

Akmajian, A., Demers, R. A. and Harnish, R. M. (1984) *Linguistics*, MIT Press.

Allen, V. F. (1983) *Techniques in Teaching Vocabulary*, OUP.

Bachman, L. F. (1990) *Fundamental Considerations in Language Testing*, OUP.

Bachman, L. F. and Palmer, A. S. (1996) *Language Testing in Practice*, OUP.

Bell, R. (1981) *An Introduction to Applied Linquistics*, Batsford.

Brown, H. D. (1987) *Principles of Language Learning and Teaching*, Prentice-Hall, Inc.

Byram, M. (1989) *Cultural Studies in Foreign Language Education*, Multilingual Matters Ltd.

Carter, R. and McCathy, M. (1988) *Vocabulary and Language Teaching*, Longman.

Chaudron, C. (1988) *Second Language Classrooms: Research on Teaching and Learning*, CUP.

Cook, G and Seidlhofer, B. (1995) *Principles & Practice in Applied Linguistics*, OUP.

Cook, V. (1991) *Second Language Learning and Second Language Teaching*, Edward Arnold.

Corder, S. P. (1981) *Error Analysis and Interlanguage*, OUP.

Crombie, W. (1985) *Discourse and Language Learning*, Longman.

Curran, C. A. (1972) *Counseling-Learning: A Whole-Person Model for Education*, Grune and Stratton.

Dubin, F. and Olshtain, E. (1986) *Course Design*, CUP.

Dulay, H. C. and Burt, M. K. (1982) *Language Two*, OUP.

Ellis, R. (1985) *Understanding Second Language Acquisition*, OUP.

Ellis, R. (1994) *The Study of Second Language Acquisition*, OUP.

Finocchiaro, M. and Brumfit, C. (1983) *The Functional-Notional Approach: From Theory to Practice*, OUP.

Gardner, R. C. and Lambert, W. E. (1972) *Attitudes and Motivation in Second Language Learning*, Newbury House.

Hadley, A. O. (1993) *Research in Language Learning*, National Textbook Company.

Hammerly, H. (1982) *Synthesis in Second Language Teaching*, Second Language Publications.

Howatt, A. P. R. (1984) *A History of English Language Teaching*, OUP.

Hudson, R. A. (1980) *Sociolinguistics*, CUP.

Hughes, A. (1989) *Testing for Language Teachers*, CUP.

Johnson, R. K. (1989) *The Second Language Curriculum*, CUP.

Kramsch, C. (1993) *Context and Culture in Language Teaching*, OUP.

Krashen, S. D. (1985) *The Input Hypothesis: Issues and Implications*, Longman.

Krashen, S. D. (1988) *Second Language Acquisition and Second Language Learning*, Prentice-Hall International (UK) Ltd.

Krashen, S. D. and Terrel, T. D. (1983) *The Natural Approach: Language Acquisition in the Classroom*, Pergamon.

Lado, R. (1957) *Linguistics Across Cultures: Applied Linguistics for Language Teachers*, University of Michigan Press.

Larson-Freeman, D. and Long, M. (1991) *An Introduction to Second Language Acquisition Research*, Longman.

Leech, N. G. (1983) *Principles of Pragmatics*, Longman.

Lozanov, G. (1978) *Suggestology and Outlines of Suggestopedia*, Gorden and Breach.

McLaughlin, B. (1987) *Theories of Second Language Learning*, Edward Arnold.

Munby, J. (1978) *Communicative Syllabus Design*, CUP.

Nunan, D. (1988) *Syllabus Design*, OUP.

Omagio, A. C. (1986) *Teaching Language in Context, Proficiency-Oriented Instruction*, Heinle and Heinle Publishers, Inc.

O'Malley, J. and Chamot, A. (1990) *Learning Strategies in Second Language Acquisition*, CUP.

Phillips, J. K. (1999) *Foreign Language Standards: Linking Research,*

Theories, and Practices, National Textbook Company.

Prabhu, N. S. (1987) *Second Language Pedagogy*, OUP.

Pride, J. B. (1979) *Sociolinguistic Aspects of Language Learning and Teaching*, OUP.

Richards, J. C. (1974) *Error Analysis: Perspectives on Second Language Acquisition*, Longman.

Richards, J. C. and Rodgers, T. S. (1993) *Approaches and Methods in Language Teaching*, CUP.

Rivers, W. M. (1983) *Communicating Naturally in a Second Language: Theory and Practice in Language Teaching*, CUP.

Savignon, S. J. (1983) *Communicative Competence: Theory and Classroom Practice*, Addison-Wesley Publishing Company.

Seliger, H. W. and Shohamy, E. (1989) *Second Language Research Methods*, OUP.

Skehan, P. (1989) *Individual Differences in Second-Language Learning*, Edward Arnold.

Skehan, P. (1998) *A Cognitive Approach to Language Learning*, OUP.

Smith, M. S. (1994) *Second Language Learning: Theoretical Foundations*, Longman.

Spolsky, B. (1995) *Measured Words*, OUP.

Stern, H. H. (1987) *Fundamental Concepts of Language Teaching*, OUP.

Stern, H. H. (1992) *Issues and Options in Language Teaching*, OUP.

Van Ek, J. A. (1976) *The Threshold Level for Schools*, Longman.

Wenden, A. and Rubin, J. (1987) *Learning Strategies in Language Learning*, Prentice-Hall.

Widdowson, H. G. (1978) *Teaching Language as Communication*, OUP.

Widdowson, H. G. (1990) *Aspects of Language Teaching*, OUP.

Wilkins, D. A. (1976) *Notional Syllabuses*, OUP.